किसी भी देश और जाति की पहचान उसके स्वातन्त्र्यप्रेमी नागरिकों से बनती है। यही लक्ष्य कर किसी कवि ने कहा, 'वह हृदय नहीं है, पत्थर है जिसमें स्वदेश का प्यार नहीं।' स्वदेश के प्रति प्यार का उत्कट भाव और उसके प्रति सर्वस्व अर्पण कर देने की बलिदानी भावना के असंख्य उदाहरण विगत डेढ़ सौ सालों के भारत के इतिहास में देखे जा सकते हैं। कहा जा सकता है कि भारत की आज़ादी के लिए 1857 से 1947 के बीच जितने भी प्रयत्न हुए, उनमें स्वतंत्रता का सपना संजोये क्रांतिकारियों और शहीदों की उपस्थिति सबसे अधिक प्रेरणादायी सिद्ध हुई।

प्रस्तुत पुस्तक में सत्तावनी संग्राम की पहली धमक पैदा करने वाले वीर मंगल पाण्डे से शुरू कर आज़ाद हिन्द फौज के सेनापति नेताजी सुभाषचन्द्र बोस और 1942 की अगस्त क्रांति की नेत्री अरुणा आसफ़ अली तक 50 क्रांतिकारियों के प्रेरक जीवन-परिचय दिए गए हैं। अपने विषय के अनुभवी लेखक ने मार्मिक और हृदयग्राही शैली में ये जीवन-परिचय लिखे हैं और प्रत्येक जीवन-परिचय के साथ सम्बद्ध क्रांतिकारियों के रेखाचित्र भी दिए गए हैं। एक अत्यन्त प्रेरक, पठनीय और संजोकर रखने वाली पुस्तक।

50 क्रांतिकारी

(देश की स्वतंत्रता के लिए प्राणों की बलि देने वाले
क्रांतिकारियों की वीर-गाथा)

राजेन्द्र पटोरिया

राजपाल

₹ 450
ISBN : 9789350641811
पहला पेपरबैक संस्करण : 2014, सातवाँ संस्करण : 2026

50 KRANTIKARI (Life-Sketches) by Rajendra Patoria
मुद्रक : जी.एस. ऑफसेट, दिल्ली

राजपाल एण्ड सन्ज़
1590, मदरसा रोड, कश्मीरी गेट, दिल्ली–110006
फोन : 011-23869812, 23865483, 23867791
e-mail : sales@rajpalpublishing.com
www.rajpalpublishing.com
www.facebook.com/rajpalandsons

क्रम

भूमिका

सशस्त्र विद्रोह की एक अखण्ड परम्परा है। भारत में अंग्रेज़ी राज्य की स्थापना के साथ ही सशस्त्र विद्रोह का आरम्भ हो गया था। बंगाल में सैनिक-विद्रोह, चूआड व्रिदोह, संन्यासी विद्रोह, संथाल विद्रोह आदि अनेक सशस्त्र विद्रोहों की परिणति सत्तावन के विद्रोह के रूप में हुई।

प्रथम स्वातन्त्र्य-संघर्ष के असफल हो जाने पर भी विद्रोहाग्नि ठण्डी नहीं हुई। शीघ्र ही दस-पन्द्रह वर्षों के बाद पंजाब में कूका विद्रोह व महाराष्ट्र में वासुदेव बलवंत फड़के के छापामार युद्ध शुरू हो गए। संयुक्त प्रान्त में पं. गेंदालाल दीक्षित ने शिवाजी समिति और मातृदेवी नामक संस्था की स्थापना की। बंगाल में क्रांति की अग्नि सतत जलती रही। सरदार अजीतसिंह ने सत्तावन के स्वतंत्रता-आन्दोलन की पुनरावृत्ति के प्रयत्न शुरू कर दिए। रासबिहारी बोस और शचीन्द्रनाथ सान्याल ने बंगाल, बिहार, दिल्ली, राजपूताना, संयुक्त प्रान्त व पंजाब से लेकर पेशावर तक की सभी छावनियों में प्रवेश कर 1915 में पुनः विद्रोह की सारी तैयारी कर ली थी। दुर्दैव से यह प्रयत्न भी असफल हो गया।

इसके बाद भी नए-नए क्रांतिकारी उभरते रहे। राजा महेन्द्र प्रताप और उनके साथियों ने तो अफगान प्रदेश में अस्थायी व समानान्तर सरकार स्थापित कर ली। सैन्य संगठन कर ब्रिटिश भारत से युद्ध भी किया। रासबिहारी बोस ने जापान में आज़ाद हिन्द फौज के लिए अनुकूल भूमिका बनाई। मलाया व सिंगापुर में आज़ाद हिन्द फौज संगठित हुई। सुभाषचन्द्र बोस ने इसी कार्य को आगे बढ़ाया। उन्होंने भारतभूमि पर अपना झण्डा गाड़ा। आज़ाद हिन्द फौज का भारत में भव्य स्वागत हुआ, उसने भारत की ब्रिटिश फौज की आँखें खोल दीं। भारतीयों का नाविक विद्रोह तो ब्रिटिश शासन पर अन्तिम प्रहार था। अंग्रेज़ मुट्ठी-भर गोरे सैनिकों के बल पर नहीं, बल्कि भारतीयों की फौज के बल पर शासन कर रहे थे।

आरम्भिक सशस्त्र विद्रोह में क्रांतिकारियों को भारतीय जनता की सहानुभूति प्राप्त नहीं थी। वे अपने संगठन व कार्यक्रम गुप्त रखते थे। अंग्रेज़ी शासन द्वारा शोषित जनता में उनका प्रचार नहीं था। अंग्रेज़ों के क्रूर व अत्याचारपूर्ण अमानवीय

व्यवहारों से ही उन्हें इनके विषय में जानकारी मिली। विशेषतः काकोरी काण्ड के अभियुक्त तथा भगतसिंह और उनके साथियों ने जनता का प्रेम व सहानुभूति अर्जित की। भगतसिंह ने अपना बलिदान क्रांति के उद्देश्य के प्रचार के लिए ही किया था। जनता में जागृति लाने का कार्य महात्मा गांधी के चुम्बकीय व्यक्तित्व ने किया। बंगाल की सुप्रसिद्ध क्रांतिकारी श्रीमती कमला दासगुप्ता ने कहा कि क्रांतिकारी की निधि थी कम व्यक्ति अधिकतम बलिदान, महात्मा गांधी की निधि थी अधिकतम व्यक्ति न्यूनतम बलिदान। सन् '42 के बाद उन्होंने अधिकतम व्यक्ति तथा अधिकतम बलिदान का मंत्र दिया। भारत की स्वतंत्रता प्राप्ति में क्रांतिकारियों की भूमिका महत्त्वपूर्ण है।

भारतीय क्रांतिकारियों के कार्य सिरफिरे युवकों के अनियोजित कार्य नहीं थे। भारतमाता की शृंखला तोड़ने के लिए सतत संघर्ष करने वाले देशभक्तों की एक अखण्ड परम्परा थी। देश की रक्षा के लिए कर्तव्य समझकर उन्होंने शस्त्र उठाए थे। क्रांतिकारियों का उद्देश्य अंग्रेज़ों का रक्त बहाना नहीं था। वे तो अपने देश का सम्मान लौटाना चाहते थे।

अनेक क्रांतिकारियों के हृदय में क्रांति की ज्वाला थी, तो दूसरी ओर अध्यात्म का आकर्षण भी। हंसते हुए फाँसी के फंदे का चुम्बन करने वाले व मातृभूमि के लिए सरफरोशी की तमन्ना रखने वाले ये देशभक्त युवक केवल भावुक ही नहीं, विचारवान भी थे। वे शोषणरहित समाजवादी प्रजातंत्र चाहते थे। उन्होंने देश के संविधान की रचना भी की थी। सम्भवतः देश को स्वतंत्रता यदि सशस्त्र क्रांति के द्वारा मिली होती तो भारत का विभाजन नहीं हुआ होता, क्योंकि सत्ता उन हाथों में न आई होती, जिनके कारण देश में अनेक भीषण समस्याएँ उत्पन्न हुई हैं।

जिन शहीदों के प्रयत्नों व त्याग से हमें स्वतंत्रता मिली, उन्हें उचित सम्मान नहीं मिला। अनेकों को स्वतंत्रता के बाद भी गुमनामी का अपमानजनक जीवन जीना पड़ा। ये शब्द उन्हीं पर लागू होते हैं :

उनकी तुरबत पर नहीं है एक भी दीया,
जिनके ख़ूँ से जलते हैं ये चिराग़े वतन।
जगमगा रहे हैं मकबरे उनके,
बेचा करते थे जो शहीदों के कफ़न॥

नाविक विद्रोह के सैनिकों को स्वतंत्र भारत की सेना में अग्रक्रम देना न्यायोचित होता, परन्तु नौकरशाहों ने उन्हें सेना में रखना शासकीय नियमों का उल्लंघन समझा। अनेक क्रांतिकारियों की अस्थियाँ विदेशों में हैं। अनेक क्रांतिकारियों के घर भग्नावशेष हैं। उनके घरों के स्थान पर आलीशान होटल बन गए हैं। क्रांतिकारियों की बची हुई पीढ़ी भी समाप्त हो गई है।

निराशा में आशा की किरण यही है कि सामान्य जनता में उनके प्रति सम्मान की थोड़ी-बहुत भावना अभी भी शेष है। उस आगामी पीढ़ी तक इनकी गाथाएँ पहुँचाना हमारा दायित्व है। क्रांतिकारियों पर लिखने के कुछ प्रयत्न हुए हैं। शचीन्द्रनाथ सान्याल, शिव वर्मा, मन्मथनाथ गुप्त व रामकृष्ण खत्री आदि ने पुस्तकें लिखकर हमें जानकारी देने का महत्त्वपूर्ण कार्य किया है। इतर लेखकों ने भी इस दिशा में कार्य किया है। मेरे लेखन को अधिकृत सामग्री इन्हीं ग्रन्थों ने मुहैया कराई है।

अनेक क्रांतिकारियों में कुछ बहुमूल्य रत्नों से मैंने पुस्तक को सजाया है। इसका अर्थ यह नहीं कि जो इस पुस्तक में नहीं, उनका मूल्य कम है। सच तो यह है कि अनेक क्रांतिकारी गुमनाम हैं, इसीलिए उनके मौन बलिदान को कैसे दर्ज किया जा सकता है? परन्तु हम जानते हैं भारत के ऐसे सपूतों की संख्या ज्ञात क्रांतिकारियों की तुलना में कई गुना है। उन शहीदों को श्रद्धाजंलि! पुस्तक आपके हाथ में है।

—राजेन्द्र पटोरिया

आज़ाद चौक
सदर, नागपुर-440001

सत्तावनी संग्राम की पहली धमक

मंगल पाण्डे

मातृभूमि की बलिवेदी में प्रथम आहुति डालने वाले हैं मंगल पाण्डे। उन्होंने अपने खून से आज़ादी की सुदृढ़ नींव डाली। मंगल पाण्डे भारतीय क्रांति के अग्रदूत कहे जाते हैं। अंग्रेज़ों ने जो अमानुषिक अत्याचार किए उनकी कहानी अत्यन्त लोमहर्षक है। वस्तुतः गुलामी की विवशता तथा शासकों के अत्याचार ही तो क्रांति की आग जलाते हैं। मंगल पाण्डे अंग्रेज़ी फ़ौज के एक सिपाही थे--देशभक्त तथा धार्मिक विचारों वाले।

उन दिनों अंग्रेज़ अपने कारतूसों में गाय तथा सूअर की चर्बी और उनके खून का प्रयोग करते थे, जिन्हें सिपाही दाँतों से खोलते थे। हिन्दुओं के लिए जिस प्रकार गाय का मांस खाना पाप माना जाता है, उसी प्रकार मुसलमानों के लिए सूअर का मांस खाना मना है। जब फौज के हिन्दू और मुसलमान सिपाहियों के कानों में यह बात पहुँची तो वे भड़क उठे। उस समय अंग्रेज़ फौजी अधिकारियों ने झूठ बोल कर सिपाहियों को शान्त करना चाहा तथा उन्हें विश्वास दिलाना चाहा कि बन्दूक के कारतूसों में गाय अथवा सूअर की चर्बी इस्तेमाल नहीं की जाती। इतने पर भी सैनिकों को गो-मांस भक्षी अंग्रेज़ों पर विश्वास नहीं हुआ। विद्रोह तथा असन्तोष की भावना उनके दिलों में पलती तथा बढ़ती रही। इस प्रकार क्रांति पैदा करने वाले अन्य सैकड़ों आर्थिक, सामाजिक तथा राजनीतिक कारणों में यह एक धार्मिक कारण भी जुड़ गया तथा इन सब कारणों ने मिलकर फिरंगियों के प्रति घृणा, विद्वेष तथा असन्तोष की आग भड़का दी।

इस असन्तोष के कारण मंगल पाण्डे ने 29 मार्च, 1857 को अंग्रेज़ों पर पहली गोली चला कर स्वतंत्रता-संग्राम छेड़ दिया। मंगल पाण्डे परम्परानिष्ठ ब्राह्मण थे ही, वे देशभक्त भी थे। इस समय के क्रांतिकारियों ने यों तो भारत-भर में एक साथ तथा एक ही दिन विद्रोह करने की तारीख, 31 मई, निश्चित की थी, किन्तु यह तारीख अभी दूर थी तथा लोगों का असन्तोष इतने दिन तक रुका नहीं रह सकता था। आग का धर्म जलाना है तो असन्तोष का धर्म भड़कना है। उसे बाँधकर नहीं रखा जा सकता। मंगल पाण्डे का असन्तोष फूट पड़ा और उनकी बन्दूक की गोली छूट पड़ी। उन्होंने परिणाम की चिन्ता नहीं की। मंगल पाण्डे बैरकपुर की 19 नम्बर रेजीमेन्ट के एक भावुक तथा जोशीले सिपाही थे। अंग्रेज़ों ने गलती से उस रेजीमेन्ट में वे कारतूस दिए, जिनमें चर्बी लगे होने का सन्देह था। जब सिपाहियों ने उन कारतूसों को हाथ से छूने तक से इन्कार कर दिया तो अधिकारियों ने इसे आज्ञा का उल्लंघन समझा। भावी आशंका के भय से उन्होंने हुक्म दिया कि 19 नवम्बर रेजीमेन्ट के सभी हथियार छीन लिए जाएँ। सिपाहियों ने अपने को अपमानित महसूस किया। मंगल पाण्डे इस प्रकार के किसी भी अपमान को सहन करने के लिए तैयार न थे। यह बात विद्रोह के लिए निश्चित की गई 31 मई की तारीख से कई मास पहले की है। मंगल पाण्डे ने सोचा, 'जब विद्रोह ही करना है, तब इतनी देर क्यों?' और उन्होंने अपनी तरफ से विद्रोह का बिगुल बजा दिया। उन्होंने अब अपने मुखिया वज़ीर अली खाँ की परवाह नहीं की, जिनके नेतृत्व में पहले ही से बैरकपुर की रेजीमेन्ट विद्रोह में भाग लेने की शपथ ले चुकी थी।

मंगल पाण्डे को जब यह निश्चय हो गया कि उनकी कुल रेजीमेन्ट को निरस्त्र कर दिया जाएगा तथा उन्हें दबाने के लिए बर्मा से गोरी पलटन बुलाई जा रही है और बहुत-सी तैयारियाँ की जा रही हैं, तो उन्होंने सोचा अब देर करना ठीक नहीं।

निर्दिष्ट तारीख तक शायद उनकी रेजीमेन्ट ही न रहे। यह सोचकर मंगल पाण्डे ने अपनी बन्दूक उठा ली। उसमें गोली भर ली और फिर वह उस मैदान में अकेले ही गए, जहाँ फौजी परेड हुआ करती थी। उन्होंने बैरक के अपने अन्य साथियों को अपने साथ चलने के लिए कहा, तो कोई राज़ी न हुआ। मंगल पाण्डे ने इसकी भी चिन्ता नहीं की। उन्होंने एक बार पुनः अपने साथी सिपाहियों को अपने साथ ले चलने का प्रयत्न किया और चिल्लाकर बोले, ''भाइयो, उठो, आप पीछे क्यों हट रहे हो? आओ और अपने शस्त्र उठाओ, मैं आप लोगों को धर्म की सौगन्ध दिलाता हूँ। स्वतंत्रता की देवी तुम्हें पुकार रही है और कह रही है कि तुम्हें धोखेबाज़ तथा मक्कार शत्रुओं पर फौरन आक्रमण बोल देना चाहिए। अब और रुकने की आवश्यकता नहीं।'' इस प्रकार मंगल पाण्डे ने विद्रोह का बिगुल बजा दिया। उनके साथी सिपाही उनकी तमाम हरकतों को देखते रहे, किन्तु बोले कुछ भी नहीं। वे एक-दूसरे का मुँह ही ताकते रहे। इस समय दो बातें उनके आड़े आ रही थीं। एक तो फौजी अनुशासन तथा दूसरे क्रांतिकारी नेताओं का यह अनुशासन भी कि अमुक तारीख को ही सामूहिक रूप से विद्रोह किया जाना चाहिए। इतने में अंग्रेज़ सार्जेन्ट मेजर ह्यूसन ने मंगल पाण्डे को बन्दूक लिए आज़ादी से घूमते देखा तो वह घबरा गया। उससे स्वयं कुछ करते न बना। उसने अपने सिपाहियों को हुक्म दिया, 'मंगल पाण्डे को गिरफ्तार कर लो।' परन्तु मंगल पाण्डे को गिरफ्तार करने के लिए कोई भी आगे न बढ़ा। वे तारीख से पहले विद्रोह करना नहीं चाहते थे। यह ठीक था, किन्तु उनकी सहानुभूति मंगल प्राण्डे के साथ अवश्य थी। सबके लिए यह समय, बहुत नाज़ुक था, मंगल पाण्डे के हाथ में भरी हुई बन्दूक थी। उनकी आँखें शोले उगल रही थीं और उनकी आत्मा रक्तदान के लिए तड़प रही थी। उनके साथी किंकर्तव्यविमूढ़ बने खड़े थे। उधर वह गोरा सार्जेण्ट मंगल पाण्डे को गिरफ्तार करने का आदेश दे रहा था। इसी समय 'ठाँय' की आवाज़ हुई और वह गोरा भूमि पर लोट गया।

एक दूसरा अंग्रेज़ अफसर लेफ्टीनेंट बॉब इसी वक्त घटनास्थल पर आ उपस्थित हुआ। वह घोड़े पर सवार था। तत्क्षण 'ठाँय की एक और आवाज़ हुई और घोड़ा और सवार दोनों धराशायी हो गए। लेकिन यह गोली घोड़े को लगी थी। फलतः वह अंग्रेज़ शीघ्र ही उठ बैठा। उसने अपनी पिस्तौल निकाल कर मंगल पाण्डे पर गोली चलाई, पर उसका निशाना चूक गया। मंगल पाण्डे ने अपनी तलवार निकाल ली। यह देख उस गोरे ने भी तलवार निकाल ली। गोरा अभी मंगल पाण्डे पर वार नहीं कर पाया था कि पाण्डे ने उसका काम तमाम कर दिया। इतना बड़ा काण्ड एक क्षण में आँख झपकते-झपकते हो गया। इसी समय एक गोरा और आ गया। आते ही उसने पाण्डे पर आक्रमण कर दिया। अब भारतीय सिपाही खड़े-खड़े यह काण्ड नहीं देख सके। एक सिपाही तत्क्षण आगे बढ़ गया। उसने ऐसे ज़ोर से अपनी बन्दूक का कुन्दा उस आक्रमणकारी गोरे के सिर पर मारा कि उसका सिर फट गया।

इस समय मंगल पाण्डे की आँखों से क्रांति की ज्वालाएँ बरस रही थीं। अब विद्रोह केवल मंगल पाण्डे तक ही सीमित नहीं रह सका। भारतीय सिपाहियों में से किसी ने चिल्लाकर कहा "खबरदार, मंगल पाण्डे को कोई हाथ न लगाये।"

इस विद्रोह की खबर पाकर फौज का गोरा बड़ा अफसर कर्नल व्हीलर घटना-स्थल पर फौरन दौड़ा आया। उसने स्वयं तो कुछ नहीं किया, किन्तु सिपाहियों को आज्ञा दी कि पाण्डे को पकड़ लिया जाए। उसी समय भीड़ में से यह आवाज़ आई—"हम ब्राह्मण देवता का बाल भी बाँका न होने देंगे।" जब उसने देखा कि अंग्रेज़ों की लाशें पड़ी हैं तथा मंगल पाण्डे रक्त में नहाया खड़ा है, तब वह चुपचाप अपने बंगले लौट गया। मंगल पाण्डे अब हाथ फटकारते हुए कह रहे थे, "भाइयो, बगावत करो, बगावत करो। अब देर करना उचित नहीं। देश को तुम्हारा बलिदान चाहिए।" पर सिपाही किसी झिझक के कारण अब भी आगे नहीं बढ़ रहे थे।

अब जनरल हियरे अंग्रेज़ सेना के साथ आया। मंगल पाण्डे ने देखा कि उनसे लड़ने के लिए गोरी पल्टन की एक टुकड़ी ही आ पहुँची है तथा भारतीय सिपाही आगे नहीं आ रहे हैं। उन्होंने स्पष्टतः यह समझ लिया कि उन्हें अब अवश्य ही पकड़ लिया जाएगा। फलतः उन्होंने अपनी बन्दूक अपने सीने की ओर तानी तथा घोड़ा दबा दिया। वह नहीं चाहते थे कि अंग्रेज़ उन्हें ज़िन्दा पकड़ कर उनकी दुर्गति करें।

दुर्भाग्य की बात यह कि उनकी गोली ने भी उस समय उनका पूरा साथ नहीं दिया। गोली ने उनके उस सीने में घाव अवश्य कर दिया, जिसमें पहले से ही अनेक घाव थे। मंगल पाण्डे जब अपनी ही गोली खाकर ज़मीन पर गिर पड़े, तब फिर उस अफसर ने उन्हें जान से नहीं मारा। उन्हें उठा कर फौजी अस्पताल ले जाया गया।

मंगल पाण्डे अपनी गोली से मरे नहीं। वे घायल अवश्य हो गए थे। थोड़े दिनों के उपचार से वे ठीक भी हो गए। अब उन पर फौजी अनुशासन भंग करने तथा हत्या करने का मुकद्दमा चलाया गया। उनसे पूछा गया कि तुम्हारे और साथी कौन-कौन हैं? इन्होंने किसी भी साथी का नाम बताने से इन्कार कर दिया। साथ ही उन्होंने यह भी स्पष्ट कर दिया कि "जिन अंग्रेज़ों पर उन्होंने गोली चलाई, उनसे उनका कोई बैर नहीं था। झगड़ा व्यक्तियों का नहीं, दो देशों का है। हम नहीं चाहते कि दूसरों के गुलाम बन कर रहें। फिरंगियों को हम अपने देश से निकाल देना चाहते हैं।"

8 अप्रैल, 1857 को मंगल पाण्डे को फाँसी देने के लिए कोई व्यक्ति नहीं मिला। कलकत्ता से तब चार जल्लादों को लाया गया, जो यह न जानते थे कि वे किसे फाँसी देंगे। उस दिन से अंग्रेज़ हर बागी सिपाही को 'पाण्डे' के नाम से पुकारने लगे। उनके निकट 'पाण्डे' शब्द 'बागी' का अर्थसूचक बन गया। और अंग्रेज़ हर 'पाण्डे' से भय खाने लगे। परन्तु मंगल पाण्डे भारतीयों के श्रद्धापात्र हुतात्मा बन कर भारतीय इतिहास में प्रतिष्ठित हो गए।

सत्तावनी क्रांति का सूत्रधार

अज़ीमुल्ला खां

अंग्रेज़ों के विरुद्ध 1857 के प्रथम स्वतंत्रता संग्राम की योजना तैयार करने का श्रेय अज़ीमुल्ला खां को है। उन्नीसवीं शताब्दी के आरम्भ में कानपुर शहर विकसित हो रहा था। अंग्रेज़ों की छावनी के सैनिक जहाँ परेड करते थे, उस परेड मैदान के समीप पटकापुर में नजीब मिस्त्री रहते थे, जो अपने अथक परिश्रम से अपनी पत्नी, माँ और अपने लिए कमाकर कुछ बचा लेते थे। वे देश की राजनीतिक हलचल से अनजान, सरल और नमाज़ी थे। उनकी पत्नी करीमन अंग्रेज़ों के उद्दण्ड

व्यवहार से दुखी थीं। उन्हीं के मोहल्ले के सेठ धनीराम को एक अंग्रेज़ ने केवल इसलिए बेहोश होकर गिरने तक पीट डाला कि बेवक्त आने पर भी उसके लिए दूध क्यों नहीं बचा कर रखा। इस सबसे करीमन के मन में अंग्रेज़ों के प्रति घृणा पनप रही थी।

सन् 1820 की एक ठिठुरती रात में नजीब के घर एक बालक ने जन्म लिया। उसका नाम रखा गया अज़ीमुल्ला खां। नजीब उसे बहुत प्यार करते थे। काम से लौटने के बाद वही एक खिलौना था। अज़ीम को एक हाजी के घर उर्दू, फारसी पढ़ने के लिए भेजा गया। एक बार नजीब को एक अंग्रेज़ ने अस्तबल साफ करने को कहा। मना करने पर उस अंग्रेज़ ने उन्हें छत से गिरा दिया और उन पर एक ईंट फेंककर मारी, जिसके परिणामस्वरूप नजीब छः माह बिस्तर पर रहकर इस दुनिया से कूच कर गए। जमा- पूँजी उनके इलाज पर खर्च हो गई थी। माँ-बेटे दोनों निर्धनता का जीवन बिताने को अभिशप्त हो गए। करीमन बेगम अथक परिश्रम कर अज़ीम का व अपना पेट भरतीं। वे बीमार रहने लगीं। बालक अज़ीम ने पड़ोसी माणिकचंद से कहकर एक अंग्रेज़ हिलर्सडेन के घर सफाई के काम की नौकरी पा ली। वह सहृदय व्यक्ति था। अज़ीम की प्रत्युत्पन्नमति और निर्भीकता से प्रभावित था। उस समय अज़ीम की उम्र मात्र सात वर्ष की थी। दो वर्ष बाद करीमन बी भी संसार से कूच कर गईं। अब अज़ीम हिलर्सडेन साहब के घर ही रहने लगा। काम करते हुए भी उनके बच्चों के साथ इंग्लिश और फ्रेंच सीख ली। हिलर्सडेन की सिफारिश से उस समय के कानपुर के एकमात्र स्कूल में दाखिला भी ले लिया। स्कूल की पढ़ाई समाप्त करने के बाद उन्हीं हिलर्सडेन की सिफारिश और अपनी योग्यता से अज़ीमुल्ला खाँ को उस स्कूल में नौकरी भी मिल गई।

स्कूल में नौकरी मिलने पर अपने घर आकर रहने लगे और उर्दू, फारसी, हिन्दी, संस्कृत का अध्ययन करने लगे। अध्यापक थे मौलवी निसार अहमद और पण्डित गजानन मिश्र। अज़ीमुल्ला ने भारत की राजनीतिक, आर्थिक व धार्मिक स्थिति व इतिहास का भी अध्ययन किया।

अब कानपुर में उनकी प्रसिद्धि बढ़ती जा रही थी। उनके घर शाम को बैठकें होने लगीं। अज़ीमुल्ला बाहर से अंग्रेज़ी रंग में रंगे थे, लेकिन उनका अंतरंग देश को अंग्रेज़ों से मुक्ति दिलाने के लिए छटपटा रहा था। शाम की बैठकों में उन्हें अपने समान अनुभव वाले लोग मिले।

कानपुर के समीप ही बिठूर में नाना साहब थे, जो ईस्ट इण्डिया कम्पनी से मिलने वाली आठ लाख रुपये वार्षिक पेंशन बन्द हो जाने से परेशान थे। उनके दरबार में तात्या टोपे जैसे योद्धा तो थे, पर अच्छा सलाहकार नहीं था। अज़ीमुल्ला खां की प्रसिद्धि सुनकर उन्होंने उन्हें अपने दरबार में बुलाया। आश्वस्त हो जाने पर, कि वे अंग्रेज़भक्त नहीं, देशभक्त हैं, अपना सलाहकार नियुक्त कर लिया। फिर कुछ समय बाद मन्त्री बना लिया। अज़ीमुल्ला खां ने वहाँ घुड़सवारी और युद्ध-विद्या सीखी और नाना साहब की पेंशन की अर्ज़ी लेकर इंग्लैण्ड पहुँचे। वहाँ उनकी भेंट सतारा के रंगोली बापू से हुई, जो सतारा के राजा की ओर से राज्य का दावा पेश करने

आए थे। दावा खारिज हो जाने पर निराश और उदास थे। अज़ीमुल्ला जान गए थे कि उनकी अर्ज़ी भी खारिज होने वाली है। उन्होंने रंगोली बापू से कहा कि 'अंग्रेज़ों के विरुद्ध सशस्त्र क्रांति की आवश्यकता है, जिसके लिए कोई ठोस योजना बनानी चाहिए। इसमें राजा-महाराजा ही नहीं जनता का भी सहयोग चाहिए। जो राजा और ज़मींदार अंग्रेज़ों के अन्याय के शिकार हुए हैं, वे अपनी जनता को अंग्रेज़ों के विरुद्ध तैयार कर सकते हैं।' उन्होंने कहा, "हम दोनों दक्षिण भारत में और मैं उत्तर भारत में क्रांति की आग फूँकते हैं।' वापसी में वे यूरोप के कुछ देशों और रूस होते हुए लौटे। रूस के ज़ार ने आश्वासन दिया कि क्रांति की तिथि निर्धारित होने पर, सूचना मिलते ही वे सीमा पर जा डटेंगे।

बिठूर लौटकर अज़ीमुल्ला खां ने नाना साहब को तैयार किया। उन्हें अपनी योजना बताई। तीर्थाटन के बहाने नाना साहब अपने कुछ सैनिकों और अज़ीमुल्ला खां को लेकर समस्त राजा-रजवाड़ों से मिले। उन्हें इसके लिए तैयार किया। साधु-संन्यासियों के वेश में गुप्तचर जनता के बीच पहुँचे। अंग्रेज़ों के विरुद्ध भारतीय सेनाओं को संगठित करने के लिए लाल कमल प्रतीक के रूप में चुना गया। एक सैनिक एक लाल कमल को लेकर किसी सेना में प्रवेश करता। क्रांति के लिए तैयार समर्थक सैनिक उस कमल को हाथ में लेकर उसकी प्रशंसा करते।

जनता को संगठित करने का कार्य रोटी से लिया गया। एक व्यक्ति रोटी लेकर गाँव में पहुँचता। उस गाँव के सभी व्यक्ति उस रोटी के टुकड़े को प्रसाद के रूप में ग्रहण करते। उस गाँव का मुखिया रोटियाँ बनवाकर अपने व्यक्ति के हाथ दूसरे गाँव भेजता। इस प्रकार नाना साहब पेशवा ने रोटी और कमल के द्वारा क्रांति का गठन किया।

नाना साहब झाँसी की रानी, अवध की बेगम हज़रतमहल और दिल्ली के बादशाह ज़फ़र से मिले। झाँसी की रानी और बेगम हज़रतमहल तो मानो तैयार ही बैठी थीं। ज़फ़र को समझाने में थोड़ी देर लगी। दूर राज्यों में दूत भेजे गए। 31 मई, 1857 क्रांति के आरम्भ का दिन निश्चित किया गया।

सब कुछ योजनाबद्ध था। अज़ीमुल्ला खां और नाना साहब की क्रांति में जोश ही नहीं, होश भी था। परन्तु दुर्दैव से मेरठ की छावनी में क्रांति का आरम्भ 29 मार्च को ही हो गया। मंगल पाण्डेय का असन्तोष भड़क उठा और उन्होंने उसी दिन विद्रोह कर दिया। परिणामस्वरूप क्रांति विफल हुई। अज़ीमुल्ला खां का सपना साकार नहीं हो सका। मेहनत फलीभूत नहीं हो सकी।

कानपुर के युद्ध में अंग्रेज़ हारे। नाना साहब का राज्य भी कुछ समय के लिए स्थापित हो गया। लेकिन अंततोगत्वा नाना साहब को हार कर नेपाल की तराई में चले जाना पड़ा। महारानी तपस्विनी भी भाग कर वहीं पहुँचीं। अज़ीमुल्ला खां कानपुर के पास अहिराना में लड़ते हुए मारे गए। समस्त भारत को अंग्रेज़ों के विरुद्ध संगठित करने का प्रथम प्रयास और श्रेय इन्हीं दोनों को जाता है।

खूब लड़ी मर्दानी

झाँसी की रानी लक्ष्मीबाई

प्रथम स्वतंत्रता संग्राम के बलिदानियों में जिन प्रमुख सेनानियों के नाम गिने जाते हैं, उनमें से एक थीं झाँसी की रानी लक्ष्मीबाई। वह मोरोपंत व भागीरथीबाई की पुत्री थीं। मोरोपंत सतारा ज़िले के वाई गाँव में चिमाजी आप्पा के यहाँ नौकरी करते थे। चिमाजी आप्पा पूना के पेशवा बाजीराव के भाई थे। सन् 1818 में जब अंग्रेज़ों ने पूना पर कब्ज़ा किया, तब बाजीराव पेशवा कानपुर के पास बिठूर आ गए और चिमाजी आप्पा के साथ मोरोपंत काशी आ गए। यहीं पर 19 नवम्बर,

1835 को लक्ष्मीबाई का जन्म हुआ। इनका बचपन का नाम मणिकर्णिका था, इसलिए सभी इन्हें 'मनू' नाम से सम्बोधित करते थे। चिमाजी आप्पा के देहान्त के बाद मोरोपंत बाजीराव पेशवा के यहाँ बिठूर चले आए। बाजीराव के दत्तक नानासाहब धोडोपंत ने अज़ीमुल्ला खां के साथ मिलकर स्वतंत्रता-संग्राम की योजना को अंतिम रूप दे दिया था। नानासाहब के साथ मनू ने बचपन में ही शस्त्र विद्या व घुड़सवारी का प्रशिक्षण ले लिया था। बाजीराव उन्हें प्रेम से छबीली कहकर बुलाते थे। बाजीराव के प्रयत्न से ही केवल आठ वर्ष की उम्र में मनू का विवाह झाँसी के राजा गंगाधरराव नेवालकर से हो गया। विवाह के बाद उनका नाम लक्ष्मीबाई रखा गया।

गंगाधरराव के पूर्वजों को झांसी का राज्य महाराजा छत्रसाल की ओर से उपहार के रूप में मिला था। सन् 1851 में सोलह वर्ष की आयु में लक्ष्मीबाई को पुत्ररत्न की प्राप्ति हुई। लेकिन वह ज्यादा दिनों तक जीवित नहीं रह सका। इस आघात को गंगाधरराव सहन नहीं कर सके और वे बीमार पड़ गए। उत्तराधिकारी के रूप में उन्होंने अपने सम्बन्धी वासुदेवराव के पुत्र आनन्द को दत्तक ले लिया और उसका नाम दामोदरराव रखा गया। 21 नवम्बर, 1853 को गंगाधरराव का स्वर्गवास हो गया।

अंग्रेज़ इसी ताक में बैठे थे कि किस तरह भारतीय राज्यों पर कब्ज़ा किया जाए। इन्होंने उत्तराधिकारी के रूप में दत्तक पुत्र को अस्वीकार कर दिया और गंगाधरराव की लाखों की सम्पत्ति को अपने खज़ाने में जमा कर लिया। इस तरह 7 मार्च, 1857 को झाँसी अंग्रेज़ी हुकूमत में शामिल कर ली गई। शासन-व्यवस्था के लिए अंग्रेज़ प्रतिनिधि एलिस को नियुक्त किया गया।

उस समय वायसराय डलहौज़ी ने रानी लक्ष्मीबाई के लिए पाँच हज़ार रुपये मासिक पेंशन बहाल की और किला भी खाली करवा लिया। आर्थिक बोझ से दबाकर रानी लक्ष्मीबाई को अपमानित करने का कोई भी मौका अंग्रेज़ों ने नहीं छोड़ा। विधवा के लिए किए जाने वाले पारम्परिक केशवपन संस्कार के लिए काशी जाने की इजाज़त नहीं दी। दामोदरराव के यज्ञोपवीत संस्कार के लिए जमा दस लाख रुपयों में से बड़ी मुश्किल से एक लाख रुपये दिए। वह भी एक व्यापारी की ज़मानत पर।

अंग्रेज़ों के अन्याय-अत्याचार व ज़ुल्म का बदला लेने के लिए रानी लक्ष्मीबाई युद्ध की तैयारी में जुट गईं। उन्होंने स्त्री-सैनिकों की संख्या में वृद्धि की। स्त्री गुप्तचरों की टोली बनाई जिस पर अंग्रेज़ छावनियों से गुप्त समाचार लाने की ज़िम्मेदारी थी। तात्या टोपे ने सम्पूर्ण भारत में चलाई जा रही क्रांति की योजनाओं से अवगत कराया। रानी इसके लिए पहले से ही तैयार थीं। 31 मई, 1857 का दिन स्वतंत्रता संग्राम के लिए तय किया गया, परन्तु निर्धारित समय से पहले ही 6 मई को बैरकपुर छावनी में विद्रोह की आग भड़क उठी।

मई महीने में पूरे उत्तरी भारत में क्रांति की ज्वाला भड़क चुकी थी। किन्तु झाँसी में क्रांति की शुरुआत 5 जून को हुई। कुछ सैनिक ईस्ट इण्डिया कम्पनी के स्टार फोर्ट नाम के छोटे-से किले में घुस गए और किले को लूट लिया।

झाँसी में विद्रोहियों ने अंग्रेज़ अधिकारियों के बंगलों को फूँक डाला। अंग्रेज़ अपनी सुरक्षा के लिए रानी के पास आए। इन्होंने अपनी स्त्रियों व बच्चों को रानी के महल में रखा। महल भी जब असुरक्षित लगने लगा तब इन्होंने झाँसी के किले में शरण ली। किले पर जब विद्रोहियों का आक्रमण होने लगा तब अंग्रेज़ों के कुटुम्बी घबरा गए। भूख व प्यास से तड़पते हुए उन अंग्रेज़ों के लिए रानी ने किले की गुप्त सुरंग से दो मन रोटियाँ भिजवाई। रानी चाहती थीं कि विद्रोही भी नाराज़ न हों और अंग्रेज़ भी भूखे न रहें। अंग्रेज़ों के अत्याचार को सहन करते हुए उन्हीं पर हमदर्दी दिखाना, इस प्रकार की मानवीय उदारता का अन्य उदाहरण मिलना कठिन है। किले की लड़ाई में अंग्रेज़ अधिकारी गार्डन की मृत्यु हो गई। रानी की तरफ से रिसालदार काले खां ने किला जीत लिया।

रानी के सैनिकों ने सरकारी खज़ाना लूट लिया और कैदियों को छोड़ दिया। सैनिक भूखे और बेहाल थे। लिहाज़ा बेलगाम सैनिकों ने लूटपाट शुरू कर दी। रानी ने उनको अपने बहुमूल्य हार देकर शान्त किया। रानी को अपने ही लोगों का सामना करना पड़ा, जिसमें सदाशिव नारायण और टीकमगढ़ का दीवान नत्थू खां नत्थे था। टीकमगढ़ ओरछा राज्य का भाग था। महाराज छत्रसाल द्वारा नेवालकारों को दान में देने से पूर्व, झाँसी भी ओरछा राज्य का अंग था।

नत्थे खां का इरादा झाँसी को फिर से टीकमगढ़ में शामिल कराना था। इसके लिए अंग्रेज़ भी उसको उकसा रहे थे। बीस हज़ार सैनिकों के साथ आए नत्थे खां को रानी ने पराजित किया। रानी की जाबाज़ी से अंग्रेज़ों ने समर्पण कर दिया और अंग्रेज़ों की तरफ से उन्हें राज करने क़ी इजाज़त भी दे दी।

रानी ने धैर्य, साहस और न्यायपूर्वक राज्य को चलाया। सैन्य-संगठन को फिर से सुदृढ़ किया। उनके शासनकाल में धार्मिक व सांस्कृतिक कार्यक्रमों की चहल-पहल रहती थी। रानी इस बात को जानती थीं कि अंग्रेज़ ज्यादा समय तक चुप नहीं बैठेंगे। इसलिए उनका ज्यादा ध्यान सैन्य-संगठन को मज़बूत बनाने में रहता था। उनकी सेना में दस हज़ार बुंदेले, अफगान और असन्तुष्ट अंग्रेज़ सैनिक थे। चार सौ घुड़सवारों से सेना सुसज्जित थी। उनके सेनापति जवाहरसिंह बुंदेला थे। उन्होंने गोलंदाज़ गुलाम गौस के निर्देशन में तोपखाना तैयार करवा लिया था। 'दुर्गा दल' नाम से एक स्त्री सैन्यदल भी संगठित था। इस 'दुर्गा दल' की प्रमुख झलकारी बाई नामक वीरांगना थीं। इस दल में कुछ महिलाओं को तोप चलाने का विशेष प्रशिक्षण भी दिया गया था। रानी ने आसपास की रियासतों से पत्र-व्यवहार कर उन्हें स्वतंत्रता संग्राम के लिए राज़ी कर लिया था। वाणपुर के राजा मर्दनसिंह, शाहगढ़ के बख़्त अली आदि

ने पर्याप्त सहायता की। अंग्रेज़ों की तरफ से रानी ने लगभग दस महीने राज किया। अब अंग्रेज़ झाँसी पर फिर से कब्ज़ा करना चाहते थे। उन्होंने ह्यूरोज और बिटलाक को भारी फौज देकर झाँसी भेजा। ह्यूरोज़ विद्रोहियों को हराते हुए झाँसी पहुँच गया। रायगढ़, चंदेरी, सागर, वाणपुर आदि को जीतते हुए 23 मार्च, 1858 को उसने झाँसी को घेर लिया। दोनों तरफ से तोपें गरजने लगीं। दस दिनों तक घमासान युद्ध होता रहा। लक्ष्मीबाई की वीरता और निपुणता से अंग्रेज़ भौंचक्के रह गए। इधर तांत्या टोपे कालपी से सैन्यबल लेकर रानी की सहायता के लिए कूच कर चुके थे। लेकिन रानी के ही कुछ भ्रष्ट व धोखेबाज़ सरदारों के विश्वासघात के कारण ह्यूरोज़ को इसकी भनक लग गई। अंग्रेज़ों ने दोनों सेनाओं को मिलने नहीं दिया और रास्ते में तात्या टोपे की सेना पर आक्रमण कर दिया। नतीजा यह हुआ कि तात्या टोपे की मदद रानी को मिल न सकी।

किले के चारों प्रवेशद्वारों पर कुशल तोपचियों की नियुक्ति की गई थी। रसद व गोला बारूद की सम्पूर्ण व्यवस्था थी। रात को स्त्रियाँ तोपें दागती थीं। खुद रानी घूम-घूमकर युद्ध का निरीक्षण व संचालन करती थीं। अंग्रेज़ों को किले में प्रवेश करने का कोई मार्ग नहीं था।

अंग्रेज़ों ने ओरछा प्रवेशद्वार पर नियुक्त दुल्हाजू को, पीरबख्श के हाथों रिश्वत देकर, अपनी ओर मिला लिया। दुल्हाजू अंग्रेज़ों के लिए ओरछा प्रवेशद्वार खोलने की फिराक में था। उस समय उन्नाव प्रवेशद्वार पर पूरणसिंह तैनात था। पूरणसिंह लक्ष्मीबाई की चहेती सहेली झलकारी बाई का पति था। सागरसिंह खाण्डेराव प्रवेशद्वार पर अंग्रेज़ों से लोहा ले रहा था, परन्तु दुल्हाजू हवा में ही गोलीबारी कर रहा था। शत्रु की सेना ओरछा प्रवेशद्वार की ओर चली आ रही थी। सेना के पास आते ही दुल्हाजू ने प्रवेशद्वार खोल दिया। अंग्रेज़ों द्वारा किले में प्रवेश करते ही सब ओर हाहाकार मच गया। पूरणसिंह वीरगति को प्राप्त हो गया। परन्तु अपने पति की मृत्यु पर शोक न करते हुए झलकारी बाई ने दत्तक पुत्र दामोदरराव के साथ लक्ष्मीबाई को सामान्य वेश में एक दरवाज़े से बाहर निकाला और स्वयं रानी का वेश धारण कर अंग्रेज़ों का सामना करने लगी। उसका उद्देश्य था कि रानी को अपनी हिफ़ाज़त करने का ज्यादा-से-ज्यादा समय मिल सके। इस तरह अंग्रेज़ों को उसने रोके रखा। घमासान युद्ध हुआ। झलकारी के रणकौशल के सामने अंग्रेज़ों के हौसले पस्त हो गए। 'दुर्गा दल' ने अंग्रेज़ों की सेना को तहस-नहस कर दिया। रानी लक्ष्मीबाई का खौफ ह्यूरोज़ पर मंडरा रहा था। वह फिर से दुल्हाजू की ओर भागा। दुल्हाजू ने ह्यूरोज़ को इस बात की जानकारी दी कि यह रानी लक्ष्मीबाई नहीं है। अब अंग्रेज़ों ने रानी लक्ष्मीबाई का पीछा करना शुरू किया। अंग्रेज़ सैनिकों ने झाँसी में पन्द्रह हज़ार लोगों को मार गिराया। करोड़ों की सम्पत्ति लूट ली। गाँवों, नगरों को जला डाला। पुस्तकालय को नष्ट किया। सात दिनों तक लूटमार करने के बाद उन सामानों की नीलामी कर

दी। युद्ध व लूटमार में मारे गए लोगों के शवों को जलाने के लिए लकड़ियाँ भी नहीं बचीं। सत्रह दिनों तक चलने वाले इस युद्ध ने झाँसी को पूरी तरह तबाह कर दिया था।

उधर रानी लक्ष्मीबाई दुर्गम मार्गों से जा रही थीं। जल्दी ही उन्हें कालपी पहुँचना था। भागते हुए उन्होंने नदी पार की और एक ही रात में वह कालपी पहुँच गईं। नानासाहब के छोटे भाई रावसाहब पेशवा और तात्या टोपे ने उनका स्वागत किया। ये लोग कालपी छोड़ आगे बढ़ गए। तब तक अंग्रेज़ सेना कालपी पहुँच गई थी। इन्होंने कालपी में बहुत लूटमार की। ग्वालियर के राजा सयाजीराव शिन्दे व उनके दीवान ने अंग्रेज़ों के सामने घुटने टेक दिए। परनतु ग्वालियर की प्रजा ने व सेना ने रानी लक्ष्मीबाई का स्वागत किया। इधर ग्वालियर में रावसाहब पेशवा ने अपना राजतिलक करवाया, उधर रानी लक्ष्मीबाई अपने सरदार व स्त्री सैनिकों के साथ मिलकर युद्ध की तैयारी कर रही थीं। रानी ने आसपास के ठिकानों का जायज़ा लिया, ताकि संकट के समय बचा जा सके।

ह्यूरोज़ विशाल सेना लेकर ग्वालियर आ पहुँचा। मुरार में उसकी मुठभेड़ तात्या टोपे से हुई। लक्ष्मीबाई घोड़े पर बैठकर इस स्फूर्ति से तलवार रही थीं कि अंग्रेज़ भी देखकर दंग रह गए। उनको पीछे हटना पड़ा। लेकिन 18 जून को अंग्रेज़ों ने रानी को चारों ओर से घेर लिया। फिर भी वह काशी और सुन्दर नामक अपनी सहेलियों के साथ अंग्रेज़ों से जूझती रहीं। रानी लक्ष्मीबाई की तलवार के सामने जब अंग्रेज़ों की एक न चली तब उन्होंने तोपों से हमला करना शुरू किया, जिससे लक्ष्मीबाई के घोड़े की एक टाँग टूट गई। अब उन्हें अड़ियल घोड़े का सहारा लेना पड़ा। रानी के अधिकतर कुशल सैनिक तोपों की आग में बलि चढ़ चुके थे। फिर भी रानी वीरतापूर्वक लड़ती रहीं। साथ ही निराश होते सैनिकों के पास जाकर उनमें जोश भरती रहीं।

रानी जब विश्राम करने के लिए अपने तम्बू में पहुँचीं, तो वहाँ भी अंग्रेज़ सैनिक आ धमके। रानी घोड़े पर बैठकर दोनों हाथों से तलवारें चलाती हुई सैनिकों के बीच से निकलने में कामयाब हो गईं। रास्ते में बड़ा नाला था और घोड़ा नया ही था। वह बीच में ही फँस गया। तब तक अंग्रेज़ पास आ चुके थे। उन्होंने लक्ष्मीबाई पर गोलियाँ बरसानी शुरू कर दीं। एक गोली उनके पैरों के ऊपरी भाग में घुस गई। जिससे वो घायल हो गईं। फिर भी उन्होंने एक अंग्रेज़ सैनिक को वहीं ढेर कर दिया। इतने में एक अंग्रेज़ सैनिक ने तलवार से लक्ष्मीबाई के सिर पर वार किया। उसी समय रानी के सिर का दाहिना भाग व एक आँख शरीर से अलग हो गया। इस घायल अवस्था में भी रानी ने एक अंग्रेज़ सैनिक को मौत के घाट उतार दिया। अब रानी ने रणचण्डी का रूप धारण कर लिया था। उसने चारों ओर तलवार घुमानी शुरू कर दी। अंग्रेज़ सैनिक पीछे हट गए। 18 जून, 1858 का वह दिन था जब

रानी लक्ष्मीबाई आखिरी श्वास तक अपने देश के लिए लड़ती रहीं और वीरगति को प्राप्त हो गईं।

भारत के अनेक वीर क्रांतिकारी देश की खातिर बलिदान हो गए। कुछ नाम शेष रह गए तो कुछ अज्ञात रहे। लेकिन 'खूब लड़ी मर्दानी, वह तो झाँसी वाली रानी थी। बुंदेले हरबोलों के मुख हमने सुनी कहानी थी।' इस गीत के रूप में आज भी रानी लक्ष्मीबाई अजर-अमर हैं।

सत्तावनी संग्राम के बेताज बादशाह

बहादुरशाह ज़फ़र

बहादुरशाह ज़फ़र बाबर द्वारा स्थापित मुगल साम्राज्य के अन्तिम बादशाह थे। 1837 में तख़्तपोशी के समय उन्हें अबू ज़फ़र के बदले अबू ज़फ़र मुहम्मद सराजुद्दीन बहादुरशाह ग़ाजी नाम मिला था।

एक शहज़ादे के रूप में उन्हें उर्दू, अरबी, फारसी भाषा के साथ घुड़सवारी, तलवारबाज़ी, तीरंदाज़ी और बन्दूक चलाने की सैनिक शिक्षा मिली थी। वे एक अच्छे निशानेबाज़, उम्दा घुड़सवार, सूफी दर्शन के जानकार फारसी विद्वान, सुलेखन में दक्ष

व शायर थे। निर्वासन के समय उन्होंने जो ग़ज़लें लिखीं वे अपनी संगीतात्मकता और संवेदना के लिए साहित्य में विशेष स्थान रखती हैं। उन्हें शराब या तम्बाकू का शौक नहीं था, परन्तु कई विवाह किए थे। बेगमों, दासियों, रखैलों का पूरा हरम था। इनमें ज़ीनतमहल से उन्होंने ढलती उम्र में विवाह किया था। अन्तिम दिनों में वे इनके साथ थीं। बहादुरशाह अंग्रेज़ों को कानूनन .. प्रजा समझते थे, क्योंकि अंग्रेज़ों ने उनके दादा शाह आलम के समय स्वामिभक्ति की शपथ ली थी। उधर ईस्ट इण्डिया कम्पनी उन्हें पेंशनभोगी और स्वयं को उनका मालिक समझती थी।

सन् 1857 के प्रथम स्वतंत्रता संग्राम के समय बहादुरशाह 82 वर्ष के थे। मेरठ से विद्रोही सेना दिल्ली पहुँची और दिल्ली के किले पर अधिकार कर लिया। विद्रोही सेना के नेता थे नानासाहब पेशवा, तात्या टोपे व अज़ीमुल्ला खां। इन्होंने मुगल सम्राट बहादुरशाह से एक बार फिर दिल्ली का तख्त कुबूल करने को कहा। उनसे सहायता व संरक्षण की माँग की। उन्होंने कहा कि अंग्रेज़ों से लड़ने के लिए मेरे पास न तो साधन हैं, न खज़ाना और न ही रसद। विद्रोही सेना ने उन्हें दिल्ली का बादशाह घोषित कर दिया। सितम्बर के अन्त में दिल्ली पर पुनः अंग्रेज़ों का कब्ज़ा हो गया। बहादुरशाह ने हुमायूँ के मकबरे में जाकर पनाह ली। बाद में अंग्रेज़ों के जान बख्श देने के वायदे पर उन्होंने समर्पण कर दिया।

मेजर हडसन ने उनके चारों पुत्रों मिर्ज़ा मुगल, मिर्ज़ा ख़िज़र सुल्तान, मिर्ज़ा अबूबकर और मिर्ज़ा अब्दुल्ला को भी कैद कर लिया। जब ये लोग जेलखाने पहुँचे तो बहादुरशाह और उनकी बेगम की पालकी को एक तरफ ले जाया गया और चारों शहजादों को एक तरफ ले जाकर पालकी से उतारा गया। शहज़ादों के हाथ-पैर बँधे थे। मेजर हडसन ने स्वयं चारों शहज़ादों का सिर काटा और उनका गर्म खून चुल्लू से पीकर प्रतिशोध और हिंसा की अग्नि शान्त की। क्रूर मज़ाक करते हुए उन सिरों को थाल में सज़ाकर बादशाह के पास नज़राने के रूप में भिजवा दिया गया। बहादुरशाह अपने बेटों के कटे हुए सिर अपने हाथों में लेकर खून के घूँट पीकर रह गए। फिर होश संभालकर बोले, "तैमूर की औलाद ऐसे ही सुर्खरू होकर बाप के सामने आया करती थी।"

इसके बाद शहज़ादों के धड़ कोतवाली के सामने और कटे हुए सिर जेलखाने के सामने खूनी दरवाज़े पर लटका दिए गए।

कहा जाता है मेजर हडसन ने अपमान करने के लिहाज़ से बहादुरशाह ज़फ़र से कहा था–

"दमदमे में दम नहीं अब खैर माँगो जान की।
अय ज़फ़र! ठण्डी हुई अब तेग हिन्दुस्तान की।"

जिसका उत्तर उन्होंने दिया था–

"गाज़ियों में बू रहेगी जब तलक ईमान की।
तख़्ते लंदन तक चलेगी तेग हिन्दुस्तान की।"

अंग्रेज़ों ने उन पर राजद्रोह, षड्‌यन्त्र, विद्रोह और कत्ल के आरोप में सैनिक अदालत द्वारा मुकदमा चलाया। मुकदमे में पेश सबूत अधिकांशतः अप्रासंगिक और कानूनन अमान्य थे, लेकिन बहादुरशाह को सभी आरोपों में दोषी पाया गया और निष्कासित कर दिया गया।

बहादुरशाह के विरुद्ध अंग्रेज़ों का यह पहला मुकद्दमा था, जिसने ब्रिटिश प्रभुत्व को प्रतिष्ठित किया। निरुपाय, अकेले, मित्रविहीन, हतोत्साहित 82 वर्षीय बहादुरशाह ज़फ़र पर यह अपमानजनक मुकद्दमा स्वतंत्रता-प्रेमियों के दमन के उद्देश्य से प्रेरित था।

अक्टूबर, 1858 में उन्हें जीवन-भर के लिए रंगून निष्कासित कर दिया गया। वहाँ 6 नवम्बर, 1862 को इस अन्तिम मुगल सम्राट ने प्राण त्याग दिए।

जिन्होंने सत्तावनी संग्राम का सपना साकार किया

नानासाहब पेशवा

अंग्रेज़ एक-एक कर सभी भारतीय राज्यों को हड़पने की योजना बना रहे थे। बिठूर के राजा नानासाहब की पेंशन भी उनके धर्मपिता बाजीराव पेशवा की मृत्यु के पश्चात् अंग्रेज़ों ने बंद कर दी थी।

बिठूर के शासक बाजीराव पेशवा पूना के राजा थे। अंग्रेज़ों ने उनका राज-सिंहासन छीन लिया और उनसे कहा, 'राज्य सिंहासन छीने जाने के बदले में उन्हें आठ लाख रुपये वार्षिक की पेंशन मिल सकती है।' अभागा बाजीराव पेशवा बिठूर

में आकर रहने लगा और कम्पनी से मिलने वाली आठ लाख रुपये की वार्षिक पेंशन से गुज़ारा करने लगा। बाजीराव के साथ उनके नौकर-चाकरों के अतिरिक्त अन्य अनेक लोग बिठूर में आ बसे थे। उन्हीं में से एक माधवराव थे।

बाजीराव निःसन्तान थे। उनकी नज़र माधवराव के तीनवर्षीय पुत्र पर पड़ी। माधवराव से उन्होंने उनके इस पुत्र धोंडोपंत को दत्तक लेने की इच्छा ज़ाहिर की। माधवराव ने खुशी-खुशी बालक बाजीराव को दत्तक दे दिया। यही बालक नाना साहब धोडोपंत बाजीराव का दत्तक पुत्र था। 1951 में बाजीराव का देहान्त हो गया। देहान्त का समाचार मिलते ही अंग्रेज़ सरकार ने घोषणा कर दी कि बाजीराव को मिलने वाली आठ लाख रुपये की वार्षिक पेंशन नानासाहब को नहीं मिलेगी।

नानासाहब ईस्ट इण्डिया कम्पनी से मिलने वाली आठ लाख रुपये की वार्षिक पेंशन बन्द हो जाने से बहुत अधिक परेशान थे। अंग्रेज़ों के इस विश्वासघात के लिए क्या करें, यह सोच नहीं पा रहे थे। उनके दरबार में तात्या टोपे, बालासाहब जैसे कुशल योद्धा तो थे, लेकिन सही मार्गदर्शन करने वाला कोई कुशल व्यक्ति नहीं था। आखिर अज़ीमुल्ला खां की विद्वत्ता, कुशलता और देशभक्ति की भावना की जानकारी उन्हें मिली। उनका मन उनसे मिलने को बेचैन हो उठा और एक दिन उन्होंने अपना एक विशेष दूत अपने छोटे से पत्र के साथ अज़ीमुल्ला खां के पास भेजा। अज़ीमुल्ला खां कानपुर के फ्री स्कूल में अध्यापक थे। नानासाहब ने उन्हें अपना सलाहकार नियुक्त किया। धीरे-धीरे नानासाहब के मन्त्री का पद सम्भालने लगे। उन्हें रहने के लिए एक भव्य भवन दिया गया। वहाँ उन्होंने युद्धकला और घुड़सवारी सीखी। ईस्ट इण्डिया कम्पनी से पेंशन के विषय में पत्र व्यवहार किया। अज़ीमुल्ला खां का कहना था कि 'इंग्लैण्ड जाकर स्वयं ही ईस्ट इण्डिया कम्पनी के अधिकारियों से बात की जाए।' नानासाहब इसके लिए तैयार हो गए। उन्होंने पेंशन का दावा पेश करने के लिए अज़ीमुल्ला खां को इंग्लैण्ड भेजा। अज़ीमुल्ला खां ने स्वयं पत्र तैयार किया और नानासाहब के हस्ताक्षर व मुहर के साथ नवाबी ठाठ-बाट से इंग्लैण्ड पहुँचे।। वहाँ उन्हीं दिनों रंगोजी बापू गुप्ते सतारा के राज्य का दावा पेश करने आए हुए थे। दोनों के दावे अमान्य हो गए, तो अज़ीमुल्ला खां ने रंगोजी बापू गुप्ते के समक्ष सशस्त्र क्रांति की योजना रखी।

वापस लौटकर अज़ीमुल्ला खां ने विस्तार से नानासाहब के समक्ष भी अपनी क्रांति की योजना रखी। नानासाहब इस योजना को कार्यान्वित करने में लग गए। क्रांति के लिए अन्य राजाओं को तैयार करने के लिए एक दिन तीर्थयात्रा के बहाने नानासाहब और अज़ीमुल्ला खां कुछ चुने हुए सैनिकों और सेवकों के साथ निकल पड़े। सर्वप्रथम वे पड़ोस के राज्यों में गए। झाँसी की रानी लक्ष्मीबाई का जन्म बिठूर में हुआ था। वह नानासाहब की मुँहबोली छबीली बहन थी। साथ ही, झाँसी

राज्य भी अंग्रेज़ों की उसी राज्य-हड़प नीति का शिकार हुआ था। उन्हें राज़ी करना अत्यन्त सरल था। वहाँ से नानासाहब लखनऊ पहुँचे। अवध के नवाब वाजिदअली शाह तो कलकत्ता के पास मटियाबुर्ज़ में अंग्रेज़ों की कैद में पड़े हुए थे, लेकिन लखनऊ में उनकी बेगम हज़रतमहल थीं। बेगम हज़रतमहल तो अंग्रेज़ों से परेशान थीं ही। उनके अवध राज्य को अंग्रेज़ हड़प चुके थे। उन्होंने प्राण-पण से क्रांति में भाग लेना स्वीकार किया। मेरठ आदि से होते हुए नानासाहब और अज़ीमुल्ला दिल्ली पहुँचे। बादशाह ज़फ़र बूढ़े हो चुके थे। उत्साह नहीं था। उन्हें बड़ी मुश्किल से राज़ी किया गया। क्रांति की तारीख 31 मई, 1857 निश्चित हुई। यह तय हुआ कि अंग्रेज़ी सेना के भारतीय सैनिक विद्रोह कर दें। राजाओं और नवाबों की सेनाएँ मोर्चा संभाल लें।

बिठूर लौटकर क्रांति की योजना में और तेज़ी आई। नानासाहब गुप्तचर, साधु-संन्यासियों, फकीरों, नट-नटनियों के वेश में सम्पूर्ण उत्तर भारत में आज़ादी की अलख जगाते रहे। लाल कमल का फूल और चपातियाँ घूमने और बंटने लगीं। नाना के हस्ताक्षरयुक्त पत्र घूमने लगा। गुप्तचर और हरकारों ने क्रांति का प्रचार इतनी तीव्रता से किया कि कल्पना भी नहीं की जा सकती थी। अंग्रेज़ों की भारतीय सेना में सैनिकों को संगठित करने के लिए कमल प्रतीक के रूप में चुना गया। एक सैनिक बलिदान और क्रांति का प्रतीक लाल कमल लेकर किसी सेना में प्रवेश करता। सभी सैनिक बारी-बारी से कमल की सुन्दरता की प्रशंसा करते, जिसका अर्थ क्रांति के लिए रक्त बहाने की प्रतिज्ञा होता था।

जनता को संगठित करने का काम रोटी के प्रतीक से लिया गया। एक व्यक्ति रोटी लेकर दूसरे गाँव पहुँचता। उस गाँव के सभी व्यक्ति उस रोटी को प्रसाद रूप में ग्रहण करते। उस गाँव में रोटियाँ बनवाकर दूसरे गाँव में भेजी जातीं। रोटी और कमल ने 1857 के प्रथम स्वतंत्रता संग्राम में महत्त्वपूर्ण भूमिका निभाई। अज़ीमुल्ला के निर्देश से नानासाहब अंग्रेज़ों की आवभगत उसी तरह करते रहे जिससे अंग्रेज़ों के मन में उनके प्रति कोई शंका उत्पन्न नहीं हुई।

इतनी सुव्यवस्थित क्रांति भी निष्फल हो गई, जिसका कारण रहा मंगल पाण्डे के नेतृत्व में 10 मई को ही भड़क उठा विद्रोह।

मेरठ के विजयी सैनिक दिल्ली पहुँचे। दिल्ली में थोड़े समय के लिए बहादुरशाह ज़फ़र का शासन हुआ। मेरठ और दिल्ली की खबरें कानपुर भी पहुँचीं। कानपुर के अंग्रेज़ सेनापति ह्वीलर ने नानासाहब से अंग्रेज़ों की जानमाल की रक्षा के लिए कानपुर आने को कहा। अज़ीमुल्ला खां ने इस अवसर को हाथ से न जाने देने के लिए कहा। नानासाहब अंगरक्षकों, सैनिकों के साथ कानपुर पहुँचे। अंग्रेज़ों ने सारा खज़ाना नानासाहब को सौंप दिया। 19 जून को कानपुर में भी अंग्रेज़ों का

सफाया शुरू हो गया। 23 जून तक युद्ध हुआ। अंग्रेज़ हार गए। नानासाहब का राज्य स्थापित हो गया। फिर भी अंग्रेज़ों से एक के बाद एक युद्ध हारते जाने के बाद नानासाहब को कानपुर छोड़कर नेपाल की तराई की ओर चले जाना पड़ा।

प्रथम स्वतंत्रता आन्दोलन के पीछे अज़ीमुल्ला खां का उर्वर मस्तिष्क था, जिसे क्रियान्वित करने का श्रेय नानासाहब पेशवा को जाता है।

दुश्मन के छक्के छुड़ाने वाला छापामार

तात्या टोपे

तात्या टोपे का जन्म नगर ज़िले के येवले गाँव में 1804 में हुआ था। 1859 में जब उनको फाँसी दी गई, उन्होंने अपनी आयु पचपन साल की बताई थी। उनके पिता का नाम पांडुरंग त्र्यंबक था। वे बिठूर में नानासाहब धोंडोपंत पेशवा के राज्य में मुंशी के पद पर कार्य करते थे। सन् 1857 के स्वतंत्रता संग्राम में अपनी युद्धकला से उन्होंने अंग्रेज़ों को भयभीत व चकित कर दिया था। साधारण परिस्थितियों से उठकर असाधारण सेनानायकों में उन्होंने अपना प्रमुख स्थान बना लिया था। उनकी

गणना उन सेनानायकों में की जाती है जो छापामार युद्धकला में पारंगत थे। चौड़ी छाती, विशाल ललाट व बड़ी-बड़ी मूंछें उनके व्यक्तित्व को और भी रुआबदार बनाती थीं। नाना पेशवा के मानो वे प्राण थे। अपने शौर्य से तात्या टोपे ने मध्य भारत को हिलाकर रख दिया था। अंग्रेज़ों के अभेद्य व्यूह भेदकर उनके खज़ानों को लूटा, अंग्रेज़ों को पनाह देने वाले राजाओं की तोपों को लूटा। नर्मदा के पाटों को लाँघना मानो उनके बाएँ हाथ का खेल था। देखते ही देखते तीस से चालीस मील पैदल ही पार कर जाते थे। कभी अंग्रेज़ों की सेना के सामने से, कभी पीछे से, कभी बीच से तो कभी नदी-नालों, पर्वत-पहाड़ों से ऐसे गुज़र जाते थे कि किसी को कानोंकान खबर तक नहीं होती थी। वे अंग्रेज़ों के हाथ कभी नहीं लगते। शेर की तरह शत्रु पर टूट पड़ते और शत्रुओं से घिरे होने पर तीर की भाँति निकल भी जाते।

अंग्रेज़ों की तुलना में तात्या टोपे का सैन्यबल कम और अव्यवस्थित था। फिर भी अपनी सेना में वे इस तरह जोश व गति भर देते थे कि दाएं-बाएं से आक्रमण करने वाली अंग्रेज़ी सेना भी उनको पकड़ नहीं पाती थी। नये सैनिकों की भर्ती कर उनको प्रशिक्षित करने का कार्य तात्या टोपे खुद करते थे। इन्होंने कालपी, ग्वालियर व कानपुर पर कब्ज़ा कर लिया था। रानी लक्ष्मीबाई की वीरगति के बाद अंग्रेज़ों ने अपनी पूरी ताकत तात्या टोपे को पकड़ने में लगा दी। अंग्रेज़ों को जब पता चला कि तात्या टोपे दक्षिण की ओर प्रस्थान कर चुके हैं, तब उनका रास्ता रोकने के लिए कर्नल होम्स को बड़ी सेना के साथ भेजा गया।

कर्नल होम्स की सेना को चकमा देते हुए तात्या टोपे ने टोंक राज्य पर हमला किया, जिससे टोंक का नवाब तात्या टोपे की शरण में आ गया। उसने तात्या टोपे का सत्कार तो किया ही, साथ में अपनी सेना भी मदद के लिए दे दी। इधर कर्नल होम्स ने राबर्ट्स के नेतृत्व में और अधिक सेना मँगवाई। इसके बाद अंग्रेज़ों ने तात्या टोपे को दोनों ओर से घेर लिया और सामने चंबल नदी अपने उफान पर थी। फिर भी वे बूंदी, नीमच, नसीराबाद होते हुए नाथद्वारा पहुँच गए। सेना थककर चूर हो चुकी थी। अंग्रेज़ों से संघर्ष करते-करते वह बिखर चुकी थी। अंग्रेज़ों ने तात्या टोपे को चंबल की ओर खदेड़ना शुरू किया, लेकिन तात्या टोपे ने चंबल नदी को भी पार कर लिया। चंबल नदी को पार कर उन्होंने झालरापाटन की सेना को परास्त कर वहाँ की रसद और युद्ध सामग्री को कब्ज़े में कर लिया। अब उनके पास तोपें और अश्वबल भी काफी मात्रा में मौजूद था। इसी के बल पर तात्या ने इन्दौर पर आक्रमण करने की योजना बनाई, जिससे उसकी सेना में इज़ाफा हो सके। इन्दौर पर होल्करों का राज्य था। अंग्रेज़ों को इस योजना का पता चला तो वे घबरा उठे। उन्होंने इन्दौर को छः सेनापतियों के छः बाजुओं से घेर लिया। तात्या टोपे ने अपना इरादा बदल लिया और वे इन्दौर छोड़ सिरोंज पहुँच गए। वहाँ उनको और भी तोपें मिलीं। ग्वालियर के शिंदिया राज्य से भी उनको काफी मात्रा में तोपें और रसद प्राप्त

हुई। तात्या ने फिर से दक्षिण की ओर जाने का मन बनाया। अंग्रेज़ तात्या को दक्षिण की ओर जाने से रोकना चाहते थे। तात्या टोपे को दक्षिण पहुँचने पर मराठों की सहायता मिलने वाली थी। अंग्रेज़ों ने तात्या को फिर से घेर लिया। तात्या वहाँ से भी निकलकर ताल बेहटला पहुंच गए। वहाँ से वे नदी-नालों व पहाड़ों को लाँघते हुए बीहड़ जंगलों से होते हुए दक्षिण की ओर पहुँच गए। तात्या टोपे की इस बहादुरी व चालाकी से अंग्रेज़ सैनिक भौंचक्के रह गए। ऐसा जान पड़ता था मानो तात्या टोपे के रूप में शिवाजी ने अवतार धारण कर लिया है।

तात्या टोपे की वीरता से अंग्रेज़ चकित तो थे ही, साथ ही उनमें दहशत भी फैल गई थी। तात्या टोपे अंग्रेज़ों की सैन्य संरचना को तो नष्ट करते ही थे उनके शस्त्रों व रसद को भी लूटते थे। एक अंग्रेज़ मेजर से लड़ते हुए तात्या ने अपनी सेना को नर्मदा में कूदने का आदेश दिया। शत्रु की गोलियों की बौछारों के बीच तात्या की सेना ने नर्मदा को पार कर ही लिया। अब उनको बड़ौदा पहुँचना था। बड़ौदा यहाँ से पचीस मील दूर था। तात्या फिर से अंग्रेज़ी सेना के बीच घिर गए। लेकिन उन्होंने हिम्मत नहीं हारी। छोटा उदयपुर होते हुए वे प्रतापगढ़ पहुँच गए। वहाँ उन्होंने युद्ध में मेजर रॉक को परास्त किया। चलते-चलते वे देवास पहुँच गए। अंग्रेज़ों को इस बात की खुशी थी कि उन्होंने तात्या टोपे को दक्षिण जाने से रोक लिया था, परन्तु तात्या वहाँ से निकलकर पाडौन पहुँचे। वहाँ राजा मानसिंह के यहाँ विश्राम के लिए वे रुक गए।

पीछा करते हुए तात्या टोपे को पकड़ना नामुमकिन था, इसलिए अंग्रेज़ों ने भेद नीति का सहारा लिया। उन्होंने मानसिंह को संदेश भेजा कि यदि वे तात्या टोपे को पकड़वा देते हैं तो उसके बदले में वे ग्वालियर के राजा पर दबाव डालकर नरवर का राज्य उसे दिलवा देंगे और अंग्रेज़ स्वयं उनका सम्मान करेंगे। मानसिंह अंग्रेज़ों के प्रलोभन में आ गया। अंग्रेज़ सेना पूरी ताकत लगाकर भी जिसे पकड़ न सकी थी, उस वीर स्वतंत्रता सैनिक तात्या टोपे को मानसिंह ने विश्वासघात करके शिवपुरी के निकट नरवर में पकड़वा दिया।

मानसिंह, तात्या टोपे को सुरक्षित जगह ले जाने का बहाना करते हुए, साथियों के साथ निर्धारित स्थान पर ले गया। तात्या को इस बात का अन्दाज़ा नहीं था कि जिस पर वे इतना विश्वास कर रहे हैं, वही घात करने वाला है। मानसिंह ने चुपके से अंग्रेज़ों को बुलवा भेजा। 7 अप्रैल, 1859 की अँधेरी रात थी। तात्या निर्धारित स्थान पर निश्चिंत होकर सो रहे थे। अचानक धोखे से अंग्रेज़ों ने उनको पकड़ लिया। उनको बंदी बनाकर शिवपुरी में जनरल मीड की छावनी में लाया गया और सैनिक न्यायालय में फाँसी की सज़ा सुनाई गई। तात्या टोपे के दर्शन के लिए शिवपुरी में विशाल जनसमूह उमड़ पड़ा। उसको रोकते हुए अंग्रेज़ों ने 18 अप्रैल, 1859 को कड़ी सुरक्षा के बीच उस दुर्धर्ष वीर को फाँसी दे दी। फाँसी देने से पूर्व तात्या टोपे

स्वयं फाँसी के फन्दे के पास गए थे। उनको आँखें बन्द करने के लिए कहा गया, लेकिन तात्या ने मना कर दिया और खुद अपने गले में फाँसी का फन्दा डाल लिया।

ब्रिटिश सरकार ने तात्या टोपे की सैनिक वेशभूषा को इंग्लैण्ड भेज दिया था। जो लन्दन के संग्रहालय में प्रदर्शनार्थ रखी गई थी। बाद में यह स्मृतिचिह्न भारत लाया गया।

आध्यात्मिक क्रांतिकारी

पं. रामसिंह कूका

पं. रामसिंह कूका का जन्म सन् 1824 में लुधियाना ज़िले के भैणी गाँव में हुआ था। वह लम्बे और मज़बूत शरीर के थे और महाराजा रणजीत सिंह की सेना में थे। रणजीत सिंह की मृत्यु के बाद उनका राज्य अंग्रेज़ों ने हड़प लिया, तब उन्होंने नौकरी छोड़ दी। उनके व्यक्तित्व में भी अनेक क्रांतिकारियों की तरह देशप्रेम अर्थात् भारतमाता को परतन्त्रता से मुक्त करने की उत्कट इच्छा और आध्यात्मिकता का समावेश था। नौकरी छोड़कर, संन्यासी बनकर वे पुनः अपने गाँव भैणी में आए।

उनके प्रदीप्त वैराग्य, तीव्र ईश्वरोपासना, तेजस्वी ज्ञानसम्पन्नता और इन्द्रियनिग्रह, इन सबकी ख्याति पूरे पंजाब में फैलने लगी। श्रद्धालु लोगों के जत्थे के जत्थे उनके दर्शन को आने लगे। उस समय किसी अज्ञात साधु रामदास ने उन्हें समझाया कि धार्मिक अवनति को दूर करने का बस एक ही उपाय है और वह है राजनीतिक परतन्त्रता का समूल उच्छेद। रामदास साधु की प्रेरणा से रामसिंह जी के जीवन की दिशा पूरी तरह बदल गई। धीरे-धीरे उनका एक सम्प्रदाय बना। सम्प्रदाय का नाम 'नामधारी' या 'कूका' था। सम्प्रदाय का वास्तविक नाम 'नामधारी' था, किन्तु रामसिंह के नाम के कारण सम्प्रदाय को कूका सम्प्रदाय और अनुयायियों को कूका कहा जाता था।

उन्होंने अपने अनुयायियों में से योग्य व्यक्तियों को छाँटकर राजनीतिक संगठन बनाया। अंग्रेज़ी शिक्षण-संस्था और न्याय के नाम पर अन्याय करने वाले न्यायालयों का बहिष्कार किया। दैनंदिन व्यवहार की शासकीय सुविधाओं रेलगाड़ी, डाक कार्यालय, तार कार्यालय आदि का भी बहिष्कार कर डाला। असहयोग और बहिष्कार के साधनों का उपयोग 1864-65 में ही गांधीजी के असहयोग आन्दोलन के बहुत पहले शुरू हो गया था।

कूका सम्प्रदाय ने पत्र व्यवहार और अन्य बातों की स्वतन्त्र सुविधा उपलब्ध कराकर अपने सम्प्रदाय का एक स्वयंपूर्ण व स्वतन्त्र राष्ट्र ही बना दिया अथवा स्वतन्त्र सरकार ही स्थापित कर ली। इस कारण पंजाब का प्रान्तीय शासन गड़बड़ा गया। उन पर सख्त प्रतिबन्ध लगाए गए। तब उन्होंने अपना खुला आन्दोलन बंद करके गुप्त तरीके से कार्य प्रारम्भ किया। पंजाब प्रान्त को बाईस ज़िलों में बाँटा और बाईस ज़िलाधिकारी नियुक्त किए। उनका कार्य यह था कि सामान्य लोगों के साथ-साथ सेना के अधिकारी वर्ग को भी अपनी तरफ करना और जगह-जगह शस्त्रों का भण्डार खड़ा करना। इस प्रकार की तैयारी के बाद एक दिन और एक ही समय पर सामान्य लोगों को साथ लेकर ब्रिटिश सरकार से मुकाबले का निर्णय हुआ। प्रतिबन्ध के बाद भी रामसिंह का यह कार्य सतत पाँच वर्षों तक चालू रहा।

लेकिन उसी समय एक अप्रिय घटना हुई। सन् 1869 में कुछ कुके अमृतसर जा रहे थे कि रास्ते में गोहत्या करने वाले लोगों से उनकी मुलाकात हुई। उन्होंने गोहत्या करने वालों का वध कर दिया और अमृतसर जाने की बजाय भैणी लौट आए। उधर सरकार ने निरपराध लोगों को सज़ा देना शुरू किया। तब गुरु रामसिंह जी ने अपराधी कूकाओं को सरकार के समक्ष आत्मसमर्पण करने का आदेश दिया और वे अपराधी कूका फांसी के फंदे पर लटकने के लिए खुशी से तैयार हो गए।

13 जनवरी, 1872 को कुछ 'नामधारी' रामसिंह के जन्म ग्राम भैणी को माघ माह में होने वाले मेले में हिस्सा लेने के लिए जा रहे थे। रास्ते में मालेरकोट रियासत में किसी छोटी-सी बात पर एक कसाई के साथ पीछे छूट गए एक कूका का झगड़ा

हुआ। सबने मिलकर उस कूका को पीटा और उसके सामने गाय की हत्या की। उसने भैणी आकर वहाँ एकत्रित हज़ारों नामधारियों के समक्ष गुरु रामसिंह को यह वृत्तान्त बताया।

अनेक नामधारियों ने आवेश में कहा कि विद्रोह का यही उचित अवसर है। परन्तु गुरु रामसिंह को पूरी जानकारी थी कि अगर इस वक्त आन्दोलन किया गया तो इसका विपरीत परिणाम होगा। इसलिए उन्होंने लोगों को शान्त रहने की सलाह दी। किन्तु प्रतिशोध की भावना से उत्तेजित युवकों को उनका उपदेश जँचा नहीं। प्रतिशोध की आग में जल उठे युवकों ने भैणी के समीप मलोध के किले पर आक्रमण कर दिया। इस कृत्य के कारण गुरु रामसिंह के सामने विचित्र स्थिति उत्पन्न हो गई। बहुत विचार करने के बाद उन्होंने पंजाब सरकार को संदेश भेजा कि 'आन्दोलन करने वाले लोगों का मेरे सम्प्रदाय से कोई सम्बन्ध नहीं। मैं और मेरा सम्प्रदाय इस कृत्य से अलिप्त हैं। इसलिए इस कृत्य का उत्तरदायित्व न मेरा है, न मेरे सम्प्रदाय का।' वस्तुतः आन्दोलनकर्ताओं की भावना कितनी भी तेजस्वी क्यों न हो, किन्तु समय पर क्रियान्वित न होने से प्रत्यक्ष कार्य की दृष्टि से विघातक ही थी।

सम्प्रदाय बचाने के हिसाब से राज्य क्रांति सफल बनाने की दृष्टि से यह करना आवश्यक था। मलोध किले के अधिकारियों के संकेत प्राप्त होते ही साधन सामग्री सहित पूरा मलोध किला रामसिंह को सौंप देने का वचन दिया था। परन्तु यह आक्रमण समय से पूर्व, पूर्व सूचना दिए बगैर और रामसिंह की अनुमति के बिना हुआ, यह देखकर अधिकारियों ने कोई भी मदद नहीं की। उधर युवकों ने मलोध लूटकर मालेरकोटला रियासत पर आक्रमण कर दिया। आक्रमण की खबर वहाँ पहले ही पहुँच गई थी। क्रांतिकारियों ने शहर का मुख्य दरवाजा कब्जे में ले लिया और राजमहल में घुसकर खज़ाने पर आक्रमण कर दिया। पूर्व सूचना के कारण शीघ्र ही सेना पहुँच गई और इतनी ज़ोर से प्रत्याक्रमण किया कि हाथ लगा खज़ाना छोड़कर भागने के सिवा कोई चारा नहीं बचा। फिर से एक बार क्रांतिकारियों ने पीछा करते सैनिकों पर ज़ोर से आक्रमण किया। ब्रिटिश सरकार की आधुनिक शस्त्रों से परिपूर्ण सेना, मि. कॉवन (लुधियाना के) डिप्टी कमिश्नर, के नेतृत्व में रियासत की सेना की मदद के लिए आई। जंगलों में अनेक दिनों तक आक्रमण व प्रत्याक्रमण चालू रहा। आखिर पटियाला रियासत की सीमा पर 'रढ' नामक खेड़े के पास जंगल में 68 नामधारी युद्ध करते समय बंदी बनाए गए।

मि. कॉवन ने क्रांतिकारियों को मालेरकोटला में वापस लाकर फौजी न्यायालय के सामने खड़ा कर दिया। यहाँ उनको तोप के सामने रखकर उड़ा देने की सज़ा हुई। मार्ग के मध्य में एक तोप गोले भरकर रखी गई थी। दस-दस, पन्द्रह-पन्द्रह लोगों को एकसाथ बाँधकर तोप के मुँह से बाँध दिया गया। मि. कॉवन को लगा कि यह दृश्य देखकर लोगों का कलेजा फट जाएगा और बाद में कोई आन्दोलनकर्ता

इस प्रकार की हिम्मत नहीं करेगा। किन्तु तोप के आगे जाते समय उन्होंने जो असीम धैर्य, अपने नेताओं पर असीम श्रद्धा और हँसते हुए मृत्यु को वरण करने की हिम्मत दिखाई, इससे मि. कॉवन का उद्देश्य असफल हुआ।

पाँचवीं बारी जिसकी थी वह एक तेरह साल का छोटा बालक था। श्रीमती कॉवन यह दृश्य बड़ी शान्ति से देख रही थीं। सुकोमल बालक विशनसिंह की माँ वहाँ मौजूद थीं और बार-बार श्रीमती कॉवन से विनती कर रही थीं। श्रीमती कॉवन ने अपने पति से बालक को छोड़ने के लिए कहा। पत्नी का मन रखने के लिए कॉवन ने उस बच्चे को छोड़ने का आदेश दिया। बच्चे को लगा, मेरी माँ के कारण मेरा देश के लिए बलिदान होने का अवसर चला जाएगा। इसलिए बालक बोला, 'यह मेरी माँ नहीं, गाँव की पागल औरत है, इस पर भरोसा मत करो।' मि. कॉवन गुरु रामसिंह को गालियाँ देते हुए बोला, 'अगर तू उस बदमाश रामसिंह का पीछा छोड़ देगा तो तुझे छोड़ दिया जाएगा।' वह बालक गुरु गोविंद सिंह की परम्परा का बालक था। अपने को पकड़े खड़े सैनिक के हाथ को ज़ोर से झटका देकर अपना हाथ छुड़ा लिया और एकदम मि. कॉवन के ऊपर झपटा और उसकी दाढ़ी ज़ोर से खींची। कॉवन धरती पर गिर पड़ा, उसने बहुत प्रयत्न किए, लेकिन बच्चे ने दाढ़ी नहीं छोड़ी। सिपाहियों ने भी बहुत प्रयत्न किए, किन्तु वे भी हाथ छुड़ाने में असफल रहे। आखिर बच्चे के दोनों हाथ काट दिए गए। तभी उससे छुटकारा मिला। उस बच्चे के दोनों पाँव काट डाले गए और तड़पकर मरने के लिए छोड़ दिया गया। इस घटना के बाद शेष व्यक्तियों को दूसरे दिन सज़ा दी गई।

दूसरे दिन जिनको सज़ा हुई, उनमें से एक सन्त वरयाम सिंह थे। सन्त वरयाम सिंह पटियाला नरेश के रिश्तेदार थे। पटियाला नरेश ने अंग्रेज़ों का साथ दिया था। उनका सिफारिशी पत्र कॉवन को मिला। वह सन्त वरयाम सिंह की सज़ा टालना चाहता था। जब सन्त वरयाम सिंह को तोप के सामने लाया गया तब कॉवन बोला, 'इनकी लम्बाई कम है, इनकी छाती तोप के सामने बराबर नहीं आ रही।' संत वरयाम सिंह को इस बात का बुरा लगा। सबको देश के लिए प्राण समर्पण करने का मौका मिला, तेरह साल के बालक ने भी अपना बलिदान दिया। दुर्भाग्यवश मैं ही इस अवसर से वंचित रह गया। झट से उन्होंने बड़ा पत्थर उठाया और उस पर चढ़कर बोले, 'देखो, अब मेरी छाती तोप के सामने है।' मि. कॉवन के सामने यह प्रश्न था कि वह पटियाला नरेश को क्या जवाब दे? इसलिए वह बोला, 'एक बार माफी दे चुका, अब मैं निर्णय नहीं बदलूँगा।' सन्त वरयाम सिंह ने दूसरी युक्ति सोची। कॉवन का अपमान करके उसको क्रोधित करने लगे। बोले, 'ये बात मेरी समझ में आ गई कि तुम मुझे सज़ा क्यों नहीं दे रहे। बाघ जैसे मुझे सामने देखकर तुम्हारा कलेजा काँप रहा है। तुम डरपोक हो।' यह सुनकर कॉवन सचमुच क्रोधित हुआ और उसने सन्त

वरयाम सिंह को सज़ा का आदेश दिया। वीर की इच्छा पूरी हुई। उसने शहीद होने का गौरव अर्जित किया।

सरकार ने पूर्ण रूप से समझ लिया कि सम्प्रदाय की शक्ति रामसिंह पर उनकी निष्ठा से है। विद्रोह के लिए तत्पर नामधारियों को पंजाब सरकार ने अपने सामर्थ्य से कुचलने का प्रयास किया था, परन्तु सम्प्रदाय का बल कम होने के बजाय बढ़ता गया। सरकार रामसिंह को पकड़ने का बहाना खोजने लगी, लेकिन रामसिंह अत्यन्त सावधान थे। आखिर अंग्रेज़ सरकार ने किसी बहाने से रामसिंह को गिरफ्तार कर लिया और बर्मा भेज दिया। उनका पंजाब में रहना सरकार के लिए खतरनाक था। अपनी योजना विफल हो जाने के कारण वे बहुत उदास और भग्न मनःस्थिति में थे और इस निराशाजनक स्थिति में ही रंगून की जेल में सन् 1885 में इस महातेजस्वी और कुशल संगठक क्रांतिकारी की मृत्यु हुई।

भारत के दूसरे शिवाजी

वासुदेव बलवंत फड़के

वासुदेव बलवंत फड़के का जन्म महाराष्ट्र के ग्राम शिरढोन, ज़िला कुलाबा में 4 नवम्बर, 1845 को हुआ था। उनके पूर्वज मराठा राज्य में विभिन्न पदों पर काम करते थे। थोड़ी-सी स्कूली शिक्षा पाकर वे बम्बई में 20 रुपये महीने की क्लर्की करने लगे, फिर पूना के वित्त विभाग में 30 रुपये मासिक की नौकरी करने लगे। लगभग 15 वर्ष तक नौकरी करने के दौरान उन्हें अंग्रेज़ों की भेदभावपूर्ण नीति का कटु अनुभव हुआ। सन् सत्तावन में अंग्रेज़ों द्वारा ढाये गए ज़ुल्मों की कहानियाँ

भी वे सुन चुके थे।

इस समय तक वासुदेव बलवंत फड़के की आय 60 रु. प्रतिमाह हो चुकी थी, जो गुज़र-बसर के लिए पर्याप्त थी। लेकिन एक बार उनकी माता के बीमार हो जाने पर उन्हें अपने गाँव जाने की छुट्टी नहीं मिली। वे छुट्टी मंजूर होने की प्रतीक्षा किए बिना ही शिरढोन चले गए। उनके घर में प्रवेश करते-करते उनकी माँ बेटे के दर्शन को तरसते हुए प्राण त्याग चुकी थी। माँ के अन्तिम दर्शन न मिल पाने से उनके मन का सोया विद्रोही जाग पड़ा और अब पूना के शिक्षित नवयुवकों को वे अंग्रेज़ों के विरुद्ध एकत्रित करने और तलवार चलाना सिखाने लगे। अपनी पत्नी गोयिकाबाई को भी तलवार चलाना और लिखना-पढ़ना सिखाया।

इसी दौरान जस्टिस रानाडे के व्याख्यानों ने वासुदेव की आँखें खोल दीं। शिवाजी के आदर्श को अपनाकर उन्होंने स्वराज्य की स्थापना का प्रयास किया। नौकरी छोड़ दी। रामोशी नामक जरायमपेशा जाति को संगठित किया। ये लोग बड़े फुर्तीले और बहादुर थे। वे वासुदेव को नेता मानकर उन्हें महाराज कहते। वे लोग डाके डालकर धन और हथियार संग्रह करते। उन्होंने सेठ-साहूकारों से भी धन उधार मांगा। स्वराज्य के बाद उसे ब्याज सहित लौटा देने की भी बात कही। किन्तु सेठ-साहूकारों ने उन्हें पागल समझा। दौलतीराव रामोशी और गोविन्दराव दावरे दोनों उनकी सेना में महत्त्वपूर्ण व्यक्ति थे, जिन्हें वे गुलटेकड़ी और फर्ग्यूसन की पहाड़ियों पर सैन्य-प्रशिक्षण देते थे। उनका विश्वास था कि संगठित सेनाओं के अभाव में अंग्रेज़ों को छापामार युद्ध में ही जीता जा सकता है। इस क्रम में अंग्रेज़ों के खज़ाने और शस्त्रागारों को, कभी-कभी धनिकों को भी वे लूटा करते थे।

धीरे-धीरे फड़के की सेनाओं का आकार और आतंक बढ़ने लगा। 1876-77 के भयंकर अकाल के समय वह अंग्रेज़ों के खज़ाने लूटकर गरीबों के पेट भरने लगे। अंग्रेज़ों के वफादार सरकारी अफसर बौखला उठे। गाँवों और कस्बों से अंग्रेज़ भागकर पूना पहुँचे। फड़के ने पूना में छापे मारे। कई अंग्रेज़ों को परलोक भेज दिया। सतारा ज़िले में हड़बड़ी मच गई। ब्रिटिश जेलों से कैदियों को मुक्त कर अपनी सेना में भर्ती कर लिया। लगता था कि महाराष्ट्र के सातों ज़िलों में वासुदेव फड़के का शासन स्थापित हो गया है।

ब्रिटिश सत्ता आतंकित हो उठी। 13 मई, 1879 को जब पूना के विश्राम बाग और बुधवार पेठ के सरकारी कार्यालयों में रात के समय अचानक आग लग गई तो शासन ने उन्हें पकड़ने के लिए सारे प्रयास शुरू कर दिए। उन्होंने फड़के को पकड़ने वाले के लिए पाँच हज़ार रुपयों के पुरस्कार की घोषणा की। प्रत्युत्तर में फड़के ने बम्बई के गवर्नर सर रिचर्ड टैंपल का सिर लाने वाले को दस हज़ार रुपये के पुरस्कार की घोषणा की।

जिस समय वासुदेव हैदराबाद राज्य में घूम रहे थे, वे रुहेला सरदारों से मिलकर

बहादुर रुहेला सैनिकों की एक सेना को संगठित करने लगे। उधर, ब्रिटिश पुलिस का क्रूर दानव मेजर डेनियल और हैदराबाद का पुलिस कमिश्नर सैयद अब्दुल हक वासुदेव की तलाश में लगे हुए थे। एक रात वे देवर नाडगी के बुद्ध विहार में ज्वर और थकान से अचेत लेटे हुए थे। तभी मेजर डेनियल और सैयद हक ने एक पुलिस दल की सहायता से मन्दिर को घेर लिया और वासुदेव को गिरफ्तार कर लिया। यह 21 जुलाई, 1879 की रात थी। उन्हें अपनी तलवार उठाने का समय भी नहीं मिल सका। पूना की अदालत में न्याय का अभिनय किया गया। उन्हें आजन्म कारावास की सज़ा दी गई। उन्हें खतरनाक और शक्तिशाली मानकर अदन की जेल में रखा गया। अण्डमान को भी उनके लिए सुरक्षित नहीं समझा गया।

बहादुर फड़के अदन की जेल से भी भाग निकले। उन्होंने बेड़ियां और कोठरी का दरवाज़ा तक उखाड़ डाला। दरवाज़े को जेल की दीवार से लगाकर उस पर चढ़कर जेल से निकल भागे। अनजान देश, अनजान आदमी और अनजान भाषा। इस मुश्किल में वे फिर पकड़ लिए गए। उन्हें कम भोजन देकर अधिक श्रम कराया गया। पैरों की बेड़ियां और भारी हो गईं। अब उन्होंने आमरण अनशन शुरू कर दिया। इससे उन्हें तपेदिक हो गया। आखिरकार भारत से अरब सागर के पार अदन की जेल में वे शहीद हो गए। यह 17 फरवरी, 1883 का दिन था। देश को स्वतन्त्र कराने का बीड़ा उन्होंने उठाया था और जिसके स्वतन्त्र होने की उन्हें पूरी आशा थी। वे साहूकारों से ही स्वतंत्रता के बाद धन लौटाने की बात नहीं करते थे, उन्होंने अपनी पत्नी गोयिकाबाई को भी मायके यही कहकर भेजा था कि स्वराज्य मिल जाने के बाद वे उन्हें रानी बना देंगे। उसी मातृभूमि की पवित्र माटी को भी वे मस्तक से नहीं लगा सके। उनकी पत्नी भी, उनके अन्तिम दर्शन नहीं कर सकीं, यद्यपि वे 1940 तक जीवित रहीं। एक देशभक्त की गुमनाम मौत हो गई, पर उनके बलिदान ने ही रक्तबीज बनकर अनेकानेक क्रांतिकारियों को जन्म दिया।

उन्होंने अपने मुट्ठी-भर सैनिकों के द्वारा अंग्रेज़ों को आतंकित कर रखा था। वह शिवाजी के समान छापामार युद्ध के बल पर ही देश को आज़ाद कराना चाहते थे। वास्तव में वे भारत के दूसरे शिवाजी बनकर ही उभरे। तात्या टोपे भी इस गुरिल्ला युद्ध से अंग्रेज़ों की नाक में दम कर चुके थे। कहा जाता है लोकमान्य तिलक भी इनके शिष्यों में रहे थे।

स्वराज्य के मंत्रदाता

लोकमान्य बालगंगाधर तिलक

भारतीय राजनीतिक असन्तोष के जनक कहे जाने वाले लोकमान्य तिलक का जन्म 23 जुलाई, 1857 को रत्नागिरी में महाराष्ट्रीयन ब्राह्मण परिवार में हुआ था। माध्यमिक व उच्च शिक्षा पूना में हुई। विद्यार्थी जीवन में आपने गोपाल गणेश आगरकर के साथ सार्वजनिक जीवन में कार्य करने का निश्चय कर लिया था, अतः वकालत न करते हुए 1 जनवरी, 1880 को पूना के न्यू इंग्लिश स्कूल में अध्यापन करने लगे। यह स्कूल स्वनामधन्य विष्णु शास्त्री चिपलूणकर ने खोला था। स्कूल

की स्थापना के एक वर्ष बाद ही मराठी में 'केसरी' और अंग्रेज़ी में 'मराठा' साप्ताहिक पत्र निकाले गए। तिलक 'मराठा' के सम्पादक बने। 'केसरी' में कानून और धर्मशास्त्र पर लेख लिखते रहे। स्कूल दिनोंदिन उन्नति करता रहा। सन् 1884 में डेक्कन एजूकेशन सोसायटी की स्थापना हुई, उसके अनुसार एक स्वतन्त्र महाविद्यालय खोला गया। तिलक उसमें संस्कृत और गणित के प्राध्यापक हुए। 1890 में उन्होंने 'केसरी' और 'मराठा' दोनों पत्रों को अपने अधिकार में ले लिया और नौकरी छोड़कर स्वतन्त्र जीवन-यापन करने लगे। इन पत्रों पर सात हज़ार रुपये का कर्ज़ था, जो अब तिलक के माथे आ गया था। इतना बड़ा कर्ज़ दस वर्ष में चुकाना सम्भव हुआ। जीविका के लिए कानून की कक्षाएँ लेनी शुरू कीं, जो प्लेग के कारण 1897 में बन्द करनी पड़ीं।

डेक्कन एजूकेशन सोसायटी से निवृत्त होकर आपने क्रॉफर्ड प्रकरण में भागीदारी की। 'क्रॉफर्ड' नामक गोरे अधिकारी ने लोगों के पैसे अन्यायपूर्वक दबा दिए। परिणामस्वरूप अधीनस्थ कर्मचारियों के तो बर्खास्त होने की नौबत आ पहुँची, परन्तु वह स्वयं बच गया। आपने इसके विरोध में सभा की। विधान सभा में प्रश्न उठाया। बम्बई सरकार से लोगों को निर्दोष सिद्ध करवाया और उन्हें जीवन-भर पेंशन दिलवाई, जिससे अन्याय के विरुद्ध लड़ने वाले साहसी व निर्भीक व्यक्ति के रूप में आपकी प्रसिद्धि हुई।

लोकमान्य तिलक ने हिन्दुओं का स्वाभिमान जागृत करने और उन्हें एक सूत्र में बाँधने के लिए शिवाजी उत्सव शुरू किया और गणेशोत्सव को सार्वजनिक रूप दिया। इस समय सारे भारत पर अकाल की छाया थी, उस पर भी महाराष्ट्र में प्लेग का प्रकोप था। सरकार उपेक्षा कर रही थी व लापरवाह थी। फलस्वरूप उसके खिलाफ सर्वत्र रोष का वातावरण था। रेंड और आयरिस्ट नामक गोरे अधिकारी स्त्रियों और जनता के साथ दुर्व्यवहार कर रहे थे। प्लेग के बहाने लोगों को अपमानित करते और घर का सामान उठाकर फेंक देते थे। उनकी दुष्टता और क्रूरता से तंग आकर चाफेकर बन्धुओं ने उन्हें मार दिया और फाँसी पर झूल गए। नातु भाइयों को नज़रकैद हुई। कहा जाता है कि यहीं से गरम दल का विभाजन हुआ। अब तिलक सरकार की नज़र में खटकने लगे थे। उन्होंने उन पर शिवाजी उत्सव में एक आपत्तिजनक कविता पढ़ने और उत्सव भाषण प्रकाशित करने के खिलाफ मुकद्दमा चलाया। 14 सितम्बर, 1897 को आपको 18 माह का कठोर कारावास का दण्ड मिला।

भारतवर्ष में यह इस प्रकार का पहला राजद्रोह का मुकदमा था। देश-भर से धन एकत्रित किया गया। इस मुकद्दमे ने लोगों के हृदय में सरकार के प्रति अनास्था उत्पन्न की। भारतीय नेताओं का प्रभाव बढ़ा। अंग्रेज़ डर गए, इंग्लैंड के 'ग्लोब' पत्र ने बम्बई के गवर्नर लॉर्ड नार्थकोट से अनुरोध किया कि तिलक के नेतृत्व में चलने वाले गोरों के कत्ल के षड्यन्त्र पर नज़र रखे। बम्बई के 'टाइम्स ऑफ इण्डिया'

ने उसे उद्धृत किया। तिलक ने दोनों पत्रों पर मानहानि का मुकदमा दायर कर दिया, जिससे उन्हें तिलक से माफी माँगनी पड़ी।

अभी तक भारतीय नेता सरकार के समक्ष विनयपूर्ण ढंग से अपनी माँगें रख रहे थे। तिलक ने इसे पसन्द नहीं किया। उन्होंने अपने रचनात्मक कार्यों में स्वदेशी का समावेश किया और बंग-भंग के बाद विदेशी माल के बहिष्कार की घोषणा की। 1909 के कांग्रेस के कलकत्ता अधिवेशन में स्वदेशी प्रचार, विदेशी बहिष्कार, राष्ट्रीय शिक्षा व स्वराज्य इस चार सूत्रीय कार्यक्रम को पेश किया, जो बहुमत से स्वीकृत हुआ।

बंगाल के क्रांतिकारियों पर सरकार अमानुषिक अत्याचार कर रही थी, उसके खिलाफ आपने आवाज़ उठाई, परिणामस्वरूप आप पर राजद्रोह का मुकद्दमा चलाया गया और 1908 में आपको मांडले के किले में रखा गया। वहाँ आपने 'गीता रहस्य' नामक मराठी ग्रन्थ लिखा। 1914 में आप रिहा हुए और दल के पुनर्गठन में लग गए। वे विश्वयुद्ध से उत्पन्न परिस्थितियों का लाभ उठाना चाहते थे। दिसम्बर, 1916 में लखनऊ में हिन्दू-मुस्लिम एकता का समझौता कराया।

1918 में सर वैलेंटाइन शिरोल ने 'अनरेस्ट इन इण्डिया' नामक अपनी पुस्तक में तिलक को राजद्रोही कहा। उन्होंने शिरोल पर मानहानि का मुकदमा चलाया, जिस पर कोर्ट ने उल्टे तिलक को शिरोल को खर्च देने का आदेश दिया।

कांग्रेस के 1919 के अमृतसर अधिवेशन में मांटफोर्ड की रिपोर्ट को निराशाजनक कहा गया, लेकिन तिलक इससे फायदा उठाना चाहते थे। उन्होंने कांग्रेस डेमोक्रेटिक पार्टी की स्थापना कर चुनाव लड़ने का कार्यक्रम तैयार किया। लेकिन 1 अगस्त, 1920 को बीमारी से आपका निधन हो गया। तिलक ने जिस पूर्ण स्वराज्य के लक्ष्य की घोषणा की थी, वह कांग्रेस द्वारा 1929 में स्वीकार किया गया।

मराठी और अंग्रेज़ी में लिखे हुए लोकमान्य तिलक के ग्रन्थ उनके स्थायी स्मारक हैं, जो ज्यादातर जेलयात्रा में लिखे गए हैं। वस्तुतः उनका व्यक्तित्व दार्शनिक, राजनीतिज्ञ, आदर्श पत्रकार, न्यायविद और शिक्षाविद के साथ प्राचीन साहित्य के संशोधक का था। वे पराधीनता की बेड़ियों को छिन्न-भिन्न करने में सतत लगे रहे।

इस राष्ट्र के कर्णधार को जनता ने आदर से 'लोकमान्य' की उपाधि दी थी। भारतीय स्वतंत्रता संग्राम में आपका अद्वितीय स्थान है। देश की राजनीति को तीव्र करने, उसे जनसाधारण तक पहुँचाने और समर्पित कार्यकर्ता तैयार करने का कार्य आपने किया। 'स्वतंत्रता हमारा जन्मसिद्ध अधिकार है' उद्घोष ने भारत को दृढ़ता का महामंत्र दिया। सबके लिए यह अमर सन्देश बन गया।

पंजाब केसरी

लाला लाजपतराय

पंजाब केसरी लाला लाजपतराय का जन्म 29 जनवरी, 1865 को नाना के घर ढोढ़की ग्राम में हुआ था। आपके पिता लाला राधाकृष्ण साधारण परिवार से थे। आपकी कुशाग्र बुद्धि को धार्मिक प्रश्न उलझाते रहते थे। आपका झुकाव स्वामी दयानन्द द्वारा प्रचारित आर्यसमाज की ओर था। आपने 1885 में कानून की परीक्षा पास कर ली और इसी वर्ष हिसार में वकालत प्रारम्भ की। इस समय वहाँ आर्यसमाज का आन्दोलन बड़े ज़ोरों पर था। 1882 में आप आर्यसमाज के सक्रिय सदस्य हो गए

थे। लाहौर में दयानंद कॉलेज की स्थापना में आपकी महती भूमिका रही है। ग्राम-ग्राम घूम कर धन एकत्रित करके आपने उसका विस्तार किया, उसकी मैनेजिंग कमेटी के भी सदस्य रहे। आर्यसमाज ने स्वदेशी आन्दोलन में भाग लिया था।

1888 के इलाहाबाद के कांग्रेस अधिवेशन में आपने पहली बार भाग लिया। 1900 के लाहौर अधिवेशन में भी पंजाब के सदस्य व एक वक्ता के रूप में आपने भाषण दिया, जहाँ आपकी छवि राष्ट्रवादी नेता के रूप में उभरी। लालाजी ने बनारस कांग्रेस में भी कांग्रेस की पुरानी सड़ी-गली नीतियों की कठोर शब्दों में आलोचना की थी। उनके गरम दल ने राजनीति को नया मोड़ दिया था। 1906 में श्री गोखले के साथ कांग्रेस द्वारा भेजे गए एक डेपुटेशन में आप इंग्लैण्ड गए। वहाँ एक महीने में 40 सभाओं में भाषण दिए। वहाँ उन्होंने पाया कि अंग्रेज़ भारत को स्वतंत्रता देने के पक्ष में नहीं है। स्वदेश लौटने पर उन्होंने कहा कि स्वतंत्रता के लिए हमें सामूहिक प्रयत्न करना होगा।

सन् 1906 में बंग-भंग आन्दोलन तेज़ी पर था। लालाजी ने भारत के अनेक स्थानों पर जोशीले भाषण दिए। विदेशी वस्तुओं के बहिष्कार का आन्दोलन प्रारम्भ किया। इसी समय कांग्रेस का विभाजन हुआ। आप गरम दल के अग्रणी थे। लोकमान्य तिलक और विपिनचन्द्र पाल के साथ आपकी जोड़ी बाल-लाल-पाल के रूप में प्रसिद्ध थी। ब्रिटिश सरकार लालाजी के कार्यों से घबराई हुई थी। 1907 की सूरत कांग्रेस के प्रमुख स्तम्भ आप ही थे। उस समय नेशनलिस्टों ने लाला लाजपतराय का नाम सभापति के रूप में प्रस्तावित किया था, परन्तु रासबिहारी घोष को ही इस अधिवेशन का सभापति बनाया गया। सभापति के नाम को लेकर मंच पर जूते भी बरसे थे।

8 मई, 1907 को लालाजी गिरफ्तार कर लिए गए। उन्हें देश-निर्वासन का दण्ड दिया गया, जिससे समस्त भारत में असन्तोष की आग फिर सुलग उठी। पंजाब में प्रबल आन्दोलन हुआ। 8 दिसम्बर, 1907 तक आप मांडले (बर्मा) जेल में रहे। वहाँ आपने कुछ पुस्तकें लिखीं। इधर बंगाल में नवयुवक बम बनाने में लगे हुए थे। इनके बम से मुज़फ्फरपुर में दो अंग्रेज़ मारे गए, जिसके कारण ब्रिटिश सरकार ने दमन-चक्र तेज़ कर दिया। कई अग्रणी नेता पकड़े गए। इनमें श्री चिदंब्रम और लोकमान्य तिलक भी शामिल थे। छूटने के बाद लालाजी ने दूसरी बार इंग्लैण्ड की यात्रा की। वहाँ जाकर पत्रों में भारत विषयक लेख लिखना शुरू कर दिया। इंग्लैण्ड में रह रहे युवकों को स्वतंत्रता आन्दोलन में भाग लेने के लिए प्रेरित किया। 1909 में भारत लौटे और मित्रों की सहायता से पंजाब हिन्दू सभा की स्थापना की। पुलिस पीछे लगी हुई थी, अतः उन्होंने विदेश में रहना ही उचित समझा।

सन् 1914 में आप चौथी बार इंग्लैण्ड गए। वहीं से जापान पहुँचे। जापान से भारत वापस आना चाहते थे, परन्तु प्रथम विश्वयुद्ध छिड़ जाने के कारण आपको भारत आने की अनुमति नहीं मिली। सन् 1919 में आपने अमेरिका में इण्डियन होमरूल

लीग नामक संस्था की स्थापना की। उन्हीं दिनों पंजाब में जलियांवाला बाग का भयंकर हत्याकाण्ड हुआ। ऐसे समय भारत न आ पाने की विवशता आपके लिए भयंकर कष्टप्रद थी। लालाजी भारत की आज़ादी के लिए विश्व जनमत बना रहे थे। इसके लिए वे विश्व शान्ति सम्मेलन पेरिस से भी सम्पर्क बनाए हुए थे।

20 फरवरी, 1920 को आप अमेरिका से बम्बई आए। 4 सितम्बर, 1920 को कलकत्ता में कांग्रेस का विशेष अधिवेशन हुआ, जिसमें आप सभापति चुने गए। दिसम्बर, 1920 के नागपुर के कांग्रेस के अधिवेशन में असहयोग का प्रस्ताव पास हुआ। प्रिन्स ऑफ वेल्स के भारत आगमन पर उनका विरोध हुआ। इसके पश्चात् आपकी गतिविधियों में तेज़ी आई। पंजाब सरकार लालाजी के पीछे पड़ी हुई थी। कुछ समय पश्चात ही आपको गिरफ्तार कर लिया गया। 18 मास की कैद व 500 रुपये जुर्मने की सज़ा सुनाई गई। जेल में आपका स्वास्थ्य बिगड़ गया। आप में क्षयरोग के लक्षण दिखने लगे। विवश होकर सरकार ने 16 अगस्त, 1923 को उन्हें रिहा कर दिया। इन्हीं दिनों अंग्रेज़ों ने फूट डालो की नीति का सहारा लिया, परिणामस्वरूप साम्प्रदायिक दंगे हुए। हिन्दू हितों की रक्षा का प्रश्न उठा। कांग्रेस में फिर दो दल हो गए, एक पं. मोतीलाल की स्वराज्य पार्टी, दूसरी नेशनल पार्टी जिसके नेता क्रमशः पं. मदनमोहन मालवीय तथा लाला लाजपतराय थे। चुनाव में नेशनलिस्ट पार्टी की बहुमत से विजय हुई।

सन् 1928 में साइमन कमीशन भारत का दौरा कर रहा था। भारत में उसका व्यापक विरोध हो रहा था। काले झण्डे लिए हुए 'गो बैक' के नारे लगाने वाली जनता अहिंसक विरोध कर रही थी। लाहौर के उन प्रदर्शनकारियों के जुलूस में लाला लाजपतराय भी थे। पुलिस ने उन पर पाशविकता से लाठी प्रहार व गोलियों की वर्षा की, जिससे उनकी छाती पर गहरा घाव हो गया। परिणामस्वरूप कुछ दिनों बाद ही उनका स्वर्गवास हो गया। उनके निधन पर सारे भारत में शोकस्वरूप हड़ताल व प्रदर्शन हुए। मरते समय उन्होंने कहा था कि 'मेरे सीने पर लगी हुई गोलियाँ ब्रिटिश सरकार के ताबूत में कील का काम करेंगी।' उनकी यह वाणी अक्षरशः सच निकली। भगतसिंह और उनके साथियों ने सांडर्स को गोली मारकर लाला लाजपतराय की मृत्यु का बदला ले लिया।

अमर बलिदानी

चाफेकर बंधु

चाफेकर भाइयों का अमूल्य बलिदान भारतीय क्रांतिकारियों के इतिहास में ज्वलन्त स्फूर्ति देने वाला अप्रतिम उदाहरण है। चाफेकर भाइयों में ज्येष्ठ दामोदरपंत का जन्म 24 जून, 1869 को पुणे के चिंचवड ग्राम में हुआ था। उनके पिता हरिपंत चाफेकर अग्रगण्य व प्रसिद्ध कीर्तनकार थे। दामोदरपंत भी कीर्तनकार थे, परन्तु, बचपन से ही सैनिक बनने की इच्छा रखते थे। महर्षि पटवर्धन व लोकमान्य तिलक के प्रति उनकी गहन आस्था थी। वे सेना में नौकरी करने के इच्छुक थे, परन्तु ब्राह्मण होने

के कारण उन्हें सेना में नौकरी नहीं मिली। उन्होंने तिलक की सिफारिश से उदयपुर रियासत में भी नौकरी पाने का प्रयत्न किया, किन्तु तिलक के मित्र श्यामजी वर्मा उदयपुर की दीवानी छोड़कर लन्दन चले गए थे। सेना में नौकरी मिली नहीं, क्लर्की उन्हें पसन्द नहीं थी, इसलिए अपने पिता के साथ कीर्तनकार का काम करते रहे। समवयस्क युवकों को इकट्ठा कर उन्होंने तिलक की प्रेरणा से एक ध्येयवादी संगठन बनाया।

ब्रिटिश साम्राज्यवाद के प्रति उनके मन में शुरू से ही तिरस्कार का भाव था। एक बार उन्होंने बम्बई में रानी विक्टोरिया के पुतले पर डामर लगाकर गले में जूतों की माला पहना दी थी।

1896 में महाराष्ट्र में प्लेग फैला। भारतीय लोगों को इस रोग की जानकारी नहीं थी। इंग्लैण्ड इस रोग से सुपरिचित था, फिर भी सरकार ने प्लेग के फैलने की परवाह नहीं की। बाद में रोग के प्रतिकार के नाम पर लोगों को छलना शुरू कर दिया। अधिकारियों को सरकार ने पहले से ही अमर्यादित अधिकार दे रखे थे। प्लेग के निदारण के नाम पर और भी यातनापूर्ण विशेषाधिकार प्राप्त हो गए थे। पुणे में डब्ल्यू. सी. रैंड ने अकल्पित जुर्म किए। वह सतारा जिले में असिस्टेंट कमिश्नर था। 17 फरवरी, 1897 को स्थानान्तरित होकर पुणे आ गया। उसके क्रूर और उन्मत्त व्यवहार की कथा उसके आने से पहले ही पुणे पहुँच चुकी थी। गोरे सिपाही पुणे के लोग्रों के घरों की सफाई कर रहे थे। चोरी के साथ पुरुषों की बेअदबी और स्त्रियों को बेआबरू करने में कोई कसर नहीं छोड़ रहे थे। फलतः लोगों के लिए रैंड स्वयं प्लेग से अधिक घातक बन गया था। रैंडशाही के इस क्षुब्ध करने वाले रूप को देखकर चाफेकर भाई भड़क उठे। उनके अनुसार उसके इन अपराधों की सज़ा मृत्युदण्ड के सिवाय और कुछ नहीं हो सकती थी।

साथ ही इस समय जनसाधारण और विशेषतः तिलक का मत भी अन्याय का प्रतिशोध लेने के पक्ष में था। रैंडशाही की चपेट में आए लोगों के बहते आँसू और दुःखी निःश्वास उन्हें यह प्रतिज्ञा करने को बाध्य कर रहे थे। एक बार लोकमान्य तिलक ने अपने मन का उद्वेग व्यक्त करते हुए कहा था कि एक विदेशी व्यक्ति के हाथों किए जा रहे इतने जुल्मों को सहन करने वाला यह शहर जीवित मनुष्यों का शहर न होकर या तो अचेतन पत्थरों का या मुर्दों का शहर होना चाहिए। इस परिस्थिति में चाफेकर बन्धुओं ने रैंड को यमराज के पास भेजने का निर्णय लिया।

निर्णय को क्रियान्वित करने के लिए उन्होंने विधिवत तैयारी शुरू कर दी। रैंड को समीप से देखकर उसके चेहरे को पहचानने का अवसर चाफेकर बन्धुओं को शीघ्र मिल गया। गोरे सिपाहियों के जुल्मों के विरुद्ध जब 'केसरी' की ओर से प्रखर विरोध होने लगा, तब रैंड ने तिलक को लेकर जाँच के लिए स्वयं जाने का

निर्णय लिया। तिलक ने चाफेकर बन्धुओं को भी साथ ले लिया। उद्देश्य था रैंड को ठीक से पहचानने का अवसर देना।

शस्त्र पाने के लिए चाफेकर छावनी की ओर रोज़ सुबह घूमने जाने लगे। वहीं नदी पर स्नान व देवदर्शन करके लौटते। पहले उन पर निगाह रखी जाती थी। बाद में उनका नियमित कार्य समझकर लापरवाही बरती जाने लगी। इसी का फायदा उठाकर उन्होंने शस्त्र हासिल कर लिए।

रैंड को मारने के पीछे चाफेकर बन्धुओं के दो उद्देश्य थे, एक लोगों का असन्तोष दूर करना और दूसरा अंग्रेज़ी शासन की दमन वृत्ति पर अंकुश लगाना। इस योजना को विशेष रूप दिया गया। रैंड को एक पत्र भेजा गया। वध के सप्ताह-भर पूर्व शिवाजी उत्सव मनाया गया। इस उत्सव में अफजल खान के वध का विषय चुना गया। तिलक की अध्यक्षता में अनेकों ने इस विषय पर विचार प्रकट किए। 'केसरी' के अंक में उसी समय 'निशानी भवानी तलवार' शीर्षक से एक कविता भी छपी। 22 जून को महारानी विक्टोरिया के राज्यारोहण का हीरक महोत्सव आयोजित किया गया था। हीरक महोत्सव के निमित्त होने वाली तोपों की सलामी के बीच ही उसके वध के लिए चाफेकर भाइयों ने पिस्तौल उठा ली।

22 जून की रात्रि को गणेशखिंड स्थित गवर्नर की कोठी में स्वागत-समारोह शान से मनाया जा रहा था। कोठी का सम्पूर्ण परिसर खूब सजाया गया था। सारी कोठी प्रकाश में नहाई हुई थी। आसपास की सभी पहाड़ियों पर होली जलाई जा रही थी। दामोदर पंत ने दिन-भर प्रार्थना की और उपवास किया। छोटे भाई बालकृष्ण चाफेकर को साथ लिया और शस्त्र संभालकर रख लिए। किसी भी प्रकार की गड़बड़ या धोखा न हो इसलिए भिडे नामक चाफेकर का एक साथी वहाँ पहले से ही उपस्थित था। उसके वेश से उस पर किसी को शंका नहीं हो सकती थी। उसने रैंड के लौटने के समय की सूचना चाफेकर को पहले ही दे दी थी। उस समाचार के मिलते ही दोनों भाई गणेशखिंड के रास्ते पर आ गए। एक बार गवर्नर की कोठी का चक्कर लगाया। मध्य रात्रि को समारोह समाप्त होने पर रैंड बाहर निकला। कोठी के मुख्य फाटक से थोड़ी दूर उसकी रिक्शा गाड़ी पहुँचते ही निकट की झाड़ी से सिंह सरीखी सावधानी से दामोदर चाफेकर बाहर निकले और रैंड की गाड़ी पर चढ़कर उसकी पीठ पर गोली दाग दी। रैंड वहीं बेहोश होकर गिर गया। काम पूरा हो गया, समझकर वे शीघ्र ही अदृश्य हो गए। गाड़ी के पीछे-पीछे दूसरी गाड़ी आ रही थी। उसमें आयर्स्ट दम्पत्ति थे। बालकृष्ण चाफेकर ने गाड़ी पर छलांग लगाकर आयर्स्ट पर पिस्तौल दाग दी। उसका वहीं अन्त हो गया और फिर वे अदृश्य हो गए। दस मिनट में ही तिलक को कार्य सिद्ध होने की सूचना पहुँचा दी गई।

शस्त्र उन्होंने नाले के पुल के नीचे ढाँक कर छिपा दिए और नहर के रास्ते से लौट आए। दूसरे दिन वे शस्त्र एक कुएँ में डाल दिए और कीर्तन करने मुम्बई

पहुँचे गए। ग्यारहवें दिन रैंड की मृत्यु हो गई। पुलिस ने मारने वाले का नाम-पता बताने वाले को बीस हज़ार रुपयों का पारितोषिक देने की घोषणा की। कड़क बन्दोबस्त किया गया। पुलिस पर सवा लाख वार्षिक खर्च की भरपाई के लिए पुणे के लोगों पर कर बढ़ा दिए गए। पुणे के कलेक्टर मि. लैम्ब ने पुणे के गण्यमान्य लोगों की बैठक बुलाकर धमकी दी। मुम्बई के पुलिस सुपरिंटेंडेंट ब्रुइन ने भायखला स्थित बाल-सुधार गृह में रहने वाले गणेश शंकर द्रविड़ नामक बालक को बुलाकर प्रलोभन दिया और इस विषय की जानकारी देने को कहा। उसने कहा कि, 'यदि मुझे यहाँ से छोड़ दिया जाए, तो मैं पता लगा सकता हूँ।' पुलिस ने पहले उसे येरवडा में रखा, फिर छोड़ दिया।

गणेश शंकर द्रविड़ का सबसे छोटा भाई नीलकंठ द्रविड़ बालकृष्ण चाफेकर का मित्र और दामोदर क्लब का सदस्य था। परन्तु रैंड का वध करने में दामोदर क्लब की कोई भूमिका नहीं थी। इस प्रकरण के सूत्रधार और ही लोग थे। फिर गणेश शंकर को यह मालूम पड़ गया कि यह कार्य चाफेकर का है।

गणेश शंकर द्रविड़ ने बीस हज़ार रुपयों के लालच में ब्रुइन को दामोदर पंत चाफेकर का नाम बता दिया। साथ ही यह भी कहा कि चाफेकर के मुकदमे में मैं गवाह बनूँगा, बदले में मुझे मुक्त करके नौकरी पुनः बहाल की जाए। ब्रुइन ने सारी शर्तें मान लीं व दामोदर चाफेकर गिरफ्तार कर लिए गए।

दामोदर चाफेकर के गिरफ्तार होते ही छोटे भाई बालकृष्ण भूमिगत हो गए। 3 फरवरी, 1898 को सेशन कोर्ट ने उन्हें फाँसी की सज़ा सुनाई। उनके विरुद्ध कोई गवाह नहीं था, फिर भी उन्हें फाँसी हुई। ब्रुइन ने चालाकी से स्टेटमेंट लिखकर दस्तखत करवा लिए थे।

बालकृष्ण का जन्म भी पुणे के चिंचवड गाँव में 1875 में हुआ था। वह भी सेना में भर्ती होना चाहता था। दामोदर क्लब में व्यायाम व शस्त्र-चालन का अभ्यास करता था। द्रविड़ से ही उन्हें यह मालूम हुआ कि बालकृष्ण निज़ाम के राज्य में छिपे हुए हैं। निज़ाम राज्य की पुलिस ने भी उन्हें खोजने में ब्रिटिश सरकार की भरपूर मदद की। लोकमान्य तिलक ने बालकृष्ण को हैदराबाद राज्य के मुख्य न्यायाधीश केशव कारेटकर के मार्फत मदद पहुँचाई। वे जंगल में अत्यन्त कष्ट में दिन बिता रहे थे।

निज़ाम राज्य के सी.आई.डी अधिकारी स्टीफेंसन ने निज़ाम पुलिस की सहायता से बालकृष्ण को पकड़ लिया। जुलाई 1898 से दिसम्बर 1898 तक पुलिस जंगल-जंगल घूमती रही। बालकृष्ण एक डाकू गिरोह के आश्रय में थे। पुलिस ने उस डाकू सरदार को लालच दिया। लालच में आकर डाकू सरदार ने छलपूर्वक उन्हें पकड़वा दिया। स्वयं स्टीफेंसन ने अपनी रिपोर्ट में लिखा है कि बालकृष्ण को ढूँढ़ने में भयंकर मुसीबतों का सामना करना पड़ा। कभी जीर्ण-शीर्ण मन्दिरों में, कभी गन्दी बस्तियों में रहना

पड़ा। बालकृष्ण व वासुदेव चाफेकर के साथ महादेव रानाडे पर भी एकसाथ मुकद्दमा चला।

येरवडा की जेल में 18 अप्रैल, 1898 को सुबह दामोदर को फाँसी हुई। अन्तिम समय में उनके पास तिलक की गीता की व्यक्तिगत प्रति थी। इसी कारागृह में 12 मई को बालकृष्ण को फाँसी हुई। उनके विरुद्ध कोई प्रबल साक्ष्य या गवाह नहीं था। उन्होंने प्रार्थना की थी कि मुझे अपने छोटे भाई के साथ फाँसी दी जाए। परन्तु अंग्रेज़ों ने उनकी यह छोटी-सी इच्छा भी पूरी नहीं की और छोटे भाई वासुदेव को 8 मई को फाँसी दे दी गई। वधस्थल की ओर जाते हुए वह ज़ोर से चिल्लाया, 'भाई! मैं जा रहा हूँ!'

वासुदेव चाफेकर सबसे छोटे थे। इक्कीस वर्ष की उम्र में ही वे शहीद हो गए। उनका जन्म 1880 में हुआ था। वे अपने बड़े भाई का खूब आदर करते थे और उनकी आज्ञा शिरोधार्य करना धर्म समझते थे। पुणे के महादेव रानाड़े व के. बी. साठे उनके मित्र थे।

वासुदेव को जब यह मालूम हुआ कि उनके भाइयों को पकड़वाने में गणेश व नीलकंठ द्रविड़ का हाथ है, तब उन्होंने अपने दोनों उक्त मित्रों से विचार-विमर्श किया और गद्दारों को ठिकाने लगाने का प्रयास किया। चाफेकर बन्धुओं के मुकद्दमे में रामा पांडू नामक हेड कांस्टेबल खूब रुचि दिखा रहा था। वह बार-बार उन्हें चौकी में ले जाता था और भाइयों के विरुद्ध जानकारी लेने का प्रयत्न कर रहा था। भाइयों के विरुद्ध मुखबिर बनने को भी प्रेरित करता था। एक बार रामा पांडू ने कुछ चुभने वाली बात कह दी। वासुदेव ने उस पर गोली चला दी, पर निशाना चूकने से वह बच गया।

इसके बाद वासुदेव, महादेव रानाडे व साठे, तीनों मित्र ब्रुइन के अर्दली के वेश में 8 फरवरी, 1899 को रात में द्रविड़ भाइयों के घर गए। उन्होंने पंजाबी कपड़े पहन रखे थे। आवाज़ दी। द्रविड़ बन्धु ताश खेल रहे थे। आवाज़ सुनकर गणेश द्रविड़ खिड़की तक आया और पूछने लगा कि कौन है? वासुदेव ने उर्दूमिश्रित हिन्दी में कहा कि गणेश व रामचन्द्र को साहब याद फरमा रहे हैं। गणेश ने कहा, 'तुम चलो, हम आते हैं।' ये लोग गली के मोड़ पर छिप गए। जैसे ही ये नराधम वहाँ पहुँचे उन्होंने गोलियों से उड़ा दिया।

उस रात पुलिस ने सारे पुणे शहर की नाकेबंदी कर दी। स्टेशन पर कड़क जाँच हो रही थी, परन्तु द्रविड़ बन्धुओं को मारने वालों का पता नहीं चला। यह प्रकरण ब्रुइन के पास पहुँचा। सदाशिवपेठ के लड़के ने बताया कि उस रात को जो तीन लोग द्रविड़ के घर पहुँचे थे, उनमें से एक के. बी. साठे था। इस आधार पर रानाडे व वासुदेव भी पकड़े गए। वासुदेव व रानाडे को फाँसी की तथा साठे को दस वर्ष की कैद की सज़ा हुई। येरवडा में 8 मई को सुबह ही उन्हें फाँसी हुई।

'जिस वीर प्रसविनी माता के तीन युवाओं ने भारत माता के चरणों में एक के बाद एक अपने प्राण समर्पित कर दिए और जिनकी तीन युवा विधवा बहुएँ सामने हों, उस माता की करुण अवस्था कल्पना से परे होगी।' यह सोचकर भगिनी निवेदिता उनकी सांत्वना के लिए चाफेकर के घर पहुँचीं। पर उन्होंने जो देखा वह अभूतपूर्व था। वह वीर माता धैर्यपूर्वक घर के कामों में लगी हुई थी। उस वीर माता के दर्शनों से धन्य होकर वे वापस आ गईं।

चाफेकर भाइयों के साथ महादेव रानाडे भी शहीद हो गए। इनका अप्रतिम बलिदान भावी पीढ़ी के लिए प्रेरणास्पद है।

क्रांति का मूर्तिमान रूप

मादाम भीकाजी कामा

मादाम भीकाजी कामा भारत की स्वतंत्रता को समर्पित उस हस्ती का नाम है जो लन्दन, पेरिस, जेनेवा, वियेना और बर्लिन जैसी यूरोपीय देशों की राजधानियों में भारत की आज़ादी के लिए विश्व-जनमत बढ़ाने के लिए आवाज़ उठाती रही। भीकाजी की आवाज़ ब्रिटिश साम्राज्यवादियों को आतंकित और आशंकित करने के लिए पर्याप्त थी।

भीकाजी कामा का जन्म 24 सितम्बर, 1861 को बम्बई में हुआ था। एक

सम्पन्न पारसी परिवार में वह सोहराबजी पटेल की नौ सन्तानों में एक थीं। उन्होंने एलैग्ज़ैंड्रिया गर्ल्ज़ स्कूल से शिक्षा प्राप्त की। यद्यपि उस समय किसी स्त्री का और वह भी अमीर स्त्री का घर से निकलकर समाजसेवा के कार्य से लगना आश्चर्य की बात थी, पर यह संवेदनशील, तीव्र बुद्धि और प्रतिभाशाली लड़की अपने चारों ओर के भारतीय जीवन से निर्लिप्त नहीं रह सकती थी। गरीबी और अपमान से भरा भारतीयों का जीवन उसके लिए असह्य था। स्कूली जीवन में ही वे वाद-विवाद प्रतियोगिताओं में प्रथम पुरस्कार पाती रही थीं। बचपन में उन्होंने कई भाषाएँ सीख ली थीं। अंग्रेज़ों के प्रति उनके विचारों में क्रांति की गंध रहती थी। इसलिए पिता उनका विवाह करके उन्हें किसी भी संकट में पड़ने से रोकना चाहते थे।

सन् 1885 में भारतीय राष्ट्रीय कांग्रेस की स्थापना हुई, भीकाजी में आशा जगी कि उनका स्वतंत्रता का स्वप्न अब पूरा होने ही वाला है। इसलिए कांग्रेस की स्थापना से ही वे उसके प्रति समर्पित हो गईं। कांग्रेस के प्रथम अधिवेशन के समय उनकी आयु केवल 24 वर्ष की थी। उन्होंने सबसे पहले सभी वर्ग की स्त्रियों और स्त्री-संस्थाओं के संगठन का बीड़ा उठाया।

उनकी सामाजिक-राजनीतिक गतिविधियों से चिन्तित होकर उनके पिता सोहराबजी पटेल ने उनका विवाह बम्बई के ही एक प्रसिद्ध वकील रुस्तमजी कामा के साथ कर दिया। श्री रुस्तमजी कामा एक विद्वान और सम्पन्न पिता के पुत्र थे। उनका परिवार अंग्रेज़ी राज्य व सभ्यता का प्रशंसक था, जबकि श्रीमती कामा के विचार इससे नितान्त भिन्न थे। वे कांग्रेस की सभाओं में जाना विशेष रूप से पसन्द करती थीं। रुस्तमजी ने अपनी पत्नी को समझाया कि वे अंग्रेज़ी राज्य विरोधी गतिविधियों में भाग न लें, परन्तु वे अपने देश के लिए समर्पित थीं। तीव्र बुद्धिमती थीं, अपने स्वतन्त्र विचार रखती थीं। इसी मतभेद के कारण उनका वैवाहिक जीवन सफल न हो सका। दोनों में बोलचाल भी बन्द हो गई।

इसी समय बम्बई में प्लेग की भयंकर बीमारी फैली। भारी संख्या में लोग मरने लगे व घर-बार छोड़कर भागने लगे। मादाम कामा सेवा करने के लिए जुट गईं। असाध्य और छूत के रोगियों की रात-दिन की सेवा से उनके कोमल मातृहृदय का परिचय मिलता है। इस सेवा से अन्ततः वे भी प्लेगग्रस्त हुईं और उनका आमाशय सदा के लिए कमज़ोर हो गया। उनके पति और परिवार के लोगों ने उपचार के लिए उन्हें यूरोप भेज दिया। उसके पीछे एक भाव यह भी था कि शायद देश से बाहर रहने पर उनके मन में समाजसेवा और अंग्रेज़ी शासन विरोधी कार्यों के प्रति शिथिलता आ जाए। अतः अपनी इच्छा के बिना 7 अप्रैल, 1901 को वे पेरिस पहुँचीं। वहाँ से स्वस्थ होकर वे जर्मनी, स्कॉटलैंड आदि देशों में घूमीं। 1905 में वे लन्दन पहुँचीं। लन्दन में उन दिनों दादाभाई नौरोजी थे। डेढ़ वर्ष तक उन्होंने कांग्रेस अध्यक्ष दादाभाई नौरोजी के निजी सचिव के रूप में कार्य किया। यहीं उनकी भेंट प्रवासी

क्रांतिकारियों से हुई। वे लाला हरदयाल से पत्र लेकर श्यामजी कृष्ण वर्मा से मिलीं। विनायक दामोदर सावरकर से भी उनकी भेंट हुई। इन प्रवासी क्रांतिकारियों से मिलने के पश्चात् उन्होंने अपने भारत लौटाने के निर्णय को बदल दिया। श्यामजी वर्मा के 'इण्डियन सोशियालॉजिस्ट' पत्र की एक लेखिका वे भी थीं। इन्हीं प्रवासी क्रांतिकारियों द्वारा स्थापित होम रूल सोसायटी का भी कार्य इन्होंने किया। भीकाजी ने किसी भी भारतीय महिला को राजनीतिक कार्यों के लिए एक हज़ार रुपये छात्रवृत्ति की घोषणा की थी।

श्यामजी वर्मा के साथ वे भी हाइड पार्क में खड़े होकर अपने ओजस्वी भाषणों से स्वतंत्रता का नारा बुलन्द करने लगीं। अंग्रेज़ आश्चर्यचकित थे कि भारत जैसे गुलाम और पिछड़े देश की महिला इतनी निर्भीकता से शासकों के देश में ही इस तरह खुला विद्रोही प्रचार कर रही है। उन्होंने उनसे भारत लौटने को कहा। कड़ी कार्रवाई किए जाने की धमकी भी दी। वे स्वातन्त्र्य सैनिकों को साहित्य और खिलौनों के पार्सल में भेंट के नाम पर हथियार भेजती थीं। प्रतिबन्ध होने पर पांडिचेरी के रास्ते से भेजने लगीं। लन्दन में रहना जब कठिन हो गया तो श्यामजी कृष्ण वर्मा, लाला हरदयाल, सरदार सिंह राणा आदि की तरह मादाम भीकाजी कामा भी पेरिस आ गईं। इस प्रकार पेरिस ही अब क्रांतिकारियों का गढ़ हो गया।

18 अगस्त, 1907 में जर्मनी के स्टुटगार्ड नगर में जो 'अन्तरराष्ट्रीय समाजवादी सम्मेलन' हुआ, उसमें भारतीयों की ओर से प्रतिनिधित्व किया—सरदार सिंह राणा, मादाम कामा और वीरेन्द्रनाथ चट्टोपाध्याय ने। उस सभा में उनके रूप और प्रभाव को देखकर कानाफूसी होने लगी—'कोई भारतीय राजकुमारी मालूम पड़ती है।' 'काले लोगों के देश में इतना सौन्दर्य!' 'बहुत प्रभाववाली व सुसंस्कृत महिला है।' आदि-आदि।

मंच पर आते ही उन्होंने अपने बैग से एक झण्डा निकाला, स्टैण्ड सहित टेबल पर रखा और कहना प्रारम्भ किया : 'मेरा नियम है मैं अपने देश का झण्डा फहराकर ही बोलना आरम्भ करती हूँ। मेरे सम्मुख बैठे हुए संसार के सभी स्वाधीनता प्रेमी सदस्यों से मैं निवेदन करती हूँ कि आप लोग झण्डे के सम्मान के लिए खड़े हों और अभिवादन करें।' मादाम कामा के व्यक्तित्व और वाणी का प्रभाव था कि सारी सभा लहराकर उठी और टोपियाँ उतारकर झण्डे का अभिवादन किया।

मादाम कामा ने फिर कहना प्रारम्भ किया, 'इस अभिवादन के लिए मैं अपनी व अपने देशवासियों की ओर से आपके प्रति आभार व्यक्त करती हूँ। मैं आपको यह बताना चाहती हूँ कि भारत, जहाँ विश्व की पचमांश जनसंख्या निवास करती है, ब्रिटिश साम्राज्यवाद की चक्की में पिसकर कराह रहा है। भारत के समस्त आर्थिक साधनों का दोहन कर ब्रिटेन ने भारतीयों को दाने-दाने का मोहताज बना दिया है। क्या साम्राज्यवाद और समाजवाद एकसाथ रह सकते हैं? मेरा प्रस्ताव है कि संसार की सभी स्वाधीनता प्रेमी जनता भारत की जनता को ब्रिटिश साम्राज्य से मुक्त होने

और समता और समाजवाद के पथ पर अग्रसर होने के प्रयत्न में सहयोग दें।'

ब्रिटेन के प्रतिनिधियों को छोड़कर सभी ने प्रस्ताव के समर्थन में हाथ ऊँचे किए। उल्लेखनीय है कि ब्रिटेन के उदारवादी सदस्य हिंडमैन ने भी उनके प्रस्ताव का समर्थन किया था। नियमानुसार कोई प्रस्ताव सर्वसम्मति से ही पारित हो सकता था। अतः ब्रिटेन के विरोध के कारण प्रस्ताव तो पारित नहीं हुआ, परन्तु मकसद पूरा हुआ। संसार-भर के समाजवादी देशों के सामने उन्होंने ब्रिटेन को बेनक़ाब कर दिया। उनकी साम्राज्यवादी लिप्सा और शोषक मनोवृत्ति उजागर हुई।

मादाम कामा का यह झण्डा किसी भी अन्तरराष्ट्रीय मंच पर फहराया जाने वाला प्रथम भारतीय झण्डा था। उस भारतीय झण्डे की डिज़ाइन मादाम कामा, वीर सावरकर तथा उनके कुछ साथियों ने तैयार की थी। उसमें तीन पट्टियाँ थीं। हरे रंग की पट्टी भारत की धन-धान्यपूर्ण हरीतिमा की प्रतीक थी, जिस पर आठ कमल थे। भारत उस समय आठ प्रान्तों में बँटा हुआ था। झण्डे के बीच की पट्टी केसरिया रंग की थी। केसरिया रंग वीरता का प्रतीक है। इस पर वन्देमातरम् अंकित था। सबसे नीचे की पट्टी लाल रंग की थी। यह अनुराग का रंग है। इस पर सूर्य और चन्द्र अंकित थे जो हिन्दू-मुस्लिम एकता के प्रतीक थे। यह भारत का प्रथम राष्ट्रीय झण्डा था।

इस सम्मेलन में मादाम कामा की भेंट कई रूसी क्रांतिकारियों, विशेष रूप से शताब्दी के महान नेताओं में से एक—लेनिन से हुई। सम्मेलन के पश्चात् वे अमेरिका पहुँचीं। न्यूयार्क में उनके कई भाषण हुए। वे जानती थीं कि अमेरिका ने अपनी स्वाधीनता के लिए संघर्ष किया है और वह स्वाभाविक रूप से स्वाधीनता-संघर्ष करने वालों के प्रति सहानुभूति रखेगा। अमेरिका में मादाम कामा की कीर्ति पहले ही पहुँच चुकी थी। वहाँ के लोगों ने उनके द्वारा बताई गई भारत की दुर्दशा व ब्रिटिश अत्याचारों की कहानी को सुना। क्रांतिकारी मौलवी बरकतुल्ला इस समय अमेरिका में ही थे। मादाम कामा के अमेरिका प्रवास के दौरान वे उन्हीं के साथ रहे। न्यूयार्क प्रेस के लोगों ने मादाम कामा की बुद्धिमत्ता, साहस, लगन और उत्कट देशप्रेम की सराहना की। अपने एक भाषण में उन्होंने कहा, 'आप रूसी संघर्ष के बारे में जानते हैं, भारत के बारे में नहीं। इसका कारण ग्रेट ब्रिटेन ने हमारे रक्त की बूँद-बूँद चूसकर यह प्रचारित किया है कि भारत हमारे राज्य में सुखी है, वह स्वाधीनता नहीं चाहता।' उन्होंने अपील की कि हर सम्भव स्वाधीन देश का कर्तव्य है कि हमारे स्वाधीनता संघर्ष में मदद करे। राजनीतिक क्षेत्र में पराधीन भारत की स्वाधीन होने की आकांक्षा को विदेशों में सर्वाधिक प्रचारित किया मादाम कामा ने। वे जीवन के हर क्षण आज़ादी के लिए प्रयत्नशील थीं। देश के ऊपर होने वाले दमन, अत्याचार की कहानियाँ सुनकर वे रो उठती थीं। देश के किसी लाड़ले की वीरतापूर्ण गाथा सुनकर वे प्रसन्न हो जाती थीं।

अमेरिका प्रवास के पश्चात् वे फिर लन्दन चली गईं। उन्हें मालूम था कि लन्दन में वे न केवल गिरफ्तार की जा सकती हैं, बल्कि उनके प्राणों को भी खतरा है। इसका कारण था कि भारत के बड़े-बड़े निर्वासित कांग्रेसी नेता लन्दन पहुँच रहे थे। वे उनसे भारत की सही स्थिति जानना चाहती थीं। भावी स्वतंत्रता संग्राम के बारे में विचार-विमर्श करना चाहती थीं। भारत में होने वाले आगामी कांग्रेसी आन्दोलन को प्रभावित करने के लिए उन्होंने लन्दन में भारतीयों का एक सम्मेलन आयोजित किया। इस सम्मेलन में लाला लाजपतराय, विपिनचन्द्र पाल, गोकुलचन्द्र नारंग आदि के भाषण हुए थे। वे सशस्त्र क्रांति के पक्ष में थीं। क्रांति को प्रोत्साहित करतीं और समस्या उत्पन्न होने पर लन्दन में बैठे-बैठे ही वकील के नाम का भी निर्देश करतीं।

वस्तुतः वे सारे संसार की एकता चाहती थीं। उन्होंने एक भाषण में कहा था कि 'वह कितना खुशी का दिन होगा, जब मैं कह सकूँगी कि सारा संसार मेरा देश है और इसमें रहने वाले सब लोग मेरे सम्बन्धी हैं। किन्तु उस शुभ दिन के आने से पहले स्वतन्त्र राष्ट्रों का निर्माण आवश्यक है।'

न केवल भारत अपितु संसार के सभी देशों के क्रांतिकारियों के प्रति मादाम कामा की सहानुभूति थी। आयरलैंड, रूस, मिस्र व जर्मनी के क्रांतिकारियों के साथ उसका निरन्तर सम्पर्क था। अंग्रेज़ उनकी कीर्ति से चिन्तित थे। उन्होंने अपने जासूस मादाम कामा के पीछे छाया की भाँति लगा रखे थे। भारत में अंग्रेज़ों ने उन्हें फरार घोषित करके उनकी लाखों की सम्पत्ति ज़ब्त कर ली थी।

सन् 1907 में जब विनायक दामोदर सावरकर की प्रेरणा से लन्दन के इण्डिया हाउस में प्रथम स्वाधीनता संग्राम का अर्द्धशताब्दी समारोह मनाया गया, तो मादाम कामा ने अपने सन्देश के साथ युद्ध-कोश के लिए धन भेजा। सावरकर लिखित 'प्रथम स्वाधीनता संग्राम का इतिहास' प्रकाशित कराकर उसे गोपनीय ढंग से वितरित किया। सभी देशों में उसकी प्रतियाँ भेजीं। एक प्रति मैक्सिम गोर्की के पास रूस भी भेजी गई थी। उसके अनेक संस्करण निकलते रहे। सुभाषचन्द्र बोस ने अंग्रेज़ी में और भगतसिंह ने हिन्दी में अनुवाद करके गोपनीय ढंग से उसके संस्करण प्रकाशित किए। मादाम कामा क्रांतिकारी साहित्य के प्रकाशन व वितरण में पूरी सहायता करती थीं। भारत में उसे अवश्य प्रसारित करती थीं।

लन्दन में अपने कार्य पूरे करके वे फिर पेरिस लौट आईं। 'वंदे मातरम्' पत्र प्रकाशित किया। लाला हरदयाल को इसका सम्पादन सौंपा। उसके वितरण में बहुत श्रम करना पड़ता था। 'वन्दे मातरम्' की लोकप्रियता तथा उग्र विचारों को देखकर पेरिस में भी उसे बन्द करने की आज्ञा हुई। उसे जेनेवा और फिर हॉलैंड से प्रकाशित किया गया।

मादाम कामा तो भारतीय स्वाधीनता के लिए अथक परिश्रम कर ही रही थीं,

वे चाहती थीं कि प्रत्येक देश की महिलाएँ जागृत होकर अपने-अपने देश के लिए कार्य करें। मिस्र की राष्ट्रीय सभा में महिलाओं की अनुपस्थिति पर उन्होंने प्रश्न उपस्थित किया था।

वे क्रांतिकारियों को बचाने का भी पूरा प्रयत्न करती थीं। वीर सावरकर जब भारत ले जाये जा रहे थे और फ्रांस के तट पर पकड़े गए, तब मादाम कामा इस मामले को हेग की अन्तरराष्ट्रीय अदालत में ले गईं। उनका विचार था कि जब सावरकर ने अपने-आपको फ्रांस की पुलिस के हवाले कर दिया था तो ब्रिटिश सरकार को उन्हें उससे छीनने का कोई हक नहीं था। परन्तु हेग की अन्तरराष्ट्रीय अदालत से भी उन्हें कोई न्याय नहीं मिला। वे क्रांतिकारियों को पुत्रवत् मानती थीं। वीर सावरकर और मदनलाल धींगरा ऐसे ही क्रांतिकारी थे। बीमारी के दिनों में उन्होंने वीर सावरकर की खूब सेवा की थी।

अनंत कान्हेरे द्वारा नासिक के कलेक्टर मि. जैक्सन की हत्या, वांशी अय्यर द्वारा मि. ऐश की हत्या तथा अय्यर द्वारा आत्महत्या आदि में प्रयुक्त पिस्तौलें ब्राउनिंग मॉडल की थीं, जो सरदारसिंह राणा ने चतुर्भुज अमीन द्वारा भारत भिजवाई थीं। जब मादाम कामा को लगा कि सरदारसिंह फँसने वाले हैं, तो वे फ्रांस स्थित ब्रिटिश काउंसिल के दफ्तर में पहुँचीं और अपने नाम का परिचय-पत्र भेजकर कार्य लिख दिया कि 'मि. जैक्सन व मि. ऐश की हत्या के सम्बन्ध में जानकारी देना।' ब्रिटिश काउंसिल के पास यह सन्देश पहुँचा, तो वे प्रसन्नता से झूम उठे, पर उनके बयान से बहुत निराश हुए। मादाम कामा ने बयान दिया, 'मि. जैक्सन और मि. ऐश की हत्या जिन पिस्तौलों से हुई है, वे मैंने ही भारत में भेजी थीं। राणा सरदारसिंह और किसी अन्य का उन्हें भारत भेजने में कोई हाथ नहीं था। वह सन्दूक राणा सरदारसिंह का था, पर मेरे पास पड़ा था और सरदारसिंह को बिना कुछ बताए ही उस सन्दूक का उपयोग मैंने पिस्तौलें भेजने के लिए किया। इस सम्बन्ध में सावरकर को भी मैंने कुछ नहीं बताया है। वे दोनों निर्दोष हैं और पिस्तौलें भेजने की सारी ज़िम्मेदारी मुझ पर है।

अपने साथियों को बचाने के लिए ही उन्होंने यह बयान दिया था। उनके संवेदनशील व कोमल हृदय का परिचय मदनलाल धींगरा के प्रति उनके प्रेम से मिलता है। मदनलाल को फाँसी होने पर वह कुछ दिन विक्षिप्त-सी रहीं। जब भी उसकी बात निकलती, मादाम कामा की आँखों में आँसू बह निकलते। वे कहतीं, 'मेरे प्यारे बच्चे को उन दुष्टों ने मार दिया।' वस्तुतः उनका हृदय वज्र की तरह कठोर और पुष्प की तरह कोमल था। उसकी याद में उन्होंने 'मदन्स तलवार' नामक अखबार निकाला। वह बर्लिन से प्रकाशित होता था।

प्रथम विश्वयुद्ध में अंग्रेज़ों ने भारत से हिन्दुस्तानी फौजें भेजीं। ये फौजें फ्रांस के बन्दरगाह पर उतरती थीं। वे स्वयं बन्दरगाह पर जाकर या बाज़ारों में सैनिक

टोलियों के मिलने पर समझाना आरम्भ कर देतीं, 'मेरे वीर बच्चो, तुम लोग उस देश की तरफ से लड़ने जा रहे हो, जिसने हमारी भारतमाता को कैद कर रखा है। यदि अंग्रेज़ों की तरफ से लड़ोगे तो भारतमाता के बन्धन और दृढ़ होते चले जाएँगे। तुम्हें धोखे में रखकर मरने के लिए भेजा जा रहा है।' मादाम कामा के इस प्रचार से अंग्रेज़ तो क्रुद्ध हुए ही, फ्रांसीसी भी चिन्तित हुए, क्योंकि दोनों मित्र देश थे। फ्रांस की सरकार ने पहले कुछ पाबंदियां लगाईं, फिर भी वे गुजराती 'ग़दर' की प्रतियाँ संसार के सभी देशों को पहुँचाती रहीं। अन्त में उन्हें विशी नामक स्थान पर पुराने किले में नज़रबन्द कर दिया गया। चार साल तक कई असुविधाओं के बीच नज़रबन्द रखा गया।

युद्ध की समाप्ति पर जब मादाम कामा को नज़रबंदी से छोड़ा गया तब उनका शरीर सूखकर कंकाल-मात्र रह गया था। सरदारसिंह राणा उन्हें देखकर रो पड़े।

नज़रबंदी की यातनाओं के साथ-साथ गरीबी ने भी मादाम कामा को झकझोर डाला था। फ्रांस में अपने आखिरी दिन उन्होंने अत्यधिक गरीबी में बिताए। अब वे एक गली के एक अँधेरे मकान में लम्बा-सा गाउन पहने रहती थीं। उनकी बीमारी, गरीबी और वृद्धावस्था को देखते हुए शुभचिंतकों ने उन्हें भारत लौटने का परामर्श दिया। वे भारत न लौटकर यथाशक्य कार्य करना चाहती थीं। भारत लौटना नहीं चाहती थीं, क्योंकि अंग्रेज़ उनसे लिखित क्षमायाचना के साथ भविष्य में राजनीति न करने की प्रतिज्ञा कराना चाहते थे। शुभचिन्तकों ने कहा, 'अब तो आप बहुत बूढ़ी हो गईं, ऐसा करने में क्या आपत्ति है?' तो उन्होंने उत्तर दिया, 'नहीं, मैं राजनीति के लिए बूढ़ी नहीं हूँ। मैं भारत में राजनीतिक सभाओं में भाषण देकर जनता को जगाना चाहती हूँ।' समुद्री यात्रा ने उन्हें और बीमार कर दिया। सत्तर वर्ष की वृद्धा होकर वे भारत लौटी थीं। युवा अवस्था का एक-एक पल भारतमाता की स्वाधीनता के प्रयासों में ही व्यतीत किया था। आठ महीने अस्पताल में रहने के पश्चात् 13 अगस्त, 1936 को उनका देहावसान हो गया।

भारत के स्वाधीनता-संग्राम में मादाम कामा का स्थान बहुत ऊँचा है। अपने उदात्त ध्येय के लिए परिवार का त्याग करने वाले पुरुषों के उदाहरण तो हैं, परन्तु देश के लिए अपने परिवार और सम्पूर्ण जीवन की आहुति देने वाली स्त्रियों की जीवन-गाथाएँ अपरिचित-सी हैं। पिता और पति दोनों ही सम्पन्न थे और वे स्वयं अनिंद्य रूपसी थीं। पेरिस जैसी फैशन नगरी में रहती थीं। पर उन्होंने सारा जीवन सादगी में बिताया।

क्रांतिकारियों के प्रेरणास्त्रोत

श्यामजी कृष्ण वर्मा

श्यामजी कृष्ण वर्मा का जन्म 4 अक्टूबर, 1857 को कच्छ राज्य (अब गुजरात में) के माण्डवी नगर के निकट वलायल गाँव में हुआ था। कुशाग्रबुद्धि के कारण बहुत कम उम्र में ही वे संस्कृत में धाराप्रवाह भाषण देने लगे थे। इससे मुम्बई के समाज-सुधारक उनसे बहुत प्रभावित हुए। समझा जाता है कि सामान्य परिवार में उत्पन्न होने पर भी अपनी प्रतिभा के बल पर उनका विवाह मुम्बई के एक करोड़पति सेठ की कन्या के साथ हुआ था। 1875 में जब इंग्लैण्ड के संस्कृत अध्यापक मोनियर

विलियम्स भारत आए, तो उन्होंने श्यामजी कृष्ण वर्मा की प्रतिभा को देखकर उन्हें इंग्लैण्ड बुलाने का निर्णय लिया। चार वर्ष पश्चात् अर्थात् 23 वर्ष की आयु में वे इंग्लैण्ड पहुँचे। वहाँ से 1883 में बी. ए. पास करने के पश्चात् ऑक्सफोर्ड विश्वविद्यालय ने उन्हें संस्कृत, मराठी व गुजराती भाषाओं का अध्यापक नियुक्त किया। श्यामजी कृष्ण वर्मा प्रथम भारतीय थे जिन्होंने ऑक्सफोर्ड विश्वविद्यालय से स्नातक की उपाधि प्राप्त की। मात्र 24 वर्ष की आयु में इन्हें बर्लिन और हॉलैण्ड की ओरियंटल कांफ्रेन्स में भारत का प्रतिनिधित्व करने के लिए चुना गया। ऑक्सफोर्ड से सर्वप्रथम इसी भारतीय ने 1884 में बैरिस्टरी पास की। 'भारत में लेखन का उद्‌गम' लेख के आधार पर ही उन्हें रॉयल एशियाटिक सोसायटी का सदस्य चुन लिया गया।

भारत लौटने पर उनकी प्रतिभा से प्रभावित होकर कई रियासतों ने उन्हें अपने यहाँ आमन्त्रित किया। सवप्रथम रतलाम के राजा ने उन्हें अपना दीवान नियुक्त किया। उन्होंने वहाँ कई सुधार कार्य किए, जिससे आकर्षित होकर उदयपुर रियासत के शासक फतहसिंह ने उन्हें अपने राज्य की कौंसिल ऑफ स्टेट का सदस्य बनाया। यहाँ वे तीन वर्ष रहे, फिर जूनागढ़ में दीवान हुए। जूनागढ़ में उनका मन नहीं लगा, अतः त्यागपत्र देकर पुनः मुम्बई में बैरिस्टरी करने लगे।

सन् 1897 में पूना में चाफेकर बन्धुओं ने पुलिस कमिश्नर रैण्ड की हत्या कर दी। इस अपराध के सिलसिले में चाफेकर बन्धुओं के अतिरिक्त 'केसरी' के सम्पादक श्री बालगंगाधर तिलक पर भी मुकदमा चला। नातु नामक दो प्रसिद्ध जागीरदार भाइयों को नज़रबन्द करके उनकी जागीर ज़ब्त कर ली गई। इससे श्यामजी वर्मा अत्यन्त क्षुब्ध हुए। अंग्रेज़ों के अत्याचारों से त्रस्त होकर वे इंग्लैण्ड चले गए। उन्होंने स्वयं लिखा है कि '1897 में जब नाटो बन्धु गिरफ्तार हो गए और लोकमान्य तिलक पर मुकदमा चला तो मुझे यकीन हो गया कि ब्रिटिश भारत में वैयक्तिक स्वतंत्रता का कोई मूल्य नहीं है और न समाचार पत्रों को ही कोई स्वतंत्रता है। इसी कारण मैं स्वदेश छोड़कर इंग्लैण्डवासी बना और अब जबकि इंग्लैण्ड में भी मेरे लिए निर्विघ्न रहना सम्भव नहीं है, तो मैंने पेरिस को अपना कार्यक्षेत्र बनाया।"

जहाँ बालकृष्ण चाफेकर को 12 मई, 1897 को फाँसी हुई, उसी पूना में जून, 1897 में ही एक और बम विस्फोट हुआ। अंग्रेज़ सरकार इन क्रांतिकारियों की और उनके मुखिया की बड़ी तीव्रता से खोज कर रही थी। ये क्रांतिकारी श्यामजी कृष्ण वर्मा ही थे, जो दुश्मन के घर में बैठकर क्रांति की योजनाओं का संचालन कर रहे थे। भारत में अंग्रेज़ी गुप्तचर बेचैन थे। तीनों चाफेकर बन्धुओं को फाँसी पर लटकाने के बाद अंग्रेज़ सरकार निश्चिन्त थी, परन्तु क्रांति के इन रक्तबीजों ने उन्हें परेशान कर रखा था। श्याम जी कृष्ण वर्मा का भारत में होने वाले इन विस्फोटों से घनिष्ठ सम्बन्ध था।

लन्दन में उनकी भेंट प्रसिद्ध दार्शनिक हर्बर्ट स्पेंसर से हुई और उनकी मृत्यु के पश्चात् श्री श्याम जी कृष्ण वर्मा ने यह घोषणा की कि स्पेंसर लेक्चरशिप के लिए एक हज़ार पौंड दान देंगे। 1904 में उन्होंने दो-दो हज़ार रुपयों की छः फैलोशिप देने की घोषणा की, जो भारतीय छात्रों को ब्रिटेन में शिक्षा प्राप्त करने तथा आजीवन भारत की सेवा करने वालों को मिलने वाली थी। वस्तुतः श्यामजी कृष्ण वर्मा को चेतनाशील, समर्पित नवयुवकों की आवश्कता थी, जो लन्दन में क्रांति की शिक्षा लेकर उसे भारत में सफलता से चला सकें। छात्रवृत्तियों का उद्देश्य यही था। विनायक दामोदर सावरकर भी इंग्लैण्ड ऐसी ही एक छात्रवृत्ति का लाभ उठाने पहुँचे थे। सेनापति बापट भी उस युवक मण्डली के सदस्य थे। प्रसिद्ध क्रांतिकारी लाला हरदयाल भी ऑक्सफोर्ड विश्वविद्यालय की छात्रवृत्ति छोड़कर श्यामजी कृष्ण वर्मा की छात्रवृत्ति अपना चुके थे। लन्दन इन क्रांतिकारियों का केन्द्र था और केन्द्रीय सूत्र थे, श्यामजी वर्मा। कुछ शोधकर्ताओं का अध्ययन है कि नाना साहब पेशवा ही श्यामजी कृष्ण वर्मा को छात्रवृत्ति देने के लिए धन की सहायता कर रहे थे। नाना साहब के 1907 तक जीवित रहने के प्रमाण मिलते हैं। यद्यपि नाना साहब और श्यामजी वर्मा का सम्बन्ध अब भी शोध का विषय है।

इन्हीं दिनों श्यामजी कृष्ण वर्मा की भेंट काठियावाड़ के श्री सरदारसिंह राणा से हुई जो बैरिस्टरी की शिक्षा लेने के लिए इंग्लैण्ड आए थे। मादाम कामा भी इन प्रवासी क्रांतिकारियों में सम्मिलित हुई।

श्यामजी कृष्ण वर्मा ने जनवरी, 1905 में 'इंडियन सोशलिस्ट' नामक पत्रिका निकाली, जो ऊपर से धार्मिक, सामाजिक-सुधार का मुखपत्र थी, परन्तु जिसके दार्शनिक आवरण में क्रांति का प्रचार किया जा रहा था। विदेशों में जहाँ-जहाँ भारतीय थे उन्हें उसकी प्रतियाँ भेजी जा रही थीं। उन्होंने लिखा था कि अंग्रेज़ों की अकल ठिकाने लगाने के लिए रूसी क्रांतिकारियों की पद्धति ही उपयोगी हो सकती है।

18 फरवरी, 1905 को बीस भारतीयों से मिलकर इंडियन होमरूल सोसायटी की स्थापना की। इसमें प्रमुख थे श्यामजी कृष्ण वर्मा। इस समय तक भारतीय राष्ट्रीय कांग्रेस ने भी पूर्ण स्वाधीनता की बात नहीं की थी, किन्तु इस सोसायटी ने 'भारतीयों द्वारा भारतीयों के लिए भारतीय सरकार की स्थापना' मुख्य उद्देश्य रखा था। इसके लिए सोसायटी उन कार्यों को करने के लिए कटिबद्ध थी, जिससे भारतीय जनता को स्वतंत्रता और राष्ट्रीय एकता के लाभों का विस्तृत ज्ञान हो। श्यामजी कृष्ण वर्मा इस सोसायटी के अध्यक्ष चुने गए।

मई, 1905 में 'इंडियन सोशलॉजिस्ट' में पहली जुलाई से लन्दन में 'इंडिया हाऊस' नाम से भारतीय छात्रों के लिए एक होस्टल खोलने की घोषणा की गई। भारतीय क्रांतिकारियों को लन्दन में ठहराने की योजना के अन्तर्गत श्यामजी कृष्ण

वर्मा ने एक तिमंज़िला भवन बना डाला। इस छात्रावास के छात्र निःशुल्क आवास और भोजन की व्यवस्था पाकर क्रांति का प्रसार किया करते थे। इसके उद्घाटन के अवसर पर ब्रिटेन के सार्वजनिक नेताओं के साथ लाला लाजपतराय भी उपस्थित थे।

इस प्रकार 'इंडिया हाऊस' में भारत की समस्याओं पर विचार होता था। भारत के स्वाधीनता आन्दोलन को प्रशस्त करने के लिए योजनाएँ बनती थीं। भारत की घटनाओं पर प्रतिक्रिया व्यक्त की जाती थी। 4 मई, 1906 को 'इंडिया हाऊस' की एक सभा में बारीसाल में बंगाल प्रादेशिक सम्मेलन को भंग करने तथा सुरेन्द्रनाथ बनर्जी को गिरफ्तार करने की भारत सरकार की कार्रवाइयों की निन्दा की गई। इसमें श्री विट्ठलभाई पटेल व भाई परमानन्द आदि उपस्थित थे।

ब्रिटेन में 'इंडिया हाउस' ही वह स्थान था, जहाँ क्रांतिकारी आन्दोलन को हवा दी गई। लाला हरदयाल, श्री विनायक दामोदर सावरकर और श्री मदनलाल धींगरा इनमें उल्लेखनीय हैं।

आख़िरकार अंग्रेज़ सरकार को श्यामजी कृष्ण वर्मा की वास्तविकता का पता चल गया। जुलाई, 1907 में ब्रिटिश लोकसभा में यह प्रश्न उठा कि श्री श्यामजी कृष्ण वर्मा के विरुद्ध क्या कार्रवाई की जा रही है? इन प्रश्नों के उठते ही वे पेरिस चले गए। मादाम कामा और श्री राणा भी उनके साथ पेरिस आ गए। उनका समाचार पत्र 'इंडियन सोशलिस्ट' ब्रिटेन से तब तक निकलता रहा, जब तक जुलाई, 1909 में उस पत्र के मुद्रक को सज़ा नहीं दे दी गई। एक अन्य व्यक्ति ने यह ज़िम्मेदारी ली। उसे भी सज़ा दी गई। तब यह पत्र पेरिस से निकलने लगा।

'इंडिया हाऊस' में हर 10 मई को ग़दर दिवस मनाया जाता था, जिसमें भारतीय छात्र इकट्ठे होते थे। यहाँ बम बनाने और पिस्तौल चलाने पर व्याख्यान होते थे। वीर सावरकर ने यहीं 1857 के स्वतंत्रता-संग्राम का इतिहास लिखा। मराठी में इतिहास का अनुवाद यहाँ पढ़कर सुनाया जाता था। यह पुस्तक बड़ी कठिनाई से हॉलैण्ड में छप सकी।

श्यामजी कृष्ण वर्मा पेरिस में थे, तभी इंग्लैण्ड में विनायक दामोदर सावरकर पकड़े गए और उन्हें गिरफ्तार करके भारत लाया जाने लगा। योजनानुसार सावरकर मार्सेल्स बन्दरगाह पहुँचते ही जहाज़ से कूदने और तैर कर भागने में सफल हो गए, परन्तु जो टैक्सी उन्हें लेने पहुँचने वाली थी, उसके पहुँचने में देर हो गई। इधर सावरकर फ्रांसीसी सिपाही के पास जा पहुँचे, उन्होंने सोचा फ्रांसीसी सिपाही अंग्रेज़ पुलिस को गिरफ्तार करने नहीं देगा, परन्तु फ्रांसीसी सिपाही ने उन्हें पकड़वा दिया।

इधर प्रथम महायुद्ध के शुरू होने के दो-तीन वर्षों तक 'इंडियन सोशलिस्ट' पत्र निकलता रहा। श्यामजी कृष्ण वर्मा को जब यह लगा कि पेरिस में भी उनके

लिए रहना कठिन है तो वे जेनेवा चले गए। वहाँ 30 मार्च, 1930 को उनका देहान्त हो गया।

श्री श्यामजी कृष्ण वर्मा की आजीवन देश-सेवा भारतीय स्वतंत्रता संग्राम के इतिहास का एक अविस्मरणीय पृष्ठ है। उन्होंने सारा जीवन भारतीय स्वाधीनता के लिए उपयुक्त वातावरण बनाने और नवयुवकों को प्रेरित करने और तैयार करने में लगाया। इनमें लाला हरदयाल, वीर सावरकर, मदनलाल धींगरा आदि उल्लेखनीय नाम हैं। अकेले जेनेवा में रहकर वे 'इंडियन सोशलिस्ट' के माध्यम से लिखते रहे।

विलक्षण प्रतिभावान प्रवासी क्रांतिकारी

लाला हरदयाल

विलक्षण विद्वान, दृढ़निश्चयी व निःस्पृह तथा आध्यात्मिक व्यक्तित्व का पर्याय थे लाला हरदयाल। लाला हरदयाल का जन्म दिल्ली में हुआ था। उनके पिता गौरीदयाल माथुर ज़िला कचहरी में पेशकार थे। लाला हरदयाल ने दिल्ली के सेन्ट स्टीफेन कॉलेज से बी. ए. किया। उसके पश्चात् उन्होंने लाहौर के राजकीय कॉलेज से एक वर्ष में ही अंग्रेज़ी साहित्य में और आगामी एक वर्ष में इतिहास में एम. ए. किया। अनेक प्रश्न-पत्रों में उन्हें शत-प्रतिशत अंक मिले। अंग्रेज़ी विषय में परीक्षक

भी प्रायः अंग्रेज़ ही रहा करते थे, फिर भी उन्हें 96 प्रतिशत अंक प्राप्त हुए। सचमुच ही वे एक विलक्षण विद्वान् थे।

एक ही समय में अनेक बातों को ध्यान में रखना ध्यान मार्ग के क्षेत्र का एक प्रयोग है। जैन मुनियों के बीच यह शतावधान और सहस्रावधान के नाम से प्रसिद्ध है। लाला हरदयाल ने इसे एक बार आज़माकर अपनी विलक्षण बुद्धि का परिचय दिया था। उन्होंने लाहौर कॉलेज के सभा-भवन में पाँच मिनट के अन्दर ही शतरंज के खेल में अपने प्रतिद्वन्द्वी को पराजित कर दिया था। खेल के बीच में ही एक व्यक्ति घण्टा बजा रहा था, दूसरा व्यक्ति अरेबिक कविता गा रहा था और तीसरा लैटिन कविता। साथ ही गणित का प्रश्न उनके सामने रखा गया। शतरंज की चाल के साथ-साथ उन्होंने गणित का प्रश्न हल किया और घंटे की एकदम ठीक संख्या बताई। अरेबिक और लैटिन कविताएँ भी ज्यों की त्यों सुना दीं। ऐसे विलक्षण विद्वान थे लाला हरदयाल।

उच्च शिक्षा के लिए वे लन्दन के ऑक्सफोर्ड विश्वविद्यालय गए। वहाँ के प्राध्यापक उनकी विद्वत्ता से प्रभावित थे। वहीं उनका परिचय श्यामजी कृष्ण वर्मा से हुआ। श्यामजी कृष्ण वर्मा छात्रवृत्ति देकर विद्यार्थियों को अपनी ओर आकर्षित कर रहे थे और विद्यार्थियों के रूप में वे क्रांतिकारियों को संगठित कर रहे थे। इन विद्यार्थियों के भोजन और रहने की व्यवस्था करने के लिए उन्होंने 'इंडिया हाऊस' की स्थापना की थी। सच कहा जाए तो यह स्थान क्रांतिकारियों के लिए ही था।

लाला हरदयाल में दिल्ली से ही क्रांतिकारी कार्यों के प्रति आकर्षण था। मास्टर अमीरचंद, भाई बालमुकुंद और हनुमंतसहाय जैसे विख्यात क्रांतिकारी उनके मित्र थे। उनमें से चार को लार्ड हार्डिंग्ज़ बम काण्ड के मामले में फाँसी की सज़ा मिली थी।

आगे चलकर जब वे लाहौर आए उस समय उनकी मुलाकात लाला लाजपतराय से हुई। उन्होंने लाहौर में एक संस्था की स्थापना की थी। लाला हरदयाल जी जब इंग्लैण्ड में थे तब उन्होंने भारत सरकार और ऑक्सफोर्ड विद्यापीठ की छात्रवृत्ति को नकार दिया था। अंग्रेज़ी शिक्षा के साथ ही उन्होंने अंग्रेज़ी पोशाक को भी ठुकरा दिया था। लन्दन की ठण्ड में वे धोती पहनते थे। उन्हें ज़ोरदार निमोनिया हो गया, फिर भी उन्होंने अंग्रेज़ी दवा नहीं ली। घर में बनी हुई दवाइयों का सेवन किया, तबीयत सुधरी और उन्होंने खेस ओढ़ना प्रारम्भ किया। अंग्रेज़ों की लॉज का भोजन लेना भी बंद कर दिया। पत्नी को साथ लाए थे, किन्तु वह ऑक्सफोर्ड में पढ़ रही थीं।

भारतीय युवकों के बीच क्रांति का प्रचार-प्रसार करने के लिए वे भारत लौटे। पत्नी को उसके मायके छोड़ा और देशसेवा के लिए संन्यास लेने हेतु पत्नी से आज्ञा माँगी। उस समय उनकी पत्नी गर्भवती थीं। संन्यास लेने के पश्चात् उन्होंने पुनः कभी पत्नी अथवा पुत्र की ओर मुड़कर नहीं देखा। पत्नी को वे एक तरह से भगाकर

ही लन्दन ले गए थे, क्योंकि उनके सास-ससुर उनकी पत्नी को लन्दन भेजने से मना कर रहे थे और उसी पत्नी को उन्होंने देशसेवा की ख़ातिर त्याग भी दिया था।

वे स्वयं लाहौर में आश्रम में रहने लगे। यहाँ उन्होंने पंजाबी भाषा में अख़बार निकाला। लाहौर के आश्रम में कार्यकर्त्ताओं की भर्ती के लिए युवकों की खोज के लिए कानपुर आए। वहाँ वे प्रसिद्ध वकील और समाजसेवक पृथ्वीनाथ के घर रुके। कुछ कार्यकर्ता जमा हुए। कानपुर में गंगास्नान के लिए जाते समय क्रांति के बारे में उनसे चर्चा करते। उनके सादगीपूर्ण और तपस्वियों-से जीवन का उन युवकों पर बहुत प्रभाव पड़ा। पंजाब के अकाल के समय उन्होंने संकटग्रस्त लोगों की बहुत सहायता की थी, इसलिए वे अत्यधिक लोकप्रिय भी हुए।

उनकी लोकप्रियता को देखकर सरकार बहुत घबरा गई थी। यही कारण था कि वह उन्हें गिरफ्तार करना चाहती थी। इसीलिए कुछ शुभचिंतकों ने लाला लाजपतराय से प्रार्थना की कि लाला हरदयाल को विदेश भेज दिया जाए। परन्तु हरदयाल इसके लिए तैयार नहीं थे। वे तो क्रांति का प्रचार-प्रसार करने के लिए ही भारत आए थे। लाला लाजपतराय ने उन्हें समझाया कि उनका विदेश जाना भारत के लिए हितकारी होगा, अन्यथा भारत उनके जैसे विलक्षण व्यक्ति को खो देना।

लाला हरदयाल ने बड़े दुःखी मन से भारत छोड़ा। भविष्य में वे पुनः कभी भारत के दर्शन न कर सके। वे कोलम्बो मार्ग से इटली और इटली से फ्रांस पहुँचे। फ्रांस में श्यामजी कृष्ण वर्मा और उनका सहयोगी दल सक्रिय था। मादाम कामा ने 'वंदेमातरम' नामक अख़बार का सम्पादन कार्य उन्हें सौंप दिया। उस दैनिक पत्र का प्रथम अंक मदनलाल धींगरा की स्मृति को समर्पित किया गया था। आगामी अंकों में भी बलिदानों के संस्मरण ही रहते थे। ये अंक भारतीयों को देशभक्ति की प्रेरणा देते थे। पेरिस में लाला हरदयाल की आर्थिक स्थिति दयनीय थी। मादाम कामा एक अमीर की बेटी और पत्नी थीं। उनकी भी हालत ठीक नहीं थी। इसके अतिरिक्त ब्रिटिश सरकार की नज़र इन भारतीय क्रांतिकारियों का पीछा कर ही रही थी। ब्रिटिश सरकार फ्रांस सरकार पर इन भारतीय क्रांतिकारियों को गिरफ्तार करने के लिए दबाव डाल रही थी। इन परिस्थितियों में लाला हरदयाल अंग्रेज़ों की नज़रों से बचने के लिए इजिप्ट (मिस्र) चले गए। वहाँ इजिप्शियन क्रांतिकारियों से उनका परिचय हुआ। वहाँ रहकर उन्होंने उनका मार्गदर्शन किया। कुछ समय बाद वे पुनः पेरिस वापस लौटे, परन्तु अभी भी उन पर ब्रिटिश सरकार की नज़र थी जिससे बचने के लिए वे वेस्ट इंडीज के 'लॉ मार्टिनिक' नामक समुद्री तट पर पहुँचे। यह फ्रांसीसियों की बस्ती थी। लाला हरदयाल फ्रैंच जानते थे, इसलिए उन्हें कोई तकलीफ नहीं हुई। वहाँ भरपूर नैसर्गिक सौन्दर्य विद्यमान था। यहाँ वे स्थानीय लोगों को अंग्रेज़ी पढ़ाकर अपना गुज़र-बसर करते और एक छोटे-से कमरे में रहते। यहाँ रहते हुए वे अपनी स्वाभाविक आध्यात्मिक वृत्ति को बढ़ावा दे रहे थे। उनका बहुत-सा समय पहाड़ों

की गुफाओं में कठोर तपस्या करते हुए व्यतीत होता। वे दोपहर में जो सब्ज़ी मिले उसे बिना नमक मिर्च के खाते। कभी फल खाकर ही रह जाते, तो कभी भूखे भी रहना पड़ता। शाम का समय वे स्थानीय ग्रंथालय में बिताते। कुल मिलाकर यहाँ वे अपने साथियों और क्रांतिकारी आन्दोलनों से निर्लिप्त होकर दूर, अकेले पड़े थे। वे पूरी तरह संन्यासियों और वैरागियों-सा जीवन व्यतीत कर रहे थे। फिर भी एक बार भाई परमानंद वहाँ पहुँच गए। वे प्रसिद्ध क्रांतिकारी थे। पहले वे दयानंद कॉलेज में प्राचार्य थे, बाद में लन्दन आ गए। पहले उन्हें लाहौर काण्ड में फाँसी की सज़ा सुनाई गई थी, परन्तु बाद में आजीवन काले पानी की सज़ा में बदल दी गई थी। यहीं भाई परमानन्द लाला हरदयाल के साथ उस समुद्र किनारे महीना भर रहे। उन्होंने उन्हें तपस्वी जीवन छोड़कर पुनः क्रांतिकार्य में शामिल होने के लिए राज़ी किया। लाला हरदयाल पेरिस में बिताए जा रहे अपने जीवन और अपने लोगों की स्वार्थ-वृत्ति से उकता गए थे। भाई परमानन्द जैसे क्रांतिकारी ही उन्हें पुनः आन्दोलन में वापस ला सके थे। लाला हरदयाल लॉ मार्टिनिक से बोस्टन पहुँचे। वहाँ से अमेरिका और फिर अमेरिका से होनोलुलू पहुँचे। यहाँ समुद्र के किनारे गुफा में पुनः तपस्या करने में लग गए। बीच-बीच में वे जापानी मज़दूरों को धर्मोपदेश देते। जापानी मज़दूर उनके लिए भोजन की व्यवस्था करते। उस समय भी उनके क्रांतिकारी जीवन पर संन्यासी जीवन की छाप अधिक थी।

भाई परमानन्द के कहने पर वे कैलिफोर्निया पहुँचे। वहाँ उन्होंने एक समिति का गठन किया और भारत के परिश्रमी विद्यार्थियों के लिए अमेरिका में उच्च शिक्षण के लिए छात्रवृत्ति देने की उद्घोषणा की। उन्होंने छः विद्यार्थियों को चुना और उन्हें उच्च शिक्षण के साथ ही क्रांति की भी दीक्षा दी। श्यामजी कृष्ण वर्मा ने इंग्लैण्ड में भी ऐसी ही छात्रवृत्ति प्रारम्भ की थी। मादाम कामा ने भी स्त्रियों के लिए कुछ ऐसा ही प्रयत्न किया था।

लाला हरदयाल ने सान फ्रांसिस्को में और बर्कले में कुछ भाषण दिए, जिनसे प्रभावित होकर उन्हें लेलैंड-स्टेनफोर्ड विद्यापीठ में संस्कृत और भारतीय दर्शन के प्राध्यापक के पद पर रखा गया, जिसे उन्होंने अवैतनिक सेवा के रूप में स्वीकारा। इसीलिए अमेरिका में उनकी प्रसिद्धि एक भारतीय ऋषि के रूप में फैल गई। अपनी लोकप्रियता और प्रसिद्धि का उन्होंने क्रांति कार्य को बढ़ावा देने में उपयोग कर लिया। उनके हर हाल-चाल की सूचना ब्रिटिश और भारत सरकार को दी जाती थी। लाला हरदयाल सानफ्रांसिस्को से कैलिफोर्निया आए। उन्होंने जिन भारतीय विद्यार्थियों को प्रवेश दिलवाया था उनके लिए उन्होंने नालंदा भवन का निर्माण किया। अमेरिका में रहने वाले विद्यार्थियों के मन में क्रांतिकारी भावना पैदा करने का काम वे कर ही रहे थे।

भारत में आ रहे बदलाव पर भी उनका ध्यान था। 23 दिसम्बर, 1912 को

दिल्ली में लॉर्ड हार्डिंग पर जो बम गिराया गया था उस घटना की ख़बर सुनकर वे प्रसन्न हुए थे। उन्होंने और उनके क्रांतिकारी विद्यार्थियों ने 'बंदे मातरम्', 'भारत माता की जय' की हर्षोल्लास के साथ घोषणा की। सार्वजनिक सभा भी आयोजित की गई। अपने विचारों और भावनाओं का 'युगान्तर सर्क्यूलर' नामक पत्र के रूप में दुनिया-भर में प्रचार किया। इस पत्र का विस्फोट बम विस्फोट से भी ज्यादा हुआ।

उन्होंने अमेरिका में जिस समिति का गठन किया, पहले उसका नाम 'द हिन्दुस्तान एसोसियेशन ऑफ द पेसिपिक एशियन' था, अब उसका नाम 'ग़दर पार्टी' रख दिया गया। ग़दर पार्टी के अध्यक्ष सोहनसिंह भगना थे, लाला हरदयाल मंत्री और पं. काशीराम कोषाध्यक्ष थे। ग़दर पार्टी का प्रमुख पत्र 'ग़दर' था जो उर्दू और पंजाबी भाषा में निकलता था। कुछ सामग्री अंग्रेज़ी में भी प्रकाशित की जाती थी। 'ग़दर' की प्रतियाँ सारी दुनिया में भेजी जाती थीं। कड़े पहरे के बावजूद 'ग़दर' की प्रतियाँ भारत ही नहीं अपितु यहाँ की लश्करी छावनियों में पहुँचाई जाती थीं।

सान फ्रांसिस्को का युगान्तर आश्रम ग़दर पार्टी और 'ग़दर' पत्र का कार्यालय था। इस आश्रम में अनेक क्रांतिकारी तपोमय जीवन बिता रहे थे। 'ग़दर' के अभियान को गति तो मिल ही रही थी, साथ ही लाला हरदयाल के ओजस्वी लेखन के जादू से धनसंग्रह भी बढ़ रहा था।

अमेरिकी सरकार बिना कारण लाला हरदयाल को गिरफ्तार करना चाह रही थी। एक बार उनके अंगरक्षक ने उन्हें गिरफ्तारी से बचाया। आख़िरकार 25 मार्च, 1913 को उन्हें गिरफ्तार कर लिया गया। उन्हें ज़मानत पर छुड़वाने वालों में भारतीयों के साथ-साथ अमेरिकन भी थे। छूटने के बाद 'ग़दर पार्टी' के अनुरोध से वे तुर्की से जिनेवा पहुँच गए। रामदास के झूठे नाम से 27 जनवरी, 1915 को वे जिनेवा से बर्लिन जा पहुँचे।

प्रथम विश्वयुद्ध चल रहा था। अनेक भारतीय क्रांतिकारी बर्लिन में जमा थे। लाला हरदयाल ने बर्लिन कमेटी की स्थापना करके यहाँ भी स्वतंत्रता की लड़ाई जारी रखी। इन क्रांतिकारियों में चंपकरमण पिल्लै, तारकनाथ दास, अब्दुल हफीज़ मोहम्मद बरकतुल्ला, डॉ. चंद्रकान्त चक्रवर्ती, डॉ. भूपेन्द्रनाथ दत्त, डॉ. प्रभाकर, वीरेन्द्र सरकार व वीरेन्द्र चट्टोपाध्याय प्रमुख थे। लाला हरदयाल के आ जाने से क्रांतिकारियों में जोश आ गया। क्रांतिकारी साहित्य का निर्माण और भी तेज़ी से होने लगा। उन्होंने तुर्की, अरब और अफगानिस्तान के शासकों को ब्रिटेन के विरुद्ध एकत्रित होने की अपील एक रेशमी कपड़े के ऊपर लिखकर दी थी। वे इस प्रयत्न में थे कि यह योजना इन देशों के शासकों तक पहुँच सके, परन्तु रेशमी कपड़े सहित यह योजना अंग्रेज़ों के हाथ लग गई।

क्रांतिकारियों की यह योजना थी कि भारतीय जनता की ओर से जब भारत में विद्रोह हो तभी अंग्रेज़ों के शत्रु देश भी आक्रमण करें। अपने लक्ष्य तक पहुँचने

के लिए 'ग़दर पार्टी के सदस्य हज़ारों की संख्या में अमेरिका और कैनेडा से भारत वापस लौट रहे थे। पंजाब और संयुक्त प्रान्त के ग़दर आन्दोलन का संचालन रासबिहारी बोस और शचीन्द्रनाथ सान्याल कर रहे थे। यतीन्द्रनाथ मुखर्जी (बाघा जतीन) बंगाल से एशिया और यूरोप के क्रांतिकारियों से सम्पर्क साध रहे थे।

लाला हरदयाल और बर्लिन कमेटी के प्रयत्नों से क्रांतिकारियों के लिए जर्मनी से शस्त्रों से भरे हुए अनेक जहाज़ भेजे गए। परन्तु अंग्रेज़ों ने या तो इन्हें पकड़ा या फिर डुबो दिया। लाला हरदयाल ने फ्रांस, स्वीडन, नार्वे, स्विट्ज़रलैण्ड, इटली, ऑस्ट्रिया आदि देशों के क्रांतिकारियों से सम्पर्क बनाकर भारत की क्रांति के लिए पोषक वातावरण बनाया। जर्मनी में युद्धबंदी के पश्चात् लौटे हुए सैनिकों का उपयोग करने की योजना भी बनाई गई।

इसी समय भारत के महान् क्रांतिकारी राजा महेन्द्र प्रताप भी जर्मनी पहुँच गए थे। उन्होंने जर्मनी के कैसर विलियम को प्रभावित कर जर्मनी और भारतीय सदस्यों का शिष्टमण्डल बनाया और अफगानिस्तान में उतर कर वहाँ अस्थायी आज़ाद हिन्द सरकार की स्थापना की।

काल के प्रवाहानुसार जर्मनी का भारत की तरफ देखने का दृष्टिकोण बदल गया था। उसके अतिरिक्त शस्त्रों से भरे हुए जहाज़ पकड़े और डुबाए भी गए थे, इसलिए जर्मनी निराश था। उस पर जर्मनी पराजित भी होने लगा था। इसीलिए जर्मनी ने लाला हरदयाल पर नज़र रखनी शुरू की। 1916 से 1917 तक वे जर्मनी में नज़र-कैद में रखे गए। बाद में छिपते हुए स्वीडन पहुँचे और अलग-अलग शहरों में नौ वर्षों तक रहे। विलक्षण बुद्धि तो थी ही। स्वीडन पहुँचते ही उन्होंने स्वीडिश भाषा सीख ली और स्वीडिश भाषा में ही अपना भाषण, संभाषण और अध्यापन भी करने लगे। दुनिया की चौदह भाषाओं पर उनका प्रभुत्व था।

पुनः उनके तपस्वी जीवन की शुरुआत हो गई। उनकी ज़रूरतें अत्यन्त सीमित थीं। उबली हुई सब्ज़ियाँ खाकर वे रहते थे। एक छोटे-से कमरे में रहते थे। सामान के नाम पर उनके पास सिर्फ किताबें थीं। अध्यापन से वे आजीविका चलाते। स्वीडन में भी उनके अनेक मित्र और प्रशंसक बन गए थे।

इंग्लैण्ड की सरकार ने जब लाला हरदयाल को स्वतन्त्र किया तब वे 27 अक्टूबर, 1927 को लन्दन पहुँच गए। लन्दन में भाई किशनलाल और भतीजा भगवतदयाल रहते थे। लन्दन में उन्होंने गौतम बुद्ध के दार्शनिक विचारों पर थीसिस लिखकर 1931 में पी-एच. डी. की उपाधि प्राप्त की। साहित्य तत्त्वज्ञान और भाषाज्ञान इत्यादि विषयों में वे पारंगत तो थे ही, विज्ञान में भी उन्होंने स्नातक की डिग्री प्राप्त की।

सर तेज बहादुर सप्रू और सी. एफ. एन्डूज़ के प्रयत्नों से उन्हें भारत आने की अनुमति मिली। जब यह ख़बर लन्दन में पहुँची उस समय लाला हरदयाल अमेरिका में आयोजित भाषण श्रृंखला में भाषण दे रहे थे। इधर भारतीय जनता इस विलक्षण

बुद्धिवान और विश्वविख्यात व्यक्तित्व वाले भारत-पुत्र के आगमन का स्वागत करने की तैयारी में लगी थी, उतने में ही अत्यन्त हृदयविदारक खबर मिली कि लाला हरदयाल परलोक सिधार गए।

अमेरिका के फिलाडेल्फिया नामक स्थान में 4 मार्च, 1939 को उनकी मृत्यु हो गई। मृत्यु से पहले वे पूरी तरह स्वस्थ थे। हमेशा की तरह 3 मार्च की रात को वे सोये और दूसरे दिन सुबह अनपेक्षित रूप से उन्हें मृत पाया गया। लाला हरदयाल के शिष्य युद्ध के माध्यम से भारत को स्वतन्त्र करना चाहते थे और उन्होंने अपनी यह योजना अपने कुछ मित्रों को बता दी थी। समुद्री तार की सुविधा होते हुए भी लाला हरदयाल की मृत्यु की खबर भारत में सप्ताह के बाद पहुँची।

लाला हरदयाल विलक्षण व्यक्ति थे। वे कुशल वक्ता और उच्च कोटि के लेखक भी थे। उन्होंने अनेक ग्रन्थों की रचना की। दीनबन्धु एण्ड्रूज़ ने कहा था कि यदि उनका जन्म शान्ति के समय में होता तो वे अपनी बुद्धि का उपयोग आश्चर्यजनक कार्यों के लिए कर पाते। लाला लाजपतराय ने उन्हें 'विलक्षण आदर्शवादी' संबोधन से संबोधित किया।

स्वतंत्रता के लिए अपना समस्त जीवन होम कर देने वाले

सेनापति पांडुरंग महादेव बापट

सेनापति पांडुरंग के विषय में साने गुरुजी कहा करते थे कि 'सेनापति में मुझे शिवाजी, रामदास व तुकाराम की त्रिमूर्ति दिखाई देती है। वे लोकमान्य तिलक, महात्मा गांधी व सावरकर के अपूर्व व मधुर-मिश्रण लगते हैं। वे भक्ति, ज्ञान व सेवा की निर्मल गायत्री हैं।' इस असाधारण व्यक्ति का जन्म नगर नामक ज़िले के पारनेर तालुके में 12 नवम्बर, 1880 को हुआ था। पिता का नाम महादेव व माता

का नाम गंगाबाई था। वे अपने छह भाइयों में चौथे थे। पारनेर में प्राथमिक शिक्षा के बाद 12 वर्ष की उम्र में वे पूना के न्यू इंग्लिश हाई स्कूल में दाखिल हुए। यहाँ उन्हें बुद्धिमान सहपाठी व नामचीन शिक्षक प्राप्त हुए। पुणे के तत्कालीन संतप्त वातावरण का भी उन पर प्रभाव पड़ा। प्लेग के कारण उन्हें पूना से पारनेर लौटना पड़ा। यहाँ अठारह वर्ष की उम्र में उनका विवाह हो गया। इसके बाद उन्होंने अहमदनगर में मौसी के यहाँ रहकर मैट्रिक की परीक्षा दी। परीक्षा के बाद कचहरी में दस्तावेज़ की नकल करने का काम करने लगे। मैट्रिक में उन्होंने पाँचवाँ क्रमांक तथा जगन्नाथ शंकरसेठ की छात्रवृत्ति प्राप्त की। संस्कृत विषय में बारह रुपये महीने की छात्रवृत्ति प्राप्त की। 3 जनवरी, 1900 को पुणे डेक्कन कॉलेज में प्रवेश लिया। छात्रावस्था में ही उन्हें नौकायन, टेनिस, कविता, नाटक आदि का शौक था। छात्रावास में टोपी लगाकर ही बाहर जाने का नियम था। एक रात असावधानी से वे टोपी लगाए बिना ही निकल गए। इसी स्थिति में हाज़िरी लेने वाले फेलो से उनकी भेंट हो गई। वह स्वयं भी टोपी लगाए हुए नहीं था। फिर भी उन्हें पन्द्रह रुपये दण्ड या छः महीने के लिए छात्रावास से बाहर रहने का कठोर दण्ड दिया गया। इस संकट से सतारा के नाना साहेब मुतालिक ने उन्हें बचाया। वे स्वयं एक कमरा लेकर स्वतन्त्र रूप से रहते थे, बापट भी उनके साथ रहने लगे।

बी. ए. करके बम्बई आए। एक स्कूल में अंशकालिक नौकरी करके आगे पढ़ने लगे। इसी समय उन्हें विदेश जाने के लिए मंगलदास नाथूभाई की छात्रवृत्ति मिल गई। अब वे स्कॉटलैण्ड पहुँचकर एडिनबरा शहर में मैकेनिकल इंजीनियरिंग पढ़ने लगे। साथ ही क्वीन्स रायफल क्लब में निशानेबाज़ी सीखने लगे।

यहाँ उन्हें ब्रिटिश साम्राज्य के अधीन भारत की परिस्थिति पर बोलने का अवसर मिला। भारतीय क्रांतिकारियों के प्रेरणा स्रोत प्रवासी क्रांतिकारी श्यामजी कृष्ण वर्मा ने उन्हें भाषण के लिए सामग्री दी। शेफर्ड सभागृह में 'ब्रिटिश रूल इन इण्डिया' विषय पर निबन्ध-वाचन हुआ। निबन्ध छपा और इसका परिणाम यह हुआ कि मुंबई विद्यापीठ की सिफारिश पर आधारित उनकी छात्रवृत्ति तुरन्त समाप्त कर दी गई। उनको लन्दन के 'इंडिया हाऊस' में आना पड़ा। यहाँ उनकी सावरकर से भेंट हुई। यहाँ से वे बम तैयार करने की विद्या सीखने पेरिस गए। इंजीनियरिंग की पढ़ाई छोड़ दी। 1906 में दादाभाई नौरोजी की अध्यक्षता में होने वाले कांग्रेस अधिवेशन में 'वॉट शैल अवर कांग्रेस डू' नामक लेख भिजवा दिया। 1907 में 'सौ वर्ष बाद का भारत' विषय पर लेख लिखा।

श्यामजी कृष्ण वर्मा व सावरकर की सलाह पर वे भारत लौटे। योजनानुसार वे 'शीव' बन्दरगाह पर उतरे। धुले, भुसावल होते हुए कलकत्ता पहुँचे। कलकत्ता

के माणिकतल्ला में बम-प्रयोग करने के लिए बंगाली क्रांतिकारी युवक हेमचंद्र दास के यहाँ एकत्रित होते थे। इस क्रांतिकारी मंडल की दो शाखाएँ थीं, एक शहरी दूसरी फौजी। शहरी शाखा को प्रचार के साधन के रूप में समाचार-पत्र निकालना तथा नए-नए सैनिक भर्ती करने का काम था। फौजी शाखा को शस्त्र जमा करना, बम बनाना व उपयुक्त अवसर पर विद्रोह की तैयारी करने का काम सौंपा गया। पांडुरंग बापट जब पहुँचे तो हेमचन्द्र दास क्रांतिकारियों से चर्चा कर रहे थे। उनमें नरेन्द्र गोस्वामी भी था। पांडुरंग बापट पारनेर लौट आए। दो महीने के अन्दर ही बम प्रकरण में नरेन्द्र गोस्वामी पकड़ा गया और मुखबिर बन गया। उसने सभी के नाम बता दिए। उसमें बापट का नाम भी था। बापट भूमिगत हो गए। इन साढ़े चार वर्षों के अज्ञातवास में वे पुणे के डेक्कन कॉलेज, नगर ज़िले के लाख नामक गाँव, भुसावल, औरंगाबाद, नरढाणे, खरगोन, बडवानी, धार, देवास, इंदौर, उज्जैन, मथुरा, वृंदावन, काशी, पुनः इंदौर घूमते हुए पुलिस को चकमा देते रहे। आखिर इंदौर में पुलिस के हाथ पड़ गए।

पुलिस ने गिरफ्तार कर उन्हें मुंबई के क्रॉफर्ड बाज़ार के पास के पुलिस मुख्यालय के तलघर की एक कोठरी में बन्द कर दिया। नरेन्द्र गोस्वामी को क्रांतिकारियों ने मार दिया था, अतः पुलिस का जानकारी प्राप्त करने का मार्ग बन्द हो गया था। बापट के विरुद्ध कोई भी आरोप सिद्ध नहीं हुआ। पुलिस को उन्हें छोड़ देना पड़ा। वे पाँच हज़ार की ज़मानत पर छूटे और क्रॉफर्ड बाज़ार के पास ही पारसी की दुकान में नौकरी करने लगे। बीमार होने के कारण पारनेर लौट गए। पारनेर में भी उनके पीछे एक पहरेदार रहा करता था। बाद में वह उनके घर का काम करने लगा।

पारनेर में वे नालियाँ साफ करने, महारों के बच्चों को पढ़ाने व चबूतरे पर बैठकर गीता और ज्ञानेश्वरी पर प्रवचन देने लगे। 1 नवम्बर, 1914 को उन्हें पुत्रलाभ हुआ। नामकरण के समय उन्होंने हरिजनों की पंगत पहले बिठाई, फिर ब्राह्मणों की।

बापट अप्रैल, 1915 में पूना आए। यहाँ वासु काका जोशी ने उन्हें चित्रशाला के 'चित्रमय जगत' पत्र में लगा लिया। पाँच-छः महीने बाद तिलक के मराठी पत्र में काम करने लगे। पुणे में भी रास्ते की साफ-सफाई करते रहे।

1918 में श्री विट्ठलभाई पटेल की अध्यक्षता में बीजापुर में आयोजित कांग्रेस अधिवेशन में उन्होंने एक प्रस्ताव रखा। कोलम्बो में लोकमान्य तिलक का पासपोर्ट ब्रिटिश सरकार ने अकस्मात् रद्द कर दिया था। इसके निषेध के लिए कौन्सिल और नगरपालिका के सदस्य अपना इस्तीफा दें। सरकार को युद्ध का खर्च नहीं दिया जाए। सैनिकों की भरती में सहायता नहीं की जाए। साथ ही सेना में पहले से ही भरती सैनिक भी सरकार की मदद नहीं करें। परिषद् में प्रस्तावित करने के लिए यह प्रस्ताव

उन्होंने विषय-नियामक समिति के पास भेजा था, परन्त परिषद् में उनका प्रस्ताव नामंज़ूर हो गया।

इसके बाद बापट ने 'मराठा' पत्र छोड़ दिया और पंत पराड़कर के 'लोक-संग्रह' दैनिक में विदेशी राजनीति पर लेख लिखने का कार्य प्रारम्भ किया। साथ ही डॉ. श्रीधर व्यंकटेश केलकर के ज्ञानकोश कार्यालय में भी काम किया। महाविद्यालयीन विद्यार्थियों के लिए गणित की ट्यूशन कक्षाएँ भी शुरू करने का प्रयत्न किया।

इसी बीच 4 अगस्त, 1920 को उनकी पत्नी की मृत्यु हो गई। वे उस समय मुंबई में चल रही मेहतरों की हड़ताल में सम्मिलित थे। वे स्वयं मेहतरों का मार्गदर्शन करने के लिए आगे आए। 2 अगस्त, 1920 को हड़ताल शुरू हुई। समाचार-पत्रों ने पहले इस विषय में उदासीनता दिखाई। बापट ने 'सन्देश' नामक समाचार-पत्र द्वारा 'झाडू कामगार मित्रमंडल' स्थापना की घोषणा की। हड़ताल के लिए धन एकत्रित किया। घर-घर जाकर रोटियाँ एकत्रित कीं। मुंबईवासियों को मानवता की शिक्षा देने और उन्हें जागृत करने के लिए 1 सितम्बर को गले में पट्टी लटकाकर भजन करते हुए चौपाटी पर जाने का निर्णय किया। यह हड़ताल सफल हुई। श्रमिकों के सफल नेतृत्व का यह उनके जीवन का प्रथम प्रसंग था।

डॉ. नारायण दामोदर सावरकर अंडमान में कालेपानी की सज़ा भोग रहे राजकीय कैदियों को छुड़वाने के लिए प्रयत्न कर रहे थे। बापट ने श्री दा. वि. गोखले की अध्यक्षता में पुणे में 'राजबंदी मुक्तता मंडल' स्थापित किया और उसके कार्यवाहक बने। कारावासीय यातनाएँ असहाय होने के कारण इन्द्रभूषण सेन ने आत्महत्या कर ली थी। उल्लासकर दत्त पागल हो गए थे। यह समाचार जनता को मिलते रहते थे। लोगों ने सुन रखा था कि यह स्थान पृथ्वी पर साक्षात् नरक है। नारायण सावरकर ने अपने दोनों भाइयों से मिलकर इस अमानवीय दुःस्थिति को प्रत्यक्ष देखा था।

राजबन्दियों को छुड़वाने के लिए बापट ने अथक प्रयत्न किए। घर-घर घूमकर, गले में पट्टी लगाकर, समाचार पत्रों में आह्वान करके लोगों को जागृत किया। उनके हस्ताक्षर लेने की मुहिम शुरू की। दूसरे कार्यों के लिए आयोजित सभाओं में भी प्रस्ताव रखकर भाषण करके उन्होंने प्रचार चालू रखा। इस कार्य में स्त्रियों को भी सम्मिलित किया। उनका मुख्य उद्देश्य राजकीय आन्दोलन था। राजकीय आन्दोलन के लिए समाचार-पत्र एक प्रभावी माध्यम होता है। 'मराठा' पत्र छोड़े हुए उन्हें दो वर्ष बीत चुके थे। वे ऐसे ही किसी पत्र की पुनः तलाश में थे।

मुंशी के सत्याग्रह में उन्हें 'सेनापति' की उपाधि मिली थी। महाराष्ट्र में सह्याद्रि पर्वत की विभिन्न चोटियों पर बीस-बाईस बाँध बाँधने की टाटा कम्पनी ने योजना रखी थी। उनमें से एक बाँध मुळशी के निकट मुला व निला नदियों के संगम पर

बाँधा जाना था। बाँध बाँधकर पानी का विपुल प्रमाण में संचय करने के इस प्रकल्प के कारण बाँध के मार्ग में आने वाले गाँव व खेत नष्ट हो जाने वाले थे। मुळशी बाँध के काम में 54 गाँवों और खेती की ज़मीन डूबने वाली थी। इसके विरुद्ध विनायकराव भुस्कुटे का सत्याग्रह चालू था।

1 मई, 1922 को दूसरा सत्याग्रह शुरू हुआ, जो बहुत प्रसिद्ध हुआ। इस समय सारे नेता जेल में थे, अतः सारी जवाबदारी बापट की थी। पुलिस ने इस सत्याग्रह के लिए बापट को गिरफ्तार किया। मुकदमा शुरू हुआ और उन्हें छः महीने के लिए येरवडा जेल भेज दिया गया। जब वे छूटे, तब तक सत्याग्रह ठण्डा पड़ चुका था। इस विपरीत स्थिति में उन्होंने प्रचार दौरे किए। पुणे में प्रचार के लिए फेरियाँ लगाई। बीच-बीच में चौक पर खड़े होकर बापट मुळशी-विषयक अपनी कविताओं का पाठ भी करते थे। चे दौरे पर बाहर जाते, तब भी पुणे में प्रचार-फेरियाँ जारी रहतीं। लोगों की भीड़ उनके साथ होती थी। नागपुर में बेलगाँव तक उनके दौरे हुए। भाषण में वे कहते थे अब गप्प मारने के दिन खत्म हुए, बम मारने के दिन आ गए हैं। पुलिस फिर उनके पीछे लगी और 23 अक्तूबर, 1923 को उन्हें फिर एक वर्ष के लिए येरवडा की जेल में रखा गया। मुळशी के निमित्त हुई यह उनकी लगातार तीसरी गिरफ्तारी थी।

सत्याग्रह के दोनों आधार-स्तम्भ जेल में थे, अतः मुळशी-सत्याग्रह की स्थिति अत्यन्त दयनीय हो गई। साढ़े तीन वर्ष आग्रहपूर्वक चलाया गया यह सत्याग्रह निष्फल होता दिखाई दिया। फिर भी बापट ने उसे व्यक्तिगत रूप से ज़िन्दा रखने का प्रयत्न किया। धरण के पानी में डूबकर वहीं प्राण-विसर्जन करने का अपना संकल्प जारी किया। उनके इस सत्याग्रह के लिए उन्हें केवल पाँच सहयोगी प्राप्त हुए थे। 9 तारीख को रेल पटरी पर गाड़ी रोकने के लिए पत्थर बिछाए गए। हाथ में तलवार, कमर में और हथियार और दूसरे हाथ में पिस्तौल लेकर सेनापति बापट धोती की काँख बाँधे खड़े थे। गाड़ी रोककर ड्राइवर नीचे उतरा। उसके पैरों पर गोली चलाई। पत्थर हटाने वाले मज़दूरों पर आक्रमण किया और स्वयं पुलिस के द्वारा पकड़े गए। इन सबको पहले छह महीने अलग-अलग जगहों पर भेज दिया गया। बापट को सात वर्ष के लिए सिंध प्रान्त के हैदराबाद जेल भेज दिया गया।

छूटने के बाद वे 28 जून, 1931 को महाराष्ट्र प्रान्तीय कांग्रेस समिति के अध्यक्ष चुने गए। अध्यक्ष के रूप में उन्होंने महाराष्ट्र के विविध ज़िलों में लड़ाई का संदेश देने के लिए जल्दी-जल्दी दौरे किए। विदेशी बहिष्कार का आन्दोलन हाथ में लिया। उनके भाषणों के कारण उन्हें फिर जेल हुई। केवल पाँच महीने ही वे बाहर रहे। सेशॅन कोर्ट में मुकदमा शुरू हुआ। बापट ने वकील नियुक्त करने को मना कर दिया।

दादासाहब करंदीकर ने न्यायाधीश से निर्णय होने के पूर्व बोलने की अनुमति ले ली थी। बापट ने इस पर भी आपत्ति की। करंदीकर ने कहा, 'मैं केवल कानून के सन्दर्भ में ही बोलूँगा।' और उन्होंने अपने तर्क संक्षेप में प्रस्तुत किए। इसके बाद भी उन्हें दो सज़ाएँ सुनाई गईं। सात वर्ष के कालेपानी की एक सज़ा और तीन वर्ष दूसरे कारावास में रहने की दूसरी सज़ा। उन्हें पहले रत्नागिरी की जेल में भेजा गया। पूर्व शहर कांग्रेस समिति ने इस सज़ा के निषेधार्थ सार्वजनिक हड़ताल की और शनिवारवाडे के सामने सभा की। वे जेल में थे, तभी उनके माता-पिता की मृत्यु हो गई। मृत्यु के समय भी वे अपने माता-पिता से नहीं मिल सके। यहाँ भी वे साफ-सफाई का काम किया करते थे। वे संस्कृत, हिन्दी व मराठी में कविताएँ रचा करते थे। सूत कताई भी करते थे। येरवडा में अनशन कर रहे गांधीजी के समर्थन में बपट ने आमरण अनशन किया। इससे उनकी तबीयत बहुत खराब हो गई। उन्हें बेलगांव भेज दिया गया। दोनों कानों से उन्हें सुनाई नहीं देता था। 23 जुलाई, 1937 को उन्हें छोड़ा गया। सायंकाल की सभा में उनका स्वागत किया गया।

सात व आठ जुलाई को बापट वर्धा-सेवाग्राम में महात्मा गांधी से मिले। वहाँ उन्होंने प्राणयज्ञ की कल्पना रखी। इसके अनुसार स्वतन्त्र भारत का संविधान ब्रिटिश सरकार के पास भेजकर उसी दिन एक हज़ार लोग एकसाथ मैदान में मृत्यु का आलिंगन करें। 'भारतीय प्राणयज्ञ दल' शीर्षक से उन्होंने एक पर्चा भी जारी किया था। उसमें उन्होंने कहा था कि एक लाख भारतीयों का नितान्त शान्तिमय व पूर्ण अहिंसात्मक प्राणयज्ञ स्वतंत्रता प्राप्ति के लिए विशेष उपयोगी होगा। इतना ही नहीं, पृथ्वी पर सभी सात्विक मनुष्यों की हार्दिक इच्छा हिंसात्मक मार्ग के उच्चारण में भी इस प्राणयज्ञ की मदद होगी। इसके लिए उन्होंने प्रतिज्ञापत्र तैयार करवाए थे, जिस पर इक्कीस लोगों ने हस्ताक्षर कर दिए थे। इस प्राणयज्ञ के लिए निश्चित 26 जनवरी, 1932 आने के पूर्व ही सेनापति बापट को बंदी बना लिया गया। स्वतंत्रता के साथ-साथ वे भारत की एकजुटता के लिए भी प्रयत्नशील थे। 8 अगस्त, 1937 को उन्होंने गांधीजी से विचार-विमर्श करके अपना संकल्प दृढ़ किया। परस्पर झगड़े दूर कर एकता स्थापित करना उनका ध्येय था। इसी बीच सुभाष बाबू ने कांग्रेस के अन्तर्गत फारवर्ड ब्लॉक की स्थापना की। बापट को इस पुरोगामी दल की महाराष्ट्र शाखा के अध्यक्ष का पद मिला। इस अध्यक्ष पद से उन्होंने द्वितीय विश्वयुद्ध में भारत को सम्मिलित करने का विरोध किया। स्थान-स्थान पर भाषण देकर ब्रिटिशों के विरुद्ध अपने विचार व्यक्त किए। कोल्हापुर रियासत में धारा एक सौ चवालीस पूरे साल से लागू थी। वहाँ सभा आयोजित कर भाषण दिया, परिणामस्वरूप बंदी बनाकर उन्हें कराड़ में छोड़ दिया गया। उन्होंने कोल्हापुर आकर भाषण दिया। 5 अप्रैल, 1940 को मुम्बई

के स्टेशन पर उतरते ही उन्हें बंदी बनाकर कल्याण में छोड़ दिया गया और उनके मुम्बई प्रवेश पर पाबंदी लगा दी। निवास-स्थान पर पुलिस का पहरा होने पर भी मुम्बई में चौपाटी की सभा में उन्होंने उर्दू में अध्यक्षीय भाषण दिया। स्वयं पुलिस कमिश्नर स्मिथ पुलिस की बड़ी टुकड़ी लेकर वहाँ उपस्थित था। श्री कामथ का भाषण शुरू होते ही पुलिस की टुकड़ी मंच पर चढ़ी। मंच पर ब्रिटिश साम्राज्यशाही का प्रतीक एक अंग्रेज़ साहब का पुतला और यूनियन जैक रखा हुआ था। श्रोताओं में से किसी ने यूनियन जैक और पुतला जला डाला।

उस समय उन्हें गिरफ्तार कर नासिक की जेल में रखा गया, जहाँ उनके चिरंजीव वामनराव भी युद्धविरोध की सज़ा में पहले से थे।

राजनीति के इस झंझावात के बीच सेनापति बापट पर 20 मई, 1944 को कन्या-वियोग का आकस्मिक दुःख और साथ ही सात महीने की नातिन की ज़िम्मेदारी आ पड़ी। आन्दोलन फिर भी चलता रहा।

नवम्बर, 1944 में नागपुर में सेनापति बापट की अध्यक्षता में विद्यार्थी परिषद् का आयोजन हुआ। इसी माह चन्द्रपुर और अकोला में भी भाषण हुए। अमरावती में भी विद्यार्थी परिषद् में उनका भाषण आयोजित था कि उसके पूर्व ही उन्हें गिरफ्तार कर लिया गया। एक वर्ष की सज़ा हुई। शरीर अशक्त, पर मन सशक्त था। 1946 में पारनेर में दुर्भिक्ष की घनघोर छाया पसरी हुई थी। इस समय दुर्भिक्ष में काम देने के लिए गाँव के ऊपरी छोर पर एक बाँध बाँधने का काम दिया गया। इस बाँध में बारिश का पानी इकट्ठा करने की योजना थी। सेनापति बापट स्वयं मज़दूरों के साथ काम करने जाते थे। उनके लिए रोटी जमा करने का भी काम उन्होंने शुरू कर दिया था। इसी समय सरकार के सामने दुर्भिक्ष समस्या हुई। अतः मज़दूरी कम कर दी जाए, यह घोषणा की। सेनापति बापट ने मज़दूरी कम न करने की प्रार्थना की और व्यक्तिगत रूप से सहायक-निधि एकत्रित करना शुरू कर दिया।

स्वतंत्रता के लिए अपना समस्त जीवन होम कर देने वाले, जीवन का अधिकांश भाग कारावास में बिताने वाले सेनापति बापट ने स्वतंत्रता के दिन पुणे में शनिवारवाडे के सामने विशाल आमसभा में भाषण किया। तलवार पर हाथ रख विद्यार्थी जीवन में 1902 में ली गई प्रतिज्ञा पूर्ण होने का सौभाग्य उन्हें इसी जीवन में इन्हीं आँखों से देखने को मिला। शेष जीवन में उन्होंने संयुक्त महाराष्ट्र की स्थापना में व गोवा मुक्ति आन्दोलन में भाग लिया।

स्वयं में एक इतिहास

विनायक दामोदर सावरकर

विनायक दामोदर सावरकर का जन्म महाराष्ट्र के नासिक ज़िले के भगूर गाँव में 28 मई, 1883 को हुआ था। वे तीन भाई थे—गणेशराव, विनायकराव और नारायणराव। तीनों ही देश के प्रति समर्पित बलिदानी थे।

विनायक राव ने 1901 में नासिक से मैट्रिकुलेशन किया और यहीं 'मित्रमेला' नामक राजनीतिक संगठन खड़ा किया। इसका उद्देश्य स्वाधीनता प्राप्त करना था।

इसी बीच उनके माता-पिता, दोनों की मृत्यु हो गई और घर का भार गणेशराव के कंधों पर आ पड़ा। गणेशराव अपने मंझले भाई विनायक को बहुत होनहार मानते थे। उसे उन्होंने जनवरी, 1902 में पूना के फर्ग्युसन कॉलेज में भर्ती करा दिया, जहाँ से उसने मुंबई विश्वविद्यालय की बी. ए. परीक्षा उत्तीर्ण की।

विनायक के कॉलेज में रहते ही बंग-भंग आन्दोलन शुरू हुआ। उस समय विदेशी वस्तुओं का बहिष्कार तेज़ी पर था। विनायक ने भी दशहरे के दिन विदेशी वस्त्रों की होली जला दी और सार्वजनिक सभा कर एक जोशीला भाषण दिया। इस पर कॉलेज ने उन्हें दण्डित किया।

कानून की पढ़ाई के लिए विनायक मुम्बई गए और वहाँ के मराठी साप्ताहिक पत्रों में लिखना शुरू किया। अपने 'मित्रमेला' संगठन का नाम 'अभिनव भारती' रख दिया। श्यामजी कृष्ण वर्मा की छात्रवृत्ति पर वे इंग्लैण्ड गए। 8 जून, 1906 को चलकर जुलाई, 1906 में लन्दन पहुँचे। 'इंडिया हाउस' में रहते हुए बैरिस्टरी में प्रवेश लिया। यहाँ भी 'अभिनव भारती' की एक शाखा खोल दी। जिस समय भारत में बंग-भंग आन्दोलन तेज़ी पर था, लन्दन में भी क्रांतिकारी गतिविधियाँ तेज़ी से चल रही थीं।

अप्रैल, 1908 में खुदीराम बोस ने मुज़फ्फरपुर में एक बम फोड़ा, जिसके परिणामस्वरूप उनके मित्र प्रफुल्ल चाकी की मृत्यु हो गई। इस मुकदमे में मुखबिर नरेन्द्र गोस्वामी की कन्हाईलाल दत्त और सत्येंद्र बोस ने जेल के अस्पताल में हत्या कर दी थी। इस सब में विनायक सावरकर की भी भूमिका थी। 'इंडिया हाउस' के रसोइये चतुर्भुज अमीन के साथ बीस ब्राउनिंग पिस्तौलें सावरकर को भेजी गईं। इन्हीं में से एक पिस्तौल से नासिक के मजिस्ट्रेट जैक्सन की हत्या की गई। मजिस्ट्रेट जैक्सन ने सावरकर के बड़े भाई गणेशराव को आजन्म कालेपानी की सज़ा दी थी।

विनायक सावरकर 'इंडिया हाउस' के क्रांतिकारी संगठन के नेता थे। उनके साथी मदनलाल धींगरा ने कर्ज़न वाइली की हत्या कर दी थी। एक सभा में मदनलाल धींगरा के विरुद्ध निंदा प्रस्ताव पास किया जा रहा था, जिसका उन्होंने विरोध किया। इससे क्रुद्ध होकर एक अंग्रेज़ ने उन्हें चांटा मार दिया। गुस्से में पास खड़े एक भारतीय ने डंडे से अंग्रेज़ का सिर फोड़ दिया। सभा बिना निन्दा-प्रस्ताव के ही बर्खास्त हो गई।

इस घटना के बाद 'इण्डिया हाउस' पर प्रतिबन्ध लग गया। सावरकर विपिनचन्द्र पाल के घर रहने लगे। अंग्रेज़ों ने पाल के घर से भी उन्हें भागने को विवश किया, तो वे एक जर्मन महिला के घर जाकर रहने लगे। ब्रिटिश सरकार ने जब उन्हें गिरफ्तार करने की कोशिश की, तो मित्रों की सलाह पर वे पेरिस चले गए, जहाँ श्यामजी

कृष्ण वर्मा, मादाम कामा, सरदारसिंह राणा आदि पहले से ही विद्यमान थे।

बम्बई सरकार ने विनायक दामोदर सावरकर के विरुद्ध वारंट जारी कर दिया। तार से वारंट ब्रिटेन भेजा गया। 22 फरवरी, 1910 को लन्दन की कोर्ट ने उनके विरुद्ध विद्रोह करने, हथियार जमा करने आदि के आरोप लगाए। उन पर यह भी आरोप था कि उन्होंने भारत में जनवरी से मार्च, 1906 तक तथा लन्दन में 1908 से 1909 तक राजद्रोहात्मक भाषण दिए।

वे पेरिस में अंग्रेज़ों की पहुँच से बाहर थे। मित्रों ने कहा कि तुम्हें यहीं रहकर नेतृत्व करना चाहिए। सावरकर नहीं माने, वे अपने मित्रों और समानधर्मी लोगों पर होते हुए अत्याचारों का आगे आकर मुकाबला करना चाहते थे। इसीलिए वे लन्दन पहुँचे।

13 मार्च, 1910 को लन्दन के विक्टोरिया रेलवे स्टेशन पर सशस्त्र पुलिस किसी भयंकर अपराधी को पकड़ने के लिए तैयार खड़ी थी। प्लेटफार्म को चारों ओर से घेर रखा गया था। स्टेशन के बाहर भी पुलिस के बंदूकधारी जवान तैनात थे और उन्हें आदेश था कि यदि अपराधी चंगुल से निकलकर भागता हुआ दिखाई दे तो उसे गोली मार दी जाए। सब लोग अधीरता से रेलगाड़ी के आने की प्रतीक्षा कर रहे थे। सावरकर को वे बहुत चालाक और भयंकर अपराधी मान रहे थे। इसलिए भारतीय पुलिस भी उन्हें पकड़ने के लिए आई हुई थी।

गाड़ी जैसे ही स्टेशन पर रुकी, हर डिब्बे को पुलिस की नज़रें घूरने लगीं। वीर सावरकर के उतरते ही चारों ओर से पुलिस ने उन्हें घेर लिया। गिरफ्तार करके उन्हें लन्दन की ब्रिस्टल जेल में डाल दिया गया। लन्दन की अदालत में उन पर मुकदमा चला। सैकड़ों भारतीय नवयुवक लन्दन के न्यायालय में पहले ही उपस्थित थे। उनकी तालियों की गड़गड़ाहट से सारा न्यायालय गूँज उठा।

न्यायालय ने अभियुक्त को भारत भेजने का निर्णय लिया। भारत भेजने का अर्थ था आजन्म कारावास या फाँसी का फंदा। सावरकर ने इससे छूटने के लिए युक्ति का सहारा लिया। इसी युक्ति के सहारे छत्रपति शिवाजी औरंगज़ेब की आँख में धूल झोंककर निकल भागे थे। नेताजी सुभाषचंद्र बोस ने ऐसा ही एक प्रयास करके भारत को स्वतंत्रता प्राप्ति के लक्ष्य के निकट पहुँचा दिया था। सावरकर भी भारत को मुक्ति दिलाने के लिए गोरों के काले न्याय से स्वयं को मुक्त करने की तरकीब सोचने लगे।

इंग्लैण्ड से भारत के लिए इंग्लिश चैनल पार करके फ्रांस पहुँचना पड़ता था। वहाँ से रेलगाड़ी से इटली और फिर जहाज़ से भारत पहुँचा जाता था। वीर सावरकर को भी मारिया जलयान से लाया गया। जहाज़ में गोरे सिपाहियों का सख्त पहरा

था। शौचालय तक में बड़ा शीशा लगा था। वहाँ भी उनकी गतिविधियाँ गुप्त नहीं थीं।

जलयान ने 8 जुलाई, 1910 को फ्रांस के मार्सेल्स बन्दरगाह में लंगर डाला। उन दिनों प्रसिद्ध क्रांतिकारी श्यामजी कृष्ण वर्मा, मादाम कामा आदि फ्रांस में थे। सावरकर की यात्रा के समाचार अत्यन्त गोपनीय रखे गए थे, क्योंकि अंग्रेज़ों की निगाह में वे खतरनाक क्रांतिकारी थे।

जहाज़ जब बन्दरगाह से रवाना हुआ, दिन के ग्यारह बजे थे। सावरकर शौचालय में घुस गए। उन्होंने अपना कोट उतारकर दरवाजे में टांग दिया और दरवाजा अन्दर से बन्द कर दिया। वे शौचालय की दीवार के पोर्टहोल पर चढ़ गए। कोट दरवाज़े के शीशे पर टांग देने से पहरेदारों को शंका हुई। उन्होंने झांककर देखा तो सावरकर को पोर्ट होल पर चढ़ते देख चिल्लाने लगे। उन्होंने दरवाज़ा तोड़ दिया, परन्तु तब तक सावरकर समुद्र की तरंगों में पहुँच गए थे। कभी डुबकी लगाकर और कभी प्रकट होकर आगे बढ़ने लगे। जहांज़ ने समुद्र में अधर पुल (ड्रा बिज) डाल दिया और सिपाही उस पर दौड़-दौड़ कर गोलियाँ दागने लगे। सावरकर तैरकर फ्रांस के तट पर पहुँचे। अवरोधक तट की दीवार को भी अपने व्यायाम के अभ्यास से पार किया और फ्रांस की भूमि पर पहुँचकर फ्रांस के सिपाही को समर्पण कर दिया। कहा कि अंग्रेज़ सिपाही को फ्रांस में किसी भारतीय को पकड़ने का अधिकार नहीं है। कृपया मेरी सुरक्षा कीजिए। मादाम कामा आदि फ्रांस में रहने वाले क्रांतिकारियों ने जो कार भेजी थी, उसे कुछ विलम्ब हो गया, क्योंकि जहाज़ समय से पूर्व ही आ गया था। फ्रांस के सिपाही ने अंग्रेज़ों के रौब में आकर वीर सावरकर की कोई मदद नहीं की। परिणामस्वरूप विनायक सावरकर फिर दुश्मन के चंगुल में जा फँसे और एक कैदी के रूप में अपनी मातृभूमि में उतरे। बेड़ी बंधे हुए हाथों से उन्होंने भारतभूमि को प्रणाम किया। बम्बई से संगीनों के पहरे में वे नासिक की जेल में ले जाए गए।

यहाँ उन पर तीन मुकदमे चले। एक मुकदमे में उन पर अंग्रेज़ अधिकारियों की हत्या का आरोप था। दूसरे मुकदमे में वायली की हत्या में मदनलाल धींगरा को हथियार उपलब्ध कराने का आरोप था। तीसरे मुकदमे में कलेक्टर जैक्सन की हत्या के लिए चतुर्भुज अमीन द्वारा ब्राउनिंग पिस्तौल भेजने का आरोप था, उन्हें दो मुकदमों में दो बार आजन्म कारावास का दण्ड सुनाया गया। इस निर्णय को सुनकर वीर सावरकर ने व्यंग्य किया, 'मैं प्रसन्न हूँ मुझे दो जन्म की कालेपानी की सज़ा देकर ब्रिटिश सरकार ने हिन्दू धर्म का पुनर्जन्म का सिद्धान्त मान लिया।'

वीर सावरकर की सारी सम्पत्ति ज़ब्त कर ली गई। उन्हें कुछ दिन डोंगरी और भायखला की जेल में रखकर अंडमान की जेल में भेज दिया गया, जहाँ तरह-तरह

की नारकीय यातना दी जाती थी। दिन-दिन भर कोल्हू चलवाकर जानवरों जैसा खाना, वह भी आधा पेट दिया जाता था। वीर सावरकर की कारावास की ज़िन्दगी अपने-आप में एक कथा है। अंडमान निकोबार में आज भी उनका नाम आदर से लिया जाता है।

कई भारतीय नेताओं के अथक प्रयास से और ब्रिटिश पार्लियामेंट के प्रभावशाली सदस्य मि. बैजकड के सहयोग से सन् 1924 में वीर सावरकर को अंडमान से मुम्बई लाया गया। 1937 में जब कांग्रेस मंत्रिमंडल अस्तित्व में आए तो राज्य के मुख्यमंत्री श्री जमनादास मेहता के अथक प्रयासों से उन्हें 10 मई, 1937 को बंदीगृह से मुक्त कर दिया गया।

शेष जीवन उन्होंने भारत में रहकर बिताया। उन्होंने स्वाधीन भारत में 26 फरवरी, 1966 को अन्तिम साँस ली। वह एक प्रतिभावान लेखक भी थे।

क्रांति की धुन में देश-देश की खाक छानने वाले

डॉ. पांडुरंग सदाशिव खानखोजे

डॉ. पांडुरंग सदाशिव खानखोजे का जन्म 7 नवम्बर, 1884 में नागपुर में हुआ था। वे उग्र विचारधारा के थे। लोकमान्य तिलक को वे अपना प्रेरणास्रोत मानते थे। लोकमान्य तिलक का कहना था कि 'युवकों को चाहिए कि वे सैन्य-प्रशिक्षण अवश्य लें।' उनके इन्हीं विचारों से डॉ. खानखोजे प्रभावित हुए।

सैन्य-प्रशिक्षण के लिए सर्वप्रथम वे चीन गए और वहाँ से वे जापान पहुँचे।

इन दोनों देशों में पहले से ही कुछ भारतीय लोग विद्यमान थे। यहाँ के स्थानीय आतंकवादियों से सम्पर्क कर डॉ. खानखोजे ने विस्फोटक-सामग्री के विषय में जानकारी हासिल की। सैन्य-विज्ञान व युद्धकला में कौशल्य प्राप्त करने की उनकी प्रबल इच्छा थी, लेकिन जापान में अधिक समय तक रुकना मुमकिन नहीं था, क्योंकि जापान व इंग्लैण्ड के बीच मैत्रीपूर्ण सम्बन्ध थे।

सैन्य-प्रशिक्षण के लिए वे जापान से अमेरिका आ गए। अमेरिका पर अंग्रेज़ों का प्रभाव नहीं था। अमेरिका आने से पूर्व डॉ. खानखोजे ने चीन व जापान में भी भारतीय क्रांतिकारियों के लिए कुछ केन्द्रों की स्थापना की थी। पहले विश्वयुद्ध में बड़ी मात्रा में इन केन्द्रों का उपयोग हुआ था।

सन् 1908 में डॉ. खानखोजे अमेरिका के एक शहर बर्कले में रहने लगे। यहाँ पहले से ही विद्यमान कुछ क्रांतिकारी भारतीय मूल के निवासियों में राष्ट्रीय चेतना की भावना जगा रहे थे। डॉ. खानखोजे ने यहीं पर अपना कार्यक्षेत्र बना लिया। लेकिन उनका मुख्य उद्देश्य सैन्य-प्रशिक्षण लेना था, जबकि सेना में भर्ती होना असम्भव था। खानसामा का ढोंग करते हुए उन्होंने वहाँ के सैनिक अधिकारियों को खुश किया और सैनिक एकेडमी में भर्ती होने में सफल हो गए।। वहाँ एकाग्र मन से उन्होंने सैन्य-विज्ञान व युद्धकला का प्रशिक्षण प्राप्त किया, सैनिक अनुशासन व महत्त्व को सीखा, पैदल सेना के गुर सीखे, तोपखानों की कार्यप्रणाली व संगठन को अच्छी तरह समझा।

डॉ. खानखोजे की इच्छा युद्ध की जासूसी नीति को सीखने की थी, लेकिन इसका प्रशिक्षण सर्वोच्च अधिकारियों तक ही सीमित था। सर्वोच्च अधिकारियों के पद केवल अमेरिकी नागरिकों के लिए ही आरक्षित थे। डॉ. खानखोजे ने अमेरिकी नागरिकता हासिल करने का प्रयास किया, परन्तु निराशा ही हाथ लगी। केवल सैन्य-एकेडमी का प्रशिक्षण लेकर वे पोर्टलैंड रवाना हो गए।

पोर्टलैंड उस समय भारतीय क्रांतिकारियों का केन्द्र बना हुआ था। पंजाब के पं. काशीराम वहाँ के श्रीमंत व्यापारियों में जाने जाते थे। सोहनसिंह भकना वहाँ गुरुद्वारा के ग्रन्थी थे। इन सबने मिलकर वहाँ 'भारतीय स्वाधीनता संघ' नाम से संस्था खोल रखी थी। यही संस्था बाद में 'गदर पार्टी' के नाम से प्रसिद्ध हुई। भारतीय स्वाधीनता संघ की कैलिफोर्निया व बाकी अन्य शहरों में अनेक शाखाएं खोली गई थीं। संघ ने अपना घोषणापत्र भी प्रकाशित किया था, जिसकी अनेक प्रतियाँ भारत व बाहर के देशों में भेजी गईं। भारत में अंग्रेज़ों को लाला पिण्डीदास के पास से इस घोषणापत्र की प्रति प्राप्त हुई, जिससे लाला पिण्डीदास को कठोर कारावास की सज़ा सुनाई गई। डॉ. खानखोजे इस संघ के उपाध्यक्ष थे और पं. काशीराम अध्यक्ष

थे। अब तक स्थिति यह थी कि क्रांतिकारियों द्वारा अपने विचार केवल सुशिक्षित लोगों तक ही पहुँचाए जा सके थे। लेकिन अमेरिका व कनाडा में भारतीय मज़दूरों की संख्या अधिक थी। कनाडा सरकार ने भारतीयों के स्थानान्तरण को रोकने के लिए 'एशियन इमीग्रेशन एक्ट' को लागू किया था। इस एक्ट के तहत भारतीयों को भारत से सीधे कनाडा जाना अनिवार्य था। लेकिन उस समय भारत से सीधे कनाडा जाने के लिए कोई जहाज़ सेवा अस्तित्व में नहीं थी। इसके अलावा कनाडा आने वाले भारतीयों के पास दो सौ चार डालर की रकम होना भी अनिवार्य थी। यही कारण था कि अमेरिका व कनाडा में रहने वाले भारतीय मज़दूरों में असन्तोष पैदा हुआ। इस परिस्थिति का क्रांतिकारियों ने लाभ उठाना चाहा। इन्होंने उन लोगों का संगठन बनाया और भारत की स्वतंत्रता के प्रति उनको जागरूक बनाने का प्रयास शुरू किया।

सन् 1911 में अमेरिका में ही डॉ. खानखोजे की मुलाकात विष्णु गणेश पिंगले से हुई। बाद में यह मुलाकात मैत्री-सम्बन्धों में तब्दील हो गई।

30 दिसम्बर, 1913 को अमेरिका के सैक्रिमेन्टो नामक जगह पर भारतीयों की एक विशाल सभा आयोजित की गई, जिसमें यह विचार-विमर्श किया गया कि स्वतंत्रता के परिप्रेक्ष्य में विश्वयुद्ध का फायदा किस तरह उठाया जाए? उसके लिए कौन-कौन से प्रयत्न किए जाएँ? व्यासपीठ पर लाला हरदयाल, पं. रामचंद्र, मौलवी बरकतुल्ला, करतारसिंह, डॉ. खानखोजे, पिंगले व साथ में जर्मन कौंसलर भी विद्यमान थे। अनेक प्रस्तावों को रखा गया और उन्हें मान्यता भी दी गई। उस समय सभी संगठनों का विलय 'ग़दर पार्टी' में किया गया। पार्टी के दो भाग किए गए। प्रचार विभाग व प्रहार विभाग। प्रहार विभाग का दायित्व पूर्ण रूप से डॉ. खानखोजे को सौंपा गया। इस पार्टी के अध्यक्ष थे सोहनसिंह भकना और सचिव थे लाला हरदयाल। कोषाध्यक्ष का कार्य पं. काशीराम को सौंपा गया। सहायक के रूप में पिंगले, हरनामसिंह, ऋषिकेश लढ्ढा व केदारनाथ खानखोजे को नियुक्त किया गया।

सैन्य-संगठन, सैन्य-प्रशिक्षण, शस्त्रास्त्रों की निर्मिति व संग्रह आदि का कार्य प्रहार विभाग के अन्तर्गत था। इस विभाग में सभी लोग बम बनाने की कला में पारंगत थे। बम बनाते समय हरनामसिंह को अपना एक हाथ गंवाना पड़ा था। हालाँकि इसका कारण दुर्घटना बताया गया।

ग़दर पार्टी का काम करने के साथ-साथ डॉ. खानखोजे डॉक्टरेट की उपाधि प्राप्त करने के लिए मिनीसोटा विश्वविद्यालय के कृषि विभाग में शोध-कार्य कर रहे थे। उस समय उनकी ग़दर पार्टी ने उन्हें भारत जाने का आदेश दिया। वे विशनदास कोहवा व आगाशे के साथ लौट आए। बाद में आगाशे को मोहम्मद अली के नाम

से शस्त्रविद्या सीखने के लिए इराक भेजा गया। डॉ. खानखोजे अपने साथियों के साथ अमेरिका से यूनान आ गए। यहाँ से वे दोनों दो गुटों में रवाना हो गए। विशनदास कोहवा को भारत पहुँचते ही गिरफ्तार कर लिया गया। डॉ. खानखोजे व आगाशे (मोहम्मद अली) टर्की के रास्ते कुस्तुंतुनिया आ गए। यहाँ प्रमथनाथ दत्त उर्फ दाऊद अली पहले से ही कार्यरत थे। प्रमथनाथ दत्त के साथ डॉ. खानखोजे व आगाशे ने अनवर पाशा व तलत पाशा से मुलाकात की और बताया कि ग़दर पार्टी को वे बसरा में स्थानांतरित कराना चाहते हैं, जिससे यहाँ पर सुचारू रूप से सैन्य-संगठन कर भारत में शासन कर रहे ब्रिटिश शासन पर हमला कर सकें। पाशा टर्की सरकार में मन्त्री थे। उन्होंने योजना को मंज़ूरी दे दी।

बाद में दोनों कुस्तुंतुनिया से अलेक्ज़ेंड्रिया होते हुए बगदाद पहुँच गए। यहाँ डॉ. खानखोजे ने ईरानी व भारतीय लोगों की भर्ती कर सैन्य-दल स्थापित किया। यहीं पर उनकी भेंट अंबाप्रसाद से हो गई। प्रमथनाथ दत्त उर्फ दाऊद अली और आगाशे उर्फ मोहम्मद अली को अफगानिस्तान और बलूचिस्तान की सरहद का मुआयना करने भेजा गया, परन्तु अंग्रेज़ों के हमले के कारण वे वहीं पर फँस गए। किरमान में ही वे रुके रहे। उन दिनों उन्होंने बाम में रहते हुए ही बलूच लोगों को संगठित किया। परन्तु अंग्रेज़ उनके अमीरों को मोड़ने में कामयाब रहे और वह संगठन बिखर गया। डॉ. खानखोजे ने अनेक जगहों पर अंग्रेज़ों से लड़ाई की। ऐसी ही एक लड़ाई में वे घायल हो गए, जिससे अंग्रेज़ों ने उन्हें पकड़ लिया।

बाद में खानखोजे अंग्रेज़ों को चकमा देकर भागने में सफल रहे। उनका सैन्य-संगठन बिखर चुका था। फिर भी वे इराकी सेना में शामिल होकर अंग्रेज़ों से लोहा लेते रहे। बाद में 1919 में इराकी सेना ने आत्मसमर्पण कर दिया। डॉ. खानखोजे फिर से बचकर भागने में कामयाब हो गए।

डॉ. खानखोजे छुपते-छुपाते मुम्बई आ पहुँचे। पूना में उन्होंने लोकमान्य तिलक से भेंट की। लोकमान्य तिलक का मानना था कि स्वतंत्रता की लड़ाई के लिए भारत में अभी उपयुक्त वातावरण का अभाव है, इसलिए रूस की ओर जाना उचित होगा। तिलक के परामर्श से डॉ. खानखोजे फिर से यूरोप की ओर रवाना हो गए। सन् 1919 में ही जर्मनी से वीरेन्द्रनाथ चट्टोपाध्याय व भूपेन्द्रनाथ दत्त को साथ लेकर वे मास्को पहुँच गए। परन्तु रूस में रहकर स्वतंत्रता आन्दोलन को आगे बढ़ाने की कोई गुंजाइश नहीं थी। डॉ. खानखोजे बर्लिन वापस आ गए। वहाँ पर उन्होंने 'भारतीय विद्यार्थी परिषद' की स्थापना की। अब तक अमेरिका भी युद्ध में कूद चुका था, जिससे अब भारतीय क्रांतिकारियों का केन्द्र मैक्सिको बन गया। डॉ. खानखोजे को कृषि विषय में डॉक्टरेट की उपाधि प्राप्त हो गई, जिससे मिनीसोटा विश्वविद्यालय

में उनको प्राध्यापक की नौकरी मिल गई। बाद में उन्होंने वहाँ शादी भी कर ली।

डॉ. खानखोजे अपने वृद्ध व बीमार पिता को देखने भारत आना चाहते थे, लेकिन उनकी विद्रोही कार्यवाही को देखते हुए ब्रिटिश सरकार ने भारत आने की इजाज़त नहीं दी।

भारत स्वतन्त्र होने के बाद 1949 में डॉ. खानखोजे अपनी पत्नी व बेटों के साथ भारत आए। उस समय भारत सरकार ने उन्हें 'कृषि पण्डित' से सम्मानित किया।

डॉ. पांडुरंग सदाशिव खानखोजे नाम से प्रसिद्ध इस महान क्रांतिकारी का 1967 में उन्हीं के जन्मस्थान नागपुर में वृद्धावस्था के कारण, देहान्त हो गया।

क्रांतिकारी और योगी

अरविंद घोष

अरविंद घोष कवि व महान योगी के रूप में विख्यात हैं। वे एक क्रांतिकारी भी थे। उनका जन्म 15 अगस्त, 1872 को कलकत्ता में हुआ था। उनके पिता डॉ. कृष्णधन घोष उन्हें सात वर्ष की आयु में विनयभूषण और मनमोहन, दो बड़े भाइयों के साथ पढ़ने के लिए इंग्लैण्ड ले गए। यहाँ उनकी मैनचेस्टर में एक ईसाई धर्म-प्रचारक के घर में रहने की व्यवस्था की गई। लन्दन के सेंट पॉल स्कूल में पाँच

वर्ष प्राथमिक शिक्षा प्राप्त की। इसके पश्चात् कैम्ब्रिज के किंग्स कॉलेज में प्रवेश लिया और भाषा-विषयक परीक्षा प्रथम श्रेणी में उत्तीर्ण की। यहीं फ्रेंच भाषा का अध्ययन किया। लैटिन और ग्रीक भाषाएँ भी पढ़ीं। 11 वर्ष की उम्र में आप ग्रीक, लैटिन व अंग्रेज़ी में कविताएँ किया करते थे। आई.सी.एस. की परीक्षा आपने इन्हीं भाषाओं को लेकर उत्तीर्ण की और द्वितीय स्थान प्राप्त किया। घुड़सवारी की आवश्यक परीक्षा न देकर आई.सी.एस अधिकारी नहीं बने। कैम्ब्रिज विश्वविद्यालय की इण्डियन सभा में वे कई क्रांतिकारी भाषण दे चुके थे। 1893 में स्वदेश वापस लौटे।

स्वदेश आकर बड़ौदा राज्य में नौकरी की। यहाँ वे राज्य में राजस्व-विभाग देखने के साथ बड़ौदा महाविद्यालय में अंग्रेज़ी का अध्यापन करते थे। शैशव से ही इंग्लैण्ड भेज दिए जाने के कारण आप भारतीय भाषाओं से अनभिज्ञ थे। मातृभाषा तक भूल चुके थे। परन्तु भारत लौटकर उन्होंने भारतीय भाषाओं, धर्म तथा संस्कृति का अध्ययन शुरू कर दिया। अध्यापन के साथ सहज ही लेखन-कार्य शुरू हो गया। कॉलेज पत्रिका में अंग्रेज़ी कविताएँ प्रकाशित हुईं। फिर रामायण और महाभारत के कुछ भागों का अंग्रेज़ी अनुवाद किया। इस अनुवाद की श्री रमेशचंद्र दत्त ने भूरि-भूरि प्रशंसा की।

बड़ौदा रियासत की नौकरी में आप प्रकट रूप से अंग्रेज़ों के विरुद्ध राजनीति में भाग नहीं ले सकते थे। रियासतों पर ब्रिटिश शासन का वर्चस्व था। आपने बम्बई के प्रकाशित होने वाले 'इंदुप्रकाश' नामक पत्र में कांग्रेस की तत्कालीन नरम नीति की कड़ी आलोचना में एक लेखमाला प्रकाशित कराई। लेखमाला से भारतीय राजनीति और ब्रिटिश शासन दोनों में हलचल मच गई। संपादक महोदय को लेखमाला तुरन्त बंद करने के आदेश दिए गए।

मृणालिनी नामक कन्या के साथ इनका विवाह हुआ। इन्होंने अपनी पत्नी को अपने जीवन के उद्देश्य बताए—(1) देश को स्वतंत्रता दिलाना (2) देशवासियों की स्थिति में सुधार करना और अन्त में (3) ईश्वर-साक्षात्कार करना।

अरविंद घोष मूलतः आध्यात्मिक रुचि के व्यक्ति थे। बड़ौदा में रहते हुए उन्होंने योगाभ्यास शुरू कर दिया। उस समय नर्मदा तट पर ब्रह्मानंद नामक योगी रहते थे। वे दर्शनार्थियों की तरफ आँख उठाकर भी नहीं देखते थे, किन्तु अरविंद घोष को टकटकी लगाकर देखते रहे। सम्भवतः उनके आध्यात्मिक व्यक्तित्व को योगी ने पहचान लिया था। 1908 के आसपास उन्होंने प्राणायाम के साथ विष्णु भास्कर लेले नामक महाराष्ट्रीय योगाभ्यासी से मार्गदर्शन प्राप्त किया। समाधि-साधना का भी अध्ययन किया।

इसी समय बंग-भंग के परिणामस्वरूपसमस्त भारतवर्ष में भयंकर आन्दोलन

हुआ। इस समय आप बड़ौदा राज्य की नौकरी छोड़कर कलकत्ता चले आए। राष्ट्रीय शिक्षा के लिए स्थापित किए गए नेशनल कॉलेज के प्राचार्य का कार्य अवैतनिक रूप से करने लगे। शीघ्र ही 'वंदे मातरम्' नामक साप्ताहिक पत्र का प्रकाशन आरम्भ किया। उसमें प्रकाशित लेखों पर सरकार ने आपके खिलाफ राजद्रोह का मुकदमा चलाया, जिसमें आप निर्दोष सिद्ध हुए।

आपकी राजनीतिक स्वतंत्रता की घोषणा के दो अंग थे—पूर्ण स्वतंत्रता और आध्यात्मिक राष्ट्रीयता। आध्यात्मिक राष्ट्रीयता का आपकी दृष्टि में अर्थ था पश्चिमी संस्कृति के मोह को छिन्न-भिन्न कर विश्व में सनातन धर्म की प्राण-प्रतिष्ठा करना।

आप गरम दल के समर्थक थे। कांग्रेस का सूरत अधिवेशन भंग हो जाने पर उन्होंने वहाँ उपस्थित गरम दल के लोगों की कॉन्फ्रेंस की अध्यक्षता की थी। सूरत से कलकत्ता लौटते हुए उन्होंने मार्ग में गरम दल के समर्थन में तर्कसंगत व प्रभावशाली भाषण दिए। उनके हृदयस्पर्शी भाषणों में वाणी का पूर्ण संयम रहता था। उनका महत्त्वपूर्ण कार्य यह रहा कि उन्होंने अपने लेखन और भाषण से पूरे देश में राष्ट्रीय भावना का संचार किया। बंगाल में क्रांति कार्य प्रचण्ड रूप धारण कर चुका था। आपके भाई वारीन्द्र घोष भी इसमें सम्मिलित थे। ब्रिटिश सरकार ने आपको क्रांति का सूत्रधार मानकर एक वर्ष का कारावास दिया। जेल के एकान्तवास में आपकी आध्यात्मिक रुचि ने ज़ोर मारा और उन्हें ईश्वर के दर्शन का आभास हुआ। श्री चित्तरंजन दास ने आपकी ओर से पैरवी की और इस बात पर विशेष जोर दिया कि राजनीतिक स्वतंत्रता के ध्येय का प्रचार करना अपराध नहीं है। अतः एक वर्ष के कारावास के पश्चात् 1909 में आप निर्दोष छूटकर बाहर आए। इस समय क्रांति कार्य मृतप्राय हो चुका था। 'वंदे मातरम्' प्रेस ज़ब्त हो चुका था। आपने 'कर्मयोगी' नामक अंग्रेज़ी और 'धर्म' नामक बंगला साप्ताहिकों का प्रकाशन शुरू किया। इन पत्रों में राजनीतिक प्रश्नों के साथ आध्यात्मिक प्रश्नों की चर्चा भी आरम्भ की। सरकार के भयंकर दमन-चक्र के प्रतिकारस्वरूप स्वदेशी माल अपनाने और विदेशी माल के बहिष्कार के आन्दोलन का पूर्ण समर्थन किया। दक्षिण अफ्रीका में महात्मा गांधी के निःशस्त्र प्रतिकार का डटकर समर्थन किया। सरकार के पशुबल प्रयोग तथा अपने द्विसूत्रीय कार्यक्रम को सफल न होते देख वे निराश हुए। आपने अन्तिम भाषण उत्तरपाडा में दिया। इस भाषण में आपने कहा, 'हमारा आन्दोलन केवल राजनीतिक नहीं, धार्मिक भी है। अब व्यापक अर्थ में सनातन धर्म के पुनरुत्थान के लिए आन्दोलन करना चाहिए।' इस सन्देश के साथ वे राजनीति से निवृत्त हो गए और अपनी स्वाभाविक अभिरुचि के अनुरूप योग की ओर उन्मुख हो गए। वस्तुतः उनके जीवन का मुख्य उद्देश्य सनातन धर्म का पुनरुत्थान और विश्वव्यापी प्रचार था।

1910 में वे एक मित्र के साथ अंग्रेज़ों के आतंक से दूर फ्रांसीसियों के अधीन पांडिचेरी में जाकर रहने लगे। यहाँ का एकांतवास उनके आध्यात्मिक विकास में अनुकूल सिद्ध हुआ। यहाँ उन्होंने योगाश्रम को सुदृढ़ किया। यहाँ से 'आर्य' नामक अंग्रेज़ी मासिक-पत्र निकाला। मीरा नामक यूरोपीय महिला ने आश्रम के विकास और व्यवस्था में महती भूमिका निभाई। अरविंद घोष के देहावसान पर 'माँ' के रूप में विश्रुत मीरा बहन ने अरविंद के तत्त्वज्ञान व विचारों के प्रसार-कार्य को अत्यन्त ज़िम्मेदारी से संभाला। यह पाण्डिचेरी का अरविंद आश्रम आज भी अपनी कीर्ति-पताका फहरा रहा है।

बीसवीं सदी का पहला हीरो

खुदीराम बोस

अमर बलिदानी खुदीराम बोस का जन्म 3 दिसम्बर, मंगलवार 1889 को ग्राम हबीबपुर, जिला मिदनापुर (पश्चिम बंगाल) में हुआ था। उनके पिता का नाम त्रिलोक्यनाथ बोस था। उन्होंने कुल नवीं कक्षा तक की शिक्षा पाई थी। स्वदेशी-आन्दोलन में भाग लेने के कारण उन्होंने अपनी पढ़ाई छोड़ दी थी। किसी से वे भय मानते ही नहीं थे। दैव का दुर्योग ऐसा कि बचपन में ही वे अनाथ हो गए। उनकी बड़ी

बहन अपरूपा देवी के अलावा अब उनका दुनिया में कोई सगा-सम्बन्धी न रहा। उनकी बड़ी बहिन ने ही उनकी देखभाल की। उसके भी कई बच्चे थे। अतः खुदीराम को बोर्डिंग-हाऊस में रहना पड़ा।

मिदनापुर में 1 अप्रैल, 1906 को एक औद्योगिक प्रदर्शनी का उद्घाटन ज़िलाधीश के हाथों हुआ। 'ज़िलाधीश की जय!' के बीच 'वन्देमातरम्!' का नारा भी सुना गया। उन दिनों 'वन्देमातरम्' का क्रांतिकारी नारा लगाना अपराध था। इस मेले की समाप्ति पर वहाँ एक क्रांतिकारी पर्चा भी बाँटा गया था, जिसमें अंग्रेज़ों को खूब खरी-खोटी सुनाई गई थी।

उपर्युक्त घटना के पूर्व 28 फरवरी, 1906 को खुदीराम कुछ क्रांतिकारी पर्चे बाँट रहे थे कि इन्हें एक पुलिस के सिपाही ने पकड़ लिया। वह इन्हें पुलिस-चौकी ले जाने लगा। इनके इन्कार करने पर उसने इन्हें घसीटना चाहा। मगर इस 15 वर्षीय वीर ने उससे अपना हाथ छुड़ा लिया और उसके गाल पर तमाचा रसीद किया और खुदीराम वहाँ से नौ-दो-ग्यारह हो गए। फलतः उस सिपाही को दिन में तारे तो दिखाई दिए, लेकिन खुदीराम कहीं दिखाई न दिए। वस्तुतः खुदीराम का जीवन बड़ा ही नाटकीय एवं घटनाप्रधान रहा है। यथार्थतः वे क्रांतिकारी कार्यों के लिए ही पैदा हुए थे।

पुलिस ने 31 मई, 1906 को खुदीराम को होस्टल से रात के एक बजे उस समय गिरफ्तार किया, जबकि वे सो रहे थे। उन्हें गिरफ्तार करने के लिए एक सब-इंस्पेक्टर और दस सिपाही गए थे। उन्हें हवालात में बन्द कर दिया गया। इस प्रकार उन्हें 15 वर्ष की आयु में ही पता चल गया था कि हवालात क्या चीज़ होती है।

खुदीराम पर धारा 124 ए. क्रिमिनल कोड के अन्तर्गत मुकदमा भी चलाया गया। पुलिस ने बताया कि खुदीराम बोस एक खतरनाक क्रांतिकारी बालक है, और वह सरकार के प्रति क्रांतिकारी—'वन्देमातरम्' के पर्चे बाँट कर घृणा फैला रहा है। परन्तु खुदीराम के नाबालिग होने के कारण यह मुकदमा उन पर चल नहीं सका और उन्हें रिहा कर दिया गया।

लार्ड कर्ज़न ने बंगालियों की भावना के विरुद्ध 1905 में बंगाल के दो टुकड़े कर दिए। इसका डट कर विरोध किया गया। अंग्रेज़ों ने डटकर दमन भी किया। पर आखिर में देशभक्तों की कुर्बानी के सामने शासन को झुकना पड़ा और सन् 1911 ही में दोनों बंगाल फिर एक कर दिए गए। इसी दमन-चक्र के जमाने में किंग्सफोर्ड अगस्त 1904 में कलकत्ता का मुख्य मजिस्ट्रेट बन कर आया। यह बहुत ज़ालिम मजिस्ट्रेट था। इस दमन का जवाब बंगाली जनता ने बमों और गोलियों से दिया। सन् 1905 में ही बंगाल में क्रांतिकारी पार्टियों ने जन्म लेना शुरू कर दिया था और

उन्होंने अंग्रेज़ों द्वारा किए गए आतंक का उत्तर आतंक से ही दिया।

किंग्सफोर्ड जैसे अन्यायी चीफ मजिस्ट्रेट के लिए कलकत्ता में और ज्यादा दिन रहना खतरे से खाली नहीं था। इसलिए उसकी सुरक्षा के लिए 28 मार्च, 1908 को उसका तबादला मुज़फ्फरपुर (बिहार) कर दिया गया और उसे मुज़फ्फरपुर का सेशन्स जज बना दिया गया। क्रांतिकारी जंब उसे कलकत्ते में खत्म न कर सके, तब उन्होंने उसे मुज़फ्फरपुर जाकर खत्म करने की योजना बनाई।

उसे मारने के लिए दो नवयुवकों का चयन किया गया। ये नवयुवक थे वीर खुदीराम बोस और परम साहसी प्रफुल्ल कुमार चाकी। इन दोनों नवयुवकों को आवश्यक साज़ो-सामान देकर मुज़फ्फरपुर भेजा गया, जहाँ ये दोनों एक धर्मशाला में ठहरे। यहाँ उनका काम किंग्सफोर्ड की गतिविधियों पर नजर रखना था। वे अप्रैल, 1908 के तीसरे हफ्ते के अन्त में मुज़फ्फरपुर पहुँचे थे।

कचहरी के सिवा किंग्सफोर्ड अपने बंगले के बाहर बहुत ही कम जाता था। उसकी रक्षा के लिए दो सशस्त्र सिपाही हमेशा साथ रहते थे। दोनों नवयुवकों ने उसे रात में यूरोपियन क्लब में जाते देखा तो उन्होंने यह समझ लिया कि जाते-आते समय ही उस पर आक्रमण किया जा सकता है। इन्होंने यह भी देखा कि किंग्सफोर्ड एक घोड़ागाड़ी में बैठकर क्लब जाया करता था। उस घोड़ागाड़ी को उन्होंने अच्छी तरह से पहचान लिया। पर उन्हें यह नहीं मालूम हो सका कि उसी रंग की घोड़ागाड़ी सरकारी वकील मिस्टर कैनेडी के पास भी है।

30 अप्रैल, 1908 को रात के 8 बजे खुदीराम बोस और प्रफुल्ल यूरोपियन क्लब जा पहुँचे और अपने शिकार की तलाश में एक पेड़ की आड़ में खड़े हो गए। रात को लगभग 8 बजे एक घोड़ागाड़ी क्लब के बाहर आती दिखाई दी। वह गाड़ी कैनेडी-परिवार की थी, जिस पर उसकी औरत और उसकी एक लड़की बैठी थी। पर खुदीराम ने इसे किंग्सफोर्ड की ही गाड़ी समझा और उसी पर अपना बम चला दिया। गाड़ी नष्ट हो गई, और दोनों महिलाएँ जान से मारी गईं। घोड़ा और गाड़ीवान भी घायल हुए। बम बड़ा भयानक था, और वह एक ज़ोरदार धमाके के साथ फूटा था। इन लोगों के पास तीन पिस्तौल भी थीं। अगर बम न फूटता, तो उन्होंने पिस्तौलों का इस्तेमाल किया होता। बम के फूटते ही ये दोनों युवक वहाँ से विरुद्ध दिशाओं में भागे। चाकी समस्तीपुर स्टेशन की ओर भागे तो खुदीराम बेनीपुर स्टेशन की ओर भागते चले गए।

पुलिस द्वारा पकड़ लिए जाने पर चाकी ने 1 मई, 1908 को अपनी ही गोली से अपनी आहुति दे दी। खुदीराम रात भर की 24-25 मील पैदल यात्रा के पश्चात् बहुत थक गए थे। वे भूखे-प्यासे भी थे। उनका हुलिया एकदम बिगड़ा हुआ था।

उनके चेहरे ही से उनकी परेशानी ज़ाहिर हो रही थी। बेनोगाँव, बेनो स्टेशन के करीब हीं था। खुदीराम का विचार हुआ पहले कुछ चाय-नाश्ता कर लिया जाए, उसके बाद ही स्टेशन जाया जाए। फलतः वे चाय-नाश्ता करने एक दुकान पर पहुँचे। वहीं पर पुलिस के दो सिपाही फतह सिंह और शिवप्रसाद सिंह खड़े थे। उन्हें विगत रात में मुज़फ्फरपुर में हुई घटना का भी पता था क्योंकि उन्हें वहीं से भेजा गया था। उन्हें खुदीराम का हुलिया देखकर इन पर कुछ शक हुआ। उन्होंने खुदीराम को पकड़ लिया और उनका नाम-धाम और काम पूछा, पर उनके उत्तर से वे सन्तुष्ट नहीं हुए। वे खुदीराम को पकड़कर पुलिस चौकी ले गए। वहाँ पर इनकी तलाशी ली गई तो इनके पास दो रिवाल्वर मिले। एक खाली और दूसरा भरा हुआ। 37 कारतूस मिले, 30 रुपये और रेलवे टाइमटेबल की कतरन के साथ रेलवे का नक्शा भी मिला।

पुलिस को अब निश्चयपूर्वक मालूम हो गया कि हो न हो खुदीराम ही वह नवयुवक है, जिन्होंने कल रात को मुज़फ्फरपुर में बम द्वारा कैनेडी परिवार की हत्या की है। फलतः पुलिस उन्हें गिरफ्तार कर मुज़फ्फरपुर ले गई।

अब तक खुदीराम को इस बात का पता लग चुका था कि उनके बम का शिकार ज़ालिम किंग्सफोर्ड न होकर कैनेडी परिवार की दो निर्दोष महिलाएँ हो गई हैं। उन्हें इसका बहुत दुःख हुआ। परन्तु तीर तो छूट चुका था, अब वह लौट कर वापस निशाने पर आने वाला तो था नहीं। उन्हें जब मुज़फ्फरपुर में मजिस्ट्रेट के सामने पेश किया गया, तब उन्होंने अपना अपराध निर्भयता-पूर्वक स्वीकार कर लिया। उन्होंने अपने बयान में कहा कि वे तो निर्दयी तथा अत्याचारी किंग्सफोर्ड को ही मारने गए थे, कैनेडी-परिवार की दो निर्दोष महिलाओं की हत्या करना उनका उद्देश्य नहीं था। परन्तु खुदीराम के इस अफसोस ने उनकी कोई मदद नहीं की। इतना लाभ उन्हें ज़रूर मिला कि उनके द्वारा अपराध स्वीकार कर लिए जाने पर यह मुकदमा केवल दस-बारह दिन ही चला और उसका निश्चित परिणाम सामने आ गया। शासन के भय और आतंक के कारण सिवाय वकील कालीदास बोस के और किसी वकील ने आगे आने की हिम्मत न की। जितने दिनों तक खुदीराम जेल में रहे उन्हें वहाँ बहुत कष्ट दिया गया।

21 मई, 1908 को खुदीराम का मुकदमा मुज़फ्फरपुर के मजिस्ट्रेट के सामने पेश हुआ। उसने केस की सुनवाई कर और खुदीराम का अपराध-स्वीकृति बयान लेकर 25 मई को ही केस सेशन्स कोर्ट में भेज दिया। सेशन्स कोर्ट ने 8 जून को केस की सुनवाई की। यहाँ भी खुदीराम ने निर्भय होकर, केस के परिणाम को भलीभाँति समझते हुए, अपना अपराध स्वीकार कर लिया। 13 जून को जज ने खुदीराम बोस को फाँसी की सज़ा सुना दी।

6 जुलाई 1908 को हाईकोर्ट में खुदीराम की अपील उनके वकील ने भेजी जिसकी सुनवाई 13 जुलाई को हुई। इस अपील में खुदीराम की फाँसी की सज़ा बहाल रखी गई, हालाँकि खुदीराम की उम्र अभी पूरे 18 वर्ष की भी नहीं थी।

फाँसी के दिन तक उनका वज़न दो पौण्ड बढ़ गया था। उन्हें 11 अगस्त, 1908 को प्रातः 6 बजे मुज़फ्फरपुर की जेल में फाँसी पर लटका दिया गया।

उनको फाँसी दिए जाने की खबर सुनकर प्रातःकाल से ही जेल के फाटक के बाहर भीड़ इकट्ठा होने लगी थी। जनता ने खुदीराम की शव-यात्रा जोश के साथ निकाली और गंडक नदी के तट पर उनके वकील श्री कालीदास मुखर्जी ने उनकी चिता में आग लगाई। चिता की आग धूँ-धूँ करके प्रज्ज्वलित हुई, जिसकी चिंगारियाँ सारे भारत में फैल गईं।

चिता की भस्मी को लोगों ने अपने माथे पर लगाया। उसकी पुड़िया बाँधकर वे घर भी ले गए।

लन्दन की धरती हिला देने वाला

मदन लाल धींगरा

मदन लाल धींगरा का जन्म 1887 में पंजाब के एक मध्यम परिवार में हुआ था। उनके पिता एक डॉक्टर थे। मदन लाल धींगरा ने अमृतसर से इण्टर और लाहौर से बी. ए. पास किया। इसके पश्चात् इंजीनियरिंग की पढ़ाई के लिए उन्हें इंग्लैण्ड भेज दिया गया। भारत में उस समय क्रांतिकारी आन्दोलन की हवा ज़ोरों पर चल रही थी, जिसका प्रभाव उनके मन और मस्तिष्क पर पड़ चुका था।

लन्दन पहुँचने पर मदन लाल धींगरा का सम्पर्क महान् देशभक्त, क्रांतिकारी वीर सावरकर, श्यामजी कृष्ण वर्मा आदि स्वतंत्रता-प्रेमी भारतीयों से हुआ। उनके सम्पर्क ने ही धींगरा के मन में क्रांति की आग जगा दी। वे शीघ्र ही पक्के क्रांतिकारी बन गए।

श्यामजी कृष्ण वर्मा द्वारा लन्दन में स्थापित इंडिया हाउस ही क्रांतिकारियों की गतिविधियों का केन्द्र था। हर भारतीय छात्र का सम्बन्ध किसी-न-किसी रूप में इस केन्द्र के साथ रहता ही था। कई छात्र उसमें रहते भी थे। इस केन्द्र का मुख्य काम लन्दन आए हुए भारतीय छात्रों में देशभक्ति की भावना जगाना था, ताकि वे पक्के देशभक्त बनकर भारत लौटें और देश को मुक्त कराने में अपना सहयोग प्रदान करें।

इण्डिया हाउस के सम्पर्क ने मदन लाल के विचारों में परिवर्तन ला दिया। उन्हें यह भी पता चल गया कि अपने देश में गुलामी से मुक्ति पाने के लिए क्या-क्या हो रहा है। श्री श्यामजी कृष्ण वर्मा, लाला हरदयाल, श्री विनायक दामोदर सावरकर और मैडम कामा आदि देश की आज़ादी के लिए प्राणपण से जुटे थे। जब देश गुलाम हो, उस समय नौजवानों का क्या कर्तव्य होना चाहिए—इस प्रश्न का उत्तर उन्हें स्पष्ट रूप से ज्ञात हो गया। फलतः उन्होंने अपना मार्ग निश्चित कर लिया।

क्रांतिकारी मित्रों के बीच एक दिन बात चल पड़ी साहस की, कष्ट-सहनशीलता की। इस पर धींगरा ने कहा कि भारतीय भी इस मामले में किसी से पीछे नहीं हैं। मैं भी साहसिक काम करके दिखा सकता हूँ और हर प्रकार का कष्ट सहन कर सकता हूँ। मैं शरीर से कमज़ोर हो सकता हूँ, किन्तु मेरी आत्मा बलवान है। विश्वास न हो तो आज़मा कर देख लीजिए। यह कह कर उन्होंने अपना हाथ आगे बढ़ा दिया। एक पिन इनकी हथेली के आर-पार कर दी गई। खून का फव्वारा फूट पड़ा, मगर धींगरा ने आह भी न की। वे परीक्षा में खरे उतरे।

भारत से जब यह सूचना लन्दन पहुँची कि वीर सावरकर के बड़े भाई श्री गणेश दामोदर सावरकर को नासिक के मजिस्ट्रेट जेक्सन ने कुछ क्रांतिकारी सामग्री संग्रह करने, लिखने तथा प्रकाशित कराने के उपलक्ष्य में आजन्म कालेपानी की सज़ा दी है और उनकी कुल सम्पत्ति जब्त करने का आदेश 28 फरवरी, 1909 को दिया है, तब सबमें रोष की लहर फैल गई। 20 जून, 1909 की एक सभा में सावरकर ने कहा जब सरकार इस प्रकार दमन और आतंक पर उतर आई है, तब उसका जवाब भी दिया जाएगा। इस समय मदन लाल धींगरा ने कुछ करके दिखाने का निश्चय कर डाला और वे अपनी तैयारी में लग गए।

कर्ज़न विलियम वायली लन्दन में इण्डिया ऑफिस का अध्यक्ष था। यह भारत

में वाइसराय का अंगरक्षक रह चुका था। यह लन्दन में भारतीय छात्रों की खुफियागिरी किया करता था। भारत से उसे नफरत थी।

पहली जुलाई, 1909 के दिन शाम के वक्त लन्दन के जहाँगीर हॉल में नेशनल इंडियन एसोसिएशन का वार्षिक अधिवेशन हो रहा था। कर्ज़न विलियम वायली उसका मुख्य अतिथि और वक्ता था। जब वह बोलने खड़ा हुआ और भारत की बुराई करने लगा, तब मदन लाल धींगरा का चेहरा तमतमा उठा और उनका हाथ बार-बार अपनी पिस्तौल की ओर ज़ाने लगा। यह सभा गुलाम अंग्रेज़-भक्त भारतीयों की ओर से आयोजित की गई थी। वायली को क्या पता था कि उस सभा में कुछ देशभक्त भारतीय भी हो सकते हैं। इसका पता उसे शीघ्र ही चल गया।

कर्ज़न वायली जब भाषण देकर मंच के नीचे उतरा तब उसने सबसे हाथ मिलाया। मदन लाल धींगरा भी उससे हाथ मिलाने पहुँच गए। इसी समय उन्होंने बिल्कुल निकट से ही वायली पर पाँच फायर किए। वायली वहीं ढेर हो गया। हॉल में कोहराम मच गया। एक पारसी डॉक्टर कावस लाल काका नाम का व्यक्ति मदन को पकड़ने के लिए आगे बढ़ा। धींगरा ने उसे भी ज़ख्मी कर दिया। अब दूसरे गुलाम भारतीय आगे बढ़े और धींगरा को चारों तरफ से उन्होंने घेर लिया। वे गिरफ्तार हो गए। धींगरा को सन्तोष था कि वे जिस काम के लिए उस दिन जहाँगीर हॉल में गए थे, वह सफलतापूर्वक हो गया था। उनके पास एक दूसरा भरा हुआ पिस्तौल था, मगर उसका इस्तेमाल उन्होंने नहीं किया। मदन लाल धींगरा को दूसरी जुलाई को मजिस्ट्रेट के सामने पेश किया गया। मजिस्ट्रेट ने पुलिस को एक हफ्ते का समय मामले की छानबीन के लिए दिया।

कर्ज़न विलियम वायली को धींगरा द्वारा क़त्ल किए जाने की खबर जब भारत पहुँची, तब जहाँ देशभक्त भारतीयों को खुशी हुई, वहाँ धींगरा के डॉक्टर पिता को बहुत दुःख हुआ। उन्होंने भारत सेक्रेटरी से क्षमा माँगी और मदन लाल धींगरा को नालायक बेटे की उपाधि दी।

लन्दन की ओल्ड वेली सेशॅन्स कोर्ट ने 23, जुलाई, 1909 को, मदन लाल धींगरा को फाँसी का दण्ड सुना दिया। मदन लाल धींगरा अदालत में अपनी जेबों में हाथ डाले बड़ी बेफ़िक्री से खड़े थे। उनके चेहरे पर भय अथवा पश्चाताप के कोई चिह्न नहीं थे। अपने बयानों में उन्होंने कहा—"एक कर्ज़न वायली को मार डालने से भारत आज़ाद नहीं हो जाएगा। उसको उसके घर में आकर मारना इस बात का प्रमाण है कि भारत को अंग्रेज़ी-शासन नहीं चाहिए और वह अब जल्द ही आज़ाद होकर रहेगा। मेरी तो भगवान से यही प्रार्थना है कि जब तक भारत पराधीन है, तब तक बार-बार जन्म लेकर मैं दुर्जन एवं बावले वायलियों को मौत के घाट उतारता

रहूँ। मुझे फाँसी पाने का ज़रा भी दुःख नहीं है। यह तो मेरा सौभाग्य है कि मेरा जीवन भारत माता की सेवा में लग सका। फाँसी की सज़ा मेरे लिए बड़े गौरव का पुरस्कार है। इसके लिए जज महोदय को धन्यवाद!"

17 अगस्त, 1909 के दिन प्रातःकाल 6 बजे भारत के इस महान् सपूत मदन लाल धींगरा को पेन्टनवली की जेल में फाँसी दे दी गई। उन्होंने 'भारत माता की जय!' के नारों से जेल को गुँजा दिया।

शहीद होने के लगभग 67 वर्षों के पश्चात् मदनलाल धींगरा को यह सम्मान मिला कि दिसम्बर, 1976 में उनकी भस्मी भारत लाई गई और यहाँ के बड़े नेताओं ने 'अस्थि-कलश' का सम्मान किया और उन पर श्रद्धा-सुमन अर्पित किए।

सम्पूर्ण भारत में क्रांति के प्रथम स्वप्नद्रष्टा

रासबिहारी बोस

क्रांतिकारी आन्दोलन को बंगाल से बाहर सारे भारत में प्रसारित करने का श्रेय रासबिहारी बोस को है। भारत की स्वतंत्रता के लिए 1911 से लेकर 1945 तक सतत संघर्षरत रहने वाले वे एकमात्र क्रांतिकारी हैं। उनके इस दीर्घकालीन प्रयत्न का कोई मुकाबला नहीं है।

रासबिहारी बोस की इच्छा आधुनिक युद्धकला में पारंगत होने की थी। उन्हें

लगता था कि भारतीय युवक ब्रिटिश सेना में भरती होकर युद्धकला का अभ्यास करें, और फिर उनके विरुद्ध बगावत करें। इसके लिए वे घर से भाग आए थे, परन्तु अब तक बंगालियों की क्रांतिकारी गतिविधियों से परिचित होने के कारण ब्रिटिश सरकार उनको सेना में नौकरी देने के विषय में अत्यन्त सावधान हो गई थी। इसीलिए उन्हें सेना में नौकरी नहीं मिली। उन्होंने अपने पिता को भारतीय स्वतंत्रता के लिए संघर्ष का अपना मन्तव्य बता कर घर से विदा ले ली। पिता ने उन्हें आशीर्वाद दिया।

रासबिहारी बोस ने पहले शिमला के एक छापेखाने में नौकरी की। तुरन्त ही देहरादून के वन विभाग के शोध-संस्थान में रसायन विभाग के संशोधन-सहायक नियुक्त हो गए। इस नौकरी का उद्देश्य था कि बम निर्माण के लिए आवश्यक रासायनिक पदार्थ सहजता से प्राप्त हो सकें। देहरादून में टैगोर-विला जैसे एकान्त स्थान में रहते थे, इसमें अनेक इमारतें थीं और पीछे बड़ा-सा बगीचा था। इसके पूर्व ही वे फ्रेंच आधिपत्य वाले चन्दननगर में रहकर बम बनाने का प्रशिक्षण ले चुके थे। यहाँ से उन्होंने अनेक क्रांतिकारी गतिविधियों के साथ बम-निर्माण की शुरुआत की। यहीं एक विवाह समारोह में उनकी भेंट जितेन्द्र मोहन चटर्जी से हुई। चटर्जी का पंजाब के क्रांतिकारियों से सम्बन्ध था। लाहौर के लालचंद फलक, सूफी अम्बाप्रसाद, सरदार अजित सिंह, सरदार किसनसिंह (भगतसिंह के पिता), लाला हरदयाल से चटर्जी का घनिष्ठ सम्बन्ध था। जितेन्द्र मोहन चटर्जी ने इंग्लैण्ड जाने के पूर्व रासबिहारी से पंजाब के क्रांतिकार्य को तेज़ करने का अनुरोध किया। उनके निर्देश पर रासबिहारी ने पंजाब के साथ-साथ संयुक्त प्रान्त के क्रांतिकारियों से सम्पर्क किया। उस समय बनारस क्रांतिकारियों का प्रमुख केन्द्र था।

माँ की तबीयत ठीक नहीं थी, इसलिए वे चंदननगर आए। यहीं उन्होंने तत्कालीन वायसराय हॉर्डिंग पर बम फेंकने की योजना बनाई। कलकत्ता में क्रांतिकारियों का आन्दोलन तेज़ था, इस कारण अंग्रेज़ों ने राजधानी दिल्ली स्थानान्तरित कर दी। नई राजधानी में एक समारोह आयोजित किया गया था, जिसमें भारतीय रियासतों के राजाओं को सम्मानपूर्वक बुलाया गया था। उसका उद्देश्य था कि विश्व को बताया जाए कि इंग्लैण्ड का सम्राट ही भारत का वास्तविक सम्राट है। राजे-रजवाड़ों ने इसे स्वीकार कर लिया है। रासबिहारी बोस ने बम फेंकने के लिए इसी दिन को चुना था। वे इसके लिए बहुत दिन पहले ही चन्दननगर में वसन्तकुमार विश्वास को लेकर आ गए थे। वसन्तकुमार विश्वास उनके रसोइए और नौकर के वेश में रहता था। उसे लाहौर भेज दिया गया। लाहौर में क्रांतिकारी भाई बालमुकुन्द ने वसन्त कुमार को एक प्रायवेट अस्पताल में कम्पाउन्डर की नौकरी दिलवा दी। यहाँ उसने दिल्ली में की जाने वाली बम फेंकने की योजना की खूब रिहर्सल की। स्वयं रासबिहारी बोस ने लाहौर जाकर योजना को आखिरी रूप दिया। लाहौर से वे चन्दननगर गए,

वहाँ से कुछ बम लाहौर और कुछ बम दिल्ली पहुँचाए।

योजना के अनुसार 21 सितम्बर, 1912 को वसंतकुमार विश्वास दिल्ली में क्रांतिकारी अमीरचंद के घर पहुँचे। 22 दिसम्बर को रासबिहारी बोस भी दिल्ली आ पहुँचे।

23 दिसम्बर को शाही शोभायात्रा आयोजित थी। हाथी पर सामने महावत था। महावत के पीछे वायसराय का अंगरक्षक मैक्सवेल, हौदे में वाइसराय हॉर्डिंग सपत्नीक बैठे थे। इसके बाद हौदे के बाहर छत्रधारी महावीर सिंह था। लोग अपने-अपने घरों की छतों और खिड़कियों से इस शोभायात्रा को देख रहे थे। जुलूस चाँदनी चौक के बीच पंजाब नेशनल बैंक के सामने पहुँचा कि एकाएक भयंकर आवाज़ आई। शोभायात्रा रुक गई। लोगों ने देखा कि महावीर सिंह का शव हाथी पर लटक रहा है। वाइसराय को थोड़ी चोट पहुँची थी। उनकी पत्नी व महावत सकुशल थे।

वसंतकुमार विश्वास छरहरी देहयष्टि का, गोरा ठिगना युवक था। स्त्रियों के वेश में यह पंजाब नेशनल बैंक की इमारत से जुलूस देख रहा था। स्त्रियों की पंक्ति में वह सबसे पीछे था। सिगरेट में बना हुआ बम उसके पास था। इमारत के नीचे गली में एक सेठ भी शोभायात्रा देखने का नाटक कर रहा था। बम विस्फोट के पश्चात् दोनों गायब हो गए।

यद्यपि हॉर्डिंग को मारने के प्रयत्न में रासबिहारी बोस असफल हो गए, किन्तु अंग्रेज़ सरकार के मन में भय उत्पन्न करने में वे सफल रहे। इस बम विस्फोट के बाद रासबिहारी बोस देहरादून व वसंतकुमार विश्वास लाहौर लौट गए। बम विस्फोट के अपराधियों को पकड़वाने के लिए सरकार ने एक लाख रुपयों के पुरस्कार की घोषणा की। अनेक रियासतों की ओर से पुरस्कारों की घोषणाएँ की जाने लगीं। देहरादून पहुंच कर रासबिहारी बोस ने भी वन विभाग के शोध-संस्थान में एक सभा आयोजित कर बम-विस्फोट के विरुद्ध निंदा प्रस्ताव पारित किया। वाइसराय के स्वस्थ जीवन की कामनाओं के साथ उसे भेज दिया। अनेक स्थानों पर ऐसी सभाएँ आयोजित कर पुलिस की ओर से राजभक्त होने का सम्मान प्राप्त किया।

कुछ दिनों बाद लाहौर जाकर पुनः बम-विस्फोट करने की योजना बनाई। लाहौर का कमिश्नर गोर्डन दमन-नीति के लिए बदनाम था। उस पर आक्रमण की योजना बनाई गई। बंगाल में सिलहट के मौलवी बाज़ार में बंगाल के क्रांतिकारियों ने गोर्डन की हत्या का प्रयास किया था। बाद में जब वह स्थानांतरित होकर पंजाब पहुँचा, तब रासबिहारी बोस के नेतृत्व में उस पर बम फेंकने का प्रयत्न किया गया। देहरादून से ही वे सांकेतिक भाषा में अपनी पद्धति से निर्देश देते थे। इस कार्य के लिए पुनः वसन्त विश्वास का चयन किया गया।

17 मई, 1913 को मिंटगुमरी भवन में गोर्डन के सम्मान में सभा आयोजित की गई। यहाँ भी गोर्डन बच गया, चपरासी की मृत्यु हो गई। उस समय भी पुलिस अपराधियों को पकड़ने में असफल रही।

क्रांतिकारियों ने जनता में सरकार के विरुद्ध घृणा उत्पन्न करने के लिए व स्वतंत्रता की भावना उत्पन्न करने के लिए 'लिबर्टी' नामक पर्चे छापे और सारे भारत में वितरित किए। सरकार का ध्यान इस ओर गया। इस बीच रासबिहारी बोस लम्बी छुट्टी लेकर चंदननगर पहुँच गए।

चंदननगर में शचीन्द्रनाथ सान्याल व ज्योतीन्द्रनाथ मुखर्जी व्यवस्थित रूप से सन् सत्तावन की तरह एक आन्दोलन करना चाहते थे। इस योजना में मुखर्जी को बंगाल, शचीन्द्रनाथ सान्याल को संयुक्त प्रान्त व रासबिहारी बोस को पंजाब में सेना और सामान्य जनता में विद्रोह की आग सुलगाने का काम सौंपा गया। इसी सन्दर्भ में मुखर्जी को जर्मनी से सम्बन्ध स्थापित कर भरपूर प्रमाण में शस्त्रास्त्र माँगने का काम भी मिला। पंजाब में शस्त्रों का निरीक्षण करते हुए गलती से बाएं हाथ की उँगलियाँ जल गईं। क्रांतिकारियों के शरीर पर कोई भी निशान खतरे की घंटी था।

अंग्रेज़ सरकार बड़े प्रयत्न के बाद दीनानाथ को पकड़ सकी। उसके पकड़े जाने पर उसके आधार पर पुलिस ने 19 फरवरी, 1914 को अवधबिहारी, अमीरचंद, बालमुकुंद को गिरफ्तार कर लिया। उनके पास आपत्तिजनक साहित्य व हथियार भी थे। वसन्त विश्वास भी अपने गाँव में पकड़े गए।

रासबिहारी बोस को पकड़ने के लिए इनाम घोषित किया गया। रासबिहारी बोस ने अपने पिता को मार्मिक पत्र लिखा और अज्ञातवास स्वीकार कर लिया।

रासबिहारी बोस के मस्तिष्क में भावी योजनाएँ आकार ले रही थीं। वे 1857 के स्वतंत्रता संग्राम की पुनरावृत्ति करना चाहते थे। अतः बनारस पहुँचकर क्रांतिकारियों से भेंट कर योजना को क्रियान्वित करने का प्रयत्न करने लगे। इधर पुलिस विभाग रासबिहारी को ढूँढ़ने के काम में लगा हुआ था, उधर वे चतुराई से पुलिस को झाँसा दे रहे थे। तीन-तीन षड्यन्त्रों में वे आरोपी थे, फिर भी वे लाहौर, बनारस व चन्दननगर में सारे भारत में एकसाथ विद्रोह प्रारम्भ करने के लिए कार्य कर रहे थे। एक वर्ष बनारस में रहे, पर पुलिस उनकी छाया को भी छू नहीं सकी। वे सतत अपना निवास स्थान बदलते रहते थे। दिन भर घर में रहते थे और रात में क्रांतिकारियों से मिलकर तैयारियों को तेज़ करते थे।

बनारस में शचीन्द्रनाथ उनके दाहिने हाथ थे। उसी समय विष्णु गणेश पिंगले उनके मिलने के लिए आए। वे अमेरिका से लौटे थे। वे वहाँ ग़दर पार्टी के सदस्य थे। उन्होंने बोस को सूचना दी कि ग़दर पार्टी के लगभग छह हज़ार लोग अमेरिका

व कनाडा से भारत लौट रहे हैं। कुछ हज़ार बाद में आने वाले हैं। पिंगले को ग़दर पार्टी ने रासबिहारी बोस को पंजाब लाने के लिए भेजा था। पंजाब में क्रांतिकारी थे, परन्तु उनको संगठित करने के लिए योग्य व सक्षम नेतृत्व नहीं था। रासबिहारी बोस पिंगले से मिलकर प्रभावित हुए। पंजाब पहुँचना भी उन्होंने स्वीकार कर लिया, परन्तु पुलिस उनके पीछे पड़ी हुई थी, इसलिए उन्होंने पहले शचीन्द्रनाथ सान्याल को भेजा। सान्याल पंजाब की स्थिति देखकर रिपोर्ट देंगे, तब बोस वहाँ जाएँगे, यह निर्णय हुआ।

31 दिसम्बर, 1914 को अमृतसर की पीरवाली धर्मशाला में क्रांतिकारियों की गुप्त बैठक हुई। पिंगले व सान्याल के अतिरिक्त करतारसिंह, पंडित परमानंद, बलवंत सिंह, हरनाम सिंह, विधान सिंह, भूला सिंह इत्यादि लोग बैठक में उपस्थित थे। शचीन्द्रनाथ सान्याल ने उन्हें बोस के आने के पूर्व कुछ काम करने के निर्देश दिए। बोस जनवरी, 1915 में अमृतसर पहुँचे।

पंजाब में विद्रोह उभारने का कार्य बोस का था। उन्होंने पंजाब में अनेक स्थानों पर बम के कारखाने शुरू किए। लाहौर को अपना मुख्यालय बनाया। जालन्धर, बन्नू, पेशावर, रावलपिंडी, फिरोज़पुर, कपूरथला, झेलम, मेरठ व अंबाला आदि विभिन्न फौजी छावनियों में उन्होंने अपने दूत छोड़ दिए। बंगाल में ये कार्य ज्योतिन्द्रनाथ मुखर्जी कर रहे थे।

रासबिहारी बोस ने बंगाल, संयुक्त प्रान्त व पंजाब में एकसाथ ही विद्रोह करने के लिए 21 फरवरी, 1915 का दिन चुना। योजना यह थी कि मियांमीर नामक छावनी में विद्रोह शुरू होते ही सारी छावनियों में विद्रोह शुरू हो जाएगा। सभी सेनाओं से स्वीकृति के सन्देश उन्हें पहले ही मिल चुके थे। उन्होंने तिरंगे झण्डे बना रखे थे। कार्यकर्ताओं को रेलगाड़ी की पटरियाँ उतारने, टेलीग्राफ के तार काटने, पुल उड़ाने के प्रशिक्षण दिए गए थे। इसके अतिरिक्त भरपूर संख्या में हथियार व प्रचार सामग्री भी जुटा रखी थी।

परन्तु भारत के दुर्भाग्य से देशद्रोही कृपाल सिंह ने सारी योजना पर पानी फेर दिया। 21 फरवरी को होने वाले विद्रोह की सूचना पुलिस को दे दी गई। रासबिहारी बोस ने शीघ्रता से तारीख बदलकर 19 तारीख घोषित कर दी। कृपाल सिंह बैठक में उपस्थित था, उसने यह सूचना भी पुलिस को दे दी।

रासबिहारी बोस आश्चर्यजनक ढंग से बच गए। उनके साथी गिरफ्तार हो गए। क्रांति असफल हो गई। निराशा व भग्नहृदय रासबिहारी और करतारसिंह एक कमरे में विचारमग्न थे। करतारसिंह दुःखी थे कि मैंने इस महान् क्रांतिकारी को आग्रह से बंगाल से पंजाब बुलवाया और हमारे इस गद्दार देशद्रोही के कारण योजना असफल

हो गई। रासबिहारी सोच रहे थे कि यह युवक इतनी आशा से अमेरिका से भारत आया और इसका प्रथम स्वप्न इस तरह भग्न हो गया।

इस घटना के बाद उन्होंने शीघ्र ही अपना निवास बदल दिया। जब पुलिस वहाँ पहुँची तो कमरा खाली था। कुछ समय बाद उन्होंने लाहौर भी छोड़ दिया। लाहौर स्टेशन पर एक फोटो जगह-जगह चिपकाया गया था। वह उन्हीं का फोटो था। उन्हें पकड़वाने के लिए बारह हज़ार रुपयों का इनाम घोषित था। बोस पंजाबी बोलते रहे। अपनी डायरी में पोस्टर का मजमून उर्दू में नोट करते रहे। जब और लोग भी यही करने लगे, तो वे वहाँ से निकलकर बनारस आ पहुँचे। वहाँ से चन्दननगर पहुँच गए।

बोस ने अन्य देशों के इतिहास पर दृष्टि डाली और देखा कि कोई भी पराधीन देश अंतरराष्ट्रीय सहायता के बिना स्वतन्त्र नहीं हुआ है। इसलिए उन्होंने निश्चय किया कि विदेशों की मदद लेना उचित है।

गुरुदेव टैगोर जापान जाने वाले थे, अतः उन्होंने प्रियनाथ टैगोर के नाम से जापान का टिकट लिया और बताया कि गुरुदेव के पहुँचने के पूर्व जापान जाकर वे उनकी वहाँ की व्यवस्था देखेंगे। कलकत्ते से आखिरी बिदाई लेने के पूर्व उन्होंने क्रांतिकारियों की बैठक आयोजित की और उनसे क्रांति की ज्योति सतत जलाए रखने का आग्रह किया। 12 मई, 1915 को उन्होंने भारत भूमि को अन्तिम नमस्कार किया और उसकी मुक्ति के लिए कार्यदिशा निश्चित करने निकल पड़े।

टोकियो पहुँचकर उन्हें ज्ञात हुआ कि शंघाई में जर्मनी के राजदूत से मिलकर भारत में भरपूर शस्त्र भेजने की व्यवस्था हो सकती है। शंघाई पहुँचे, परन्तु काम सिद्ध नहीं हुआ। चीनी लोगों के मार्फत उन्होंने बहुत से हथियार भारत भिजवाए। इसी सन्दर्भ में उन्होंने बंगाल के क्रांतिकारियों के लिए गोपनीय पत्र भी भिजवाए।

जापान में रहते हुए 27 नवम्बर, 1915 को उन्होंने एक सभा का आयोजन किया। उसमें भारत में ब्रिटिश साम्राज्य के विरुद्ध अपना मत प्रस्तुत किया। भाषण से स्पष्ट हो गया कि वे प्रियनाथ टैगोर न होकर रासबिहारी बोस हैं। उस समय इंग्लैण्ड और जापान मित्र देश थे। अतः जापान पुलिस ने उनकी गिरफ्तारी का वारंट जारी कर दिया। रासबिहारी बोस भूमिगत हो गए। वे जापान की ब्लैक ड्रेगन सोसायटी के अध्यक्ष तोयामा महोदय से मिले। उन्होंने बोस को आश्रय दिया। जापान सरकार अपनी मित्रता निभाने के लिए उन्हें ढूँढ़ रही थी और उन्होंने 1916 से 1923 के बीच अपना निवास सत्रह बार बदला।

जापान पहुँचकर चार महीने में ही उन्होंने जापानी भाषा व जापानी शैली आत्मसात कर ली। 'हयाशी इचिरो' नाम धारण कर वे पूरे जापानी बन गए। इस

समय का उपयोग उन्होंने वहाँ रहने वाले भारतीय क्रांतिकारियों से सम्पर्क साधने में लगाया। अंग्रेज़ गुप्तचर जापान में बोस को ढूँढ़ रहे थे। 1918 में उन्होंने तोशिको नामक युवती से विवाह कर लिया। युवती के माता-पिता उनका पुलिस से बचाव करते रहते थे। 1923 में वे जापान के नागरिक बन गए। इससे पूर्व का काल उन्होंने अंग्रेज़ी व जापानी भाषा में भारतीय स्वातन्त्र्य आन्दोलन के विषय में पुस्तकें लिखने में व्यतीत किया। क्रांतिकार्य तो वे कर ही रहे थे। अंग्रेज़ गुप्तचरों की रिपोर्ट से यह सिद्ध होता है। जापानी नागरिकता प्राप्त होने पर वे प्रकट रूप से भारतीय स्वतंत्रता की दिशा में कार्य करने लगे। भारतीय मित्रों से सम्पर्क साधकर टोकियो में उन्होंने 1924 में एक संस्था को जन्म दिया और उसका नाम रखा–'इंडियन इंडिपेंडेंस लीग'। दक्षिण-पूर्व के अनेक देशों में इसकी शाखाएँ स्थापित की गईं।

1937 में जापान ने चीन पर आक्रमण किया। भारतीय नेताओं ने जापान की निन्दा करनी शुरू कर दी। रासबिहारी बोस ने नेताओं को पत्र लिखकर जापान को दुःख पहुँचाने वाले और भारतीयों के प्रति सहानुभूति कम करने वाले कृत्य को रोकने का निर्देश दिया। 28 अक्तूबर, 1937 में उन्होंने 'एशिया युवक संघ' की स्थापना की और 'एशिया एशिया के लिए' का नारा दिया।

इसी बीच जापान और इंग्लैण्ड के मैत्री सम्बन्ध बिगड़ गए। 8 दिसम्बर, 1941 को जापान ने इंग्लैण्ड व अमेरिका के विरुद्ध युद्ध घोषित कर दिया। रासबिहारी बोस को भारत के लिए यह स्वर्ण अवसर प्रतीत हुआ। उन्होंने एक सभा आयोजित की और जापान के प्रधानमन्त्री जनरल तोजो को भारत के स्वतंत्रता-संग्राम में सहायता करने के लिए राज़ी किया। प्रधानमन्त्री तोजो ने जापानी संसद में घोषणा की, कि यदि जापान विजयी हुआ तो वे भारत को स्वतन्त्र कर देंगे। इसका एक लाभ यह हुआ कि दक्षिण-पूर्व एशिया में भारतीय लोग जापानी सैनिकों के दुर्व्यवहार से बच गए। युद्धोन्मत्त सैनिक जीते हुए प्रदेश में लूटपाट और व्यभिचार करते थे। अपनी आबरू बचाने के लिए जापान में यूरोपियन स्त्रियाँ भी भारतीय पोशाक पहनने लगी थीं।

युद्ध में अंग्रेज़ों की निरन्तर पराजय हो रही थी। सिंगापुर जीतकर जापान ने भारतीय सेना के लगभग एक लाख लोगों को बंदी बना लिया। जापान के सम्पर्क अधिकारी मेजर फुजीवारा ने रासबिहारी बोस के कहने पर भारतीय स्वाधीनता परिषद् के साथ आज़ाद हिन्द फौज का गठन किया। इस प्रथम स्थापित आज़ाद हिन्द फौज के कमाण्डर थे मोहनसिंह। इसके बाद उन्हें जनरल का पद बहाल किया गया। एक युद्ध परिषद् की स्थापना की गई। उसके अध्यक्ष रासबिहारी बोस थे। रासबिहारी बोस के कार्य सुभाषचन्द्र बोस के कार्यों के लिए नींव के रूप में थे।

भारत की आज़ादी के लिए उन्होंने जो कार्य किए, उसमें टोकियो सम्मेलन, बीदादरी सम्मेलन और बैंकाक सम्मेलन प्रमुख थे। टोकियो सम्मेलन में सम्पूर्ण व सार्वभौम स्वराज्य प्राप्ति का उद्देश्य प्रस्तावित किया गया। बीदादरी सम्मेलन में आज़ाद हिन्द फौज के विस्तार की योजना बनाई गई।

बैंकाक सम्मेलन 15 जून, 1942 को आयोजित किया गया। इसमें दक्षिण एशिया के अनेक देशों से बहुत-से प्रतिनिधि सम्मिलित हुए। इस सम्मेलन में जो अनेक महत्त्वपूर्ण निर्णय लिए गए, उनमें जर्मनी से नेताजी सुभाषचंद्र बोस को दक्षिण-पूर्व एशिया के राष्ट्रीय आन्दोलन के नेतृत्व के लिए आमन्त्रित करना भी एक था।

मोहनसिंह को विश्वास में लेकर आज़ाद हिंद फौज की ज़िम्मेदारी सौंपना रासबिहारी बोस की भारतीय स्वाधीनता परिषद् का कार्य था।

कुछ समय बाद कमाण्डर जनरल मोहनसिंह और जापानी सैन्य-प्रशासन में कलह उत्पन्न हो गया। मोहनसिंह ने आज़ाद हिन्द फौज भंग कर दी। उनको गिरफ्तार कर लिया गया। मोहनसिंह को जापान पर विश्वास नहीं था। उन्हें लगता था कि आज़ाद हिन्द फौज का निर्माण जापानी सरकार ने अपने स्वार्थ के लिए किया है। इस स्थिति में रासबिहारी बोस ने एक आन्तरिक व्यवस्था की और ले. कर्नल ए. डी. लोकनाथन, ले. कर्नल जे. के. भोंसले, ले. कर्नल एम. जेड. कियानी व कैप्टन एहसास कादिर की एक समिति बनाई और उन्हें आज़ाद हिन्द फौज के संचालन का कार्य सौंपा। बीच की अवधि में जापान सरकार को जर्मनी से सुभाष बाबू को जापान बुलाने के लिए प्रेरित करते रहे।

अन्त में सुभाष बाबू पनडुब्बी की लम्बी व जोखिमभरी यात्रा करके 16 मई, 1943 को जापान पहुँचे। उस समय रासबिहारी बोस सिंगापुर में थे। सिंगापुर उनके आन्दोलन का केन्द्र था। अपने फौजी मित्रों के लिए सुभाष बाबू का उपहार लाने वे टोकियो पहुँचे। टोकियो में दोनों बोस बाबुओं की पहली मुलाकात हुई। उस भेंट का वर्णन कर्नल यामामोही ने किया है।

भेंट के पश्चात् रासबिहारी बोस ने कर्नल यामामोही से कहा–'मेरे कंधों का बोझ अब कम हो गया है।' 4 जुलाई, 1943 का दिन भारतीय स्वतंत्रता के इतिहास का एक महत्त्वपूर्ण दिन है। उसी दिन सिंगापुर के कैथे भवन के एक समारोह में रासबिहारी बोस ने आज़ाद हिन्द फौज के सूत्र सुभाषचन्द्र बोस को सौंपे थे। सुभाषचन्द्र बोस ने आज़ाद हिन्द फौज के सर्वोच्च सलाहकार पद पर रासबिहारी बोस की नियुक्ति की।

निरन्तर संघर्ष, भागदौड़ व कठोर श्रम के कारण उनका स्वास्थ्य बिगड़ने लगा था। इसी बीच उनकी जीवन-सहचरी तोशिको और पुत्र माशेहीदे का निधन हो चुका

था। इसका उनके शरीर के साथ मन पर भी बुरा परिणाम हुआ था। नवम्बर, 1944 में जब सुभाषबाबू उनसे मिलने पहुँचे, वे दूसरी दुनिया के प्रवास की तैयारी में थे। जनवरी, 1945 में उन्हें उपचार के लिए टोकियो के सरकारी अस्पताल में भर्ती किया गया। इस अवस्था में ही जापान के सम्राट ने उन्हें राष्ट्रीय सम्मान से विभूषित किया। उन्हें उगते सूर्य के देश का दो किरणों वाला द्वितीय सर्वोच्च पद का सम्मान दिया गया। जापानी भाषा में उन्होंने सोलह पुस्तकें लिखीं। उनमें पन्द्रह अभी भी उपलब्ध हैं। 21 जनवरी, 1945 को रासबिहारी बोस की संघर्ष ज्योति बुझ गई। चिरनिद्रा ने उन्हें विश्रान्ति दी।

रासबिहारी बोस का निश्चित मत था कि विश्व में नवयुग, सत्य और शान्ति की स्थापना करने का दायित्व भारत का है। और उसे सिद्ध करने का साधन भारत की स्वतंत्रता है। बंगाल के प्रवासी क्रांतिकारियों में उनका नाम अग्रगण्य ही नहीं, चिरस्मरणीय व असामान्य है।

भगतसिंह के प्रेरणास्रोत

करतारसिंह सराभा

करतारसिंह सराभा का जन्म सन् 1896 में ग्राम सरावा, ज़िला लुधियाना, पंजाब में हुआ था। उनके पिता का नाम श्री मंगलसिंह सराभा था। बचपन से ही पिताजी का साया उनके सिर से उठ गया। उनके दादा ही ने उन्हें पढ़ाया-लिखाया था। करतारसिंह की गणना स्कूल के खिलाड़ी बालकों में होती थी। क्रांतिकारी साहित्य पढ़ने में उनका मन खूब लगने लगा था। उनकी शिक्षा हाईस्कूल तक थी।

करतारसिंह के अनुभव में यह बात आई कि भारत के अनेक पंजाबी अमेरिका जाकर अच्छी कमाई कर रहे हैं। अतः उन्हें भी अमेरिका जाकर रोज़ी-रोटी कमानी चाहिए। उन्होंने अपने मन की बात अपने दादा को बता दी। करतारसिंह के खिलाड़ी और शरारती स्वभाव को उनके दादा अच्छी तरह जानते थे; इसलिए उन्होंने अमेरिका जाने की आज्ञा दे दी। करतारसिंह सैनफ्रांसिस्को (अमेरिका) जा पहुँचे, जहाँ उनकी भेंट अनेक भारतीयों से हुई।

अमेरिका पहुँचने पर उन्हें एक नया ही वातावरण मिला और उन्हें नए-नए अनुभव भी प्राप्त हुए। यहाँ देखा कि गोरे लोग किस प्रकार कालों से अलग-थलग रहते हैं और उन्हें अपने से बहुत छोटे स्तर का समझते हैं। भारतीय उनके सामने सिर्फ कुलियों जैसी हैसियत रखते हैं। उन्होंने समझ लिया कि इसका मुख्य कारण भारत की गुलामी है। जब तक हम अंग्रेज़ों के गुलाम हैं, तब तक हमें इसी प्रकार तिरस्कार की भावना से देखा जाएगा। इन विचारों ने ही उन्हें क्रांतिकारी बना दिया। वे देश-सेवा के लिए आतुर हो उठे। इसी बीच पंजाब से निर्वासित होशियार अनुभवी सिक्ख-पंजाबी श्री भगवानसिंह वहाँ आ गए। उनके आ जाने से करतारसिंह को एक अच्छा अनुभवी साथी मिल गया। वे अब ग़दर पार्टी के सदस्य बन गए। ग़दर पार्टी यहाँ पहले ही से क्रांतिकारी कार्य कर रही थी।

क्रांतिकारी विचारों को दूर-दूर तक पहुँचाने के लिए 'ग़दर' नाम का एक पत्र निकाला गया। करतारसिंह सराभा ग़दर पार्टी के संचालकों में थे। इस पत्र में चटपटी ज़ोरदार क्रांतिकारी सामग्री रहती थी। यह पत्र ज़ोरों से चल निकला। यहाँ रह कर करतारसिंह ने मुद्रण कार्य के साथ जहाज़ी काम भी सीख लिया।

प्रथम विश्व-युद्ध के समय करतारसिंह ने सोचा कि इस समय उनका काम देश में है। जब अंग्रेज़ लड़ाई में फँसे हैं, तब देश को आज़ाद कराने का काम आसानी से किया जा सकता है। देश में क्रांति करवा कर अंग्रेज़ों को मुल्क के बाहर निकाला जा सकता है। उन्होंने ग़दर-पार्टी के साथियों से विचार-विमर्श किया। निश्चय किया गया कि कुछ लोग वहीं रहे, ताकि वहाँ का काम न रुके और कुछ लोग भारत लौट आए।

करतारसिंह में गज़ब का उत्साह और जोश था। भारत में आकर उनकी मुलाकात महान् क्रांतिकारी योद्धा श्री रासबिहारी बोस से हुई। उनके साथ मिलकर भारत भर में 21 फरवरी, 1915 के दिन 'ग़दर' करा देने की योजना बनाई गई। यह बहुत बड़ा काम था। इसके लिए भारतीय फौजों को अपने पक्ष में करना था। लड़ने के लिए हथियार व गोला-बारूद चाहिए था। काफी धन की भी ज़रूरत थी। योजनापूर्वक इन सभी का प्रबन्ध किया गया। इस समय देश के सभी क्रांतिकारियों में एक जोश की लहर व्याप्त थी। बड़े ज़ोरों से सर्वत्र संगठन किया जाने लगा। अस्त्र-शस्त्र इकट्ठा

होने लगे। विदेशों से भी काफी मात्रा में हथियार आने लगे और धन भी आने लगा। क्रांति के संगठन और प्रचार के लिए बाहर से और भी बहुत-से लोग भारत आए।

करतारसिंह की ज़िम्मेदारी मुख्यतया पंजाब में क्रांति कराने की थी। उन्होंने उत्तर भारत की अनेक फौजी छावनियों का चक्कर लगाया। वहाँ के सैनिकों को 21 फरवरी, 1915 के दिन एकसाथ विद्रोह करने के लिए तैयार किया। लाहौर छावनी के उस जमादार ने, जिसके पास मैगज़ीन की चाबी रहती थी, करतारसिंह से वादा कर लिया था कि वह मैगज़ीन की चाबी उन्हें ही दे देगा। परन्तु जब निश्चित दिन पर करतारसिंह उस सिपाही से चाबी लेने और मैगज़ीन लूटने पहुँचे तो मालूम हुआ कि उसकी एक दिन पहले ही बदली हो चुकी थी।

करतारसिंह निराश होने वाले व्यक्ति नहीं थे। वे गणेश विष्णु पिंगले तथा दूसरे साथियों को अपने साथ लेकर मेरठ, आगरा, कानपुर, इलाहाबाद, बनारस आदि छावनियों का पुनर्गठन करने गए। इन छावनियों में कमेटियाँ बना दी गई थीं। 21 फरवरी को विद्रोह होना निश्चित था। मगर पंजाब पुलिस के जासूस कृपालसिंह ने किए-कराए पर पानी फेर दिया। उसने पुलिस में जाकर आयोजित विद्रोह के सम्बन्ध में भण्डाफोड़ कर दिया। जगह-जगह धरपकड़ होने लगी। सैनिकों को निःशस्त्र कर दिया गया। सैनिक बैरकों की तलाशियाँ ली गईं। सैनिक टुकड़ियों को इधर से उधर भेज दिया। पुलिस का दमन-चक्र तेज़ हो गया। इस बीच इस कदर गड़बड़ी फैली कि चारों तरफ भगदड़ मच गई।

मजबूर होकर अपने दो साथियों को लेकर करतारसिंह भी लाहौर से भागे और वे हिन्दुस्तान (ब्रिटिश इंडिया) से बाहर निकल गए। अब खतरे से बाहर थे। परन्तु उनका जी न लगा। हज़ारों आदमियों को मौत के मुँह में ढकेल कर अपने प्राण बचाना उनकी प्रकृति के विरुद्ध था। सबके साथ मरना भी आनन्द की बात होती है। वे वहाँ से लौट आए और अपने को आग की उसी भट्ठी में जानबूझ कर झोंक दिया, जिसमें और हज़ारों क्रांतिकारी जल रहे थे। वे ब्रिटिश भारत में आते ही गिरफ्तार कर लिए गए। उन्हें लाहौर की जेल में भेज दिया गया।

जेल में पहुँचकर भी यह चिर-विद्रोही शान्त न रहा। वहाँ से निकल भागने का करतारसिंह ने प्रबन्ध कर ही लिया। परन्तु निकल भागने की योजना सफल न हो सकी। भेद खुल गया। तलाशी में करतारसिंह की सुराही के नीचे गड़े हथियार मिले। सबके पैरों में बेड़ियाँ पहना दी गईं और उन्हें अलग-अलग कोठरियों में बन्द कर दिया गया।

करतारसिंह ने अदालत के सामने अपना अपराध स्वीकार कर लिया और अदालत से साफ-साफ कह दिया कि "उनकी योजना भारत में विद्रोह करा कर अंग्रेज़ी

शासन से मुक्ति पाने की थी, जो असफल रही।" उन्होंने आगे कहा–"मैं जानता हूँ, अब मुझे काले पानी या फाँसी की सज़ा मिलेगी। मैं फाँसी की सज़ा को ही बेहतर समझूँगा। मुझे फाँसी का कोई डर नहीं। फाँसी मुझे नया जीवन प्रदान करेगी और वह मुझे पुनः मातृभूमि की सेवा का अवसर देगी।"

उन्हें 16 नवम्बर, 1915 को लाहौर की जेल में अपने अन्य छह साथियों के साथ फाँसी पर लटका दिया गया। इनके नाम हैं–(1) करतारसिंह सराभा (2) विष्णु गणेश पिंगले (3) बखशीश सिंह (4) सुरेनसिंह वल्द बूरसिंह (5) सुरेनसिंह वल्द ईश्वरसिंह (6) हरनामसिंह और (7) जगतसिंह।

उनकी पसन्द की कविता थी :

सेवा देश दी जिंदडीए औखी
गल्लां करनीआं देर सुखल्लिवां ते
जिन्हां इस सेवा बिच पैर पाया
उन्हां लख मुसीबतां झल्लियां ते

(देश की सेवा में ज़िन्दगी कठिन है, बातें करना सरल है। जिन्होंने इस सेवा-मार्ग में कदम रखा है, उन्होंने लाख मुसीबतें झेली हैं।)

प्रथम लाहौर षड्यन्त्र केस के सात शहीदों में से एक

विष्णु गणेश पिंगले

विष्णु गणेश पिंगले का जन्म जनवरी, 1888 में पूना के तलेगांव नामक गाँव में हुआ था। उनके पिता गणेश गोविंद पिंगले तलेगाँव में कचहरी में सब-जज के अधीन अर्ज़ीनवीस थे। विष्णु के सबसे बड़े भाई श्री महादेव अमलनेर कचहरी में सेक्शन राइटर (विभागीय लेखक) थे। मंझले भाई केशवराव तलेगांव में ही रहते थे। विष्णु सबसे छोटे थे। स्कूली शिक्षा पूर्ण कर उन्होंने हथकरघे का कारखाना शुरू

किया। इसी व्यवसाय के सन्दर्भ में वे सन् 1911 में इंजीनियरिंग की शिक्षा प्राप्त करने अमेरिका पहुँचे।

अमेरिका पहुँचने के पूर्व ही वे भारतीय क्रांति दल की सदस्यता ग्रहण कर चुके थे। छद्म नामों से सम्पूर्ण भारत की यात्रा कर चुके थे। अमेरिका में उन्होंने सीटेल विश्वविद्यालय में इंजीनियरिंग में प्रवेश प्राप्त किया। साथ ही ग़दर पार्टी के सम्पर्क में क्रांति की दीक्षा भी ली। लाला हरदयाल जैसे क्रांतिकारी नेता उनके मार्गदर्शक बने। करतार सिंह सराभा की मित्रता भी उन्हें मिली। मज़दूरी करते हुए शिक्षा ग्रहण की। तीन वर्ष की अवधि में वे पूर्ण व कट्टर क्रांतिकारी बन गए। ग़दर पार्टी को पिंगले और करतार सिंह सराभा जैसे लोगों की ज़रूरत ही थी।

1914 में प्रथम विश्वयुद्ध का बिगुल बजने लगा। इस समय ग़दर पार्टी ने भारतीय सेना और भारतीय जनता को विद्रोह करने के लिए उकसाना शुरू कर दिया। इसके लिए पार्टी ने जो भारत के बाहर अपना विस्तार कर रही थी, अपने सदस्यों को भारत भेजना शुरू कर दिया। पिंगले सिखों के जत्थे के साथ भारत आए। उनका कार्य था भारतीय जनता विशेषतः ब्रिटिश इण्डिया की फौजों को क्रांति के लिए तैयार करना।

सैनिक छावनियों में प्रवेश करना ही कठिन था, फिर सैनिकों को विद्रोह के लिए तैयार करना आसान काम नहीं था। पिंगले ने सारे भारत का दौरा किया और भारतीय क्रांतिकारियों से सम्बन्ध स्थापित किया। अमेरिका से आने वाले सारे भारतीय अपने साथ पैसा और हथियार लाते थे। भारत में भी बम बनाने का कार्य शुरू हो गया था। अनेक स्थानों पर ऐसे गुप्त कारखाने शुरू हो चुके थे।

पंजाबी क्रांतिकारियों से तो अमेरिका में ही पिंगले का परिचय हो चुका था। यहाँ उन्होंने बंगाल के क्रांतिकारियों से भेंट की। कलकत्ता पहुँचे। बनारस में रासबिहारी बोस से मुलाकात की। उन्हें बताया कि अमेरिका से लगभग पाँच हज़ार क्रांतिकारी विद्रोह के लिए आ चुके हैं और दो हज़ार और आ रहे हैं। विद्रोह के समय ही वे आएँगे। रासबिहारी बोस ने शचीन्द्रनाथ सान्याल को पिंगले के साथ तैयारी की जाँच के लिए पंजाब भेजा।

पंजाब में क्रांतिकारी तो बहुत थे, परन्तु उनका नेतृत्व करने वाला कुशल नेता नहीं था। बंगाल में अनेक क्रांतिकारी संगठन थे। वे सुदृढ़ संगठन और कुशल व योग्य नेतृत्व के लिए पंजाबी क्रांतिकारी रासबिहारी बोस को अपना नेता बनाना चाहते थे। वे उनका मौलिक मार्गदर्शन चाहते थे। पिंगले इसीलिए रासबिहारी बोस को लेने आए थे, पर रासबिहारी बोस पर पुलिस की कड़ी नज़र थी, इसलिए उन्होंने शचीन्द्रनाथ सान्याल को भेज दिया। कुछ समय पश्चात् रासबिहारी बोस भी लाहौर पहुँच गए।

29 फरवरी, 1915 क्रांति की तारीख निश्चित हो गई थी।

पंजाब, संयुक्त प्रान्त (उत्तर प्रदेश) व बंगाल में क्रांति की तैयारी पूर्ण हो चुकी थी। सभी छावनियों में सेना को विद्रोह के लिए तैयार कर लिया गया था। पर हमेशा की तरह देशद्रोहियों के कारण क्रांतिकारियों की निष्फल होने वाली योजना की तरह यह घटना भी भारतीय इतिहास में कोई नई नहीं थी।

कृपालसिंह विद्रोह की गुप्त योजना का मुखबिर बन गया। पिंगले रासबिहारी बोस के साथ बनारस लौट गए। उन्हें मेरठ छावनी में विद्रोह करवाने का कार्य सौंपा गया था। इस छावनी के नादिर खान नामक व्यक्ति ने उन्हें फँसा दिया। उसने कहा, कि बनारस में मेरा एक बंगाली से घनिष्ठ परिचय है, उसके पास बहुत बम हैं। वे दोनों बनारस में एक व्यक्ति से मिले, उसने दोनों को दस बम देकर कहा, 'मेरे पास तीन सौ बम थे, जो मैंने अलग-अलग क्रांतिकारियों को दे दिए।' दस बम लेकर वे मेरठ लौटे। मेरठ छावनी में पहुँचते ही नादिर खान ने उन्हें पकड़वा दिया। रासबिहारी बोस पहले ही इस व्यक्ति पर अविश्वास व्यक्त करते आ रहे थे, परन्तु पिंगले धोखा खा गए। षड्यन्त्र के अन्य आरोपियों के साथ पिंगले पर मुकदमा चला। यह मुकदमा 'लाहौर षड्यन्त्र' नाम से चला। इसमें पैंसठ आरोपी थे। चौबीस आरोपियों की सम्पत्ति ज़ब्त कर ली गई। और उन्हें कालापानी की सज़ा दी गई। सात को फाँसी की सज़ा हुई। इन सातों में 6 सिख युवक और एक विष्णु गणेश पिंगले थे। उन्हें 23 मार्च, 1915 को विध्वंसक बमों के साथ सेना में वैमनस्य फैलाने के आरोप में गिरफ्तार किया गया। 17 नवम्बर, 1915 को लाहौर सेंट्रल जेल में उन्हें अपने सिख सैनिक साथियों के साथ फाँसी दे दी गई।

फाँसी के समय उनके चेहरे पर संकल्प का गांभीर्य था। उन्होंने स्वयं फाँसी का फंदा अपने हाथों से अपने गले में डाल लिया और 'भारत माता की जय!' कहते हुए फांसी पर झूल गए।

शचीन्द्रनाथ सान्याल ने पिंगले के विषय में कहा है, 'क्रांतिकारी दल में विष्णु पिंगले के प्रवेश से हमें इतना आनन्द हुआ, मानो कुबेर का खज़ाना हाथ लग गया। लम्बी व बलिष्ठ देह, तेजस्वी गौर वर्ण व चमकदार नेत्र उनकी तीव्र बुद्धि के साक्षी थे। उनका सम्पूर्ण व्यक्तित्व भव्य, आकर्षक व विलोभनीय था।'

आज़ादी के मतवाले

सरदार पृथ्वीसिंह 'आज़ाद'

सरदार पृथ्वीसिंह आज़ाद का जन्म 15 सितम्बर, 1892 को लालडू गाँव के चौधरी शादीराम के यहाँ हुआ था। सत्रहवीं शताब्दी में कभी जैसलमेर से कुछ भट्टी राजपूत गरीबी और दुर्भिक्ष के समय लालडू गाँव में आए थे। 1898 में लालडू में भी दुर्भिक्ष की छाया पसरने लगी। उनके एक भाई पहले से ही बर्मा में पुलिस विभाग में काम करते थे। वे भी बर्मा पहुँच गए। यहाँ उन्होंने दूध का व्यवसाय शुरू किया।

पृथ्वीसिंह और उनके छोटे भाई डिप्टीसिंह को मामा के यहाँ टाबर गाँव भेज दिया था।

गाँव में स्कूल के अभाव में उन दोनों भाइयों की स्कूली शिक्षा नहीं हो सकी, लेकिन गाँव में उन्होंने स्वस्थ पुष्ट शरीर अर्जित किया, साथ ही निर्भयता और नेतृत्व के गुण आत्मसात किए। उधर पिता ने व्यवसाय चल निकलने पर कर्ज़ चुकाया। स्थिति ठीक होते ही पृथ्वीसिंह अपने भाई के साथ फिर से लालडू आ गए। स्कूली शिक्षा प्रारम्भ की, पर शीघ्र ही उनके चाचा उन्हें बर्मा ले गए।

बर्मा (म्यांमार) में शादीराम मौनेव्या नामक शहर में रहते थे। वहाँ के मिशन स्कूल में पृथ्वीसिंह का नाम लिखाया। शीघ्र ही वे बर्मी भाषा सीख गए। परन्तु दूध के व्यवसाय में पिता की मदद करते हुए उन्हें घर पर पुस्तकों को छूने का भी समय नहीं मिलता था। इसके साथ ही इस समय उन्हें भिक्षु जीवन आकर्षित करने लगा था। इसका कारण था कि उनके पिता बौद्ध भिक्षुओं के सत्संग में जाते थे। एक बार पृथ्वीसिंह तपस्या के लिए जंगल में भी गए थे।

1906 में पृथ्वीसिंह केवल पन्द्रह वर्ष के थे, उस समय पंजाब केसरी लाला लाजपतराय मांडले की जेल में थे। पृथ्वीसिंह अखबार पढ़ते नहीं थे, इसलिए उन्हें लाला लाजपतराय या क्रांतिकारी आन्दोलन के विषय में कुछ भी पता नहीं था। परन्तु उसी समय उन्होंने एक अंग्रेज़ी कविता पढ़ी, जिसका अर्थ था–'वह मनुष्य मृतक समान है, जिसे कभी यह अनुभव नहीं हुआ कि यह मेरी मातृभूमि है।' कविता पढ़ते ही वे अस्वस्थ हो गए और भारत लौटने की इच्छा करने लगे।

पृथ्वीसिंह भारत में अम्बाला पहुँचे। यहाँ वे निश्चिंत थे, कोई काम नहीं था। दो-तीन परीक्षाएँ एकसाथ पास कीं। अंग्रेज़ी पर प्रभुत्व स्थापित किया। सुन्दर निबन्ध लिखने लगे। एक बार उन्होंने लिखा–'जब छोटा-सा देश जापान विशाल रूस को हरा सकता है, तो भारत इंग्लैंड को क्यों नहीं हरा सकता?' इस निबन्ध लिखने पर उन्हें सज़ा हुई। अब तक वे राजनीति से दूर और अनभिज्ञ थे, पर विदेशी शासन से घृणा करते थे।

1909 में उन्होंने मिडिल परीक्षा पास की। इस समय वे सत्रह वर्ष के तरुण थे। पिता की आर्थिक सहायता तो क्या, पत्र भी नहीं मिलते थे। इसलिए वे पिता से मिलने 'मौन्येवा' पहुँचे, तो देखा कि महामारी में गाय-ढोर मर चुके थे। पिता भी बीमार थे। इसलिए बर्मा में ही डाक-विभाग में नौकरी शुरू कर दी। परन्तु वहाँ उनका मन नहीं लगता था। उनके पिता ने उन्हें मौम्ये नामक दूसरे शहर में भेज दिया। परन्तु पृथ्वीसिंह मौम्ये न पहुँचकर रंगून पहुँच गए। यहाँ उन्होंने देखा कि कुछ पंजाबी लड़के चीन जा रहे हैं, तो वे भी चीन की ओर चल दिए। मलाया, सिंगापुर

होते हुए हांगकांग पहुँचे। यहाँ उनके पास के रुपये चोरी हो गए। यहाँ उन्होंने चीनियों का सम्मानपूर्वक जीवन देखा।

हांगकांग के गुरुद्वारे में उनकी भेंट भाई रतनसिंह से हुई। उनकी सहायता से मनीला पहुँचे। मनीला में लालसिंह के सहयोग से पैसा कमाया। भाई रतनसिंह का कर्ज़ चुकाया। अमेरिका जाने का विचार किया और पैसे जमा करने शुरू किए। परन्तु इसके पूर्व ही वहाँ के उदार भारतीय मित्रों की सहायता से वे शीघ्र ही अमेरिका पहुँच गए।

अमेरिका की ग़दर पार्टी के संस्थापकों में से वे भी एक थे। कोमागाटामारू जहाज़ के भारतीय प्रवासियों के साथ कैनेडा व अंग्रेज़ सरकार ने जो क्रूर व्यवहार किया, वह पढ़कर उन्हें इसके विरुद्ध कुछ करने की इच्छा हुई। वे अपने क्रांतिकारी साथियों के साथ भारत आए।

'प्रिंसेस कोरिया' नामक जहाज़ से ये लोग यात्रा कर रहे थे। वह जहाज़ कलकत्ते के बंदरगाह पर पहुँचा। ग़दर पार्टी के सदस्यों ने देखा, उनके स्वागत के लिए बन्दूकों से लैस सिपाही खड़े हुए हैं। मशीनगन भी तैयार थी। सारे अधिकारी अंग्रेज़ थे। 'कोमागाटामारू' जहाज़ के अनेक प्रवासी गरीब मज़दूर थे। राजनीति से उनका कोई लेना-देना नहीं था। उन निरीह, निःशस्त्र, निरपराध लोगों को भी क्रूर अंग्रेज़ों ने गोलियों से भूनना शुरू कर दिया। 'प्रिंसेस कोरिया' के यात्री स्पष्ट शब्दों में कह रहे थे कि क्रांतिकारी हम हैं, दूसरे लोग निर्दोष हैं। अमेरिका से भारत तक की समुद्री यात्रा में वे भारत में क्रांति करने की और अंग्रेज़ों को भारत से भगाने की चर्चाएँ करते आ रहे थे। अतः कलकत्ते के बंदरगाह पर अंग्रेज़ों का व्यवहार अनपेक्षित नहीं था।

जहाज़ के पंजाब जाने वाले प्रवासियों को रेलगाड़ी में बिठा दिया गया। जैसे ही रेल विंडसर नामक स्टेशन पर पहुँची कि एक अधिकारी अपने पास की सूची से सामान्य प्रवासियों के नाम पढ़कर उन्हें नीचे उतार रहा था। इस अवसर को साधकर पृथ्वीसिंह आज़ाद एक अन्य व्यक्ति के नाम पर उठ खड़े हुए और उतर कर भीड़ का फायदा उठाकर वहाँ से निकल गए।

इसके बाद वे अम्बाला पहुँचकर अपने साथी क्रांतिकारियों से मिले। अम्बाला के राजपूत छात्रावास में रहने लगे, परन्तु गुप्तचर ने उन्हें घेर लिया। उस गुप्तचर की बन्दूक उन्होंने छीनकर फेंक दी, तो वह चाकू से वार करने लगा। निःशस्त्र होते हुए भी पृथ्वीसिंह ने उसकी बेहोश होने तक पिटाई की। चाकू के वार से उनके गले की नस कट गई थी, इसलिए वे बेहोश हो गए और बेहोशी की अवस्था में ही बंदी बना लिए गए। पहले अंबाला, फिर लाहौर जेल में भेज दिए गए। लाहौर षड्यंत्र के तहत उन पर मुकदमा शुरू हुआ।

क्रांति की इच्छा से जो लोग अमेरिका से भारत आए, उनमें से पैंसठ लोगों को गिरफ्तार कर लिया गया। शेष लोगों ने विचार किया स्वयं सोचकर सात नाम दे दिए जाएं, जिससे शेष लोग बच जाएँगे। ये सात लोग सारी ज़िम्मेदारी स्वयं संभालेंगे, यह भी निश्चित हुआ। स्वयं गिरफ्तारी देने वाले लोगों की संख्या बहुत बड़ी थी। उनमें जो नाम सर्वसम्मति से निश्चित हुए वे थे—बाबा सोहनसिंह भकना, पं. जगतराम भारद्वाज, सरदार करतारसिंह सराभा, विष्णु गणेश पिंगले, सरदार जगतसिंह, हरनामसिंह और पृथ्वीसिंह।

इन व्यक्तियों पर लाहौर में विशेष ट्रिब्यूनल नियुक्त कर मुकदमा चलाया गया। इन व्यक्तियों ने क्रांतिकारी कार्रवाइयों का सम्पूर्ण दायित्व स्वीकार किया, फिर भी न्यायालय ने चौबीस व्यक्तियों को फाँसी की सज़ा सुनाई।

उन चौबीस व्यक्तियों में पृथ्वीसिंह भी थे। रोज़ सुबह उनकी कोठरी के सामने नहाने का पानी रखा जाता था और वे नहाकर फाँसी के लिए तैयार हो जाते थे। परन्तु फाँसी के फन्दे तक ले जाने के लिए कोई व्यक्ति नहीं पहुँचता था। चौदह दिन इसी तरह बीत गए। तभी पृथ्वीसिंह को मालूम पड़ा कि अनेक निरपराध लोगों के पकड़े जाने से आम जनता में रोष है। इसलिए मजबूरन वाइसराय को हस्तक्षेप करना पड़ा। इसलिए सज़ा स्थगित हो रही है। वाइसराय के हस्तक्षेप के कारण पुनर्विचार से सत्रह व्यक्तियों की फाँसी की सज़ा कायम रही। इस परिवर्तन के परिणामस्वरूप पृथ्वीसिंह को आजन्म कारावास मिला। उन्हें सोलह क्रांतिकारियों के साथ अंडमान की कालकोठरी में भेज दिया गया।

अंडमान की सेलुलर जेल में कैदियों को अमानवीय यातनाएँ दी जाती थीं। हर रोज़ बीस-बीस सेर आटा पीसना होता था। तेलघानी में बैलों के स्थान पर कैदियों को जोता जाता था। अनेक प्रकार के कठोर परिश्रम के काम लेने पर भी क्रूरता का व्यवहार होता था। छोटी-सी भूल या अकारण ही निर्दयतापूर्वक हंटरों की वर्षा की जाती थी। बाबा भागसिंह की पुलिस की गुंडागिरी व क्रूर व्यवहार से मृत्यु हो चुकी थी। इसलिए इस समय अधिकारियों के इस आतंक और गुंडागिरी के विरुद्ध क्रांतिकारियों ने अनशन आरम्भ कर दिया था। पृथ्वीसिंह ने पानी भी त्याग दिया था, और जनवरी की हाड़ कंपा देने वाली सर्दी में कपड़े भी त्याग दिए थे। एक लंगोट पहनकर पत्थर के फर्श पर पड़े रहते थे। उनका यह निर्वस्त्र होकर अनशन एक सौ पच्चीस दिन चला। फिर उन्होंने देखा कि उनके अनेक साथी मरणासन्न अवस्था में है, तो उन्होंने अपना दीर्घ अनशन छोड़ दिया।

अण्डमान के क्रांतिकारी अनशन कर रहे थे। सारे भारत में उनके प्रति सहानुभूति व्यक्त करते हुए प्रदर्शन हो रहे थे। लोगों के इस आन्दोलन से मजबूर होकर अंग्रेज़

सरकार को अण्डमान के इन कैदियों को भारत के इतर कारावासों में रखना पड़ा।

पृथ्वीसिंह आज़ाद 9 नवम्बर, 1915 से जुलाई, 1921 तक अण्डमान की जेल में रहे। इसके बाद उन्हें चेन्नई की राजमहेन्द्री जेल में लाया गया। फिर यहाँ से भी उन्हें हथकड़ी और बेड़ियों से जकड़कर कलकत्ते के लिए रवाना कर दिया गया। रेलगाड़ी के इस प्रवास में उनके साथ केहरसिंह और खुशहालसिंह दो कैदी और थे। सिपाहियों की संख्या भी तीन थी। रात्रि के दस बजे जब प्रवासी सो रहे थे, पुलिस भी झपकी लेने लगी थी। पृथ्वीसिंह ने देखा और खिड़की से कूदने का विचार किया, पर पाँवों में बेड़ियाँ और हाथों में हथकड़ियाँ थीं। पृथ्वीसिंह खिड़की के पास पहुँचे। खिड़की के पास बैठा साथी ऊँघ रहा था। इनके कूदने से एकाएक उसकी चीख निकल गई, जिससे पुलिस जाग गई। रेलगाड़ी रोकी गई। पृथ्वीसिंह की ढुँढ़ाई की गई। पूरे वेग से चल रही रेल से कूदने के कारण घूटने फूट गए। अँधेरे में कंटीली झाड़ियों में उलझ जाने से उनका शरीर रक्तरंजित हो गया। कैदी के कपड़े फेंक दिए थे। कीचड़-भरे रास्ते पर अँधेरे में चले जा रहे थे। कुछ दूर जाने पर दीये की रोशनी दिखाई दी। उस दिशा में चल दिए और एक घर के सामने पहुँचे। रक्तरंजित उनकी हृष्ट-पुष्ट देह सिंदूर पुते बजरंगबली के समान दिखाई दे रही थी। घर से एक महिला बाहर आई व डर गई। उसने अपने पति को जगाया। पति भी इतना डर गया, मानो सामने भूत खड़ा हो। पृथ्वीसिंह ने हाथ जोड़े और अपनी ओर उँगलियाँ करके स्वराज्य और गाँधी शब्द कहे। इन शब्दों का जादू ही था कि उस दम्पत्ति ने उन्हें आश्रय दिया। वहाँ उन्होंने बेड़ियाँ काट दीं। पृथ्वीसिंह ने खाने को माँगा, पर उनके घर अनाज का दाना भी नहीं था। रात-भर अँधेरे में चलते हुए स्टेशन पर पहुँचे। उनकी अवस्था अलग ही थी और स्टेशन पर सख्त पहरा था ही, इसलिए पुनः पकड़े गए और राजमहेन्द्री की जेल में ठूंस दिए गए।

भागने का अवसर उन्हें एक बार और मिला। आठ सिपाही उन पर पहरा दे रहे थे। उन्हें रेलगाड़ी से कहीं ले जाया जा रहा था। आधी रात का समय था। इस समय उनके पैरों में बेड़ियाँ नहीं थी। इस बार उन्होंने संडास की लोहे की सलाख निकालकर अत्यन्त चतुराई से ज़मीन पर छलांग लगाई। रेलगाड़ी अपने वेग से बहुत आगे निकल चुकी थी। सिपाहियों को जब पता चला कि कैदी संडास से आया ही नहीं, तो वे अत्यन्त घबरा गए।

इस समय पृथ्वीसिंह बस के रास्ते से दौड़ते रहे और सुबह अमरावती पहुँचे। वहाँ एक कांग्रेसी देशभक्त ने एक पत्र देकर उन्हें मुम्बई भेजा। मुंबई, बड़ौदा, अहमदाबाद आदि स्थानों पर थोड़ा ठहर कर वे भावनगर पहुँचे। एक स्कूल में स्वामीराव नाम से व्यायाम-शिक्षक बन गए। यहाँ उन्होंने अनेक विद्यार्थी तैयार किए। बीच

में अवसर निकालकर बर्मा में अपने पिताजी से मिल आए। बीच-बीच में पुलिस उन पर सन्देह करती रही, पर उन्होंने अत्यन्त गम्भीरता से, चतुराई और साहस से पुलिस का सामना किया। इधर कैद में रहते हुए भगतसिंह ने उन्हें ढूँढ़ निकाला। दिल्ली असेम्बली में बम-विस्फोट के जुर्म में भगतसिंह लाहौर की जेल में थे। वहाँ उन्होंने धन्वन्तरी नामक क्रांतिकारी को उन्हें ढूँढ़ निकालने का कार्य सौंपा था। उन्होंने गुजरात का एक पता भी दिया था और निर्देश दिया था कि यदि पृथ्वीसिंह मिल जाएं तो उनकी भेंट चन्द्रशेखर आज़ाद से करा दी जाए। चन्द्रशेखर क्रांतिकारियों के अग्रणी नेता थे।

इस योजना के अन्तर्गत पृथ्वीसिंह चन्द्रशेखर आज़ाद से मिले और उनका आज़ाद उपनाम भी ग्रहण कर लिया। चन्द्रशेखर आज़ाद ने उन्हें कहा—'पार्टी का और विशेष रूप से भगतसिंह का विचार है कि तुम रूस जाकर बोल्शेविक क्रांति की संरचना करो।' उसके लिए एक पूरी नवीन पीढ़ी तैयार करने का उनका विचार था। रूस जाने की पूर्ण व्यवस्था स्वयं पृथ्वीसिंह करें। साधु सदानंद के वेश में पृथ्वीसिंह गुजरात और राजस्थान पैदल चलते-चलते आखिर में रेल से कराची पहुँचे। यहाँ उन्हें अपने पुराने मित्र बाबा गुरुमुख सिंह, बाबा प्यारासिंह, बाबा रामदेवसिंह आदि मिले। बहुत वर्षों के बाद एक-दूसरे से मिलकर वे सभी बहुत आनन्दित हुए।

कराची में पृथ्वीसिंह 'करीम खाँ' नाम धारण कर खुदाई खिदमतगार बन गए। पठान के वेश में पेशावर तक आए। एक लॉरी में बैठकर काबुल से गज़नी और गज़नी से हिरात पहुँचे। 22 जुलाई, 1931 को छिपते-छिपाते सोवियत रूस की सीमा पर पहुँचे। रूस पहुँचकर लेनिन स्कूल में पॉल रिचर्ड मॉर्को के नाम से प्रवेश लिया। पाठ्यक्रम के भाग के रूप में उन्होंने सारा रूस देखा। सैन्य-शिक्षण भी प्राप्त किया। अप्रैल, 1933 में वे भारत के लिए रवाना हुए। अफगानिस्तान की ओर लौटना था। अब वे नारायणदास के रूप में हिंदुकुश की बर्फीली चोटियों से उतरकर भारत आने को बाध्य थे। एक बार फिर गिरफ्तार हुए और काबुल के सेन्ट्रल जेल में नारकीय यातनाएँ भोगीं। उन्होंने अत्यन्त कुशलता से एक पत्र किसी प्रकार रूसी दूतावास को दिया। यह खबर सारे हिन्दुस्तान में पहुँची और अफगान सरकार की बदनामी होने लगी। जेल के अधिकारियों ने उन्हें जादूगर समझा। 4 जुलाई, 1934 को उन्हें रूस के विमान में बिठाया गया।

रूसी विमान से वे ताशकंद आए। दो दिन मॉस्को और साइबेरिया के सेनितोरियम में रहे। एक महीने 'याल्ता' नाम के शहर में रहे। 1934 में नवम्बर क्रांति में सम्मिलित हुए।

इसके बाद उन्होंने पुनः भारत आने की तैयारी की। अब तक अंग्रेज़ सरकार

को पृथ्वीसिंह का पता नहीं था, परन्तु काबुल की जेल में उनका फोटो खींचा गया था। इतना ही नहीं उनके शरीर के निशान भी नोट किए गए थे।

अनेक अड़चनों के कारण पृथ्वीसिंह इटालियन जहाज़ से फ्रांस आए और फ्रांसीसी जहाज़ से 24 जनवरी, 1935 को पांडिचेरी में उतरे। छिपते-भागते पैदल ही मार्च, 1935 को मुम्बई आए। आखिर में वर्धा में महात्मा गांधी से मिले। गांधीजी के परामर्श से उन्होंने आत्मसमर्पण कर दिया। इस समय उन्हें रावलपिंडी की जेल में कड़क बन्दोबस्त में रखा गया। गांधीजी उनको छुड़ाने के लिए वाइसराय से चर्चा कर रहे थे। अंग्रेज़ों ने 1939 में द्वितीय महायुद्ध के समय निरुपाय होकर छोड़ दिया। वे सेवाग्राम आए।

दिसम्बर, 1939 में वे भाइयों से मिलने बर्मा गए और जनवरी, 1940 में पुनः सेवाग्राम लौटे। इसके पश्चात् वे पुनः गुजरात पहुँचे और घोघा नामक स्थान पर एक व्यायामशाला खोली। भावनगर में एक बड़ी सुसज्जित व्यायामशाला खोलने की उनकी इच्छा थी। परन्तु इसी बीच अंग्रेज़ों ने उन्हें पुनः गिरफ्तार किया। 9 जनवरी, 1943 को उन्हें बंदी बनाकर येरवदा जेल भेज दिया गया।

सरदार पृथ्वीसिंह के तीन भाई बर्मा में रहते थे। जब जापानी सेना ने बर्मा पर बमवृष्टि की तब उनका एक भाई बरमासिंह सपत्नीक भारत आया। पृथ्वीसिंह को 26 अक्टूबर, 1943 को लोगों के दबाव में अंग्रेज़ सरकार ने एक महीने के लिए पेरोल पर छोड़ दिया।

27 नवम्बर, 1943 में जेल से छूटने पर पृथ्वीसिंह ने प्रभावती नामक महिला से विवाह किया। उस समय वे पेरोल पर थे। फरवरी, 1944 में उन्हें रिहाई मिली।

शेष जीवन पृथ्वीसिंह ने कम्युनिस्ट पार्टी के कार्य के लिए समर्पित कर दिया।

बाघ तक को पछाड़ देने वाला दुर्धर्ष क्रांतिकारी

बाघा यतीन्द्रनाथ मुखर्जी

बाघा यतीन्द्रनाथ मुखर्जी ने युवावस्था में एक शाही बाघ से लड़कर और उसे मार कर 'बाघा' की पदवी प्राप्त की थी। उसी समय से वे बाघा जतीन के नाम से विख्यात हुए। उनमें अद्‌भुत शारीरिक शक्ति थी। वे कोमलता, मानवता, देशप्रेम और क्रांति की जीवन्त मूर्ति थे। वे जितने सुन्दर थे, उतने ही बलशाली भी थे। कविवर ठाकुर रवीन्द्रनाथ, योगी श्री अरविन्द घोष, स्वामी विवेकानन्द, 'श्री

जगदीशचन्द्र बसु, बहन निवेदिता जैसे महान व्यक्ति यतीन्द्र के व्यक्तित्व से प्रभावित थे। उनके शौर्य और देशभक्ति से शत्रु (अंग्रेज़) तक आतंकित थे। चन्द्रशेखर आज़ाद और श्री यतीन्द्रनाथ मुखर्जी में कई बातों में समानता थी। शारीरिक तथा मानसिक शक्ति, देशप्रेम, मानवप्रेम और वीरता में वे दोनों एक-दूसरे के प्रतिरूप थे।

श्री यतीन्द्रनाथ मुखर्जी का जन्म 8 दिसम्बर, 1879 को कायाग्राम, ज़िला नदिया (पश्चिम बंगाल) में हुआ था। उनके पिता श्री उमेशचन्द्र मुखर्जी एक प्रतिभाशाली विद्वान् थे। वे सरकारी नौकरी में थे। यतीन्द्र जब केवल 5 वर्ष के थे, उनके पिता स्वर्ग सिधार गए। यतीन्द्र की माता का नाम शरत शशि देवी था। वे बड़ी रूपवती और एक उच्चकोटि की कवयित्री थीं। उन्हें समाज-सेवा में बड़ी रुचि थी। यतीन्द्र बहुत दिनों तक अपनी विदुषी माँ का प्यार भी न पा सके। प्लेग की बीमारी में मरीज़ों की सेवा करते हुए वे स्वयं रोगी हो गईं और प्लेग से 1899 में उनकी भी मृत्यु हो गई। यतीन्द्र की पढ़ाई-लिखाई में उनकी बड़ी बहन श्रीमती बिनोदबाला का बड़ा योगदान था। इस बहन से उन्हें माँ का प्यार मिला था। श्री यतीन्द्र केवल इण्टरमीडिएट तक ही शिक्षा प्राप्त कर सके थे। इसके पश्चात् उन्होंने शार्टहैण्ड और टाइपिंग का कोर्स पूरा किया और बंगाल सेक्रेटेरिएट में स्टेनोग्राफर के पद पर नियुक्त हो गए। सेक्रेटेरिएट का वातावरण स्वभावतः गुलामी का वातावरण था। इन्हीं दिनों यतीन्द्रनाथ क्रांतिकारी संगठन में शामिल हो गए। उनके हृदय में छिपा बैठा क्रांतिकारी अब जाग गया था। यतीन्द्र जैसी विभूतियाँ विशेष कार्य के लिए जन्म लेती हैं। इसीलिए अपने क्रांतिकारी स्वरूप को छिपाने, उस पर आवरण डालने के लिए वे सरकारी नौकरी करते रहे।

एक बार यतीन्द्र रेल से यात्रा कर रहे थे। उस डिब्बे में तीन-चार फौज के गोरे भी यात्रा कर रहे थे। उनसे किसी बात पर यतीन्द्र का झगड़ा हो गया। यतीन्द्र ने अकेले ही उनको पीट दिया। उन्होंने यतीन्द्र के खिलाफ मुकदमा चलाया, मगर वह वापस लेना पड़ा क्योंकि अदालत को यह विश्वास दिलाना कठिन था कि चार फौजी लोगों को यतीन्द्र ने अकेले ही पीटा। इस लड़ाई के कारण यतीन्द्र को नौकरी से हटा दिया गया।

अपनी बड़ी बहन बिनोदबाला के कहने पर यतीन्द्र ने अप्रैल, 1900 में इन्दुबाला देवी से विवाह कर लिया था। यतीन्द्र की तीन सन्तानें भी थीं। तेजेन, वीरेन और आशा लता।

यतीन्द्र हरिद्वार के सन्त भोलानाथ गिरि के शिष्य थे। यह सन्त बड़े विद्वान और देशभक्त थे। उनका प्रभाव यतीन्द्र के जीवन पर बहुत गहरा था। यतीन्द्र गीता के प्रेमी बन गए। गीता से उन्होंने आत्मा की अमरता का पाठ सीखा और एक

क्रांतिकारी होने के नाते देशद्रोहियों के प्रति अपने कर्तव्य का निर्धारण किया। गृहस्थ होकर भी वे गृहस्थ-जीवन में लिप्त नहीं हुए। यह उनकी सबसे श्रेष्ठ और कठिन साधना थी। जीविका के लिए सरकारी नौकरी के पश्चात् यतीन्द्र ने ठेकेदारी का काम कर लिया था। उन्हें सड़क, पुलिया और पुल आदि बनाने का काम मिलने लगा, जिससे उन्हें अच्छी आमदनी होने लगी। अपनी इस आमदनी से वे अपनी पार्टी की सहायता करते थे। धीरे-धीरे यतीन्द्र ने अनेक गुप्त क्रांतिकारी समितियों का स्वयं गठन किया। इस प्रकार उनके साथ उत्साही एवं आस्थावान नवयुवकों का एक दल संगठित हो गया। यतीन्द्र अपने दल के हर युवक का ध्यान रखते थे। यदि आवश्यकता होती तो उसे आर्थिक सहायता भी देते थे। अपनी आयु तथा अनुभव में अपने साथियों से अधिक होने के कारण, सब साथी उन्हें 'यतीन दा' कहते थे। वे सब अपने 'यतीन दा' के एक इशारे पर किसी के भी प्राण ले सकते थे और अपने प्राण दे भी सकते थे। इन साथियों के नाम थे—चारुचन्द्र बोस, जिन्होंने सी.आई. डी. इंस्पेक्टर आशुतोष विश्वास का कत्ल किया और जिन्हें 19 मार्च, 1909 को फाँसी हो गई थी। वीरेन्द्रनाथ दत्त, जिन्होंने सी.आई.डी. इन्स्पेक्टर शमसुल-आलम का कत्ल किया था और जिन्हें 21 फरवरी, 1910 को फाँसी हो गई थी। चित्तप्रिय रे चौधरी, जिन्होंने सी.आई.डी. इंस्पेक्टर सुरेशचन्द्र का कत्ल किया; पर उस समय पकड़े नहीं जा सके। बाद में पुलिस से मुठभेड़ हो जाने पर 9 सितम्बर, 1915 को वे पुलिस की गोली से मारे गए थे। भोलानाथ चटर्जी, जिन्हें यतीन्द्रनाथ ने भारत से बाहर हथियार लाने के लिए भेजा था। वापस लौटने पर वे गोवा में गिरफ्तार हो गए थे और बाद में उन्हें पूना की जेल में रखा गया था। जनवरी, 1916 में उन्होंने पूना जेल में फाँसी लगा ली थी।

बाघा जतीन के वे साथी, जो उनके ही साथ शहीद हुए उनके नाम इस प्रकार हैं—मनोरंजनसेन गुप्त, वीरेन्द्रनाथ दास गुप्त, चित्तप्रिय रे चौधरी और ज्योतिषचन्द्र पाल।

ये चारों युवक जतीन के चार हाथ थे—बड़े वीर, बड़े साहसी—जीवन तथा मृत्यु के साथी। इन लोगों की सहायता से जतीन ने बड़े-बड़े क्रांतिकारी कार्य किए। बंगाल में दर्जनों राजनीतिक डकैतियाँ डाली गईं। जो धन मिला, उससे पार्टी के हथियार खरीदे गए। अनेक डकैतियाँ अंग्रेज़ों के संस्थानों में दिन-दहाड़े डाली गईं और अनेक कत्ल भी दिन-दहाड़े किए गए। इस कारण अंग्रेज़ बहुत भयभीत हो गए थे। वे शहर में बहुत कम निकलते थे। बंगले के बाहर आकर वे स्वयं पुनः जीवित बंगले पहुँचेंगे या उनका शव पहुँचेगा, इस बात को कोई अंग्रेज़ निश्चयपूर्वक उस समय नहीं कह सकता था।

ऐसे आतंकवादियों को पुलिस जेल के बाहर कैसे देख सकती थी? सन् 1910 और 1911 के बीच जतीन को पुलिस ने दो बार गिरफ्तार करके जेल में बंद भी कर दिया था। किन्तु पुलिस उन्हें किसी अभियोग में फँसा न सकी। कुछ महीनों तक जेल की रोटियाँ खाकर, जतीन बरी हो गए थे। लेकिन पुलिस ने उन्हें अपनी तरफ से बरी नहीं किया था। वे यतीन्द्र को गली-गली और घर-घर सूँघते फिरते थे। 2 फरवरी, 1915 को निरोध हलधर—सी. आई. डी. पुलिस इंस्पेक्टर—इसी प्रकार सूँघते-सूँघते, बिन बुलाए मेहमान के समान, उस मकान में जा पहुँचा था, जिसमें ये लोग बैठे कोई योजना बना रहे थे। निरोध के वहाँ पहुँचते ही उसे गोली का प्रसाद दिया गया। बाद में इन लोगों ने यह मकान छोड़ दिया; मगर हलधर दुनिया ही छोड़कर चला गया।

सन् 1914 का विश्व-युद्ध छिड़ जाने के समय बंगाल में सी.आई.डी. पुलिस ने अपना जाल बिछा रखा था, क्योंकि क्रांतिकारी विश्व-युद्ध को भारत में क्रांति के लिए शुभ अवसर समझते थे। उनकी दृष्टि में यही वह अवसर था, जब देश को अंग्रेज़ों की गुलामी से मुक्त कराया जा सकता था। क्रांतिकारी इस क्रांति के लिए हथियार जुटाने और युद्ध के प्रयासों में बाधा पहुँचाने में लगे थे। पुलिस वाले अपने प्रयासों को सफल और क्रांतिकारियों के प्रयासों को विफल बनाने में लगे थे।

सितम्बर, 1915 में 'मेवरिक' नाम का एक जर्मन जहाज़ युद्ध की सामग्री लेकर बालासोर (उड़ीसा) के कैप्टीपोदा तट पर निर्जन स्थान पर आने वाला था। उससे हथियार आदि उतारने की ज़िम्मेदारी बाघा यतीन्द्रनाथ मुखर्जी की थी। अतः ये लोग इसके लिए मार्च, 1915 में ही बालासोर जा पहुँचे थे। वे दो-तीन जगह बँट कर बालासोर के गाँवों में रहने लगे थे। यतीन्द्र वहाँ साधु बन कर रह रहे थे। उन्होंने मालडीह मौजा में एक आश्रम बना लिया था। उनके साथ मनोरंजन और चित्तप्रिय उनके शिष्य बन कर रहने लगे थे। तालडीह ग्राम में, जो आश्रम से कुछ फ़ासले पर था, नीरेन्द्रनाथ दासगुप्त और ज्योतिषचन्द्र पाल किसान बन कर रह रहे थे। कुछ अन्य साथियों ने बालासोर में साइकिलों और घड़ियों की 'यूनिवर्सल इम्पोरियम' नाम से एक दुकान खोल ली थी।

इन लोगों के कारण बालासोर जैसा एकान्त एवं शान्त क्षेत्र गतिविधियों का केन्द्र बन गया। वहाँ नित्य नए चेहरे दिखाई देने लगे। लोगों में उनका पता लगाने की उत्सुकता बढ़ी। पुलिस तक इसकी सूचना पहुँची तो पुलिस को बंगाली नवयुवकों पर कुछ शक हुआ। बालासोर की पुलिस ने अब कलकत्ता की पुलिस को सूचित किया कि कुछ अपरिचित बंगाली नौजवान बालासोर के क्षेत्र में कुछ समय से रहने लगे हैं, जिनकी गतिविधियों पर शक हो रहा है। कलकत्ता की पुलिस को, जो यतीन्द्र

की खोज में पहले ही से थी, एक सूत्र हाथ में आ गया।

कलकत्ता के कई उच्च पुलिस अधिकारी बालासोर आएं और स्थानीय पुलिस से विचार-विनिमय किया। स्थानीय पुलिस की सहायता से इन अधिकारियों ने दिनांक 5 सितम्बर, 1915 के दिन 'यूनिवर्सल इम्पोरियम' की तलाशी ली और दो नवयुवकों को गिरफ्तार कर लिया। वहीं पर फर्श पर पड़ा एक कागज़ पुलिस को मिला। उसमें कैप्टीपौदा ग्राम का नाम लिखा हुआ था। सूत्र के आधार पर पुलिस-दल हाथियों पर सवार होकर 6 सितम्बर को शाम को कैप्टीपौदा गाँव पहुँचा। हाथियों पर पुलिस-दल को आते देखकर गाँव में हलचल मच गई। साधु यतीन्द्र के एक भक्त ने यतीन्द्र को पुलिस के आगमन की सूचना दे दी। इस पर महात्मा यतीन्द्र ने अपना आश्रम रात ही में खाली कर दिया।

साधु यतीन्द्र, मनोरंजन और चित्तप्रिय तीनों अपने दो साथियों को लेने मालदीह ग्राम पहुँचे। वहाँ का कुल सामान नष्ट कर अब पाँचों साथी बालासोर रेलवे स्टेशन के लिए चल पड़े। 8 सितम्बर, 1915 को जब पुलिस ने मालदीह वाले घर की तलाशी ली, तो उसे वहाँ कुछ न मिला। मगर पुलिस को अब इस बात का पूरा यकीन हो गया था कि साधु या महात्मा यतीन्द्र के सिवा और कोई नहीं हो सकता और चेले उनके क्रांतिकारी साथी हैं। पुलिस ने अब सारे इलाके की ही नाकाबंदी कर ली। जगह-जगह स्टेशन की ओर जाने वाले मार्गों पर पुलिस खड़ी कर दी गई थी, जो हर आने-जाने वाले व्यक्ति से पूछताछ करती थी। पुलिस ने चारों तरफ जनता के बीच यह खबर फैला दी कि कुछ खतरनाक बंगाली डाकू बालासोर क्षेत्र में घुस आए हैं। जो कोई उन्हें पकड़वाने में पुलिस की मदद करेगा उसे अच्छा इनाम दिया जाएगा।

9 सितम्बर, 1915 के दिन, जब ये लोग बालासोर रेलवे-स्टेशन को जाना चाहते थे, कुछ ग्रामीण उनके पीछे लग गए। गाँव वाले जब पीछा करने से बाज़ नहीं आए, तब इन लोगों ने हवा में फायर किए। परन्तु ग्रामीण पीछे लगे ही रहे, क्योंकि उनकी दृष्टि में ये लोग डाकू थे और उन्हें पकड़ा कर वे इनाम प्राप्त करना चाहते थे। इस भाग-दौड़ में एक जगह पर, जब ग्रामीणों ने इन्हें पकड़ना चाहा, इन्होंने गोली चला दी, जिससे एक आदमी मर गया। यह देख कर उन्हीं ग्रामीणों में से कुछ लोगों ने भाग कर बालासोर की पुलिस को सूचना दे दी, जो पहले ही से तैयार थी। एक ग्रामीण के गोली से मर जाने से समस्या विषम हो गई।

पाँचों क्रांतिकारी धान के एक खेत में बैठकर आराम करने लगे, क्योंकि सब बुरी तरह थके हुए थे। इसी समय पुलिस ने आकर इन्हें घेर लिया। दोनों तरफ से लगभग 20 मिनट तक गोलीबारी हुई। दोनों तरफ लोग हताहत हुए। चित्तप्रिय शहीद हो गए। यतीन्द्र सख्त घायल हो गए। ज्योतिष पाल को भी गोली लग चुकी

थी। क्रांतिकारियों की गोलियाँ समाप्त हो रही थीं। फलतः यतीन्द्र के संकेत पर लड़ाई बंद कर दी गई।

पुलिस ने अब सबको गिरफ्तार कर लिया। यतीन्द्र और पाल को कटक (उड़ीसा) के अस्पताल तथा चित्तप्रिय के शव को मुर्दाघर ले जाया गया। नीरेन्द्र और मनोरंजन को बालासोर की हवालात में बंद कर दिया गया। यतीन्द्रनाथ मुखर्जी दूसरे ही दिन अर्थात् 10 सितम्बर, 1915 को प्रातः 5 बजे चिर-निद्रा-लीन हो गए। कुछ दिनों के इलाज के बाद ज्योतिषचन्द्र पाल ठीक हो गए। तदुपरान्त नीरेन्द्र, ज्योतिषचन्द्र पाल और मनोरंजन पर बगावत का मुकदमा चला। नीरेन्द्र और मनोरंजन, इन दोनों मित्र-बन्धुओं को, 22 नवम्बर, 1915 को, प्रातः 6 बजे बालासोर की जेल में फाँसी पर लटका दिया गया। ज्योतिषचन्द्र पाल को 14 वर्ष की कालेपानी की सज़ा सुनाकर अण्डमान भेजा गया।

बाघा यतीन्द्रनाथ मुखर्जी के साथ क्रांति का एक युग समाप्त हो गया।

देश से बाहर शहीद होने वाले पाँच क्रांतिकारियों में से एक

रहमत अली

रहमत अली पंजाब के लुधियाना ज़िले के हलवासिया ग्राम के रहने वाले थे। सामान्य शिक्षा ग्रहण करके वे फौज में भर्ती हो गए। अपने उत्साह और समझदारी के कारण शीघ्र ही फौज में हवलदार हो गए। वे 'मलय-स्टेट-गाइड' में तैनात थे। मलय-स्टेट-गाइड की टुकड़ी भारत से बहुत दूर पूर्व में मलय (सिंगापुर) में तैनात थी।

प्रथम विश्वयुद्ध का समय था। अमेरिका स्थित ग़दर पार्टी में कार्यरत प्रवासी भारतीय क्रांतिकारी स्वतंत्रता आन्दोलन में जुटे हुए थे। अपने प्रचार के लिए यह पार्टी क्रांतिकारियों को हांगकांग, शंघाई, बर्मा, रंगून, स्याम आदि देशों में भेज रही थी। बर्मा भी अंग्रेज़ों के अधीन था। वहाँ भी भारतीय सैनिकों वाली अंग्रेज़ी सेना थी। अंग्रेज़ भारत पर भारतीय सैनिकों के बल पर ही राज कर रहे थे।

ग़दर पार्टी के प्रचारकों ने रहमत अली से सम्पर्क स्थापित किया। उन्हें अंग्रेज़ों से मुक्ति के लिए किए जा रहे प्रयासों की सूचना दी और उनसे इस कार्य में सहायता माँगी। उनसे कहा, 'अंग्रेज़ इस समय अपनी ही लड़ाई में फँसे हुए हैं। यही वक्त है, जब हम अपनी स्वतंत्रता पा सकते हैं। तुम इसके लिए अपने साथियों को तैयार करो।' रहमत अली की देशप्रेम की सुप्त भावना जाग उठी। उन्होंने वचन दिया कि वे हर कुर्बानी देने के लिए तैयार हैं। थोड़े दिनों में उन्होंने अन्य साथियों को भी तैयार कर लिया।

ग़दर पार्टी के सारे कार्य सुनियोजित ढंग से होते थे। फरवरी 1915 का महीना था। फरवरी की 21 तारीख को बर्मा, सिंगापुर सहित सारे भारत में क्रांति निश्चित की गई। क्रांति की सभी तैयारियाँ करीब-करीब पूरी हो गई थीं। सभी कुछ अनुकूल था। अनुकूलता में प्रतिकूलता थी तो ग़द्दारों की, जिससे भारत का बनता भाग्य बार-बार बिगड़ जाता था। क्रांतिकारियों के बलिदान व्यर्थ हो जाते थे। यदि फूल-सी उम्र में देश पर कुर्बान होने वाले थे, तो देशद्रोहियों, ग़द्दारों और स्वार्थियों की भी कभी कमी नहीं रही।

पंजाब का सैनिक कृपालसिंह क्रांतिकारियों की पार्टी में शामिल हो गया था। असल में वह पुलिस का जासूस था। पैसों के लिए उसने देशद्रोह स्वीकार किया था। उसने मालूम कर लिया कि 21 फरवरी, 1915 को क्रांति होगी। देश की सभी सेनाएँ क्रांति करेंगी, अंग्रेज़ों के आदेश को नहीं मानेंगी और विद्रोहियों का साथ देंगी। उसने यह सूचना पुलिस को दे दी। परिणामस्वरूप समस्त भारत में धर-पकड़, तलाशियाँ और गिरफ्तारियाँ हुईं। पार्टी ने क्रांति की तारीख 21 के स्थान पर 19 कर दी, लेकिन इस बदली हुई तारीख की सूचना इतनी जल्दी सम्भव नहीं थी। अंततः क्रांति विफल हुई। अनेक क्रांतिकारी गिरफ्तार हुए, कुछ भूमिगत हुए तो कुछ काबुल आदि की तरफ निकल गए।

रहमत अली के पास बदली हुई तारीख की कोई सूचना नहीं थी। वे तो 21 तारीख की राह देख रहे थे। 21 फरवरी 1915 के दिन मलय स्थित सेना की उस टुकड़ी ने बगावत कर दी, जिसके नायक रहमत अली हवलदार थे। इसी समय पांचवीं नेटिव साइट इन्फैण्टरी ने भी बगावत कर दी। सेना के इन दोनों विभागों द्वारा विद्रोह

कर देने से वातावरण गम्भीर हो गया। दूसरी टुकड़ी से बागियों पर गोली चलाने को कहा गया, उन्होंने साफ मना कर दिया। इस अनुशासनहीनता का परिणाम कठोर दण्ड है, यह उन्हें मालूम था।

रहमत अली और उनकी टुकड़ी ने न तो अधिकारियों के आदेश का पालन किया और न ही हथियार डाले। परिणामस्वरूप इन पर आज्ञा उल्लंघन के साथ दूसरे सैनिकों को भड़काने का अपराध घोषित हुआ। पांच सैनिकों—रहमत अली, अब्दुल गनी, सूबेदार दूदू खाँ, चिश्ती खाँ और हाकिम अली का कोर्ट मार्शल किया गया।

23 मार्च, 1915 को सिंगापुर छावनी के सभी फौजियों को मार्च करते हुए परेड मैदान में पहुँचाया गया। उद्देश्य था—बागी सैनिकों के मृत्युदंड को दिखाकर सैनिकों में दहशत उत्पन्न करना।

'मलय स्टेट गाइड्स' के पाँचों अभियुक्तों को एक दीवार के सामने ले जाकर खड़ा कर दिया गया। उन लोगों के हाथ पीठ की तरफ बँधे हुए थे और पाँचों को एकसाथ एक बल्ली के सहारे भी बाँध दिया गया। उनकी पीठ के पीछे निशानेबाज़ को खड़ा कर दिया गया।

वे पाँचों चिल्लाकर बोले, 'हम देशभक्त हैं। गोलियाँ छातियों पर झेलना चाहते हैं, पीठ पर नहीं।' फौज के अधिकारियों ने उनकी बात मान ली और उनके मुँह निशानेबाज़ों की ओर कर दिए। निशानेबाज़ों की गोलियों से शहीद होने वालों में रहमत अली भी एक थे।

बहादुर रहमत अली अपने वतन से बहुत दूर सिंगापुर में 23, मार्च 1915 के दिन अपने साथियों के साथ वतन के लिए कुर्बान हो गए थे। एक कवि ने उन्हें श्रद्धांजलि देते हुए कहा है :

तुमने लिख दिया शहीदों में अपना नाम।
तुम पांचों को है मेरा बार-बार सलाम !

दक्षिण भारत का आदि विद्रोही

अल्लुरी सीताराम राजू

दक्षिण भारत में जो अनेक विद्रोही-संगठन सक्रिय थे, उनमें एक रम्पा नामक विद्रोही-संगठन भी था। इसके मूल में सरकारी अधिकारियों द्वारा मलाबार में रहने वाले कोण्डाडोरा जाति के भोले-भाले लोगों पर हो रहे अन्याय और आर्थिक शोषण ही थे। इस विद्रोह का सशक्त नेतृत्व करने वाले अल्लुरी श्रीराम राजू थे जो सीताराम राजू नाम से प्रसिद्ध हुए।

रम्पा विद्रोह ने आन्ध्र प्रदेश के युवकों को जागृत करने का महत्त्वपूर्ण काम किया था।

सीताराम राजू का जन्म विशाखापट्टनम ज़िले के पण्डरंगी नामक गाँव में उनके ननिहाल में 4 जुलाई, 1817 को हुआ। उनकी माता का नाम सूर्यनारायणाम्मा और पिता का नाम श्री वेंकटराम राजू था। बचपन में ही उनके पिताजी की मृत्यु हो गई थी, जिससे योग्य शिक्षा से उनको वंचित रहना पड़ा।

सीताराम राजू अपने परिवार के साथ टुनी रहने आ गए थे। यहीं से वे दो बार तीर्थयात्रा के लिए प्रस्थान कर चुके थे। पहली तीर्थयात्रा के समय वे हिमालय की ओर गए। वहाँ उनकी मुलाकात महान क्रांतिकारी पृथ्वीसिंह आज़ाद से हुई। इसी मुलाकात के दौरान इनको चटगाँव के एक क्रांतिकारी संगठन का पता चला, जो गुप्त रूप से कार्यरत था। सन् 1919-1920 के दौरान साधु-संन्यासियों के बड़े-बड़े जत्थे लोगों में राष्ट्रीयता की भावना जगाने के लिए व संघर्ष के लिए पूरे देश में भ्रमण कर रहे थे। इसी अवसर का लाभ उठाते हुए सीताराम राजू ने मुम्बई, बडोदरा, बनारस, ऋषिकेश, बद्रीनाथ, असम, बंगाल व नेपाल तक की यात्रा की। इस दौरान इन्होंने घुड़सवारी, तीरंदाज़ी, योग, ज्योतिष व प्राचीन शास्त्रों का अभ्यास किया। वे काली के उपासक भी बने।

तीर्थयात्रा से वापस आने के बाद उन्होंने कृष्णदेवीपेट में आश्रम बनाकर ध्यान धारणा व साधना करते हुए संन्यासी जीवन जीने का निश्चय किया। दूसरी बार इनकी तीर्थयात्रा का प्रयाण नासिक की ओर था, जो इन्होंने पैदल की।

यह वह समय था, जब पूरे देश में असहयोग आन्दोलन चल रहा था। आन्ध्र प्रदेश में भी यह आन्दोलन अपनी चरम सीमा तक पहुँच गया था। इसी आन्दोलन को गति देने के लिए सीताराम राजू ने पंचायतों की स्थापना की और स्थानीय विवादों को आपस में सुलझाने की शुरुआत की। सीताराम राजू ने लोगों के मन से ब्रिटिश शासन के डर को निकाल फेंका और उन्हें असहयोग आन्दोलन के लिए तैयार किया।

बाद में सीताराम राजू ने गांधी विचारों का त्याग कर सैन्य-संगठन की स्थापना की और सम्पूर्ण रम्पा क्षेत्र को क्रांतिकारी आन्दोलन का केन्द्र बना लिया। मलाबार का पर्वतीय क्षेत्र छापामारी युद्ध के लिए अनुकूल था। इसके अलावा क्षेत्रीय लोंगों का सहयोग भी मिल रहा था। आन्दोलन के लिए प्राण तक न्यौछावर करने वाले लोग उनके साथ थे। इसीलिए आन्दोलन को गति देने के लिए गुदेम में गाम मल्लू डोरे और गाम गौतम डोरे बंधुओं को लेफ्टिनेंट बनाया।

आन्दोलन को और तेज़ करने के लिए आवश्यकता थी आधुनिक शस्त्रास्त्रों को प्राप्त करने की। आधुनिक शस्त्रों से सुसज्जित ब्रिटिश सैनिकों के सामने धनुष-बाण

लेकर ज्यादा देर तक टिक पाना सम्भव नहीं था। यह सीताराम राजू बखूबी जानते थे, इसलिए इन्होंने डाका डालना शुरू किया। इससे मिलने वाले धन से शस्त्रास्त्रों की खरीद कर उससे पुलिस स्टेशनों पर हमला करना शुरू किया जिससे उनको और भी शस्त्रास्त्र प्राप्त होते रहे।

22 अगस्त, 1922 को उन्होंने पहला हमला चिंतापल्ली में किया। अपने 300 सैनिकों के साथ शस्त्रों को लूटा। उसके बाद कृष्णादेवीपेट के पुलिस स्टेशन पर हमला किया। अगले दिन राजावोनंगी के पुलिस स्टेशन पर हमला कर वीरय्या डोरा को छुड़वाया। इस तरह पुलिस स्टेशनों को लूटने का सिलसिला जारी रखा।

अल्लूरी राजू की बढ़ती गतिविधियों से अंग्रेज़ सरकार सतर्क हो गई थी। अब वे जान चुके थे कि अल्लुरी राजू कोई सामान्य डाकू नहीं हैं। वे संगठित सैन्य शक्ति के बल पर अंग्रेज़ों को अपने प्रदेश से बाहर निकाल फेंकना चाहते हैं। अल्लुरी राजू को पकड़वाने के लिए सरकार ने स्कॉट और आर्थर नाम के दो अधिकारियों को भेजा। राजू ने ओजेरी गाँव के पास अपने 80 अनुयायियों के साथ मिलकर दोनों अंग्रेज़ अधिकारियों को मार गिराया। इस मुठभेड़ में उन्हें ब्रिटिशों के अनेक आधुनिक शस्त्रास्त्र हाथ लगे।

इस विजय से उत्साहित होकर सीताराम राजू ने अंग्रेज़ों को आन्ध्र प्रदेश छोड़ने की धमकी वाले इश्तहार पूरे क्षेत्र में लगवाए। इससे अंग्रेज़ सरकार काँप उठी। उसने राजू को पकड़वाने वाले के लिए दस हज़ार रुपये का इनाम रखा। उनकी गतिविधियों पर अंकुश लगाने के लिए लाखों रुपये खर्च किए गए। 'मार्शल लॉ' लागू न होते हुए भी उसी तरह सैनिक बंदोबस्त किया गया। फिर भी राजू अपने बलबूते पर सरकार की इस कार्यवाही का प्रत्युत्तर दे रहे थे। लोगों में फूट डालने का काम सरकार कर रही थी, लेकिन अनेक लोगों का राजू की सेना में भर्ती होने का सिलसिला बढ़ता जा रहा था।

राजू के हमले जारी थे। उन्होंने छोडावरम, रामावरम आदि ठिकानों पर हमले किए। उनके जासूसों का गिरोह सक्षम था, जिससे सरकारी योजना का पता पहले ही लग जाता था। उनकी चतुराई का पता इस बात से लग जाता है कि जब पृथ्वीसिंह आज़ाद राजमहेंद्री की जेल में कैदी थे, तब राजू ने घोषणा की कि जेल पर हमला कर क्रांतिकारी पृथ्वीसिंह को जेल से फलां-फलां दिन छुड़ा लिया जाएगा। राजू की ताकत व संकल्प से अंग्रेज़ सरकार परिचित थी। वह पहले से ही दहशत में थी। इसीलिए उसने आसपास की जेलों से पुलिस बल मंगवाकर राजमहेंद्री जेल की सुरक्षा के लिए तैनात करवा दी। इधर राजू ने अपने सैनिकों को अलग-अलग जेलों पर एकसाथ हमला करने की आज्ञा दे दी। इससे फायदा यह हुआ कि उनके भंडार

में शस्त्रास्त्रों की और भी वृद्धि हो गई। राजू के इन बढ़ते कदमों को रोकने के लिए सरकार ने 'असम रायफल्स' नाम से सेना ही तैयार कर ली। जनवरी से लेकर अप्रैल तक यह सेना ऊबड़-खाबड़ पहाड़ों व बीहड़-जंगलों में अल्लुरी राजू को खोजती रही।

आखिर मई 1924 में अंग्रेज़ सरकार को सफलता हाथ लगी। उस दिन किरब्बू में दोनों सेनाओं के बीच घमासान युद्ध हुआ। अल्लुरी सीताराम राजू विद्रोही संगठन के नेता थे और 'असम रायफल्स' का नेतृत्व उपेंद्र पटनायक कर रहे थे। दोनों ओर की सेना के अनेक सैनिक मारे जा चुके थे। अगले दिन 7 मई को पुलिस रिकॉर्ड के अनुसार सीताराम राजू को पकड़ लिया गया। उस समय सीताराम राजू की सैनिकों की संख्या कम थी। फिर भी गोर्ती नामक एक सैन्याधिकारी ने राजू को पेड़ से बाँधकर उन पर गोलियाँ बरसाईं।

अल्लुरी सीताराम राजू के बलिदान के बाद भी अंग्रेज़ सरकार को विद्रोही अभियानों से मुक्ति नहीं मिली। डोरे बन्धुओं ने मरते दम तक इस लड़ाई को चालू रखा। गौतम डोरे की मृत्यु पुलिस की गोलियों से हुई। मल्लू डोरे को बंदी बनाया गया और उन पर मुकदमा चलाया गया। 19 जून, 1924 को उनको फाँसी दे दी गई।

इस प्रकार अल्लुरी सीताराम राजू का शुरू किया हुआ आंदोलन उनके बाद भी दो वर्षों तक अनवरत चलता रहा।

मैनपुरी षड्यंत्र केस के अगुआ

गेंदालाल दीक्षित

गेंदालाल दीक्षित का जन्म 30 नवम्बर, 1880 को आगरा ज़िले की बाह तहसील के 'मडी' ग्राम में हुआ था। उनके पिता का नाम भोलानाथ दीक्षित था और माता का नाम विचित्र देवी था। जिस मडी ग्राम में गेंदालाल का जन्म हुआ, यह यमुना और चम्बल नदियों के बीहड़ों में आबाद है। इस इलाके के लोग बड़े परिश्रमी होते हैं।

गेंदालाल दीक्षित की माता का स्वर्गवास उनकी तीन वर्ष की उम्र में ही हो गया था। माताजी के स्वर्गवास के बाद उनकी ताई जानकीदेवी ने उनका लालन-पालन किया। वे अपनी इस ताई को ही अपनी माता मानते थे। गेंदालाल दीक्षित ने हाई स्कूल तक ही शिक्षा पाई थी। उन्होंने हिन्दी मिडिल की परीक्षा इटावा से, और हाईस्कूल की परीक्षा मैनपुरी से पास की। इसके बाद वे औरैया (इटावा) के डी. ए. वी. स्कूल में शिक्षक हो गए।

गेंदालाल दीक्षित के जीवन पर लोकमान्य बालगंगाधर तिलक के व्याख्यानों का बड़ा प्रभाव पड़ा। स्वभाव से ही वे उग्र विचारवादी थे। वे छत्रपति शिवाजी को ही अपना आदर्श गुरु और पथ-प्रदर्शक मानते थे। इसी कारण उन्होंने 'शिवाजी समिति' की स्थापना की। 1905 में लार्ड कर्ज़न द्वारा बंगाल-विभाजन के कारण, बंगाल के नौजवानों ने जो क्रांतिकारी आन्दोलन चला रखा था, उसका प्रभाव भी गेंदालाल जी पर पड़ा। वे भारतमाता को बंधनमुक्त कराने के लिए बेचैन हो उठे। उन्होंने क्रांति का मार्ग अपना लिया। उनके लिए यही मुक्ति का मार्ग था।

आगे चल कर दीक्षित जी ने अपनी संस्था 'शिवाजी समिति' का नाम बदल कर 'मातृवेदी' कर दिया। उन्होंने पढ़े-लिखे और समझदार नौजवानों को 'मातृवेदी' का सदस्य बनाया। वे नौजवानों में देशप्रेम की और देश के लिए बलिदान होने की भावना भरना चाहते थे। रामप्रसाद बिस्मिल जैसे उच्चकोटि के क्रांतिकारी इस संस्था के सदस्य थे।

गेंदालाल दीक्षित का विवाह छोटी उम्र में ही हो गया था। वे हाईस्कूल पास कर शिक्षक भी हो गए थे। परन्तु दीक्षित जी का मन गृहस्थी में न लगा। देश की गुलामी को वह एक बड़ा कलंक समझते थे। मातृभूमि की स्वतंत्रता के लिए गृहस्थ जीवन का सुख, स्त्री और नौकरी सब कुछ छोड़ सकते थे और 'मातृवेदी' पर अपना शीश चढ़ा सकते थे।

गेंदालाल दीक्षित, शिवाजी और वासुदेव बलवंत फड़के की भाँति अंग्रेज़ों से गुरिल्ला युद्ध करने की तैयारी कर रहे थे। वे बंगाल भी गए। कुछ क्रांतिकारी बंगालियों से उन्होंने सम्पर्क भी किया। मगर उन्हें अधिक सफलता न मिली। उन्होंने कुछ हथियार इकट्ठे किए, मगर इसके लिए धन की आवश्यकता थी। क्रांतिकारियों के पास धन तो होता नहीं। और धन के बिना युद्ध-सामग्री नहीं मिल सकती, फलतः मजबूरन उन्हें भी धन के लिए वही रास्ता अपनाना पड़ा, जो अन्य क्रांतिकारी दलों को अपनाना पड़ा था। यह रास्ता था अमीरों के पास से ज़बरन धन छीनने का।

दीक्षित जी जिस क्षेत्र में रहते थे, उसमें डाकुओं की कोई कमी नहीं थी। डाकुओं के पास हथियार भी थे। वे साहसी भी थे। दीक्षित जी ने उन्हीं को साथी बनाकर

अपना काम निकालना चाहा। दीक्षित जी का सम्पर्क किसी प्रकार ग्वालियर के मशहूर डाकू ब्रह्मचारी लक्ष्मणानन्द से हो गया। इस डाकू से दीक्षित जी को बड़ी मदद मिली। उसके द्वारा अपने दल के लिए उन्होंने धन और हथियार इकट्ठे किए। दीक्षित जी का क्रांतिकारी दल भी मज़बूत बन गया। अब उनके दल में औरेया के प्रसिद्ध क्रांतिकारी मुकुन्दीलाल गुप्त भी आ गए। ब्रह्मचारी के दल में डाकुओं की संख्या 80 तक हो गई थी।

अधिक धन-प्राप्ति के लिए ग्वालियर के एक बड़े महाजन के घर में डाका डालने का निश्चय किया गया। एक जंगल में पड़ाव डाला गया। सभी डाकू दिन-भर की मंज़िल के पश्चात् थक गए थे। सबको भूख भी लगी हुई थी। हिन्दूसिंह नाम का एक डाकू साथ था। उसने कहा कि वह पड़ोस के गाँव से पूड़ियाँ बनवाकर ला सकता है। अतः वह पूड़ियाँ लेने चला गया। पूड़ियाँ तो वह लाया, मगर उनमें ज़हर मिला कर लाया और साथ ही पुलिस थाने में सूचना भी देता आया। फलतः थोड़ी ही देर में बड़ी संख्या में हथियारबन्द पुलिस ने आकर जंगल घेर लिया।

पूड़ियाँ खाकर अनेक डाकुओं की जीभ ऐंठने लगी। ब्रह्मचारी की जीभ भी जब ऐंठने लगी, तब उन्हें पूड़ियों में ज़हर मिले होने का सन्देह हुआ। हिन्दूसिंह इसी समय, पानी लाने के बहाने, वहाँ से खिसक जाना चाहता था। वह ज्यों ही वहाँ से जाने लगा, वैसे ही ब्रह्मचारी ने अपनी बन्दूक से उसे वहीं ढेर कर दिया। परन्तु इस बन्दूक की आवाज़ से पुलिस चौकन्नी हो गई। पुलिस ने भी गोलियाँ चलाना आरम्भ कर दिया। अब दोनों तरफ से जम कर लड़ाई हुई। परिणामस्वरूप बहुत से पुलिसवाले मारे गए एवं ज़ख्मी भी हो गए।

ब्रह्मचारी के दल के 35 डाकू अचानक मुठभेड़ में जान से मारे गए। बहुत से घायल भी हो गए। कुछ ज़हर-मिली पूड़ियाँ खाकर बेहोश हो गए। दीक्षित, ब्रह्मचारी और जीवित बचे डाकुओं को पुलिस ने गिरफ्तार कर लिया और उन्हें पकड़ कर ग्वालियर ले गई। हिन्दूसिंह पुलिस का जासूस था और किसी प्रकार डाकू दल में शामिल हो गया था।

इधर दीक्षित जी के दल के साथी अपना कार्य कर रहे थे। रामप्रसाद 'बिस्मिल' और मुकुन्दीलाल गुप्त ने दल का अच्छा विस्तार किया। दीक्षित जी को ग्वालियर के किले से छुड़ाने की योजना बनी, परन्तु वह असफल हो गई। इस दल में भी मैनपुरी का सोमदेव पुलिस का जासूस था। उसकी मुखबिरी के कारण बहुत-से लोग गिरफ्तार कर लिए गए। उन सब पर 'मैनपुरी षड्यंत्र केस' चलाया गया। सोमदेव ने दल का नेता गेंदालाल दीक्षित को बताया, जो इस समय ग्वालियर के किले में बन्द थे। उन्हें वहाँ बहुत कष्ट दिया गया था। वे बीमार भी थे। उन्हें बीमारी की अवस्था में ही मैनपुरी जेल लाया गया।

मैनपुरी जेल में आकर दीक्षित जी ने मुखबिर हो जाने का स्वाँग रचा। अतः उन्हें अब एक दूसरे मुखबिर रामनारायण के साथ रख दिया गया। दीक्षित जी ने इस मुखबिर को जेल से भाग निकलने के लिए राज़ी कर लिया। वे एक रात को पहरेदारों की आँख बचा कर जेल की दीवार लाँघ कर निकल भागे और भाग कर कोटा जा पहुँचे।

एक रात दीक्षित जी किसी सम्बन्धी के घर में ठहरे हुए थे। खर्च के लिए उन्होंने अपने भाई से कुछ रुपये भी मँगा लिये थे। इसी बीच रामनारायण के दिमाग ने कुछ ऐसा पलटा खाया कि वह दीक्षित जी को सोता छोड़कर उनके रुपये लेकर भाग गया। जिस कोठरी में वह सोए थे, उसे बाहर से वह बंद भी करता गया। वे 24 घण्टे तक उस कोठरी में भूखे-प्यासे बंद रहे। किसी ने जब उस कोठरी का दरवाज़ा खोला, तो वे बाहर निकले। वे बीमार थे। उनके पास पैसा भी नहीं था। केवल साहस था; स्वदेश का प्यार था। उसी ने उन्हें मडी ग्राम में स्थित अपने घर तक पहुँचा दिया।

परन्तु अब उनका घर अपना घर नहीं था। पुलिस उस घर की छानबीन करती रहती थी। पत्नी अपने बीमार पति की सेवा करना चाहती थी, किन्तु परिस्थितिवश यह सम्भव नहीं हो पाया। एक दिन दीक्षित जी के पिता ने कठोरता के साथ कह दिया—''देख गेंदा, तेरे कारण सारे घर को पुलिस परेशान कर रही है। तेरा इस घर में ठहरना खतरे से खाली नहीं है। तू इस घर को छोड़कर जहाँ तेरा जी चाहे, वहाँ चला जा। मैं तेरे कारण सारे घर को बर्बाद नहीं कर सकता। अगर घर छोड़ कर जाने में तूने आनाकानी की, तो मैं पुलिस को बुलाकर तुझे पकड़वा भी सकता हूँ।''

रात होते ही उद्भट क्रांतिकारी गेंदालाल दीक्षित ने निर्मम भाव से अपना घर और अपनी पत्नी को हमेशा के लिए छोड़ दिया और छोड़ा ऐसी अवस्था में जब वे बीमार थे। दीक्षित जी रेंगते-रेंगते, भूखे-प्यासे कई दिनों की पैदल यात्रा करते हुए, पुलिस की निगाहों से बचते हुए, दिल्ली तक अपने को धकेल कर ले गए। जीविका के लिए यहाँ उन्होंने एक मन्दिर के प्याऊ पर पानी पिलाने का काम कर लिया। दीक्षित जी का शरीर इस समय बीमारी से अत्यन्त अशक्त हो गया। फिर भी जीविका के लिए उन्हें मज़दूरी करनी ही पड़ी।

इधर-उधर की दवाई से दीक्षित जी को कोई लाभ न हुआ और उन्हें क्षय-रोग यानी तपेदिक की बीमारी हो गई। किसी के ज़रिये उन्होंने अपने घर पर खबर भिजवाई, तो उनका एक मित्र-भाई उनकी पत्नी को लेकर दिल्ली पहुँचा। दीक्षित जी की हालत बहुत गम्भीर देखकर उसने दीक्षित जी का नाम बदल कर उन्हें इर्विन अस्पताल में दाखिल कर दिया। पत्नी के अधिक रोने-धोने से कहीं दीक्षित जी का भेद न खुल

जाए, वे दीक्षित जी की पत्नी अर्थात् अपनी भाभी को एक धर्मशाला में ठहराने के लिए ले गए। इन महाशय का नाम शिवदयाल दीक्षित था। वे धर्मशाला से लौटकर जब आए तो उन्होंने दीक्षित जी को मृत पाया। 'मातृवेदी' का पुजारी बलिवेदी पर अपना शीश चढ़ा चुका था। इस प्रकार 21 दिसम्बर, 1920 को दीक्षित जी ने इर्विन अस्पताल में सम्पूर्ण उत्सर्ग का उत्कृष्ट प्रमाण प्रस्तुत कर दिया।

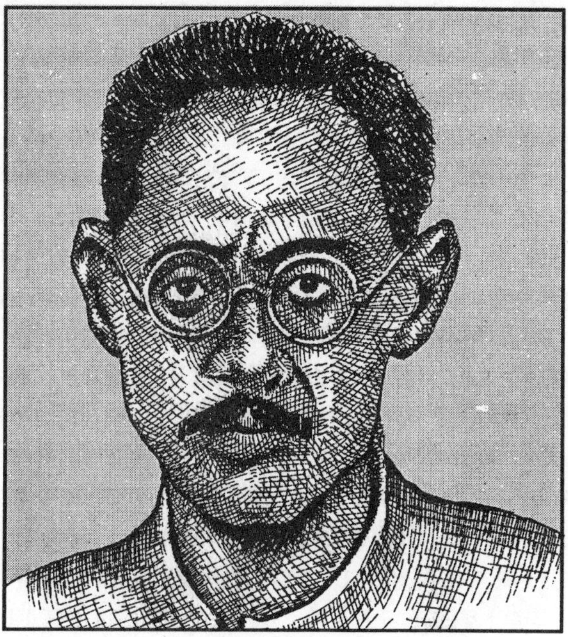

हिंसा-अहिंसा के प्रश्न से परे हिंदी की राष्ट्रीय पत्रकारिता के जनक

गणेशशंकर विद्यार्थी

गणेशशंकर विद्यार्थी का जन्म 26 अक्टूबर, 1890 को इलाहाबाद के अतरसुइया मुहल्ले में ननिहाल में हुआ था। पिता श्री जयनारायण ग्वालियर रियासत में शिक्षक थे। अतः विद्यार्थीजी की प्रारम्भिक शिक्षा मुंगावली व विदिशा में हुई। मिडिल पास कर कुछ काम करने के लिए चाचा शिवव्रत नारायण के पास कानपुर चले आए। किन्तु चाचा की प्रेरणा से, पढ़ाई रोकने का इरादा छोड़कर वे पुनः विदिशा लौटे और

प्राइवेट तौर पर 1907 में मैट्रिक की परीक्षा उत्तीर्ण की। इसके पश्चात् आगे की शिक्षा के लिए इलाहाबाद जाकर कायस्थ पाठशाला में प्रवेश लिया।

विदिशा के विद्यार्थी जीवन में ही उन्होंने 'हमारी आत्मोत्सर्गता' नामक पुस्तक लिखी थी। इलाहाबाद आकर पंडित सुंदरलाल के सम्पर्क में आपकी साहित्यिक प्रतिभा को प्रेरणा व परिष्कार मिला। 4 जून, 1909 को चंद्रप्रकाशवती से आपका विवाह हो गया। विवाह पूर्व 1908 में ही उन्होंने कानपुर के करेंसी ऑफिस में नौकरी कर ली थी। 1910 तक आप वहीं रहे। फिर एक स्कूल में अध्यापकी करने लगे। वह भी छोड़कर फिर हिन्दुस्तान इंश्योरेंस कम्पनी में काम करने लगे। होम्योपैथी डॉक्टर के रूप में आपने समाजसेवा भी की। इन सबके साथ उन्होंने अपनी साहित्यिक अभिरुचि को भी जीवित रखा। 'सरस्वती', 'कर्मयोगी', 'स्वराज्य', 'हितवार्ता' आदि पत्र-पत्रिकाओं में उनकी रचनाएँ नियमित छपती थीं। इसी अभिरुचि के चलते वे तत्कालीन प्रसिद्ध पत्रिका 'सरस्वती' में आचार्य महावीरप्रसाद द्विवेदी के सहायक के रूप में काम करने लगे। शेखसादी की कहानियों का 'शेखचिल्ली की कहानियाँ' नाम से अनुवाद किया। बाद में वे इलाहाबाद से निकलने वाले 'अभ्युदय' नामक पत्र से जुड़ गए। फिर कानपुर लौटकर 'प्रताप' अखबार की शुरुआत की। 'प्रताप' के प्रकाशन में उन्होंने कानपुर के कवियों, लेखकों, पत्रकारों को जोड़ लिया। 'प्रताप' उनकी निर्भीक अभिव्यक्ति का माध्यम बना। अंग्रेज़ों के खिलाफ यह पत्र आग उगलता था और देशभक्ति की भावना को बलवती बनाता था। परिणामस्वरूप 'प्रताप' पर अनवरत छापे पड़ते रहे, ज़मानतें ज़ब्त होती रहीं। विद्यार्थीजी को अपने जीवन में पाँच बार जेलयात्रा करनी पड़ी।

पत्रकार व साहित्यकार के नाते उनका परिवार बालकृष्ण शर्मा 'नवीन', मैथिलीशरण गुप्त व माखनलाल चतुर्वेदी आदि कवियों व पत्रकारों से मिलकर बना था। राजनीति में वे होमरूल लीग कांग्रेस से सम्बद्ध थे। वे कानपुर के मज़दूरों को संगठित करने में लगे रहे। फतेहपुर ज़िला कांग्रेस के सभापति के रूप में दिए गए उत्तेजक भाषण का परिणाम जेलयात्रा हुआ। 1925 के कानपुर के अखिल भारतीय कांग्रेस के चालीसवें अधिवेशन की स्वागत-समिति के आप प्रधान थे। 1927 में कानपुर मज़दूर सभा के अध्यक्ष चुने गए और आजीवन उस पद पर कार्य किया। गोरखपुर में आयोजित हिन्दी साहित्य सम्मेलन के 19वें अधिवेशन के आप अध्यक्ष थे। इस प्रकार उन्होंने अनेक राजनीतिक व साहित्यिक संस्थाओं के पद पर रहकर उन संस्थाओं को स्फूर्ति देने का कार्य किया।

विद्यार्थी जी शुरू में लोकमान्य तिलक के विचारों से प्रेरित थे। बाद में गांधी जी को अपना नेता माना व कांग्रेस के प्रति आस्थावान रहे। वे सभी क्रांतिकारी

गतिविधियों को सक्रिय सहयोग दिया करते थे। भगतसिंह को 'प्रताप' में पत्रकारिता की ट्रेनिंग दी, 'बिस्मिल' की आत्मकथा गोरखपुर जेल से चुपचाप निकलवाकर प्रताप प्रेस में छापी, अशफ़ाक़उल्ला खां को आर्थिक मदद दी, काकोरी कांड के क्रांतिकारियों को तन-मन-धन से पूर्ण सहायता दी।

विद्यार्थीजी का व्यक्तित्व बहुआयामी था। अध्यापन, पत्रकारिता, स्वतंत्र लेखन, अनुवाद, संस्था-स्थापना आदि विविध कार्यक्षेत्रों में कार्य करते हुए इनके माध्यम से उन्होंने स्वतंत्रता आन्दोलन को आजीवन सार्थक सहयोग दिया। यातनाएँ झेलीं। वे मुख्यतः तपस्वी पत्रकार थे। अंग्रेज़ों से टक्कर लेते हुए उत्कृष्ट पत्रकारिता करने में जो कष्ट उन्होंने झेले होंगे, वे आज अकल्पनीय हैं। ग्रामों की दशा सुधारने, हिन्दी के उत्थान के साथ, आज़ादी पाने के लिए उनके प्रयास महत्त्वपूर्ण हैं।

साहित्यकार के रूप में इस बहुभाषाविद का योगदान अभी आँका जाना शेष है। उनका सम्पूर्ण साहित्य आज उपलब्ध नहीं है। निबन्ध-संग्रह प्रकाशित हुआ, जो निबन्ध-लेखन का आदर्श है।

भारत की आज़ादी ही नहीं, आज़ाद भारत के बाद का उन्नत व समृद्ध राष्ट्र उनका स्वप्न था। इस स्वप्न को पूरा करने के लिए ही उन्होंने प्राथमिक शिक्षा के व्यापक प्रसार व नैतिक शिक्षा पर बल दिया था। ग्राम-सुधार भी इसी स्वप्न की पूर्ति का लक्ष्य था। इतना ही नहीं, महिलाओं का उत्थान, भिक्षावृत्ति व वेश्यावृत्ति का उन्मूलन, स्वस्थ नागरिकता व राष्ट्रीय भावना का विकास, सामाजिक कुरीतियों और अंधविश्वासों पर प्रहार तथा सभी क्षेत्रों में व्याप्त विसंगतियों को दूर करने के लिए उनके भगीरथ प्रयत्न इसी स्वप्न की पूर्ति के साधन थे।

अन्त में, बहुत कम उम्र में साम्प्रदायिक सद्भाव के लिए गणेशशंकर विद्यार्थी शहीद हो गए। भगतसिंह और उनके साथी क्रांतिकारियों की शहादत के ठीक बाद कानपुर में अचानक हिन्दू-मुस्लिम दंगा उभरा। इसके पीछे तत्कालीन सरकार का हाथ था। इस दंगे से उनका मन आहत था। वे जगह-जगह अपील कर रहे थे, दंगाइयों को समझा रहे थे, पर धर्म के उन्माद में कोई भी कुछ समझने को तैयार नहीं था। 25 मार्च, 1931 को वे एक मुस्लिम परिवार को बचाने में लगे हुए थे। उनकी कोशिश सफल भी रही, परन्तु साम्प्रदायिक तत्त्वों ने उनकी निर्मम हत्या कर दी। कुछ लोगों ने उन्हें भाग जाने की सलाह दी, पर वे भागकर जान बचाना नहीं चाहते थे। भगदड़ को शान्त करना चाहते थे। लोगों को समझाना चाहते थे, पर स्वयं पाशविकता की आंधी के शिकार हो गए। साम्प्रदायिक सद्भाव को बनाए रखने की कोशिश में साम्प्रदायिकता के शिकार हो गए।

महात्मा गांधी ने उनकी मृत्यु पर कहा था, 'व्यर्थ नहीं जाएगा बलिदान, विद्यार्थी

का खून। वह हिन्दू-मुस्लिम एकता के लिए सीमेंट का कार्य करेगा।'

कराची के कांग्रेस अधिवेशन में उन्हें श्रद्धांजलि दी गई। उनके स्मारक बनाने का संकल्प लिया गया। पं. नेहरू ने उनके कार्यों की प्रशंसा करते हुए कहा, 'यदि विद्यार्थीजी थोड़े दिनों तक और जीवित रहते तो आज भारत की दूसरी ही तस्वीर दिखलाई पड़ती।'

स्वतंत्रता संग्राम के इस सेनानी के बलिदान से यदि हमने सबक लिया होता तो स्वतंत्र भारत दंगों से मुक्त होता।

अद्भुत संगठनकर्ता क्रांतिकारी

शचीन्द्रनाथ सान्याल

शचीन्द्रनाथ सान्याल की पुस्तक 'बंदी जीवन' क्रांतिकारियों के इतिहास का एक दस्तावेज़ है। इस पुस्तक में उन्होंने 1915 के भारतीय विद्रोह के विषय में जानकारी दी है। यह पुस्तक शचीन्द्रनाथ सान्याल की आत्मकथा भी है।

1857 के पश्चात् दूसरा स्वतंत्रता संग्राम 1915 में हुआ था। महान क्रांतिकारी रासबिहारी बोस इसके अगुआ थे। इनमें तत्कालीन बंगाल, संयुक्त प्रान्त, पंजाब और

सीमान्त प्रदेश सम्मिलित हुए थे। अर्थात् बंगाल से पेशावर तक इस विद्रोह की लपटें फैली हुई थीं। विभिन्न सैनिक छावनियों में जाकर क्रांतिकारियों ने सैनिकों को विद्रोह के लिए तैयार किया। शचीन्द्रनाथ सान्याल रासबिहारी बोस के दाहिने हाथ थे। रासबिहारी बोस ने जब शचीन्द्रनाथ सान्याल को पंजाब की स्थिति देखने भेजा था, तब उनकी उम्र केवल बाईस वर्ष की थी। इस उम्र में उन्होंने अनुभवी दृष्टि से पंजाब की स्थिति के दर्शन कर क्रांतिकारियों को उचित निर्देश दिए थे।

पुलिस जब अत्यन्त सजगता से रासबिहारी बोस को खोज रही थी, उस समय वे काशी में शचीन्द्रनाथ के यहाँ रह रहे थे। उनके घर के चारों ओर पुलिस का सख्त पहरा था। घर से बाहर निकलते ही पुलिस छाया की तरह उनका पीछा करती थी।

सख्त पहरे में भी वे बंगाल से काशी, काशी से पंजाब के विभिन्न स्थानों पर बम, रिवाल्वर आदि शस्त्र पहुँचाते रहते थे। पुलिस को वे किस प्रकार चकमा देते थे, यह भी उन्होंने लिखा है। अनेक बार विस्फोटक सामग्री साथ में होते हुए भी पुलिस उन्हें पकड़ नहीं सकी।

1915 का नियोजित विद्रोह देशद्रोही कृपालसिंह की मुखबरी के कारण असफल हुआ। कृपालसिंह स्वतंत्रता संग्राम का एक बदनाम व्यक्तित्व है। उस समय राजा महेन्द्रप्रताप, डॉ. मथुरासिंह आदि अफगानिस्तान चले गए थे। रासू दा और पिंगले काशी में थे। आखिर में पिंगले पकड़े गए। रासू दा के निर्देश पर शचीन्द्रनाथ सान्याल प्रतापसिंह बारहठ के साथ दिल्ली आ गए। दिल्ली में उन्हें होम मेम्बर 'रेजिनेल्ड क्रैडक' को मारने का काम सौंपा गया था, पर उस समय क्रैडक दिल्ली के बाहर थे। शचीन्द्रनाथ निमोनिया से पीड़ित थे। क्रैडेक की हत्या की खबर फैलते ही सैनिक विद्रोह करना निश्चित हुआ था।

1908 के लगभग शचीन्द्रनाथ सान्याल ने काशी में अनुशीलन समिति की स्थापना की थी। यह बंगाल की अनुशीलन शाखा थी और इसका प्रारम्भिक रूप व्यायामशाला का था। बाद में जब बंगाल की अनुशीलन समिति अवैध घोषित कर दी गई तब उन्होंने अपनी संस्था का नाम 'यंगमैन्स एसोसिएशन' रखा। भगवतीचरण वोहरा और भगतसिंह ने भी अपनी संस्था को यही नाम दिया था।

बंग-विभाजन के परिणामस्वरूप क्रांति की आग बंगाल में फैल रही थी। उस समय शचीन्द्रनाथ ने भी अपने शहर काशी में संगठन खड़ा किया और रासबिहारी बोस के सम्पर्क में आ गए। उनमें असाधारण कर्मठता, सरलता व मधुरता थी। साथ ही विद्रोह की भावना भी अत्यन्त तीव्र थी। रविसेन नामक क्रांतिकारी ने उन्हें 'बारूद से भरा अनार' कहा था। शचीन्द्रनाथ की चंचलता के कारण रासू दा उन्हें लट्टू कहते थे।

अनेक नेताओं का मत था कि क्रांतिकारियों को प्रथम विश्वयुद्ध का फायदा उठाना चाहिए। रासबिहारी बोस और शचीन्द्रनाथ सान्याल भी उसी मत के थे और इसीलिए वे सैनिक-विद्रोह की तैयारियों में लगे हुए थे। 1914 के नवम्बर माह की एक रात्रि में जब वे दोनों बम की परीक्षा कर रहे थे, बम फूट गया और दोनों घायल हो गए। क्रांतिकारियों को पग-पग पर मृत्यु के दर्शन होते थे। पर वे निर्भयता से आगे बढ़ते जाते थे। रासबिहारी बोस और शचीन्द्रनाथ की पार्टी का विस्तार राजस्थान तक हो चुका था। राजस्थान में क्रांति के बीज बोने का कार्य श्यामजी कृष्ण वर्मा ने किया। उस समय के राजपूताना के प्रसिद्ध क्रांतिकारियों में अग्रगण्य थे—अर्जुनलाल सेठी, बालमुकुंद राव, गोपालसिंह, केशरसिंह बारहठ, जोरावरसिंह बारहठ, प्रतापसिंह, छोटेलाल आदि। इनमें से शचीन्द्र व प्रतापसिंह ने आगे जाकर दिल्ली में क्रांतिकारी संगठन के विस्तार का कठिन कार्य किया।

शचीन्द्रनाथ का जन्म 1893 के लगभग बनारस में हुआ था। उनके पिता की मृत्यु 1908 में हुई। पिता की मृत्यु के समय वे पन्द्रह वर्ष के थे। शचीन्द्र, रवीन्द्र, जितेन्द्र व भूपेन्द्र चार भाई थे और चारों ही चाफेकर, सावरकर आदि बन्धुओं की तरह क्रांतिकारी थे।

बनारस षड्यंत्र के सन्दर्भ में शचीन्द्रनाथ को 26 जून, 1915 को गिरफ्तार किया गया। 14 फरवरी, 1916 को उन्हें कालेपानी की सज़ा हुई, जिसमें आजन्म कारावास और सारी सम्पत्ति की ज़ब्ती का आदेश हुआ। उन्हें बनारस की जेल से अण्डमान भेज दिया गया।

बनारस षड्यन्त्र में ही रवीन्द्रनाथ व जितेन्द्रनाथ की गिरफ्तारी हुई थी। रवीन्द्रनाथ को दो वर्षों की कैद की सज़ा हुई। शीघ्र ही उन्हें दुबारा पकड़ लिया गया। छूटने के बाद भी वे घर में नज़रकैद रहे। जितेन्द्रनाथ पर आरोप सिद्ध नहीं हो सका। उन्होंने बाद में चन्द्रशेखर आज़ाद व भगतसिंह के साथ काम किया। भूपेन्द्रनाथ की उम्र उस समय केवल आठ वर्ष की थी। उसे मिठाई का लालच देकर पुलिस भाई के विषय में पूछने के लिए ले आई थी, परन्तु भूपेन्द्रनाथ ने अत्यन्त निर्भीकता से एक ही उत्तर दिया कि आपको जो कुछ पूछना हो, मेरी माँ से पूछो। बाद में काकोरी केस में भी उनका नाम था।

शचीन्द्रनाथ सान्याल ने अण्डमान से अपने भाई को लिखे एक पत्र में यह विचार व्यक्त किए थे कि यदि जैसा कि ब्रिटिश सरकार कहती है भारत को राजनीतिक उन्नति का बड़ी मात्रा में अवसर दिया जाएगा—यदि यह सच है तो क्रांतिकारियों को अपने प्राणों की होली जलाकर बन्दूक के रास्ते जाने की ज़रूरत नहीं है। और यदि सरकार की यही सच्ची इच्छा है, तो उसे राजनीतिक बन्दियों को छोड़ देना चाहिए।

उनका यह पत्र उनके भाई ने बी. सी. चटर्जी को सौंप दिया। बी. सी. चटर्जी ने यह पत्र अपने श्वसुर सुरेन्द्रनाथ बनर्जी को सौंप दिया। उन्होंने इस पत्र के आधार पर असेम्बली में राजनीतिक कैदियों को छोड़ने की ज़ोरदार अपील की। बी. सी. चटर्जी स्वयं इस सन्दर्भ में मि. मांटेग्यू से मिले थे। चटर्जी जब मैनपुरी षड्यन्त्र के मुकदमे के आरोपियों के बचाव का पक्ष ले रहे थे, तभी सम्राट ने राजकीय कैदियों को छोड़ने की घोषणा भी की थी। सी. आई. डी. के डिप्टी इंस्पेक्टर जनरल सॉण्डर्स ने शचीन्द्रनाथ की माँ की ओर से माफीनामा प्रस्तुत करने को कहा। चटर्जी ने यह सूचना उनके मामा को दी। मामा ने माँ की ओर से माफीनामा लिखवाकर प्रस्तुत किया, सॉण्डर्स ने उस पर सिफारिशी हस्ताक्षर किए और शचीन्द्रनाथ छूट गए।

चार वर्ष अण्डमान में रहकर उन्होंने यह अनुभव कर लिया था कि कालेपानी में राजनीतिक कैदियों के साथ कैसा अमानवीय व्यवहार किया जाता था। वे इस सिलसिले में अन्य कैदियों को छुड़ाने के लिए महामना मदनमोहन मालवीय, पं. नेहरू आदि नेताओं से मिले। मालवीयजी को पत्र भी लिखा, लेकिन कोई परिणाम नहीं निकला।

कलकत्ता के कांग्रेस अधिवेशन (सितम्बर, 1920) में भी यह प्रश्न उठाया गया, परन्तु सभी का ध्यान असहयोग आन्दोलन पर केन्द्रित था। लाला लाजपतराय इस अधिवेशन के लिए कलकत्ते में थे। इसका फायदा उठाकर उन्होंने लाला लाजपतराय की अध्यक्षता में 'ऑल इण्डिया पॉलिटिकल सॅफरर्स कॉन्फरेन्स' आयोजित की। बी. सी. चटर्जी व कलकत्ते के अन्य पुराने क्रांतिकारियों ने इनकी सहायता की। लाला लाजपतराय ने अपने अध्यक्षीय भाषण में कहा—'अनेक राजनीतिक कैदी इतने श्रेष्ठ और गुणी हैं कि यहाँ अंग्रेज़ अफ़सरों की योग्यता उनके जूतों के फीतों को हाथ लगाने के लायक भी नहीं है।' इसी वर्ष नागपुर कांग्रेस में शचीन्द्रनाथ ने अपने जीवन का पहला भाषण, वह भी हिन्दी में दिया। डॉ. नारायण सावरकर ने कहा कि उनके भाषण को सुनकर लोग रोने लगे थे। डॉ. नारायण सावरकर व शचीन्द्रनाथ विनायक सावरकर की रिहाई के लिए सुरेन्द्रनाथ बनर्जी से मिले। भारतीय लोगों और विशेषतः नेताओं की उदासीनता के कारण शचीन्द्र के राजनीतिक बन्दियों को छुड़ाने के सारे प्रयत्न व्यर्थ हो गए।

कालेपानी की सज़ा झेलकर आने के बाद उनकी इच्छा बी. ए. करने की थी, किन्तु उनको प्रवेश नहीं मिला।

क्रांतिकारी दल, जो बिखर चुका था, उसके पुनर्गठन का लक्ष्य उनके सामने था। यह कार्य भीषण भूकम्प के बाद चीजों को सहेजने के समान अत्यन्त कठिन था। बी. ए. करने की इच्छा के पीछे भी तरुणों से भेंट कर उन्हें संगठित करने

का ही विचार था। अण्डमान जाने से पहले उन्होंने अलग-अलग बिखरे हुए क्रांतिकारियों को एकत्रित करने का प्रयत्न किया था। लौटकर भी वे उसी कार्य में जुट गए। इसके लिए वे अपने परिचित जदुगोपाल मुखर्जी, श्री अरुणचंद्र गुहा, श्री बिपिनचन्द्र गांगुली, श्री मनोरंजन गुप्त व नरेन्द्रनाथ भट्टाचार्य (मानवेन्द्र राय) आदि से मिले।

1920 में गांधी जी का असहयोग आन्दोलन जब समाप्त हुआ, तो शचीन्द्रनाथ ने क्रांतिदल का संगठन तीव्रता से करना प्रारम्भ कर दिया। अण्डमान से छूटने के बाद उनके समक्ष आर्थिक प्रश्न भी था। उनकी माता व भाई उनसे कोई काम करने को कह रहे थे। पुस्तकों की दुकान या छापाखाना डालने से क्रांति के कार्य में भी मदद हो सकती थी। परन्तु आरम्भ में पैसा कहाँ से आता। इसलिए छोटी-सी स्टेशनरी की दुकान शुरू करने का निर्णय किया गया, किन्तु पूरे कलकत्ता में उन्हें कोई जगह नहीं मिली। वे बहुत निराश हुए।

बाद में माँ व रिश्तेदारों की सलाह से यह निश्चित हुआ कि बर्दवान ज़िले के कालना नामक गाँव में ईंटों का कारखाना लगाया जाए। कुछ महीनों तक रो-धोकर उन्होंने यह कार्य किया। बाद में घाटा उठाकर कारखाना रिश्तेदारों को बेच दिया। इस समय तक उनका विवाह भी हो चुका था। इसलिए उन्होंने रेल-विभाग में पचास रुपये की नौकरी कर ली। इस नौकरी के अनुभव भी सुखद नहीं थे। इसी बीच जमशेदपुर से उन्हें लेबर यूनियन का काम करने के लिए बुलावा आया और उन्होंने वह काम स्वीकार कर लिया।

भारत के राजनीतिक क्षितिज पर इस समय लाल, पाल और बाल देदीप्यमान तारे के रूप में चमक रहे थे। परन्तु इस समय लाला लाजपतराय देश के बाहर गए हुए थे, बाल गंगाधर तिलक मांडले की जेल में थे और विपिनचन्द्र पाल का प्रभाव कम हो रहा था। भारतीय राजनीति में महात्मा गांधी का अविर्भाव हो चुका था। क्रांतिकारी आन्दोलन मंद हो चुका था। इसी दौरान शचीन्द्रनाथ सान्याल ने जमशेदपुर के मज़दूरों को संगठित करने का कार्य किया। उनके कार्यकाल में संगठन ने खूब उन्नति की।

महात्मा गांधी के जेल के समय पुनः उन्होंने सारे उत्तर भारत में क्रांति कार्य करने के लिए जमशेदपुर के मज़दूर संगठन से त्यागपत्र दे दिया। नागपुर के कांग्रेस के अधिवेशन के बाद वे आगरा, इलाहाबाद, बनारस, लखनऊ में घूम-घूमकर साथियों को परख रहे थे। जमशेदपुर में काम करते हुए भी वे वेतन का कुछ भाग बचाते थे। उत्तर भारत में कार्य करने के लिए एक सेठ उन्हें नियमित रूप से डेढ़ सौ रुपये महीने की मदद कर रहा था। उन्होंने मैनपुरी षड्यन्त्र से छूटे हुए क्रांतिकारियों से भी सम्पर्क किया। इलाहाबाद के हॉस्टल में भी अनेक बार गए। परिचय न होने

के कारण दूर खड़े होकर देखते रहते थे कि कोई दो-चार विद्यार्थी राजनीति की चर्चा करते हुए मिल जाएँ। मिल जाने पर उचित अवसर पर उनकी चर्चा में शामिल होकर उन्हें अपनी ओर खींचने का उनका प्रयास रहता था। परन्तु उन्होंने देखा कि युवक हंसी-मज़ाक या खेलों में मस्त रहते हैं। राजनीतिक, सामाजिक या साहित्यिक प्रश्नों पर चर्चा करते हुए उन्हें कोई भी दिखाई नहीं दिया। देश में इतना बड़ा आन्दोलन चालू था, पर भारतीय युवाशक्ति इतनी उदासीन व निर्लिप्त थी, यह देखकर उनको निराशा हुई। कानपुर में उनका परिचय राजेन्द्रनाथ लाहिड़ी से हुआ। वे अनेक युवकों से मिलते थे, पर उनकी उदासीनता देखकर निराशा ही हाथ लगती थी।

युवावर्ग की उदासीनता से भले ही शचीन्द्रनाथ निराश हों, किन्तु रामप्रसाद 'बिस्मिल', भगतसिंह, नरेन्द्रनाथ बैनर्जी, पाण्डेय बेचन शर्मा 'उग्र', विष्णुशरण, ढुबालिस, सुरेशचन्द्र भट्टाचार्य जैसे प्रसिद्ध क्रांतिकारी उनकी पार्टी में काम कर रहे थे।

इसी समय शचीन्द्रनाथ को आभास हो गया कि उन्हें पुनः गिरफ्तार किया जाने वाला है। पुलिस तो बहुत पहले ही उनके पीछे पड़ी थी इसलिए वे बच्चों और पत्नी को लेकर कलकत्ता आए। पंजाब व संयुक्त प्रान्त में उन्हें ढूँढ़ना आसान था किन्तु कलकत्ते में उतना आसान नहीं था। 1923 तक उन्होंने पंजाब व संयुक्त प्रान्त में पच्चीस क्रांति-केन्द्र स्थापित कर दिए थे। दिल्ली के कांग्रेस अधिवेशन के अवसर पर उन्होंने अपनी पार्टी का नाम हिन्दुस्तान रिपब्लिकन एसोसिएशन रख दिया था। इसी पार्टी का चन्द्रशेखर आज़ाद और भगतसिंह के कार्यकाल में हिन्दुस्तान समाजवादी प्रजातान्त्रिक संघ के रूप में नामान्तरण व रूपान्तरण हुआ।

दिल्ली के कांग्रेस के विशेष अधिवेशन में शचीन्द्रनाथ सान्याल ने देशबन्धुओं के नाम से एक अपील जारी की थी, उसमें उन्होंने भारत के लिए पूर्ण स्वातन्त्र्य का लक्ष्य और सम्पूर्ण एशिया का एक महासंघ निर्माण करने की कल्पना प्रस्तुत की थी। राष्ट्रीय समस्याओं को समझाने वाले जागरूक, चरित्रवान त्यागी और दृढ़ संकल्पी स्वयंसेवकों के एक देशव्यापी विराट दल की स्थापना का संकल्प भी उन्होंने घोषित किया था।

शचीन्द्रनाथ सान्याल ने अपनी पार्टी का एक कार्यक्रम भी तैयार किया। उनकी इच्छा क्रांतिकारी आन्दोलन की आवश्यकता पर एक सम्पूर्ण ग्रन्थ लिखने की थी।

किन्तु कलकत्ते में रहने में भी खतरा था, अतः वे फ्रेंच अधिकृत चन्द्रनगर में रहने लगे। यहाँ उन्हें रहने के लिए घर नहीं मिला। पुत्र मलेरिया से पीड़ित हो गया। अतः फिर कलकत्ता लौटना पड़ा।

'रिवोल्युशनरी' नामक एक पर्चा एक ही दिन रंगून से पेशावर तक बाँटा गया। इस पर्चे का उद्देश्य क्रांति की नितान्त आवश्यकता बताने के साथ यह दिखाना भी

था कि देश-भर में एक बृहत् संगठन स्थापित हो चुका है। इस पर्चे को लिखने और वितरित कराने के आरोप में उन्हें फरवरी 1925 में दो वर्ष की सज़ा हुई। गिरफ्तारी के पूर्व वे उत्तर भारत में एक सुदृढ़ क्रांतिकारी पार्टी की स्थापना कर चुके थे। इसी समय भगतसिंह, आज़ाद आदि पार्टी में सम्मिलित हुए थे।

काकोरी केस में सरकार ने फिर शचीन्द्रनाथ को पकड़ लिया और फिर कालेपानी की सज़ा हुई। 1937-38 में कांग्रेस मन्त्रिमण्डल ने राजनीतिक कैदियों को छोड़ा तो शचीन्द्रनाथ भी छोड़ दिए गए। द्वितीय महायुद्ध के दौरान वे नज़रकैद में रखे गए।

कठिन परिश्रम, कारावास, चिन्ता आदि से वे क्षयगस्त हो गए और 1942 में भारत के महान् क्रांतिकारी ने अपने जर्जर शरीर को चिरनिद्रा के अधीन कर दिया।

दो-दो बार काले पानी की सज़ा भोगने वाला और अपनी आयु का प्रत्येक क्षण स्वतंत्रता के संघर्ष के लिए समर्पित करने वाला यह परमवीर देशभक्त देशवासियों के लिए एक आदर्श स्मरण छोड़ गया।

शचीन्द्रनाथ सान्याल की पत्नी प्रतिभा सान्याल ने चन्द्रशेखर आज़ाद की मृत्यु के बाद निकाली गई शव-यात्रा व इसके बाद आयोजित शोकसभा में मार्मिक भाषण दिया था।

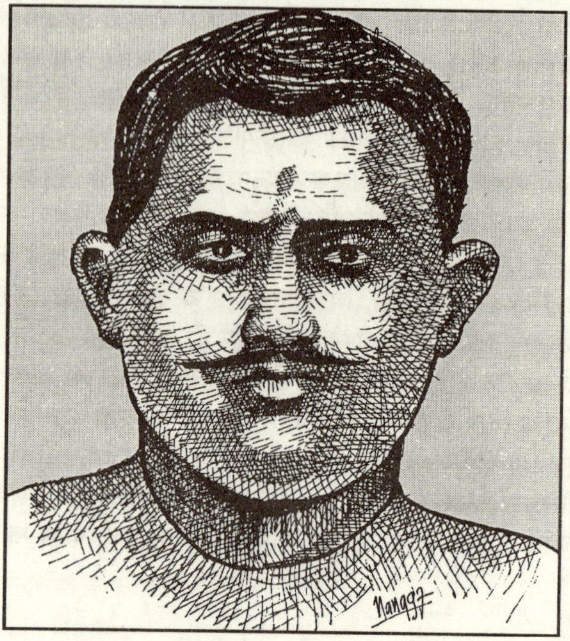

सरफ़रोशी की तमन्ना को जीवन में उतारने वाले

रामप्रसाद 'बिस्मिल'

रामप्रसाद 'बिस्मिल' भारतीय क्रांतिकारियों में एक विशिष्ट नाम है। उनका जन्म 1897 में मैनपुरी (उ. प्र.) में हुआ। मैनपुरी संभवतः उनका ननिहाल था। उनके पिता पं. मुरलीधर शाहजहांपुर में रहते थे। रामप्रसाद ने अपनी आत्मकथा में अपनी माता को अपने संस्कारों के निर्माण का श्रेय दिया है। उन्होंने विश्वास व्यक्त किया है कि स्वाधीन भारत में उनकी माता का नाम भी स्वर्णाक्षरों में लिखा जाएगा।

माता के अतिरिक्त स्वामी सोमदेव का भी उनके जीवन पर प्रभाव पड़ा था। ये क्रांतिकारी विचारधारा के संत थे। 'बिस्मिल' के मन में क्रांति के बीज बोने का काम इन्होंने ही किया था। भाई परमानंद को जब फाँसी की सज़ा हुई, तब उन्होंने स्वामीजी के समक्ष अंग्रेज़ों के नाश की प्रतिज्ञा की थी। स्वामीजी ने कहा था, 'प्रतिज्ञा करना सरल है, उसका पालन बहुत कठिन।' भाई परमानंद की 'तवारीखे हिंद' नामक पुस्तक से वे बहुत प्रभावित थे।

रामप्रसाद 'बिस्मिल' के मन में क्रांति के लिए शस्त्र इकट्ठा करने का विचार आया। उन्होंने अपनी माँ से एक सौ पच्चीस रुपये लिए और शस्त्र खरीदने के लिए इधर-उधर भटकते रहे। ग्वालियर तक ढूँढ़ लिया, परन्तु कारतूस वाले हथियार नहीं मिले। उन्हें स्वयं शस्त्रों का ज्ञान नहीं था, तो लोगों ने उन्हें फंसाया। कांग्रेस के 1916 के लखनऊ अधिवेशन में रामप्रसाद 'बिस्मिल' पिता और दादी के मना करने पर भी पहुँचे। माता ने उन्हें इसका खर्च दिया।

इस अधिवेशन में लोकमान्य तिलक आने वाले थे। तिलक जब लखनऊ स्टेशन पर पहुँचे, तो स्वागत के लिए पहुँचे लोगों की अपार भीड़ थी। नरम दल के लोग स्टेशन पर उनका स्वागत करके उन्हें अधिवेशन स्थल पर ले जाने वाले थे। रामप्रसाद सहित सभी युवकों ने उनके स्वागत की ज़ोरदार तैयारी कर रखी थी। नरम दल के लोगों ने उन्हें रेल के द्वार से हाथों पर उठाकर कार में बिठाया। यह देखकर 'बिस्मिल' कार के सामने लेट गए और भावावेश में रोते हुए कहा, 'हमारे ऊपर से कार ले जाओ।' 'बिस्मिल' को देखकर अनेक युवक कार के सामने आ गए। एक तरुण ने उत्साह में कार का टायर पंक्चर कर दिया। तिलक को अधिवेशन में ले जाने के लिए युवक एक बग्घी किराए पर ले आए। घोड़ों की जगह स्वतः जुत गए। कुछ युवकों ने झुककर पीठ पर चढ़ाकर उन्हें बग्घी में बैठने का अनुरोध किया। युवक सारे रास्ते बग्घी खींचते रहे। तिलक की शोभायात्रा खूब ठाठ से निकली। तिलक जिस वाहन में बैठे थे, लोग उस वाहन को स्पर्श कर अपने-आपको धन्य मान रहे थे। रास्ते-भर उन पर चारों ओर से पुष्पवृष्टि हो रही थी। लोग गिरे हुए फूलों को अमूल्य धरोहर की तरह रूमाल में रख रहे थे। उनकी चरणधूलि मस्तक से लगा रहे थे। यह वर्णन रामप्रसाद ने अपनी आत्मकथा में दिया है।

इस अधिवेशन में लोकमान्य तिलक की भूमिका और विचारों ने युवकों को बहुत प्रभावित किया। 'बिस्मिल' का परिचय-क्षेत्र बढ़ा। क्रांतिकारियों से सम्पर्क हुआ। उन्हें मालूम हुआ कि क्रांतिकारियों की एक गुप्त समिति है। समिति का उद्देश्य क्रांति द्वारा स्वतंत्रता प्राप्ति है। उन्होंने इसके सदस्य होने की इच्छा प्रकट की और सदस्यों के मार्फत सदस्य बने। शीघ्र ही कार्यकारिणी के सदस्य बन गए।

रामप्रसाद 'बिस्मिल' ने जानबूझकर ही इस समिति के नाम का उल्लेख नहीं किया, परन्तु यह समिति पं. गेंदालाल दीक्षित द्वारा स्थापित 'शिवाजी समिति' या 'मातृवेदी' रही होगी। 'शिवाजी समिति' की ही मातृवेदी के रूप में परिणति हुई थी। पं. गेंदालाल का विवरण उन्होंने आत्मकथा में दिया है।

'मातृवेदी' संस्था के पास धन का अत्यन्त अभाव था। रामप्रसाद 'बिस्मिल' ने माँ से दो सौ रुपये लेकर 'अमेरिका को स्वतंत्रता कैसे मिली?' ग्रन्थ लिखा और प्रकाशित करवाया। समिति के लिए शस्त्र इकट्ठा करने का फिर से प्रयत्न किया और इस कार्य में कई बार ठगे गए। एक भूतपूर्व पुलिस अधीक्षक से रायफल खरीदने के लिए अपने-आपको पहाड़गंज का निवासी बताया। इसके पहले वे स्वयं वहाँ जाकर वहाँ के ज़मींदार और थानेदार का नाम मालूम कर आए थे। जमींदार की हिन्दी में और थानेदार की अंग्रेज़ी में सही करके रायफल खरीदी। इस प्रकार खूब प्रयत्न के बाद 'बिस्मिल' और अशफ़ाक़ उल्ला खां ने मिलकर कुछ शस्त्र खरीदे। इसी दौरान उन्हें माउज़र पिस्तौल और रिवाल्वर भी मिल गया। अशफ़ाक़ उल्ला ग्वालियर में ही रुक गए और 'बिस्मिल' शस्त्रों के ले जाने की व्यवस्था करने शाहजहांपुर गए। वहाँ से अपनी छोटी बहन शास्त्रीदेवी को ले आए। उसके पैरों से शस्त्र बाँधकर उस पर लकड़ी की और कपड़े की पट्टियाँ बाँधकर प्लास्टर जैसा कर दिया और रेलगाड़ी में सुलाकर हाथों में उठाकर शाहजहाँपुर आए।

मैनपुरी षड्यन्त्र में बंदी बनाए गए मुकुंदीलाल ने लिखा है कि 'बिस्मिल' मैनपुरी षड्यन्त्र में पं. गेंदालाल के दाहिने हाथ थे। मैनपुरी षड्यन्त्र में वे पुलिस के हाथ नहीं लगे। उन्हीं की प्रेरणा से मैं क्रांतिकारी बना।" वे हिन्दी, अंग्रेज़ी, बंगला व उर्दू के अच्छे जानकार थे।

मैनपुरी षड्यन्त्र के बाद अज्ञातवास में रहकर वे समिति के लिए कार्य करते रहते थे। उनकी लिखी और संयुक्त प्रान्त द्वारा ज़ब्तशुदा पुस्तक, 'अमेरिका को स्वतंत्रता कैसे मिली?' दिल्ली के कांग्रेस अधिवेशन में बिक्री के लिए लाई गई। शाहजहाँपुर की सेवा-समिति के सदस्यों की ओर से एम्बुलेंस और स्टॉफ के वेश में वे समिति के सदस्यों को दिल्ली ले आए। एम्बुलेंस के लोगों को घूमने-फिरने के लिए अनुमति नहीं लेनी पड़ती, इसलिए स्टॉफ के वेश में सेवा समिति के सदस्य पुस्तकें बेचने लगे। गुप्तचर विभाग के लोग भी इधर-उधर घूम रहे थे। उनके ध्यान में आते ही वे उस पुस्तक को ढूँढ़ने लगे। 'बिस्मिल' ने पुस्तकें ओवरकोट में लपेटकर कंधे पर रख लीं और बाहर आ गए। पुस्तक की 200 प्रतियाँ थीं। वे एम्बुलेंस के स्टॉफ की वर्दी में थे, अतः पुलिस को संशय नहीं हुआ।

'बिस्मिल' शाहजहांपुर लौटे, तो वहाँ भी पुलिस सावधान थी। इसलिए वे दूसरी

ओर चले गए। वहाँ एक परिचित के घर रुके। पुलिस का सदा भय था। घर का मालिक बाहर से ताला लगा देता था। रात में भी सावधान रहना पड़ता था। एक दिन बाहर से आए मित्र ने आवाज़ दी। अन्दर के लोगों को लगा कि पुलिस है। पीछे की दीवार लाँघकर अँधेरी रात में भागने लगे। रास्ते में पुलिस से सामना हुआ। उन्होंने 'हम विद्यार्थी हैं। लखनऊ जाने के लिए स्टेशन जा रहे हैं', कहकर छुटकारा पाया। सारी रात एक झोंपड़ी में बिताई। मूसलाधार बारिश के कारण बगीचे की वह झोपड़ी पूर्ण जलमग्न हो गई थी। दिन निकलते ही फिर शाहजहांपुर लौट आए।

रामप्रसाद कुछ दिनों के लिए प्रयाग आ गए। यहाँ एक बार उनका अपने मित्र गंगासिंह, राजाराम व देवनारायण से विवाद हो गया। इन तीनों ने रामप्रसाद पर गोली चला दी। भाग्य से वे बच गए। मित्रों के इस विश्वासघात से वे विचलित हो गए। वहाँ धर्मशाला लौटने की बजाय पं. तिवारी के घर पहुँचे। उनके यहाँ से चादर लेकर लखनऊ पहुँचे। वे तीनों भी डरे हुए थे कि 'बिस्मिल' बच गया तो बदला लेगा। 'बिस्मिल' को दूर तक ढूँढ़ने के बाद उन्होंने बिस्मिल के घर उनकी मृत्यु की सूचना दी और मुक्ति की सांस ली। इधर 'बिस्मिल' के मन में संन्यास लेने का विचार चल रहा था। उन्होंने कुछ दिवस जंगल में बिताए। अन्त में घर आए। घर के लोगों को खूब आनन्द हुआ। 'बिस्मिल' उन लोगों से बदला लेने की बात सोचते-सोचते बीमार हो गए। उनकी माँ ने इस मानसिक परिताप को भाँपकर बदला न लेने की प्रतिज्ञा कराई।

रामप्रसाद 'बिस्मिल' ग्वालियर की पैतृक ज़मीन पर खेती करने लगे। उधर पुलिस धमकियाँ दे रही थी कि यदि 'बिस्मिल' नहीं पकड़े गए तो उनकी सम्पत्ति ज़ब्त कर ली जाएगी। परिणामस्वरूप उनके माता-पिता ने सस्ते दामों में मकान बेचकर शाहजहांपुर छोड़ दिया।

'बिस्मिल' खेती के साथ पशु-पालन भी करते थे। अपने मित्र सुशीलचंद्र सेन की मित्रता से उन्होंने बंगला सीखी और बंगला क्रांतिकारी साहित्य का हिन्दी में अनुवाद करने लगे। तीन पुस्तकें प्रकाशित कीं और उस समय पाँच सौ रुपये का घाटा उठाया।

प्रथम विश्वयुद्ध के बाद 1920 में सारे राजनीतिक कैदी छोड़ दिए गए। 'बिस्मिल' पर पाबंदी भी समाप्त हो गई। अब वे पुनः शाहजहाँपुर आए। शाहजहाँपुर में किसी ने भी उनसे अच्छा व्यवहार नहीं किया। कुछ समय बाद उन्हें एक कारखाने में मैनेजर की नौकरी मिली। उन्होंने दो पुस्तकें और लिखकर प्रकाशित कराईं। 'क्रांतिकारी जीवन' नामक उनकी परिश्रम से लिखी गई पुस्तक को छापने का साहस किसी भी प्रकाशक को नहीं हुआ। 'यौगिक साधना' नामक महर्षि अरविन्द की पुस्तक का अनुवाद भी उन्होंने किया, किन्तु अनुवाद प्रकाशक के पास ही खो गया।

शचीन्द्रनाथ सान्याल व बंगाल अनुशीलन समिति के प्रतिनिधि योगेशचन्द्र चटर्जी, दोनों अब 'हिन्दुस्तानी प्रजातान्त्रिक पार्टी' के सदस्य थे। वे संयुक्त प्रान्त में पार्टी का संगठन कर रहे थे। इसलिए मैनपुरी षड्यन्त्र के अनुभवी क्रांतिकारियों को ढूँढ़ रहे थे। 'बिस्मिल' को भी ढूँढ़कर उन्हें पार्टी का सदस्य बना लिया। इस प्रकार हिन्दुस्तानी प्रजातान्त्रिक पार्टी के सदस्य के रूप में उनके जीवन का नया क्रांतिकारी अध्याय शुरू हुआ। 'बिस्मिल' फौजी शाखा के प्रमुख थे। पार्टी के एक्शन उनके नेतृत्व में सम्पन्न होते थे।

पार्टी को पैसों की ज़रूरत थी। 'बिस्मिल' लिखते हैं कि यदि क्रांतिकारियों के पास पैसा होता तो उन्होंने असहयोग आन्दोलन के कार्यकर्ताओं को भी अपने साथ ले लिया होता। प्रत्येक ज़िले में पार्टी का कार्यालय था और उसको पैसों की ज़रूरत थी। दल की आर्थिक स्थिति मज़बूत करने और शस्त्र खरीदने का दायित्व 'बिस्मिल' पर था। प्रत्यक्ष रूप में दल की स्थिति ऐसी थी कि सदस्यों पर भुखमरी की नौबत आ पहुँची थी। उससे 'बिस्मिल' बहुत विचलित थे। अनेक युवक पढ़ाई और नौकरी छोड़कर दल में शामिल हुए थे। उनके फटे कपड़े और भूख देखकर 'बिस्मिल' का कलेजा मुँह को आता था। डाका डालना क्रांतिकारियों की विवशता थी। क्रांतिकारी डाका डालकर लूटी हुई सम्पत्ति को कर्ज़ के रूप में स्वीकार करते थे। 'बंगाल ब्रांच' और 'इंडिपेंडेंट किंगडम ऑफ यूनाइटेड इंडिया' के नाम से रसीद भी भेजते थे। 'मातृदेवी' संस्था का पुराना अनुभव होने के कारण डाका डालने वाले दल का नेतृत्व 'बिस्मिल' ही करते थे। आखिरकार उन्होंने सरकारी खज़ाने पर डाका डालने का निश्चय किया।

रामप्रसाद 'बिस्मिल' प्रसिद्ध काकोरी षड्यंत्र में पकड़े गए। यह सारी योजना रामप्रसाद 'बिस्मिल' की ही थी। एक दिन प्रवास करते हुए उन्होंने देखा कि प्रत्येक स्टेशन का स्टेशन मास्टर जमा हुआ धन गार्ड के डिब्बे में स्थित सन्दूक में रखता था।

सेठों पर डाका डालने से कुछ विशेष धन प्राप्त नहीं होता था, इसलिए उन्होंने 7 अगस्त, 1925 को शाहजहाँपुर में 'हिन्दुस्तानी प्रजातान्त्रिक संघ' की कार्यकारिणी की बैठक बुलाई। इसमें राजेन्द्रनाथ लाहिड़ी, शचीन्द्रनाथ बख़्शी, मन्मथनाथ गुप्त, मुकुंदीलाल गुप्त, बनवारीलाल, चंद्रशेखर आज़ाद, मुरारीलाल, केशव चक्रवर्ती और अशफ़ाक़ उल्ला खाँ शामिल थे। पं. रामप्रसाद 'बिस्मिल' ने रेलगाड़ी का खज़ाना लूटने का प्रस्ताव रखा। आज़ाद ने समर्थन किया, अशफ़ाक़ ने विरोध। अशफ़ाक़ का कहना था कि अभी शक्ति-संचय करने का समय है। सरकार को प्रत्यक्ष चुनौती देने का नहीं, परन्तु सबके समर्थन के कारण यह योजना स्वीकार कर ली गई।

एक्शन की तारीख 1 अगस्त, 1925 निश्चित की गई। सहारनपुर-लखनऊ पैसेंजर गाड़ी को लखनऊ पहुँचने से पूर्व लूटने का निश्चय हुआ। उससे खूब धन मिलने की सम्भावना थी और रेलगाड़ी लूटने का नया अनुभव मिलने वाला था। दस क्रांतिकारी इस अभियान में शामिल हुए। सात लोग सन्दूक तोड़ने के सामान व शस्त्रों सहित शाहजहाँपुर से तीसरे दर्जे के डिब्बे में चढ़े। तीन साथी काकोरी स्टेशन से चढ़े। उनका काम गाड़ी रोकने के लिए सांकल खींचना था। जैसे ही गाड़ी काकोरी से चली, जल्दी ही उन्होंने सांकल खींची। दस के दसों लोग नीचे उतर पड़े। रेल के गार्ड और ड्राइवर दोनों अंग्रेज़ थे। क्रांतिकारियों ने उन्हें नीचे उतारकर चुपचाप पड़े रहने का कहा। यात्रियों को नीचे न उतरने का आदेश दिया। दस क्रांतिकारियों ने बीस-पच्चीस मिनट में गाड़ी लूट ली। अंग्रेज़ गार्ड व ड्राइवर इस घटना से इतना घबरा गए कि क्रांतिकारियों के चले जाने के बाद वे जगह से हिले भी नहीं। एक अंग्रेज़ इंजीनियर संडास में छिप गया था। अनेक लोगों ने उन्हें धैर्य बँधाया। यात्रियों में दो अंग्रेज़ सैनिक भी थे, जो सीट के नीचे छिपे रहे।

क्रांतिकारियों ने लखनऊ पहुँचकर नोट बदलने का काम किया। कुछ नोट खूब खराब थे, इसलिए बदले नहीं जा सके। बाद में वे नोट शाहजहाँपुर में मिले। रामप्रसाद 'बिस्मिल' पहले ऐसे कार्यों में सम्मिलित हुए थे। इसलिए पुलिस उन पर निगाह रखे हुए थी, जबकि 'बिस्मिल' निश्चिंत थे।

पुलिस पहले इसे क्रांतिकारियों का काम नहीं मान रही थी, बाद में पुलिस को घटनास्थल पर खादी की चादर मिली, इसलिए जल्दी-जल्दी क्रांतिकारियों को पकड़ना शुरू किया। इनमें से कुछ मुखबिर हो गए। लूटने वाले केवल दस थे, चालीस लोग पकड़े गए। शचीन्द्रनाथ बख़्शी और अशफाक़ उल्ला खां बाद में पकड़े गए। चंद्रशेखर आज़ाद कभी पकड़े नहीं गए। सरकार ने पकड़े गए लोगों को अलग-अलग स्थान पर रखकर उनके मन में एक-दूसरे के प्रति शंका उत्पन्न की।

अंग्रेज़ों की इस चाल से कुछ लोगों के मुखबिर हो जाने से पच्चीस लोगों पर मुकदमा चला। क्रांतिकारियों की ओर से वकालत करने की पहल मोतीलाल नेहरू ने की। फिर गोविंदवल्लभ पंत, चंद्रभानु गुप्त, मोहनलाल सक्सेना, अजितप्रसाद जैन और कलकत्ते के बी. के. चौधरी वकालत करने सामने आए।

उस समय कैदियों को लखनऊ जेल में रखा गया। शचीन्द्रनाथ सान्याल व योगेशचन्द्र चटर्जी को भी लखनऊ लाकर षड्यन्त्र में शामिल माना गया। भगतसिंह, शिव वर्मा, विजय सिन्हा आदि वेश बदलकर बीच-बीच में उनसे मिलते रहते थे। 18 महीने तक मुकदमा चला। 6 अप्रैल, 1927 को निर्णय हुआ। उस दिन न्यायालय में जनता की खूब भीड़ थी। रामप्रसाद 'बिस्मिल' को गोरखपुर की जेल में रखा गया।

जनता ने क्रांतिकारियों की सज़ा कम करने के लिए आन्दोलन किया। केन्द्रीय असेम्बली के सदस्यों के हस्ताक्षरसहित प्रार्थनापत्र दिए। किन्तु सभी की सज़ा कम करने की बजाय बढ़ा दी गई। केवल मन्मथनाथ गुप्त की कम आयु होने के कारण सज़ा नहीं बढ़ाई गई।

पं. रामप्रसाद 'बिस्मिल' ने गोरखपुर की जेल में अपनी आत्मकथा लिखी और इस आत्मकथा को जेल से बाहर भिजवाया। अपनी आत्मकथा का अन्तिम अध्याय उन्होंने फाँसी के तीन दिन पूर्व ही लिखा था। गणेशशंकर विद्यार्थी ने अपने प्रताप प्रेस में उसको शीघ्र छपवा भी दिया, जो शीघ्र ही ज़ब्त भी कर ली गई।

लखनऊ जेल के जेलर रायसाहब पं. चंपालाल का व्यवहार अत्यन्त मधुर था। उनका पहरा भी नाममात्र था। उनकी बेड़ियाँ भी काट दी गई थीं। परन्तु 'बिस्मिल' को लगता था कि यदि मैं भाग गया तो चंपालाल को यातनाएँ दी जाएँगी। साथ ही भाग जाना चंपालाल के साथ विश्वासघात होता।

गोरखपुर की कोठरी इतनी तकलीफदेह थी कि मानो सरकार फाँसी के पूर्व ही उन्हें धीरे-धीरे मृत्युमुख में डाल रही थी। कठोर साधना के लिए वह मानो गुफा ही थी। भगतसिंह ने दो बार उन्हें छुड़ाने का प्रयत्न भी किया था।

19 अगस्त, 1927 पं. 'बिस्मिल' का फाँसी का दिन निश्चित हुआ। 18 अगस्त को उनकी माँ उनसे मिलने आईं। माँ को देखकर उनके आँसू बह निकले। परन्तु माँ ने अपनी आँखों में आँसू नहीं आने दिए। शिव वर्मा को साथ लाई थीं। कहा, 'पार्टी को कोई संदेश देना हो, तो इसे दो।' रामप्रसाद ने शिव वर्मा से कुछ आवश्यक चर्चा भी की। फाँसी के समय जब उनसे अन्तिम इच्छा पूछी गई, तो उन्होंने कहा, "मैं अंग्रेज़ी साम्राज्य का विनाश चाहता हूँ।'

वे धार्मिक प्रवृत्ति वाले उत्कट देशभक्त, कवि और लेखक थे। उनकी पुस्तकों का उल्लेख हो ही चुका है। वे 'बिस्मिल' उपनाम से कविता किया करते थे। उनकी यह ग़ज़ल बहुत प्रसिद्ध है :

सरफ़रोशी की तमन्ना अब हमारे दिल में है,
देखना है ज़ोर कितना बाज़ू-ए-क़ातिल में है!

आख़िरी साँस तक आज़ादी का सपना देखने वाला वीर

अशफ़ाक़ उल्ला खां

अशफ़ाक़ उल्ला खां पं. रामप्रसाद 'बिस्मिल' के सहयोगी थे। इनका भी जन्म शाहजहाँपुर में हुआ था। पं. रामप्रसाद बिस्मिल ने साथियों के सामने जब सरकारी खज़ाना लूटने का प्रस्ताव रखा, तब एकमात्र अशफ़ाक़ उल्ला खां ऐसे क्रांतिकारी थे, जिन्होंने इसका विरोध किया था। यह उनकी दूरदृष्टि थी। वे जानते थे कि सरकारी खज़ाना लूटने का मतलब है ब्रिटिश शासन से सीधे-सीधे टकराव मोल लेना। इससे

ब्रिटिश हुकूमत बौखला उठेगी और क्रांतिकारियों को पकड़ने में कोई कसर नहीं छोड़ेगी। इसका परिणाम यह होगा कि क्रांतिकारी बिखर जाएँगे। फिर से उनको संगठित कर उनमें स्वतंत्रता की ज्वाला फूँकना कठिन हो जाएगा और ब्रिटिश सरकार से सीधे-सीधे टकराव लेने का यह उचित समय भी नहीं था। अशफ़ाक़ उल्ला खां का यह विरोध व्यावहारिक था। लेकिन स्वतंत्रता आन्दोलन की ज्वाला तेज़ करने के लिए क्रांतिकारियों को धन की आवश्यकता थी। इसी धन की ज़रूरत को पूरा करने के लिए सरकारी खज़ाना ले जाने वाली ट्रेन को लूटना ज़रूरी था। इसी इंतज़ाम में मशगूल क्रांतिकारियों ने अशफ़ाक़ उल्ला खां के विरोध को नज़रअन्दाज़ कर दिया। फिर भी वह बांका अशफ़ाक़ उल्ला खां अपने साथियों के साथ काकोरी रेल डकैती में शामिल हो ही गया।

26 सितम्बर, 1925 के दिन सुबह 4 बजे पुलिस ने अनेक ठिकानों पर छापे मारे। शाहजहाँपुर में पं. रामप्रसाद 'बिस्मिल' को उन्हीं के घर से गिरफ्तार कर लिया। अशफ़ाक़ उल्ला खाँ पीछे के दरवाज़े से भागने में सफल रहे। वे दो दिनों तक गन्ने के खेत में छिपे रहे। बाद में वे बनारस पहुँचे। वहाँ पर उनके सभी साथी पकड़े जा चुके थे। उन्होंने हिन्दू नाम रख लिया और हिन्दुओं के वेश में ही छिपकर रहने लगे।

कुछ दिन बनारस में रहने के बाद अशफ़ाक़ राजस्थान चले गए। वहाँ वे क्रांतिकारी अर्जुनलाल सेठी के घर में रहने लगे। वहाँ पर उनको खूब प्यार मिला। पुलिस ने जब अशफ़ाक़ को पकड़ लिया और उन्हें फाँसी की सज़ा हुई, तब इस हृदयविदारक समाचार को सुनकर अर्जुनलाल सेठी की कन्या को बहुत बड़ा आघात पहुँचा। इस सदमे को वह सहन नहीं कर सकी। वह बीमार पड़ गई और बाद में उसकी मृत्यु हो गई।

अशफ़ाक़ उल्ला खां राजस्थान से बिहार आ गए। डाल्टनगंज में किसी कार्यालय में क्लर्क की नौकरी करने लगे। लगभग आठ महीने उन्होंने वहाँ काम किया। इस दौरान वे अपने-आपको मथुरा का कायस्थ बताते थे। यहाँ रहते हुए उन्होंने बंगला भाषा का अध्ययन किया और बंगला भाषा में गीतों को गाने लगे थे। नौकरी करते हुए इनकी मुलाकात एक इंजीनियर से हो गई, जो इन्हीं के कार्यालय में काम करता था। इस इंजीनियर को शायरी बहुत पसन्द थी। वह मुशायरों में भी अशफ़ाक़ उल्ला खां के साथ जाने लगा। अशफ़ाक़ उल्ला खां के मन में इंजीनियर बनने की इच्छा जागृत हुई। इसके लिए अफगानिस्तान के रास्ते रूस जाने की उन्होंने योजना बनाई। इसी सिलसिले में वे दिल्ली आ गए।

वह इंजीनियर शाहजहाँपुर का ही रहने वाला था। उसके मन में कपट पैदा

हो गया था। धन के लालच में आकर उसने अपने धर्म व गाँव के मित्र को पुलिस के हाथों गिरफ्तार करवा दिया।

अशफ़ाक़ उल्ला खां के पकड़े जाने से पूर्व ही काकोरी काण्ड के मुकदमे का फैसला हो चुका था। दूसरी तरफ भागलपुर से शचीन्द्रनाथ बख़्शी भी पकड़े जा चुके थे। शचीन्द्रनाथ बख़्शी कभी हज़ारीबाग तो कभी भागलपुर में छिपते-छिपाते घूमते थे तो अशफ़ाक़ डाल्टनगंज में रहते थे। परन्तु दोनों को इस बात की खबर नहीं थी। दोनों को लखनऊ लाया गया। अदालत में जब इन्होंने एक-दूसरे को देखा, तब उनका आचरण वर्षों बाद मिले मित्रों जैसा था।

मुकदमे की सुनवाई के दौरान अशफ़ाक़ उल्ला खां को फाँसी की सज़ा सुनाई गई और शचीन्द्रनाथ बख़्शी को आजीवन कारावास के लिए कालापानी भेज दिया गया। काकोरी काण्ड में पं. रामप्रसाद 'बिस्मिल', ठाकुर रोशनसिंह और राजेन्द्रनाथ लाहिड़ी को पहले ही फाँसी की सज़ा सुनाई जा चुकी थी। अब काकोरी काण्ड में अशफ़ाक़ उल्ला खां का भी नाम जुड़ गया था। क्रांतिकारियों की फांसी की सज़ा के विरुद्ध जब अपील तैयार की गई, तब उस पर अशफ़ाक़ उल्ला खां को हस्ताक्षर करने के लिए कहा गया, तब सीना ठोकते हुए अशफ़ाक़ उल्ला खां ने कहा, 'मैं परवरदिगार खुदा के अलावा किसी से माफी नहीं माँगता हूँ।'

अशफ़ाक़ को फैज़ाबाद की जेल में भेजा गया। हिन्दू-मुस्लिम धार्मिक भेदभाव का आधार लेकर अंग्रेज़ों ने अशफ़ाक़ में फूट डालने का बहुत प्रयास किया, लेकिन वे सफल नहीं हो पाए।

19 दिसम्बर, 1927 को अशफ़ाक़ उल्ला खां को फाँसी दी गई। उस दिन अशफ़ाक़ उल्ला खाँ ने नए कपड़े पहने, इत्र लगाया, क़ुरान शरीफ को हाथ में लेकर क़लमा पढ़ते-पढ़ते फाँसी के तख्त पर चढ़ गए। शहीद होने से पहले अशफ़ाक़ ने कहा था :

तंग आकर हम भी उनके जुलुम के बेदाद से,
चल दिए सूए-अदम जिन्दाने फैज़ाबाद से।"

काकोरी के अमर शहीदों में से एक

राजेन्द्रनाथ लाहिड़ी

बंगाल के पवना ज़िले के मोहनपुर ग्राम में 23 जून, 1921 को राजेन्द्रनाथ लाहिड़ी का जन्म हुआ था। पिता श्री क्षितिमोहन लाहिड़ी स्वयं अंग्रेज़ी शासन के विरोधी थे। बंग-भंग आन्दोलन में जेल-यातना सह चुके थे। नौ वर्ष की आयु में पिता ने बड़े भाई के साथ बनारस पढ़ने के लिए भेज दिया था। बनारस उन दिनों की शिक्षा के उत्तम स्थान के साथ क्रांतिकारियों का भी गढ़ था। बंगाल से विद्यार्थी बनारस

शिक्षा प्राप्त करने के लिए आते थे, अतः बंगालियों की संख्या बहुत थी।

बनारस में शिक्षा के साथ-साथ राजेन्द्र लाहिड़ी क्रांति में भी दीक्षित हुए। बनारस हिन्दू विश्वविद्यालय में पढ़ते हुए वे उस क्रांतिकारी दल के सदस्य हो गए, जिसके मुख्य संगठक शचीन्द्रनाथ सान्याल थे। साहित्यिक अभिरुचि के चलते उन्हें बंग साहित्य परिषद् का सचिव पद दिया गया। 'बंगवाणी' और 'शंख' नामक पत्रिकाओं में उनके लेख निरन्तर छपते रहते थे। क्रांतिकारी विचारधारा के हस्तलिखित मासिक 'अग्रदूत' का भी वे सम्पादन करते थे।

बंगाल में उन दिनों अनुशीलन-समिति नामक क्रांतिकारी संस्था थी, जो संयुक्त प्रान्त में भी अपनी शाखा खोलना चाहती थी। बनारस दो कारणों से उचित स्थान था, एक तो क्रांतिकारियों का गढ़, दूसरे बंगाली-बहुल। योगेशचन्द्र चटर्जी अनुशीलन-समिति की शाखा खोलने में सफल रहे। परन्तु बनारस में शचीन्द्रनाथ सान्याल की पार्टी पहले से ही काम कर रही थी। दोनों के लिए काम की गुंजाइश नहीं थी। दोनों पार्टियों में एकीकरण का विचार हुआ। अंततोगत्वा हिन्दुस्तान-रिपब्लिकन एसोसिएशन के नाम से एकीकरण हुआ और राजेन्द्र लाहिड़ी को बनारस ज़िले का संगठक नियुक्त किया गया। उस समय उनकी उम्र बाईस वर्ष की थी। उनकी सुकुमारता के कारण कुछ लोगों को वे अयोग्य प्रतीत हुए। पर उन्होंने इतनी योग्यता, राजनीतिक सूझबूझ और साहस के साथ कार्य किया कि आलोचक धीरे-धीरे उनके प्रशंसक बनते गए। यद्यपि उनकी देह सुदृढ़ व कसरती थी, पर चमकदार आँखों व मुस्कराते हुए चेहरे पर स्त्री-सुलभ कोमलता थी।

ज़िले के संगठक होने पर उन्होंने सेंट्रल हिन्दू स्कूल के एक विद्यार्थी रामनारायण पाण्डेय को अपना पोस्टबॉक्स बनाया। क्रांतिकारियों के पत्रवाहक को पोस्टबॉक्स कहा जाता था।

लाहिड़ी राजनीतिक डकैतियों में भी अपनी उपयोगिता सिद्ध करने लगे। शीघ्र ही वे रामप्रसाद 'बिस्मिल' के नेतृत्व में हुई ट्रेन डकैती के दल के सदस्य बने, जो 'काकोरी षड्यन्त्र' कहलाया।

इस दल की बैठक 7 अगस्त, 1925 को शाहजहांपुर में हुई, जिसमें राजेन्द्रनाथ लाहिड़ी सम्मिलित हुए थे। सहारनपुर से लखनऊ जाने वाली पैसेंजर गाड़ी में कुछ क्रांतिकारी शाहजहांपुर से और कुछ काकोरी से सवार हुए। काकोरी से कुछ आगे क्रांतिकारी दल के राजेन्द्र लाहिड़ी ने ज़ंजीर खींचकर गाड़ी रोक ली। गाड़ी खड़ी होने पर सभी क्रांतिकारी गाड़ी से नीचे कूद गए और गोलियाँ चलाने लगे। गार्ड और ड्राइवर को पेट के बल ज़मीन पर लेटे रहने को कहा गया, शेष यात्रियों को बाहर न निकलने की ताकीद की गई। रुपयों के सन्दूक को तोड़कर रुपया निकाला गया, जिसे लेकर क्रांतिकारी भाग गए।

काकोरी काण्ड में निरपराधों को भी पकड़ा गया, लेकिन उस समय शचीन्द्रनाथ बख्शी, अशफ़ाक़ उल्ला खां, राजेन्द्रनाथ लाहिड़ी व चंद्रशेखर आज़ाद नहीं पकड़े गए। चंद्रशेखर आज़ाद तो कभी पकड़े ही नहीं गए, शेष तीन काफी समय बाद गिरफ्तार हुए।

राजेन्द्रनाथ लाहिड़ी इस काण्ड के बाद कलकत्ता चले गए। वहाँ दक्षिणेश्वर में बम बनाना सीखने लगे। जहाँ से वे उत्तर प्रदेश में बम बनाना शुरू करना चाहते थे। परन्तु दक्षिणेश्वर के बम के कारखाने में 10 नवम्बर, 1925 को बंगाल पुलिस ने छापा मारकर क्रांतिकारियों को पकड़ा, जिसमें राजेन्द्रनाथ लाहिड़ी भी थे। बम बनाने के जुर्म में दस वर्ष का कारावास मिला।

राजेन्द्रनाथ लाहिड़ी काकोरी काण्ड में सम्मिलित थे, यह पता चलने पर उन्हें कलकत्ता से लखनऊ लाया गया। राजेन्द्रनाथ लाहिड़ी को कैदियों के कपड़ों में पैरों में बेड़ियाँ डालकर जेल से अदालत ले जाया जाता था। जेल से अदालत आते-जाते वे सभी मिलकर गीत गाया करते थे। एक दिन सूबेदार बरबण्डसिंह ड्यूटी पर था। अदालत से निकलते ही क्रांतिकारी—'सरफ़रोशी की तमन्ना अब हमारे दिल में है,' गाने लगे। बरबण्डसिंह ने चिल्लाकर चुप रहने को कहा। क्रांतिकारी उसकी उपेक्षा कर गाते रहे। राजेन्द्र लाहिड़ी सबसे आगे थे। बरबण्डसिंह ने उनका गला पकड़ लिया। स्वाभिमानी लाहिड़ी ने एक भरपूर तमाचा जड़ दिया। उसके दूसरे साथी जब राजेन्द्रनाथ पर लपके तो क्रांतिकारी मन्मथनाथ गुप्त, शचीन्द्रनाथ, रामनारायण पाण्डे आदि मुक्के तानकर खड़े हो गए। शोरगुल सुनकर जज बाहर आया और मामले को शान्त किया। पुलिस ने अदालत में मुकदमा भी चलाया, जो बाद में वापस ले लिया गया।

जेल में उनके दो ही शौक थे—व्यायाम और अध्ययन। 6 अप्रैल, 1927 को फैसला सुनाया गया, जिसमें रामप्रसाद 'बिस्मिल' व राजेन्द्रनाथ लाहिड़ी को फाँसी की सज़ा दी गई। फांसी की सज़ा उनके चेहरे की मोहिनी मुस्कान को फीकी नहीं कर सकी। फैसले के बाद इन क्रांतिकारियों को अलग-अलग जेल भेज दिया गया।

17 दिसम्बर, 1927 को लाहिड़ी ने नित्य नियमानुसार व्यायाम किया और ईश्वर से प्रार्थना भी की। फिर जेलर के साथ चल दिए। जेलर ने यह सब अंग्रेज़ जज को बताया। अंग्रेज़ जज ने प्रश्न किया कि 'प्रार्थना तो ठीक है, परन्तु अन्तिम समय इतनी भारी कसरत क्यों की?' राजेन्द्रनाथ लाहिड़ी ने उत्तर दिया, 'व्यायाम मेरा नित्य-नियन है। मृत्यु के भय से मैं नियम क्यों छोड़ दूँ? दूसरा और महत्त्वपूर्ण कारण है कि हम पुनर्जन्म में विश्वास रखते हैं। व्यायाम इसलिए किया कि दूसरे जन्म में भी बलिष्ठ शरीर मिले, जो ब्रिटिश साम्राज्य के विरुद्ध युद्ध में काम आ सके।'

निर्भीक क्रांतिकारी के मुख से यह सुनकर अंग्रेज़ जज सहम गया। फाँसी के

पूर्व अपने मित्र को लिखे पत्र में लाहिड़ी ने यही कहा था कि हमारी मृत्यु व्यर्थ नहीं जाएगी।

17 दिसम्बर, 1927 की सुबह गोंडा जेल में लाहिड़ी को फाँसी दी गई। यह एक रहस्य है कि जब काकोरी केस के चारों अभियुक्तों को 19 दिसम्बर को फाँसी लगने वाली थी, तो राजेन्द्र लाहिड़ी को दो दिन पूर्व फाँसी क्यों दे दी गई?

बलिदान और त्याग के आदर्श व्रती

रामकृष्ण खत्री

आज़ादी के लिए अनेक वीरों ने अपना सब कुछ त्यागकर देश के लिए समर्पित रूप से कार्य कर हमें आज़ादी दिलाई। क्रांतिवीर रामकृष्ण खत्री एक ऐसे सेनानी थे जिन्हें भुलाया नहीं जा सकता। खत्री जी का जन्म महाराष्ट्र के चंद्रपुर ज़िले के अन्तर्गत चिखली ग्राम में 1902 में हुआ।

क्रांतिवीर रामकृष्ण खत्री बहुचर्चित काकोरी काण्ड में अंग्रेज़ों के एक अभियुक्त

थे। गांधी ने अपने चौदह सूत्रीय कार्यक्रम में विद्यार्थियों से अंग्रेज़ स्कूलों की पढ़ाई छोड़ देने का आग्रह किया था। गांधीजी के आकर्षण में मैट्रिक में पढ़ते समय खत्री जी ने राजनीति में पदार्पण किया। गांधी जी का भाषण सुनने कलकत्ता पहुँचे। पढ़ाई छोड़ दी। घरवालों की नाराज़ी के कारण हरिद्वार चले आए। उदासीन साधु बनकर संस्कृत, अंग्रेज़ी की पढ़ाई शुरू कर दी। अब उनका नाम स्वामी गोविन्द प्रकाश था। हरिद्वार की ठण्ड सहन न होने पर गुरुजी ने अमृतसर भेज दिया। अमृतसर में अध्ययन और कांग्रेस के कार्यक्रम में भाग लेना जारी रखा। सत्याग्रह आन्दोलन में स्वयंसेवकों के साथ बर्बर लाठी चार्ज सहा। पंजाबी औरतों की वीरता के दर्शन किए। चौरीचौरा काण्ड के कारण गांधीजी के आन्दोलन वापस लेने से उनकी गांधीजी के आन्दोलन में श्रद्धा कम हो गई।

1922 में बनारस के उदासीन साधुओं के संस्कृत महाविद्यालय में पढ़ने लगे। यहीं उनका परिचय तेजस्वी आँखों वाले किशोर से हुआ। यह चन्द्रशेखर आज़ाद थे। आज़ाद गांधी की प्रशंसा करते, खत्री जी विरोध। उन्होंने यतीन्द्रनाथ सान्याल की 'बंदी जीवन' पुस्तक खत्रीजी को पढ़ने को दी। फिर तो एक के बाद एक किताबें देते रहे। तब उन्हें पता चला कि आज़ाद वास्तव में क्रांतिकारी हैं। उनका मार्ग गांधीजी से भिन्न है। राजेन्द्र लाहिड़ी से उनका परिचय आज़ाद ने ही करवाया और फिर ये क्रांतिकारी दल में सम्मिलित हो गए। इस दल की स्थापना यतीन्द्रनाथ सान्याल ने हिन्दुस्तान रिपब्लिकन एसोसिएशन के नाम से की थी। आज़ाद और भगतसिंह ने इसका नाम बदलकर हिन्दुस्तान सोशलिस्ट रिपब्लिकन एसोसिएशन रखा क्योंकि दल का उद्देश्य पूर्ण प्रजातन्त्र और शोषणविहीन समाज की रचना था। इस दल की आर्मी विंग के सेनापति पं. रामप्रसाद 'बिस्मिल' थे।

अपने उद्देश्यों की पूर्ति के लिए पार्टी ने गाँवों में डकैतियाँ कीं। रामकृष्ण खत्री द्वारिकापुरी डकैती में शामिल थे। परन्तु गाँव-डकैतियों को ये लोग उचित नहीं मानते थे। अतः ट्रेन लूटने का निर्णय किया। सहारनपुर लखनऊ डाउन पैसेंजर को लूटने की योजना बनाई। गार्ड के डिब्बे में एक मज़बूत बक्से में पैसा रखा था। लखनऊ में उसे उतारा जाता था। 'बिस्मिल' जी ने तय किया कि बक्सा काकोरी और आलमनगर के बीच गाड़ी रोककर लूटा जाए। पहले अशफ़ाक़ उल्ला खां उस एक्शन के विरोधी थे क्योंकि उनका विचार था कि यह ब्रिटिश सरकार को खुली चुनौती होगी और कठोर दमन का सामना करना होगा। परन्तु सबके कहने पर वे भी तैयार हो गए।

इसमें पं. रामप्रसाद 'बिस्मिल', अशफ़ाक़ उल्ला खां, राजेन्द्र लाहिड़ी, यतीन्द्रनाथ बख़्शी, चंद्रशेखर आज़ाद, मन्मथनाथ गुप्त, मुकंदीलाल, क़ेशव चक्रवर्ती, मुरारीलाल

शर्मा, बनवारी लाल आदि सम्मिलित थे। ये दस क्रांतिकारी काकोरी स्टेशन से चढ़े। और तीन 'बिस्मिल', लाहिड़ी तथा बख़्शी सेकण्ड क्लास में, शेष सात थर्ड क्लास के अलग-अलग डिब्बों में चढ़े। गाड़ी जैसे ही अगले सिग्नल के पास पहुँची, बख़्शी ने ज़ंजीर खींच दी। जाँच के लिए गार्ड आया तो बख़्शी ने कहा, 'मेरी बीवी के ज़ेवर का डिब्बा पीछे छूट गया है। गाड़ी पीछे ले चलो।' गार्ड के मना करने पर बहस करते-करते गार्ड के डिब्बे तक पहुँचे। वहाँ पहुँचने पर सभी साथियों ने हथियार निकाल लिए और ऐलान कर दिया कि हम सरकारी खज़ाना लूटने आए हैं। कोई भी व्यक्ति गाड़ी से न उतरे और खिड़की बन्द कर लें। ये लोग लगातार गोलियाँ चला रहे थे। खज़ाने का डिब्बा नीचे उतार कर छेनी-हथौड़ी से काटने लगे। अशफ़ाक़ ने लात मारकर तोड़ दिया। लूट में 8,400 रु. प्राप्त हुए।

19 लोगों को सज़ा हुई। इनमें से बहुत लोग इस षड्यन्त्र में शामिल नहीं थे। पार्टी ने उन्हें महाराष्ट्र में पार्टी की शाखाएँ खोलने के लिए भेजा। 18 अक्टूबर को वे पूना में गिरफ्तार किए गए। उन्हें अन्य साथियों के साथ लखनऊ की जेल में रखा गया। उन्हें राजकुमार सिन्हा, सुरेशचन्द्र भट्टाचार्य डुबलिस को दस वर्ष की कैद हुई। 6 अप्रैल, 1927 को लखनऊ की अदालत में जज हेमिल्टन ने 10 वर्ष के कठोर कारावास का दण्ड सुनाया। प्रेमकृष्ण खन्ना, रामदुलारे त्रिवेदी व भूपेंद्रनाथ सान्याल को पाँच-पाँच साल की, रामनाथ पाण्डे को तीन और प्राणवेश को चार साल की कैद की सज़ा हुई थी।

स्वतंत्रता के पश्चात् देश की आत्मा व समाज के नैतिक पतन को देखते हुए वे राजनीति से अलग हो गए। आज़ादी से पूर्व जो संघर्ष की भावना थी उसी त्याग व बलिदान की भावना के साथ युवाओं को उठकर सामने आना चाहिए, यह उनकी इच्छा थी। वे देश के पतन के लिए नेताओं को ज़िम्मेदार मानते थे। 18 अक्टूबर, 1996 को उन्होंने अपने प्राण त्याग दिए। वे जीवन के अन्तिम पड़ाव तक अध्ययन-मनन से जुड़े रहे।

अजेय सेनापति

चन्द्रशेखर आज़ाद

भारतीय स्वातंत्र्य-संग्राम में, क्रांति की अवधारणा को एक तार्किक परिप्रेक्ष्य देने वाले सेनानायकों में चंद्रशेखर आज़ाद का नाम अग्रगण्य है। वे उत्कट देशभक्त, निस्सीम त्याग, अपरिमित शौर्य, अद्भुत साहस और अनुभवी सैन्य-नेतृत्व की साकार प्रतिमा थे। अलीराजपुर ज़िले (म. प्र.) के भावरा नामक ग्राम को 23 जुलाई, 1906 को उनकी जन्मभूमि बनने का सौभाग्य प्राप्त हुआ। उनके पिता पं. सीताराम तिवारी

संयुक्त प्रान्त के उन्नाव ज़िले के बदरका ग्राम से भीषण दुर्भिक्ष के क़ारण अपने सम्बन्धियों के साथ यहाँ आ बसे थे। आज भावरा ग्राम मध्यप्रदेश के आदिवासी-बहुल झाबुआ ज़िले में है। उस समय उस गाँव में दो-चार ब्राह्मणों की झोंपड़ियों को छोड़कर सारी बस्ती भील और मुसलमान लोगों की थी। पं. सीताराम तिवारी गांव की सीमा पर एक झोंपड़ी में रहते थे। आजीविका के लिए एक बाग में रखवाली करते थे। वे अत्यन्त निर्धन, सदाचारी, ईमानदार किन्तु क्रोधी स्वभाव के थे। चंद्रशेखर उनकी पाँचवीं सन्तान थे। तीन सन्तानें अल्पायु रही थीं। इस पाँचवीं सन्तान का पालन-पोषण उनकी माता ने अत्यन्त कष्ट से निर्धनता में किया था।

निर्भीकता चंद्रशेखर के स्वभाव में जन्मजात थी। अचूक निशाना साधना सम्भवतः उन्होंने भील बालकों से ही सीखा होगा। एक बार वे घर से अचानक बिना किसी को बताए बनारस जा पहुँचे। संस्कृत सीखने की अपनी इच्छा अपने साथियों पर प्रायः व्यक्त किया करते थे। अतः बनारस पहुँचकर एक मठ में संस्कृत का अध्ययन करने लगे। घर की दयनीय आर्थिक स्थिति और पिताजी का क्रोधी स्वभाव और फिर संस्कृत पढ़ने की अभिलाषा ही उन्हें बनारस खींच लाई थी।

देश में सर्वत्र असहयोग आन्दोलन का वातावरण था। विदेशी कपड़ों के बहिष्कार की भारत-भर में धूम थी। 1921 में चंद्रशेखर चौदह वर्ष के किशोर थे। इस किशोर अवस्था में वे इस स्वदेशी आन्दोलन में सम्मिलित हो गए। भावरा की कठिन परिस्थितियों ने उन्हें कष्टसहिष्णु, कठोर परिश्रमी, विकट परिस्थिति में संघर्ष करने वाला बना दिया था। इसी वर्ष के अन्त में ब्रिटेन के युवराज ड्यूक ऑफ विंडसर भारत यात्रा पर आए। कांग्रेस ने उनके आगमन का विरोध किया। सर्वत्र हड़ताल रखी गई। कहीं-कहीं दंगे भी हुए। सरकार ने अपना दमनचक्र प्रारम्भ किया। महात्मा गांधी को छह महीने का कारावास मिला। चंद्रशेखर ने बनारस के सरकारी विद्यालय पर धरना दिया। इसी अपराध में इस किशोर पर मुकदमा चला। मुकदमे के न्यायाधीश खारेघाट नामक एक पारसी व्यक्ति थे। सुनवाई के दौरान चंद्रशेखर ने जो उत्तर दिए, वे इतिहास की धरोहर हैं। न्यायाधीश ने पूछा, 'तुम्हारा नाम?' 'आज़ाद', 'पिता का नाम?' 'स्वतन्त्र', 'कहाँ के रहने वाले हो?' 'जेलखाने के।' चंद्रशेखर के इन निर्भीक उत्तरों से खारेघाट क्रुद्ध हो उठे। उन्होंने इस बालक को पन्द्रह कोड़ों की सज़ा सुनाई। उनके साथियों को ज़िले के कारागृह में भेजा गया और उन्हें केन्द्रीय जेल में। वहाँ का जेल-अधीक्षक गंगासिंह राजनीतिक कैदियों को यातना देने के लिए प्रसिद्ध था। सिपाहियों ने जब आज़ाद को मारने के लिए बाँधना शुरू किया तो वे बोले, 'बाँधते क्यों हो? मारो, मैं खड़ा हूँ।' सिपाही उनके नंगे बदन पर कोड़े बरसा रहे थे और वे 'वंदेमातरम्!', 'महात्मा गांधी की जय!' और 'गांधी बाबा की जय!' के नारे लगा

रहे थे। शरीर से खून बहने लगा, पर वे नारे लगाते रहे। अन्त में मूर्च्छित होकर गिर पड़े।

किशोर बालक चंद्रशेखर के कष्ट सहने की अद्भुत और रोमांचकारी कहानी वायुवेग से सारे बनारस शहर में फैल गई। शहर कांग्रेस समिति ने उनके अभिनन्दन के लिए एक आमसभा की घोषणा की। उस सभा में हज़ारों व्यक्ति उस किशोर क्रांतिकारी के दर्शन के लिए अत्यन्त उत्साह से एकत्रित हुए। श्री मन्मथनाथ गुप्त लिखते हैं कि इस सभा में चंद्रशेखर का अभिनन्दन उनकी वीरता के अनुरूप ही हुआ। काशी के इतिहास में वह एक अविस्मरणीय घटना है। सारी काशी नगरी आततायी सरकार से टक्कर लेने वाले उस किशोर को देखने व उसका प्रेम से अभिवादन करने के लिए उमड़ पड़ी थी। अनेकों के भाषण हुए। आज़ाद को मंच पर लाया गया। छोटे-से आज़ाद और दूर तक फैली भीड़। पीछे वालों को आज़ाद दिखाई ही नहीं दे रहे थे। तब उन्हें मेज़ पर खड़ा किया गया। लोगों ने 'महात्मा गांधी की जय' के नारों से सारा वातावरण गुंजायमान कर दिया। चंद्रशेखर ने छोटा-सा भाषण दिया। उनका सारा शरीर असंख्य हारों से ढंक गया। उनकी आँखें सिंह की आँखों के समान चमक रही थीं। उस दिन से चंद्रशेखर तिवारी चंद्रशेखर आज़ाद हो गए।

बनारस के सुप्रसिद्ध देशभक्त शिवप्रसाद गुप्त ने आज़ाद को अपने संरक्षण में लेकर काशी के राष्ट्रीय विद्यापीठ में भर्ती कर दिया। पहले दिन ही उनके दर्शनों के लिए विद्यार्थियों की भीड़ उमड़ पड़ी। थोड़े ही दिनों में चन्द्रशेखर ने शिवप्रसाद गुप्त का घर भी छोड़ दिया। शिक्षा अब उनका लक्ष्य नहीं था। उन्होंने आज़ादी प्राप्त करने की दिशा में स्वयं को समर्पित कर दिया था।

चौरीचौरा काण्ड के कारण असहयोग आन्दोलन स्थगित हो गया और महात्मा गांधी के अहिंसक मार्ग से उनकी आस्था डिगने लगी। इसी समय प्रख्यात क्रांतिकारी शचीन्द्रनाथ सान्याल संयुक्त प्रान्त में क्रांतिकारियों को संगठित कर रहे थे। श्री सान्याल कुछ ही दिनों पूर्व अण्डमान से छूटकर आए थे। उनकी 'बंदी जीवन' पुस्तक उस समय तक प्रसिद्ध हो चुकी थी। उस पुस्तक को पढ़कर अनेक लोग क्रांति की ओर आकर्षित हुए। श्री सान्याल ने 'हिन्दुस्तान रिपब्लिकन एसोसिएशन' नामक एक दल तैयार किया। इसका नेतृत्व राजेन्द्रनाथ लाहिड़ी को सौंपा गया। प्रणवेश चटर्जी इस सभा के सदस्य थे। उनका ध्यान चंद्रशेखर आज़ाद की ओर गया। चंद्रशेखर आज़ाद विद्यापीठ की पढ़ाई छोड़कर पुनः मठ में संस्कृत पढ़ने लगे थे। सम्भवतः मठ में स्वतंत्रता-संघर्ष के अनुकूल वातावरण रहा होगा। चटर्जी ने मन्मथनाथ गुप्त को आज़ाद को इस सभा का सदस्य बनाने का काम सौंपा। आज़ाद तो मानो तैयार ही बैठे थे। उन्होंने सदस्य बनना स्वीकार कर लिया। शीघ्र ही वे अपनी योग्यता के कारण अंतरंग समिति के सदस्य भी बना लिये गए।

चंद्रशेखर आज़ाद ने इस संस्था में नवीन कार्यकर्ताओं को जोड़ा। इस संस्था का उद्देश्य न केवल स्वतंत्रता प्राप्त करना, अपितु शोषणरहित प्रजातन्त्र की स्थापना करना भी था। इस दल में तरुण व अत्यन्त विश्वासपात्र व्यक्तियों की ही भर्ती की जाती थी। उनकी समितियाँ बनाकर उन्हें भिन्न-भिन्न कार्य दिए जाते थे। उनके मार्गदर्शन के लिए नियमित रूप से पथ-प्रदर्शक पाठ्यक्रम व बौद्धिक केन्द्रों की व्यवस्था की गई। शारीरिक शक्ति के लिए अखाड़े चलाना, शस्त्रास्त्र व विस्फोटक वस्तुओं का संग्रह, पूर्णकालिक कार्यकर्ताओं के लिए संगठन के इतर कार्यों के लिए निधि-संग्रह करना आदि कार्य संगठन के समक्ष थे। संगठन की गोपनीयता आवश्यक थी। धन के अभाव में कार्यक्रमों में बाधा पहुँचने लगी। आर्थिक अड़चनों से टक्कर लेने के लिए संगठन के सदस्यों ने डाके डालने का निर्णय लिया।

संगठन के प्रत्येक ऐसे कार्य 'एक्शन' कहे जाते थे। रामप्रसाद 'बिस्मिल' के नेतृत्व में आज़ाद और उनके साथियों ने द्वारिकापुरी में डाका डालने का निश्चय किया। सभी क्रांतिकारी बनारस की एक धर्मशाला में एकत्रित हुए। तभी रामशंकर नामक व्यक्ति से बातों-बातों में पिस्तौल का ट्रिगर दब गया। गोली की आवाज़ सुनकर सभी डर गए कि इस गोली का निशाना कौन बना होगा और इस धड़ाके की कमरे के बाहर क्या प्रतिक्रिया हुई होगी? चंद्रशेखर प्रत्युत्पन्नमति थे। उन्होंने पीने के लिए लाकर रखी हुई सोडा लेमन की बोतलों में से एक उठाकर ज़मीन पर पटक कर फोड़ डाली और सबसे एक-एक दो-दो की संख्या में बाहर जाने को कहा। सब लोग एक-एक दो-दो की संख्या में स्टेशन पहुँचने लगे।

चंद्रशेखर बाहर आकर पानवाले से झगड़ने लगे कि तुमने कैसी बोतलें दी हैं? इनमें इतनी गैस भरी है कि एक बोतल ज़ोर से फूटी, मानो बम फूटा हो। मेरे मेहमानों को कुछ हो जाता तो? पानवाला क्षमा माँगता रहा और वे तब तक झगड़ते रहे जब तक भीड़ नहीं जमा हो गई। जब इन्हें विश्वास हो गया कि उनके झगड़े को देख-सुनकर लोगों ने गोली की आवाज़ को बोतल की आवाज़ ही समझा है और अब तक बारूद की गन्ध भी समाप्त हो गई होगी, तब कहीं जाकर ये चुप हुए और गाड़ी छूटने के पूर्व ही स्टेशन पर पहुँच गए।

द्वारिकापुरी आने के पहले ही वे प्रतापगढ़ में उतर गए। प्रतापगढ़ से पैदल चलकर द्वारिकापुरी पहुँचे। इस एक्शन में आज़ाद ने पिस्तौल ज़मीन पर रखकर दोनों हाथों से साहूकार को पकड़ लिया। इस बीच उस घर की स्त्रियों ने पिस्तौल छिपा ली। क्रांतिकारी माल चादर में बाँधकर लौटने लगे। उस चादर को एक ओर से क्रांतिकारी रामकृष्ण खत्री और दूसरी ओर से लाहिड़ी पकड़े हुए थे। गाँववालों के अचूक निशानों से अपने को बचाते हुए वे चल रहे थे कि इतने में गड्ढे में गिर पड़े।

'बिस्मिल' का आदेश था कि किसी को गोली नहीं मारी जाए, इसलिए गाँववाले पीछा करते हुए आ रहे थे। इस डकैती में हाथ तो कुछ लगा नहीं, उलटे आज़ाद ने अपनी पिस्तौल भी गँवा दी। इसलिए 'बिस्मिल' ने एक्शन के समय शस्त्र गले में बाँधने का आदेश दिया।

दल के सामने पैसे की आवश्यकता मुँह फाड़े खड़ी थी। कार्यकर्ताओं के पास बदलने तक को वस्त्र नहीं थे। शरीर के कपड़े फट चुके थे। कुछ को तो बिलकुल उपवास करना पड़ रहा था। आज़ाद धन की उस तत्काल आवश्यकता को लेकर चिन्तित थे। वे सुबह से आधी रात तक दल के कार्य में जुटे रहते। वकील, डॉक्टर, साधु व व्यापारी सभी से मेलजोल बढ़ाते रहते थे। उसके पास भरी हुई पिस्तौल सदैव रहती, जबकि अन्य सदस्यों को एक्शन के अतिरिक्त पिस्तौल रखने की अनमुति नहीं थी। वे सर्राफा बाज़ार में धनी व्यापारी की तलाश में घूमते रहते, पर उन्हें ऐसा कोई अवसर नहीं मिला।

रामकृष्ण खत्री उस समय उदासी साधु थे। उनका परिचय गाज़ीपुर में गंगा के तट पर स्थित उदासी साधुओं के महंत से हो गया। महंत अत्यन्त रुग्ण थे, उनको तत्काल योग्य शिष्य की आवश्यकता थी। खत्रीजी ने यह बात आज़ाद को बता दी। वे शिष्य बनने के लिए तुरन्त तैयार हो गए। डकैती की तुलना में धन-प्राप्ति का यह साधन श्रेष्ठ था। आज़ाद ने उन महंतजी की इतनी सेवा की कि मरणोन्मुख स्वामीजी पूर्ण स्वस्थ हो गए और आज़ाद को पीछा छुड़ाने के लिए भागकर बनारस आना पड़ा।

संगठन का विस्तार हो रहा था और आर्थिक संकट गम्भीर से गम्भीर होता जा रहा था। संगठन ने उत्तर भारत के अनेक शहरों में दो-दो, तीन-तीन मकान किराए पर ले रखे थे। आगरा और दिल्ली में बम बनाने के कारखाने थे। झाँसी के पास की एक-दो रियासतों में शस्त्र-संचालन का प्रशिक्षण दिया जाता था। इतने सारे खर्च थोड़े-से चंदे के भरोसे कैसे निभते, इसलिए डकैती आवश्यक लगने लगी थी।

1925 में दल के नेताओं की बैठक में रामप्रसाद 'बिस्मिल' ने लखनऊ जाने वाली पैसेंजर ट्रेन में रखे सरकारी खज़ाने को लूटने का प्रस्ताव रखा। उन्होंने देख लिया था कि गार्ड के डिब्बे में एक सन्दूक रहता है, जिसमें सभी स्टेशनों से ला-लाकर सीलबंद रकम डाली जाती है। अशफ़ाक़ उल्ला खां ने इसका विरोध किया कि इस प्रकार सरकार की नजरों में आने का खतरा है, पर अन्यों की सहमति होने के कारण यह प्रस्ताव मान लिया गया। 9 अगस्त, 1925 को योजना को मूर्त रूप देने का निश्चय हुआ। गाड़ी को लखनऊ से पहले काकोरी स्टेशन के समीप रोककर लूटने की योजना बनी। योजनानुसार राजेन्द्रनाथ लाहिड़ी व शचीन्द्रनाथ बख़्शी ने द्वितीय

श्रेणी व चंद्रशेखर आज़ाद, केशव चक्रवर्ती, मुरारीलाल, मुकुंदीलाल, बनवारी लाल, रामप्रसाद 'बिस्मिल' व मन्मथनाथ गुप्त ने तृतीय श्रेणी के टिकट लिए। राजेन्द्रनाथ लाहिड़ी व शचीन्द्रनाथ बख़्शी काकोरी स्टेशन से चढ़े। गाड़ी छूटते ही उन्होंने ज़ेवरात का डिब्बा छूट जाने के बहाने सांकल खींचकर गाड़ी रोक दी। वे दसों लोग नीचे उतरे। रेलगाड़ी के गार्ड और ड्राइवर दोनों अंग्रेज़ थे। डकैती डालने वालों ने उन्हें नीचे उतारकर चुपचाप लेटे रहने का आदेश दिया। यात्रियों को नीचे न उतरने की सख्त हिदायत दी गई। दस क्रांतिकारियों ने बीस-पच्चीस मिनट में गाड़ी में रखा खज़ाना लूट लिया। अंग्रेज़ गार्ड और ड्राइवर इस अप्रत्याशित घटना से इतने घबरा गए थे कि क्रांतिकारियों के चले जाने पर भी वे अपनी जगह से नहीं हिले। प्रवासी अंग्रेज़ इंजीनियर शौचालय में छिपा रहा। दो सैनिक अधिकारी बेंच के नीचे छिपे रहे।

क्रांतिकारियों ने लखनऊ पहुँचकर सर्वप्रथम नोट बदलने का काम किया। कुछ नोट जो बदले नहीं जा सके वे शाहजहांपुर में पाए गए। इसी आधार पर रामप्रसाद 'बिस्मिल' पकड़े गए। अंग्रेज़ हुकूमत को यह विश्वास था कि यह कार्य क्रांतिकारियों का है। अतः बिना किसी सबूत के शक के दायरे में आने वाले सभी क्रांतिकारियों को पकड़ना शुरू कर दिया गया। काकोरी काण्ड में केवल दस क्रांतिकारी पकड़े गए। सरकार ने गिरफ्तार क्रांतिकारियों को अलग-अलग जेलों में बन्द कर उनमें मनमुटाव पैदा करने की भरपूर कोशिश की। कुछ के मुखबिर बन जाने के कारण पच्चीस क्रांतिकारियों पर मुकदमा चला। क्रांतिकारियों की ओर से पहले कोई वकील सामने नहीं आया, फिर मोतीलाल जी नेहरू के सामने आने पर गोविंदवल्लभ पंत, चन्द्रभानु गुप्त, मोहनलाल सक्सेना, अजितप्रसाद जैन, बी. के. चौधरी आदि ने भी इस मुकदमे में पैरवी की।

काकोरी काण्ड के अभियुक्तों को फाँसी होगी, यह चर्चा सर्वत्र थी। चंद्रशेखर इसे सुनकर अपने साथियों की सम्भाव्य नियति की कल्पना करके अत्यन्त विकल हो उठे। ध्यान रखने की बात यह भी है कि चंद्रशेखर आज़ाद काकोरी केस के अकेले ऐसे क्रांतिकारी थे, जो अन्त तक पकड़े नहीं जा सके। फरवरी 1937 में अन्तिम शहादत से पहले कभी पुलिस उनकी छाया तक को नहीं छू पाई। उन्होंने कोर्ट ले जाते समय पुलिस की सशस्त्र व सज्जित गाड़ी पर आक्रमण करने जैसी साहसी योजनाएँ बनाईं। परन्तु दुर्भाग्य से पुलिस को उनकी भी खबर लग गई।

संगठन को काकोरी काण्ड की धरपकड़ से ज़बर्दस्त झटका लगा। आज़ाद काफी समय तक अज्ञातवास में रहे। झाँसी और ओरछा रियासत के जंगलों में भटकते रहे। अब वे हरिशंकर ब्रह्मचारी थे। झाँसी में उन्होंने क्रांति दल की एक शाखा स्थापित

की। भगतसिंह, सुखदेव, राजगुरु, भगवानदास माहौर, सदाशिवराव मलकापुरकर, विश्वनाथराव वैशम्पायन, शिव वर्मा, जयदेव कपूर, विजयकुमार सिन्हा, यशपाल, प्रो. नंदकिशोर निगम, कुन्दनलाल, काशीराम, राजेंद्रपालसिंह, सुरेंद्र पांडे, भगवतीचरण बोहरा, दुर्गा भाभी, सुशीला दीदी, डॉ. गयाप्रसाद, हंसराज वायरलेस, सुखदेवराज, प्रकाशवती पाल, महावीर सिंह, बटुकेश्वर दत्त, विमलप्रसाद जैन आदि अनेक इस नवगठित दल के सदस्य थे। अब इस दल का नाम 'हिन्दुस्तान सोशलिस्ट रिपब्लिकन एसोसिएशन एण्ड आर्मी' रखा गया। दल की सात सदस्यीय केन्द्रीय समिति के प्रमुख चंद्रशेखर आज़ाद थे। उन्होंने अनेक स्थानों पर अपनी सेना के केन्द्र स्थापित किए, यद्यपि सेनापति के रहने के स्थान हमेशा बदलते रहते थे।

साइमन कमीशन के विरोध में हुए प्रदर्शन के अवसर पर लाला लाजपतराय की पुलिस की मार के कारण मृत्यु हो गई, जिसके प्रतिशोध के लिए साँडर्स की हत्या की योजना रची गई। इस योजना का नेतृत्व चंद्रशेखर के हाथों में था। साँडर्स हेड कांस्टेबल चाननसिंह के साथ मोटरसाइकिल पर पुलिस थाने से निकला। निकलते ही दो क्रांतिकारियों ने गोली चलाकर उसे नीचे गिरा दिया। चाननसिंह ने भागते हुए साइकिल सवारों का पीछा किया। वे दयानंद आर्ट्स कॉलेज हॉस्टल के दरवाज़े से अन्दर घुसे। दरवाज़े पर चंद्रशेखर खड़े थे। उन्होंने चाननसिंह से आक्रमणकारियों का पीछा न करने की प्रार्थना की। उसके न मानने पर चंद्रशेखर ने उसे गोली से उड़ा दिया। जिस समय भगतसिंह और राजगुरु पुलिस थाने पर हमला कर रहे थे चंद्रशेखर भी थोड़ी दूर पर खड़े थे। पुलिस ने छात्रावास को चारों तरफ से घेर लिया। सम्पूर्ण लाहौर में गुप्तचर लगा दिए गए। लाहौर से बाहर जाने वाले सभी मार्गों पर पहरेदार नियुक्त कर दिए गए। रेलवे स्टेशन पर.पुलिस का गुप्त जाल बिछा हुआ था। इतने सख्त बन्दोबस्त के बावजूद दूसरे दिन लाहौर शहर में स्थान-स्थान पर दीवारों पर पर्चे चिपके हुए थे, जिन पर लाल स्याही से लिखा हुआ था कि 'साँडर्स मारा गया', 'लालाजी का बदला ले लिया गया', 'क्रांति चिरायु हो।' साँडर्स-वध के लिए अंग्रेज़ी शासन किसी को भी नहीं पकड़ सका। भगतसिंह और राजगुरु दुर्गा भाभी के साथ लाहौर से निकल कर कलकत्ता पहुँच गए। आज़ाद भी एक ब्राह्मण के वेश में वृद्ध ब्राह्मणों के साथ लाहौर से बाहर आ गए।

धीरे-धीरे जनता के मन में क्रांतिकारियों के प्रति श्रद्धा उत्पन्न होने लगी थी। विशेष रूप से काकोरी काण्ड के अभियुक्तों के साथ अंग्रेज़ों ने जो अत्याचार किए थे, उनके विवरण सुन-पढ़कर जनता कुछ जागरूक हो गई थी। अनेक उदारमना लोगों ने आर्थिक सहायता गुप्तदान के रूप में दी। आज़ाद यह सारा धन बम-निर्माण करने, शस्त्रास्त्र की खरीद में, पर्चे छापकर बाँटने में खर्च करते थे। कलकत्ता, लाहौर, आगरा,

सहारनपुर में बम बनाने के कारखाने खोले गए। कानपुर में स्वयं आज़ाद की निगरानी में यतीन्द्रनाथ दास के कुशल मार्गदर्शन में बम बनाए जाने लगे और तरुणों को तैयार करने के लिए प्रशिक्षण दिया जाने लगा।

9 अप्रैल, 1929 को केन्द्रीय विधानसभा में बम-विस्फोट की ऐतिहासिक घटना घटित हुई। यह साहसी कार्य सरदार भगतसिंह और बटुकेश्वर दत्त ने किया था। बम-विस्फोट के विषय में दल में पूर्ण विचार-विमर्श हुआ था। दल का प्रत्येक व्यक्ति जानता था कि दोनों पकड़े जाएँगे और उन्हें फाँसी की सज़ा होगी। भगतसिंह और बटुकेश्वर दत्त ने स्वयं गिरफ्तारी दी, क्योंकि वे न्यायालय को क्रांति के प्रचार का माध्यम बनाना चाहते थे। इस सन्दर्भ में सरकार चंद्रशेखर आज़ाद को पकड़ने का पूर्ण प्रयत्न कर रही थी, परन्तु आज़ाद वं उनके अनन्य मित्र—मार्क्सवादी साहित्यकार यशपाल तथा अन्य सात साथी फरार ही रहे ।

प्रथम विश्वयुद्ध के पश्चात् ब्रिटिश सरकार ने भारतीयों की अपेक्षाएँ धूल में मिला दी थीं। इस असन्तोष का विस्फोट 23 दिसम्बर, 1929 को गवर्नर आयरविन की विशेष गाड़ी के नीचे बम बिस्फोट के रूप में हुआ। गांधीजी ने 'कल्ट ऑफ द बॉम्ब' नामक लेख लिखकर इसका विरोध किया, जिसके उत्तर में 26 जनवरी, 1930 को 'फिलॉसफी ऑफ द बॉम्ब' पर्चा बाँटा गया। इसके लेखक यशपाल व भगवतीचरण बोहरा थे, परन्तु सारी व्यवस्था चंद्रशेखर आज़ाद की थी।

आयरविन की विशेष गाड़ी पर बम फेंकने के अभियोग में सरकार चंद्रशेखर आज़ाद को पकड़ना चाहती थी। फरार आरोपियों की सूची में उनका नाम था, तथापि वे भगतसिंह और राजगुरु को छुड़ाने के प्रयत्न में लगे थे। परन्तु उनकी यह योजना भी असफल हुई।

दल ने चंद्रशेखर पर किसी भी एक्शन में भाग लेने पर प्रतिबंध लगा रखा था। उनके मित्र धन जुटाने के लिए अवसर खोजते रहते थे। परन्तु कोई उपाय सूझ नहीं रहा था। तब आज़ाद ने ही एक योजना बनाई और एक शेवरलेट गाड़ी में शस्त्रसज्जित होकर रात के नौ-दस बजे वे अपने साथियों सहित निकले। कार को कम्पनी बाग, दिल्ली में छोड़ दिया गया और ड्राइवर को आदेश दिया गया कि साथियों का इशारा मिलते ही कार को चालू कर देना। सहकारियों को फाटक पर छोड़कर वे स्वयं चांदनी चौक के गाडोदिया स्टोर्स में घुसे। खज़ांची को छोड़कर सब कर्मचारियों को पिस्तौल की नोक पर एक कमरे में बंद कर दिया। तेरह हज़ार रुपये लेकर दौड़ते हुए कम्पनी बाग में आए। कार चालू थी। इस खुली कार में चारों दिशाओं में शस्त्र लेकर क्रांतिकारी बैठ गए और कार शीघ्रता से चल पड़ी। रास्ते में कार रोकने की चेष्टा करने वाले मि. पिची को आज़ाद ने धक्का देकर गिरा दिया। खूब

दूर निकल जाने पर आज़ाद रुपये लेकर एक छात्रावास के अधीक्षक के घर रुके। मित्रों को कार लेकर दूर भेज दिया। पुलिस छात्रावास में आई। अधीक्षक ने कहा, 'छुट्टियाँ होने के कारण छात्रावास सुनसान है। एक कार मेरे बच्चों को लेकर अवश्य आई थी।' दूसरे दिन आज़ाद छात्रावास से भी निकल गए। पुलिस कोई पता नहीं लगा सकी।

गाडोदिया स्टोर्स के मालिक को जब यह पता लगा कि यह कार्य क्रांतिकारियों का है और आज़ाद स्वयं उसका नेतृत्व कर रहे थे, तो उन्होंने कर्मचारियों को पुलिस की सहायता न करने के निर्देश दिए और आज़ाद को सन्देश भिजवाया कि रुपयों के लिए प्राण संकटों में डालने की आवश्यकता नहीं है। संदेश भिजवाइए, मैं स्वयं व्यवस्था करूँगा।

आज़ाद विकट और विपरीत परिस्थितियों में भी अचूक और साहसिक निर्णय लिया करते थे। उनके मित्र विश्वनाथ वैशम्पायन का कथन है कि सी.आई.डी उन्हें जीवित या मृत पकड़ने के लिए हाथ धोकर पीछे पड़ी थी। उन्हीं दिनों की बात है। कानपुर के सी.आई.डी इंचार्ज रायसाहब शंभूनाथ को खबर मिली कि गरम शाल ओढ़कर आज़ाद इलाहाबाद से कानपुर जा रहे हैं। उनका रंग साँवला, कद ऊँचा और शरीर तगड़ा है। खबर सही थी। जब आज़ाद वैशम्पायन के साथ जाने के लिए निकले, तब वे सचमुच गरम शाल ओढ़े हुए थे। रास्ते में दर्ज़ी की दुकान से लेकर सूट पहना और उतारे हुए कपड़े लपेटकर हाथ में ले लिए। ट्रेन जब कानपुर पहुँची, तो उन्होंने देखा कि दोनों ओर पुलिस खड़ी है। उन्हें समझने में देर नहीं लगी कि पुलिस किसके स्वागत के लिए सुसज्जित है। उन्होंने वैशम्पायन को अपने साथ न रहने का निर्देश दिया। एक स्थान पर दो व्यक्तियों के जीवन को संकट में डालना उचित नहीं है। परन्तु वैशम्पायन ने अपने नेता के आदेश का पालन करना अस्वीकार कर दिया। दोनों ही अपनी-अपनी सन्दूकें संभालते हुए बाहर आए।

बाहर निकलकर उन्होंने भीड़ से निकलने की जल्दबाज़ी न करते हुए एक बैंच पर बैठना ठीक समझा। कुली से कहा, 'मेरी छाती में दर्द है। मैं थोड़ा आराम करना चाहता हूँ। देरी का पैसा चुका दूँगा।' भीड़ कम होने तक उन्होंने बैंच पर आराम किया। इस समय तक सी.आई.डी. और पुलिसवाले भी चले गए। उन्हें लगा या तो खबर गलत थी या आज़ाद ने अपनी यात्रा रद्द कर दी होगी। कानपुर में वे रायसाहब शंभूनाथ के ही घर की ऊपर की मंज़िल पर जाकर ठहरे।

काकोरी काण्ड के समय से ही फरार चन्द्रशेखर के छायाचित्र रेल के बड़े-बड़े स्टेशनों और चौक पर लगे हुए थे। उन पर मोटी धनराशि का पुरस्कार घोषित किया गया था। परन्तु उन्हें पकड़ना कठिन काम था। जीवन कें आखिरी दिनों में उनका

मन कुछ बेचैन-सा रहने लगा था। उनके मित्र गिरफ्तार हो गए थे और जो शेष थे, वे विश्वास के योग्य नहीं रहे थे। उनके ऐसे ही मित्रों में एक थे वीरभद्र तिवारी, जिनके विश्वासघात से 27 फरवरी, 1931 का दिन भारत के क्रांतिकारी आन्दोलन के लिए काला दिन बनकर आया। उसी दिन इलाहाबाद के अल्फ्रेड पार्क में ब्रिटिश साम्राज्यशाही से सशस्त्र टक्कर लेते हुए अजेय सेनानी आज़ाद ने अपनी प्राणाहुति दी।

क्रांति दल ने यशपाल को रूसी क्रांति को समझने व उसका अध्ययन करने के लिए रूस भेजने का निर्णय किया। चंद्रशेखर आज़ाद ने उन्हें आर्थिक सहायता देना स्वीकार किया। उन्हें डेढ़ हज़ार रुपये की पहली किस्त दे दी भी गई। कुछ धन और देना था। 27 फरवरी को यशपाल और सुरेन्द्र पांडे इलाहाबाद के कटरा बाज़ार से निकले। अलफ्रेड पार्क में उनकी भेंट सुखदेवराज से हुई। यशपाल स्वेटर खरीदने चले गए, किन्तु आज़ाद और सुखदेवराज पार्क में रुके रहे। तभी एक व्यक्ति ने आज़ाद को गौर से देखा। सुखदेवराज ने आज़ाद से उस व्यक्ति के विषय में शंका व्यक्त की। आज़ाद ने उधर ध्यान न देकर एक अन्य व्यक्ति की ओर उँगली उठा कर कहा, 'यह वीरभद्र है।' वीरभद्र ने भी दूर से आज़ाद को देखा। वह आज़ाद की निगरानी ही कर रहा था। फिर भी आज़ाद ने उसे गम्भीरता से नहीं लिया।

वीरभद्र ने तत्काल इलाहाबाद विश्वविद्यालय जाकर पुलिस थाने पर इसकी सूचना दे दी। सूचना मिलते ही डी. एस. पी. ठाकुर विश्वेश्वर सिंह, गुप्तचर विभाग के प्रमुख एस. टी. हॉकिन्स व कानूनी सलाहकार डालचंद ये सब वहाँ पहुँचे। पार्क में प्रवेश करते समय जिसने आज़ाद को गौर से देखा था वह डालचंद था। उसने पुलिस अधीक्षक नॉट बॉबर को बुला लिया। नॉट बॉबर सशस्त्र पुलिस की टुकड़ी सहित पार्क में आए।

अब चन्द्रशेखर के चारों ओर पुलिस थी। नॉट बॉबर को 'तुम कौन हो?' प्रश्न का उत्तर चंद्रशेखर की पिस्तौल से छूटी हुई गोलियों से मिला। नॉट बॉबर एक पेड़ के पीछे छिप गया। उसके मातहत अधिकारी नाली की ओर बढ़े। आज़ाद ने सुखदेवराज को भागने का आदेश दिया। ठाकुर विश्वेश्वरसिंह पचास-साठ फुट की दूरी से झाड़ी से गोलियाँ दाग रहे थे। आज़ाद अचूक निशानेबाज़ थे। उन्होंने निशाना साधकर ठाकुर के मुख का बायाँ हिस्सा फोड़ दिया। आज़ाद पर चारों ओर से गोलियों की वृष्टि होने लगी। तब भी लगभग बीस मिनट तक वे साहस से लड़ते रहे। इतने सिपाही और इतना असला होने के बावजूद वे उन्हें पकड़ नहीं सके। अनेक गोलियाँ आज़ाद के शरीर में घुस गईं और वे ज़मीन पर गिर पड़े। तब उन्होंने स्वयं एक गोली अपने सीने पर दाग ली। चंद्रशेखर की मृतदेह के समीप भी जाने की किसी

की हिम्मत नहीं थी। आज़ाद हमेशा कहा करते थे कि 'मैं जीते-जी अंग्रेज़ी हुकूमत के हाथ नहीं लगूँगा।' और उन्होंने अपनी यह प्रतिज्ञा पूर्ण की।

चंद्रशेखर पाँच भाई-बहन थे। उनमें से तीन बचपन में ही काल-कवलित हो गए थे। चौथा भाई पोस्टमैन था, वह भी विवाह के पूर्व ही दिवंगत हो गया था। चंद्रशेखर ने बचपन में ही घर से निकल कर अपने-आपको भारत माता के चरणों में समर्पित कर दिया था। उनकी शहादत के पश्चात् उनकी माँ ने साढ़े सत्रह वर्ष भुखमरी में बिताए। चंद्रशेखर फरारी व क्रांतिकारी जीवन व्यतीत कर रहे थे, इसलिए चाहते हुए भी स्वयं माँ से मिलने नहीं जाते। याद में विह्वल होकर भी भारत माता के प्रति अपने कर्तव्य को याद किया करते थे। स्वतंत्रता के पश्चात् उनकी माँ को प्रदेश सरकार व केन्द्र सरकार ने पच्चीस रुपयों की पेंशन प्रदान की।

चंद्रशेखर दृढ़संकल्पी थे। शरीर में विलक्षण शक्ति थी। स्थूल शरीर में भी अनपेक्षित चपलता थी। अचूक निशाना, विलक्षण रणकौशल, अदम्य साहस, अनुपम वीरता व अप्रतिम कष्टसहिष्णुता आदि गुणों के कारण ही वे संघ के प्रमुख बने थे। उनके साहस की अनेक कथाएँ हैं। एक बार दो सिपाही आज़ाद को निःशस्त्र जानकर पकड़कर पुल पर से ले जा रहे थे। उन्होंने दोनों सिपाहियों को धक्का देकर नदी में छलांग लगा दी। पुलिस पीछे पड़ी हुई थी, तब भी उन्होंने झाँसी के पुलिस अधीक्षक के समक्ष परीक्षा देकर उनसे वाहनचालक का अनुज्ञप्ति पत्र पा लिया।

एक बार रीवाँ में वे लॉरी ड्राइवर की नौकरी कर रहे थे। उस समय वे अज्ञातवास में थे। पुलिस को खबर मिलते ही वह उनको पकड़ने के लिए सशस्त्र दलसहित वहाँ पहुँची। पुलिस ने सतना स्टेशन पर उतरते ही पास ही खड़े लॉरी ड्राइवर से आज़ाद के विषय में पूछताछ की। लॉरी ड्राइवर आज़ाद ही थे। वे तुरन्त बोले, 'हाँ, मैं उसे पहचानता हूँ। वह अभी-अभी लॉरी लेकर रीवाँ गया है।' और वे उन्हें लेकर रीवाँ लेकर पहुँचे। रास्ते में वे आज़ाद के बारे में क्या जानते हैं यह रहस्य भी जान लिया। रीवाँ पहुँचने पर 'आप रुकिए, मैं अभी आता हूँ' कहकर जो गए, तो आए ही नहीं।

आज़ाद अतिशय मितव्ययी थे। अनेक बार उन्हें पेट-भर भोजन भी नसीब नहीं होता था। वे अनुशासन के अत्यन्त भक्त थे। संगठन-कौशल तो उनका उल्लेखनीय गुण था। क्रोध में भी वाणी और हाथों पर उनका विलक्षण संयम था। वे विनोदी तथा हाज़िरजवाब भी थे।

स्त्रियों के विषय में, वैशम्पायन के अनुसार, उनके विचार रूढ़िवादी थे। परन्तु उनके जीवन की घटनाएँ बताती हैं कि वे स्त्रियों का बहुत मान-सम्मान करते थे। बनारस स्टेशन पर एक अंग्रेज़ सिपाही ने एक हिन्दुस्तानी तरुणी पर सिगरेट का धुआँ छोड़ा, इसे देखते ही आज़ाद ने उस सिपाही को इतना पीटा कि वह घबराकर

क्षमायाचना करता रहा।

एक और घटना है। उनका पड़ोसी अपनी पत्नी को रोज़ मारता-पीटता था। एक दिन उन्होंने उसके घर जाकर उसके हाथ पकड़ लिए। वह व्यक्ति उनको साले-साले कह कर गाली देने लगा। चंद्रशेखर बोले, 'अब तुम्हारी पत्नी मेरी बहन हुई। तुम उसको मार नहीं सकते।' वह डर गया, फिर कभी उसके घर से मारने-पीटने की आवाज़ नहीं आई।

शहादत के बाद चंद्रशेखर आज़ाद के एक दूर के सम्बन्धी ने उनकी मृतदेह प्राप्त करने की कोशिश की, पर वह उन्हें नहीं मिली। जब वे रसूलाबाद पहुँचे तो आज़ाद की देह आधी जल चुकी थी। उन्होंने अस्थियों को एकत्रित कर लिया।

विद्यार्थी संघ ने खादी भण्डार से एक प्रतीकात्मक शवयात्रा निकाली। शव के रूप में तख्त पर एक चादर थी। उसे कंधों पर उठाकर लोग स्वयंस्फूर्त जुलूस के रूप में एक पार्क में पहुँचे। सभी नंगे सिर और नंगे पैर थे। विद्यार्थी संघ के अध्यक्ष मोहनलाल गौतम की अध्यक्षता में एक सभा हुई। इस सभा में पुरुषोत्तमदास टण्डन, कमला नेहरू, मंगलदेव सिंह, काशीराम तिवारी, वसंतलाल शर्मा, शिव विनायक मिश्र व श्रीमती प्रतिभा शचीन्द्रनाथ सान्याल आदि के भाषण हुए। इलाहाबाद पूरा बंद रहा। कहा जाता है जिस वृक्ष के नीचे आज़ाद ने अपने प्राण त्यागे थे, दूसरे दिन वह फूलों से लदा हुआ था। जनता ने वृक्ष पर आज़ाद का नाम उकेर दिया था। विद्यार्थी पेड़ के नीचे की मिट्टी ले गए थे। सारी जनता का उनके प्रति असीम प्रेम व आदर दिखाई देता था। युवकों के तो वे प्राणप्रिय आदर्श नेता थे ही।

मालवीयजी का उन पर अनुपम प्रेम था। उन्होंने पद्मकांत मालवीय को उस वीर ब्राह्मण बालक के विधिवत् व सर्वोच्च सेनानी की गरिमा के अनुरूप अंतिम संस्कार के लिए भेजा था। एक अन्य विवरण के अनुसार उनकी भस्मी का जुलूस निकला था। एक चौराहे पर पुष्पों से अलंकृत अस्थिकलश व आज़ाद का चित्र रखकर जुलूस निकाला गया था। अमर क्रांतिकारी शचीन्द्रनाथ सान्याल की पत्नी श्रीमती प्रतिभा ने भाषण में कहा, 'खुदीराम बोस की भस्म लोगों ने तावीज में रखकर अपने बच्चों को पहना दी थी। उसी भावना से मैं आज़ाद की भस्म लेने आई हूँ।' इस भाषण के पश्चात् जनता में भस्म प्राप्त करने के लिए अपार उत्साह दिखाई दिया।

जनता का आदर और उत्साह देखकर सरकार ने शहीद-स्थल के उस वृक्ष को काट डाला। स्वतंत्रता के पश्चात् बाबा राघवदास ने उसी जगह पुनः वृक्षारोपण किया। डॉ. भगवानदास माहौर लिखते हैं—हमारे दल में कुछ लोग प्रेमगीत लिखा और गाया

करते थे। उस पर चिढ़कर आज़ाद ने कहा, इस जीवन में कहाँ प्रेम-वेम? मेरी कविता सुनो :

दुश्मन की गोलियों का हम सामना करेंगे।
आज़ाद ही रहे हैं, आज़ाद ही रहेंगे।

और सचमुच वे जीवन-भर आज़ाद ही रहे। आज़ाद रहकर उन्होंने देश की आज़ादी का मार्ग प्रशस्त किया।

क्रांति का लक्ष्य समाजवाद से जोड़नेवाले

भगतसिंह

भगतसिंह का जन्म पंजाब के एक सिक्ख क्रांतिकारी परिवार में हुआ था। जिस दिन उनका जन्म हुआ उसी दिन उनके पिता व चाचा जेल से रिहा हुए थे। यही वजह थी कि स्वतंत्रता के प्रति उनका लगाव बचपन से था और गुलामी से नफरत करना उनके खून में था।

तथ्यों की दृष्टि से भगतसिंह का जन्म 27 अक्टूबर, 1907 को लायलपुर ज़िले

के बंगा गाँव में हुआ था। उन्होंने लाहौर के नेशनल कॉलेज में शिक्षा प्राप्त की। उस समय यह कॉलेज देशभक्तों का केंद्र था। कॉलेज में सुखदेव, यशपाल व भगवतीचरण बोहरा उनके मित्र थे। बाद में भगतसिंह कानपुर चले गये। वहाँ गणेशशंकर विद्यार्थी के 'प्रताप' अखबार में काम करना शुरू किया। यहीं पर उनकी मुलाक़ात चंद्रशेखर आज़ाद, बटुकेश्वर दत्त, शिव वर्मा, जयदेव कपूर व कुन्दनलाल गुप्त जैसे महान क्रांतिकारियों से हुई। आगे चलकर ये सभी 'हिन्दुस्तानी समाजवादी प्रजातंत्र सेना' के सैनिक बन गए और सशस्त्र क्रांति की मशाल को जलाए रखा।

भगतसिंह, सुखदेव व पंजाब से आए अन्य क्रांतिकारियों ने रामप्रसाद 'बिस्मिल' को जेल से छुड़वाने का दो बार प्रयत्न किया था। दूसरे प्रयत्न के समय भगतसिंह कानपुर में अनेक दिनों तक रहे। विजयकुमार सिन्हा रामप्रसाद 'बिस्मिल' से जेल में सम्पर्क बनाए रखते थे। 'बिस्मिल' ने उनकी योजना को स्वीकार भी कर लिया था। परन्तु इसी समय 'बिस्मिल' पर पहरेदारी और बढ़ा दी गई, जिससे उनका सम्पर्क टूट गया। मुकदमे के निर्णय की तारीख पास आ रही थी।

भगतसिंह ज्यादा-से-ज्यादा समय पढ़ने में बिताते थे। विक्टर ह्यूगो, हॉल केन, टॉल्स्टॉय, गोर्की, बर्नार्ड शॉ, डिकेन्स इत्यादि उनके पसंदीदा लेखक थे। उनकी चर्चा का विषय रहता था पूर्व क्रांतिकारियों का जीवन। कूका विद्रोह, ग़दर पार्टी का इतिहास, करतारसिंह, सूफी अम्बाप्रसाद आदि के बारे में बताते-बताते वे भावुक हो जाते थे।

'बिस्मिल' को बचाने की योजना में जयदेव कपूर को शामिल करने का निर्णय लिया गया। इस पर शिव वर्मा नाराज़ हो गए। उनको समझाते हुए भगतसिंह ने कहा, 'व्यक्ति का नाम महत्त्वपूर्ण है या पार्टी का?' शिव वर्मा ने कहा, 'पार्टी का।' शिव वर्मा को समझाते हुए भगतसिंह ने कहा कि सशस्त्र क्रांति का मतलब केवल अंग्रेज़ों व देशद्रोहियों का ख़ून करना नहीं, बल्कि 'स्वातन्त्र्य' इसका उद्देश्य है। इसके लिए सशस्त्र व व्यापक संगठन की आवश्यकता है। हमें जिस स्वतंत्रता की आवश्यकता है, उसका स्वरूप कैसा होना चाहिए? अंग्रेज़ों के बाद अस्तित्व में आने वाली सरकार का खाका कैसा होना चाहिए। इस आन्दोलन को, इस क्रांति को जनता का आधार कैसे प्राप्त हो? इत्यादि विचारों को जनता के सामने लाने की आवश्यकता है। 'बिस्मिल' को छुड़ाने की योजना में जो लोग शामिल नहीं हैं, उनको चाहिए कि वे पार्टी के संगठन व प्रचार के कार्य को करते रहें। केवल गोली खाकर या फाँसी पर चढ़कर यश प्राप्त करने से कहीं कठिन कार्य है पीछे रहकर प्रतिकूल परिस्थितियों से जूझना व जब सहानुभूति के दो शब्द भी बोलने वाला कोई न हो तब अपने आदर्शों व उद्देश्यों को अंजाम देना। शिव वर्मा को समझाते हुए भगतसिंह ने कहा कि केवल नींव का पत्थर होना ही महत्त्वपूर्ण है।

बहरहाल 'बिस्मिल' को छुड़ाने में उन्हें कोई सफलता नहीं मिली। मिली उन्हें जेल से भेजी गई बिस्मिल की एक ग़ज़ल—

मिट गया जब मिटने वाला, फिर सलाम आया तो क्या?
दिल की बर्बादी के बाद उनका पयाम आया तो क्या?
गईं जब सब उम्मीदें, मिट गए सारे ख्याल,
उस घड़ी गर नामाबर लेकर पयाम आया तो क्या?

यह ग़ज़ल लेकर भगतसिंह दीवार से पीठ टिकाए निर्जीव पुतले की तरह कुछ देर निःस्तब्ध रहे। उसके बाद वे गंगा नदी की ओर निकल पड़े। आधी रात तक वहीं बैठे रहे। शिव वर्मा आदि साथी उनको हॉस्टल में लाए। उस समय वे शिव वर्मा व जयदेव कपूर के साथ डी.ए.वी. कॉलेज के हॉस्टल में रुके हुए थे।

भगतसिंह ने महीनों परिश्रम करके संगठन को खड़ा किया था। 'बिस्मिल' को बचाने की योजना का ढाँचा तैयार था। शस्त्रास्त्रों को जमा कर लिया गया था। सभी साथी इकट्ठे हो गए थे। लक्ष्य सुलभ होता नज़र आ रहा था, परन्तु ऐन मौके पर निराशा ही हाथ लगी। यही दुःख भगतसिंह को कचोट रहा था। फिर भी उन्होंने दो दिन के भीतर ही अपनी भावनाओं पर विजय पा ली।

भगतसिंह ने फिर से साथियों को संगठित करना शुरू कर दिया। संगठन व प्रचार कैसे करना चाहिए? अड़चनों का सामना कैसे करना चाहिए? इस पर चर्चा की। आगे के कार्यक्रमों को निश्चित किया गया और जल्दी ही वापस लौटने का वादा कर वे पंजाब की ओर चले गए। यह प्रसंग सन् 1927 के शुरू का है।

इससे पूर्व सन् 1926 में भगतसिंह, भगवतीचरण बोहरा और यशपाल ने लाहौर में 'नौजवान भारत' की स्थापना की। इस सभा का उद्देश्य क्रांतिकारी आन्दोलन के तंत्र को पुनर्जीवित करना था और कार्य था क्रांति के विचार और उद्देश्यों का प्रचार करने के लिए आम सभाएँ करना, बयान देना, इश्तहार बाँटना आदि। भगतसिंह व उनके साथी इस बात से वाकिफ थे कि शोषण, गरीबी और विषमता पूरे विश्व की समस्या है। आर्थिक स्वातन्त्र्य के बिना भारत को पूर्ण स्वातन्त्र्य मिलना सम्भव नहीं है। इसलिए स्वतंत्रता के बाद के शासन की रूपरेखा पर भी वे विचार-विमर्श करते। हुतात्माओं के चित्रों की प्रदर्शनी लगा कर उनके बारे में जानकारी दी जाती थी। साथ ही क्रांतिकारी आन्दोलन के संक्षिप्त इतिहास को जनता के सामने रखा जाता था। प्रचार माध्यम ही सशक्त माध्यम है, ऐसी उनकी मान्यता थी।

'नौजवान भारत सभा' का एक और उद्देश्य था, सशस्त्र क्रांति के गुप्त संगठन

के लिए कार्यक्षेत्र तैयार करना और लोगों में साम्राज्यवाद के विरोध में राष्ट्रीयता की प्रबल भावना को जागृत करना। भगतसिंह इसके प्रथम महामंत्री व भगवतीचरण बोहरा प्रथम प्रचार मन्त्री चुने गए। सुखदेव, धन्वंतरी, यशपाल और एहसान इलाही आदि सभा के प्रमुख सक्रिय सदस्य नियुक्त किए गए। समाजवादी विचारधारा के कांग्रेसी युवकों को भी इस सभा में शामिल कर लिया गया।

सभा के कार्यकर्ताओं को प्रशिक्षित करने के लिए और राजनीतिक व सामाजिक दृष्टिकोण को परिमार्जित करने के लिए प्रिंसिपल छबीलदास ने 'व्हॉट टू रीड' नामक एक छोटी-सी पुस्तक प्रकाशित की। यह पुस्तक कार्यकर्ताओं को पढ़ने लायक अन्य पुस्तकों के चयन का मार्गदर्शन करती थी। उन परिस्थितियों में सशस्त्र क्रांति का आम प्रचार करना जितना भी सम्भव हो सकता था, उतना इस सभा में किया था।

भगतसिंह जब कानपुर आते थे, तब साथ में नौजवान भारत सभा का साहित्य भी लाते थे। वे कहते थे, 'अंग्रेज़ों की गुलामी के विरुद्ध लड़ना हमारी पहली लड़ाई है, परन्तु अंतिम लड़ाई तो शोषण के विरुद्ध लड़ना है।'

भगतसिंह से पहले प्रचार व जनसंपर्क की दिशा में इतने संगठित व नियोजनबद्ध कदम किसी ने नहीं उठाए थे। उन्होंने असेम्बली बम विस्फोट को प्रचार का माध्यम बनाया। असेम्बली में इश्तहारों को बाँटा गया। न्यायालयों के कटघरों में खड़े होकर उन्होंने अपने वक्तव्यों द्वारा प्रचार किया। वे श्रेष्ठ प्रचारक थे। प्रचार के दो माध्यम होते थे भाषण और लेखन। भगतसिंह श्रेष्ठ लेखक तो थे ही संभाषण और कौशल्य भी उनके पास था। युवकों व विद्यार्थियों में उनके भाषण लोकप्रिय थे। हिन्दी, उर्दू, पंजाबी व अंग्रेज़ी पर उनका अधिकार था। अमृतसर से निकलने वाले उर्दू समाचार पत्रों में उनके लेख नियमित प्रकाशित होते थे। 'कीर्ति' नामक पंजाबी पत्रिका में अलग-अलग नामों से क्रांतिकारियों के जीवन चरित्र वे प्रायः लिखा करते थे। हिन्दी के प्रताप, प्रभा, महारथी व चाँद आदि पत्र-पत्रिकाओं में उन्होंने बहुत लिखा है। अंग्रेज़ी में लिखे गए उनके लेखों, न्यायालयीन वक्तव्यों व अनेक पत्र-पत्रिकाओं के लेखों से उनकी सशक्त लेखन-शैली का प्रमाण मिलता है। असेम्बली बम विस्फोट के बाद दिया गया उनका वक्तव्य तो अन्तरराष्ट्रीय स्तर का दस्तावेज़ बन गया था। पुस्तक और रिवाल्वर वे हर समय अपने साथ रखते थे। सन् 1923-24 में जब उनका विवाह तय हुआ था तो वे भागकर कानपुर आ गए थे। कुछ दिन दिल्ली में बिताये। जब वे वापस लाहौर लौटे तब उनकी हालत बहुत खराब हो चुकी थी। शरीर पर ठीक से कपड़े नहीं थे। पगड़ी की जगह सिर पर छोटा पंचा था। कमीज़ पहने हुए नहीं थे। कमीज़ के स्थान पर खादी का साधारण-सा कोट था। उस कोट की बाँहें फटी हुई थीं। उसकी जगह पैजामे की टाँगें जोड़ी गयी थीं। पैजामे की जगह तब

तहमद लपेटे रहते। इस हालत में भी उनकी जेब में पुस्तकें ज़रूर रहती थीं। भगतसिंह को संगीत, कला व सौन्दर्य से भी बड़ा लगाव था। वे स्वभाव से विनोदी थे।

उस समय क्रांतिकारियों का कोई भी देशव्यापी संगठन नहीं था। बंगाल में अनुशीलन समिति व युगान्तर आश्रम, पंजाब में ग़दर पार्टी, संयुक्त प्रान्त व बिहार में 'हिन्दुस्तान प्रजातन्त्र संघ' आदि प्रमुख थे। भगतसिंह सभी को इकट्ठा कर देशव्यापी संगठन बनाना चाहते थे। इसी प्रयोजन के लिए सितम्बर 1928 में दिल्ली में सभी प्रान्तीय क्रांतिकारी प्रतिनिधियों की बैठक, आयोजित की गई। उस बैठक में दस प्रतिनिधि थे। बंगाल के बहुतांश क्रांतिकारी जेल में थे। जो बाहर थे, उन्होंने बैठक में शामिल होने से मना कर दिया था।

दिल्ली की बैठक का नेतृत्व भपतसिंह ने स्वयं किया था। इस बैठक में केन्द्रीय समिति का गठन किया गया जिसमें सुखदेव, फणींद्र घोष, कुंदनलाल गुप्त व शिव वर्मा को क्रमशः पंजाब, बिहार, राजस्थान व संयुक्त प्रान्त का संगठक बनाया गया। भगतसिंह व विजय कुमार सिन्हा पर प्रचार करने व अन्तरप्रान्तीय सम्पर्क बनाने की ज़िम्मेदारी सौंपी गई। चंद्रशेखर आज़ाद को मिलाकर सात सदस्य इस केन्द्रीय समिति में थे। आज़ाद को प्रथम सेनापति चुना गया, हालाँकि वे अनुपस्थित थे।

जब साइमन कमीशन का भारत आगमन हुआ, तब भगतसिंह, बटुकेश्वर दत्त और जयदेव कपूर पार्टी के निर्देशों के अनुसार उससे मिलना चाहते थे। परन्तु कड़ी सुरक्षा के कारण वे उसके आसपास भी फटक नहीं सके। उनके पास केवल रिवाल्वर ही था। इससे पार्टी को एहसास हुआ कि बम का होना भी ज़रूरी है। लाहौर के पंजाब नेशनल बैंक की मुख्य शाखा पर हमले की योजना थी, परन्तु गाड़ी बिगड़ने की वजह से योजना निष्फल हो गई। उसी समय 30 अक्टूबर, 1928 को साइमन कमीशन लाहौर आया। उसके विरोध में हुए प्रदर्शन पर लाठी चार्ज के कारण लाला लाजपत राय का स्वर्गवास हो गया। इसी का बदला लेने के लिए भगतसिंह व उनके साथियों ने आगे के कार्यक्रमों पर सोचना शुरू किया। अब बैंक लूटने का इरादा छोड़कर सांडर्स की हत्या का प्रस्ताव भगतसिंह का ही था।

सांडर्स की हत्या के बाद भगतसिंह का मन कुछ विचलित ज़रूर हुआ था। असेम्बली में बाँटे गए इश्तेहारों में उन्होंने लिखा था कि 'हमें इस बात का अफसोस है कि हमारे द्वारा कुछ लोगों का खून बहाया गया, परन्तु देश की स्वतंत्रता के लिए व मनुष्य द्वारा ही मनुष्य पर हो रहे शोषण को रोकने के लिए यह ज़रूरी है।'

सांडर्स की हत्या के बाद भगतसिंह दुर्गा भाभी के कहने पर, लाहौर छोड़कर कलकत्ता आ गए। दुर्गा भाभी भगवतीचरण बोहरा की पत्नी थीं और देशभक्त भी थीं।

सन् 1927-28 में सम्पूर्ण भारत में मज़दूरों की देशव्यापी हड़ताल चल रही

थी। इसको खत्म करने के लिए असेम्बली में ट्रेड डिस्प्यूट्स बिल और पब्लिक सेफ्टी बिल को रखा जाना था। देश की जनता व सभी राजनीतिक पक्ष इसका विरोध कर रहे थे। इसी समय वायसराय ने अपने भाषण में कहा कि 'यदि असेम्बली में इन बिलों को पास होने नहीं दिया गया तो अपने विशेषाधिकार के अन्तर्गत आर्डिनेन्स पास कर बिल के उद्देश्यों को अमल में लाया जाएगा।'

वायसराय के भाषण के बाद भगतसिंह ने पार्टी की केन्द्रीय समिति की बैठक बुलाई और बैठक में इस बात की पुष्टि की गई कि असेम्बली में बिल पास कर अंग्रेज़ दुनिया को यह दिखाना चाहते हैं कि प्रस्तावित दमनकारी कानूनों को भारत के ही लोक-प्रतिनिधियों ने पास किया है। इस बात का भी खुलासा किया गया कि सरकार अब बहरी हो गई है, क्योंकि इन कानूनों के विरोध में देश के कोने-कोने से उठ रही आवाज़ उसको सुनाई नहीं दे रही है। इसलिए उसके बहरेपन को दूर करना ज़रूरी है।

भगतसिंह के प्रस्ताव पर केन्द्रीय समिति ने निर्णय लिया कि असेम्बली में ट्रेड डिस्प्यूट्स बिल पर मतदान होने के बाद नतीजा आने से पूर्व ऊपरी गैलरी में बम फेंके जाएँ। बिल के प्रति लोगों के मन में फैल रहे असन्तोष को दर्शाना ही बम विस्फोट का उद्देश्य था। इसके साथ ही सोई हुई सरकार को जगाना भी आवश्यक था। किसी की जान लेना इस योजना का मकसद नहीं था। इसीलिए केन्द्रीय समिति ने निर्णय लिया कि बम फेंकने के साथ-साथ इश्तेहारों को बाँटा जाए जिससे पार्टी के उद्देश्यों को दुनिया के सामने लाया जा सके।

भगतसिंह का यह भी प्रस्ताव था कि बम फेंकने के बाद आत्मसमर्पण किया जाए और न्यायालय के माध्यम से जनता के सामने पार्टी के उद्देश्यों व अनिवार्यता को स्पष्ट किया जाए। भगतसिंह प्रचार के लिए न्यायालय को मंच की तरह इस्तेमाल करना चाहते थे, लेकिन इस कार्य को अंजाम देने के लिए जिन दो व्यक्तियों के बलिदान की आवश्यकता थी, उनके बारे में केन्द्रीय समिति को विश्वास में लेना भगतसिंह के लिए कठिन काम था। भगतसिंह ने अपने-आपको इस कार्य के लिए योग्य बताते हुए अनेक तर्क प्रस्तुत किए, परन्तु केन्द्रीय समिति की असहमति बनी रही। जिन दो क्रांतिकारियों को इसके लिए चुना गया था उनमें एक कुंदनलाल गुप्त थे। लेकिन सुखदेव ने आकर समझाया कि जिन उद्देश्यों को हम पूरा करना चाहते हैं, उसके लिए भगतसिंह ही योग्य व्यक्ति हैं। इस पर फिर से विचार करते हुए केन्द्रीय समिति ने भगतसिंह व बटुकेश्वर दत्त को इस कार्य के लिए उपयोगी ठहराया।

पार्टी के सभी क्रांतिकारी इस बात से चिन्तित थे कि भगतसिंह को खोना न पड़े, फिर भी सभी लोग इस योजना को अंजाम देने के लिए अपने-अपने कार्यों

में जुट गए। जयदेव कपूर ने असेम्बली भवन के नक्शे का अध्ययन किया। पाँच-छः दिन गैलरी में बैठकर आसपास के वातावरण का निरीक्षण किया और योजना के ठीक एक दिन पहले सम्पूर्ण यथास्थिति से भगतसिंह को अवगत कराया। अगले दिन तीन प्रवेशपत्रों की व्यवस्था की गई और भगतसिंह व बटुकेश्वर दत्त को गैलरी तक पहुँचा कर जयदेव कपूर प्रवेशपत्र लेकर वापस आ गए।

जब भगतसिंह व बटुकेश्वर दत्त ने बम फेंके तब अध्यक्ष विट्ठलभाई पटेल, मोतीलाल नेहरू और जेम्स क्रेयर को छोड़कर सभी सदस्य भाग खड़े हुए थे। गैलरी से दोनों क्रांतिकारी 'साम्राज्यवाद का नाश हो', 'सर्वहारा वर्ग की जय हो', 'इन्कलाब जिन्दाबाद' के नारे लगा रहे थे और इश्तहारों को फेंक रहे थे। भीड़ में भागकर वे अपने-आपको बचा सकते थे, लेकिन उनको तो देश के लिए बलिदान देना था। पुलिस ने जब घेर कर उनको गिरफ्तार किया, तब पूरी असेम्बली फिर से नारों से गूँज उठी।

इश्तहारों पर पहली लाइन थी, 'बहरों के लिए ज़ोर का धमाका' ज़रूरी है। ट्रेड डिस्प्यूटस बिल तो पास हो गया था, परन्तु पब्लिक सेफ्टी बिल पास करने की सरकार की हिम्मत नहीं हुई। बाद में आर्डिनेन्स के बल पर इस बिल की नीतियों को देश पर लादा गया था।

पार्टी ने जिन उद्देश्यों के लिए इन दोनों क्रांतिकारियों का बलिदान दिया था उनको इन्होंने सफलतापूर्वक पूरा किया। न्यायालय के सामने दिए गए इनके भाषण तो उस समय के क्रांतिकारी आन्दोलन का घोषणा-पत्र ही बन चुके थे।

क्रांति के बारे में भगतसिंह ने कहा था, 'क्रांति का अर्थ खून बहाना या प्रतिहिंसा करना नहीं, बल्कि वर्तमान राजसत्ता में प्रस्तावित सामाजिक, आर्थिक व राजनीतिक व्यवस्था में अपेक्षित परिवर्तन करने की तीव्र इच्छा है।' असेम्बली बम काण्ड में उनको आजीवन कारावास की सज़ा सुनाई गई। लाहौर षड्यन्त्र को लेकर 10 जुलाई, 1929 को फिर से उन पर मुकदमा चलाया गया। उस समय भगतसिंह एक महीने के अनशन पर थे। स्ट्रेचर पर उनको अदालत में लाया गया। उस समय उनकी हालत बहुत नाज़ुक थी। अपने साथियों के बचाव के लिए किस नीति को अमल में लाया जाए, इस विचार की उधेड़बुन में थे। उनका कहना था कि जिनकी रिहाई संभव है, उनको रिहा कर देना चाहिए। अंग्रेज़ी सरकार की झूठी व ढोंगी न्याय-व्यवस्था की पोल खोलनी चाहिए। अदालत का उपयोग क्रांति के संदेश व प्रचार के लिए करना चाहिए। अनेक क्रांतिकारी जेलों में बंद हैं, उनकी रिहाई के लिए निरन्तर प्रयत्न करना चाहिए। विदेशी शासन, उसकी घृणास्पद नीति व न्यायालय के पक्षपाती स्वरूप का भंडाफोड़

समय-समय पर करते रहना चाहिए। इस प्रकार भगतसिंह अपना मत व्यक्त कर रहे थे।

न्यायाधीशों ने इस बात को दर्ज़ किया था कि न्यायालय में उत्तेजक वक्तव्य देना, राजद्रोह का प्रचार करना है। पूरी न्याय-व्यवस्था को ही प्रचार का माध्यम बनाने वाले भगतसिंह की कल्पना ने विदेशी शासन के मर्म को आघात पहुँचा दिया था। क्रांतिकारियों को सफलता हाथ लग चुकी थी। उनकी व्यूह-रचना सफल हुई थी।

जेल में राजनीतिक क्रांतिकारियों का जो क्रूर व अमानुषीय शोषण हो रहा था, उसके खिलाफ भगतसिंह व बटुकेश्वर दत्त ने अनशन शुरू किया। 14 जुलाई, 1929 में भगतसिंह ने होम मेम्बर को पत्र लिखा था। इसमें उन्होंने अनेक माँगों का उल्लेख किया था। इनका अनशन 63 दिनों तक चला। इस बीच भगतसिंह का लिखना, पढ़ना, योजनाएँ बनाना, पत्र-व्यवहार करना, अदालत में आना-जाना व भाषणों का देना आदि काम भी चालू रहा। इस दौरान भगतसिंह व बटुकेश्वर दत्त को लाहौर की जेल में रखा गया था।

23 मार्च, 1931 को उनको फाँसी की सज़ा दी गई। फाँसी के तख्ते पर चढ़ते हुए भगतसिंह ने कहा, 'मजिस्ट्रेट, तुम भाग्यवान हो! भारतीय क्रांतिकारियों को अपने महान आदर्शों के लिए हँसते हुए मौत को गले लगाते हुए देख रहे हो!' भगतसिंह, सुखदेव व राजगुरु को एक ही साथ फाँसी दी गई थी। इन क्रांतिकारियों को विश्वास था कि जिन महान आदर्शों व उद्देश्यों के लिए उन्होंने बलिदान दिया है, वह ज़रूर पूरा होगा।

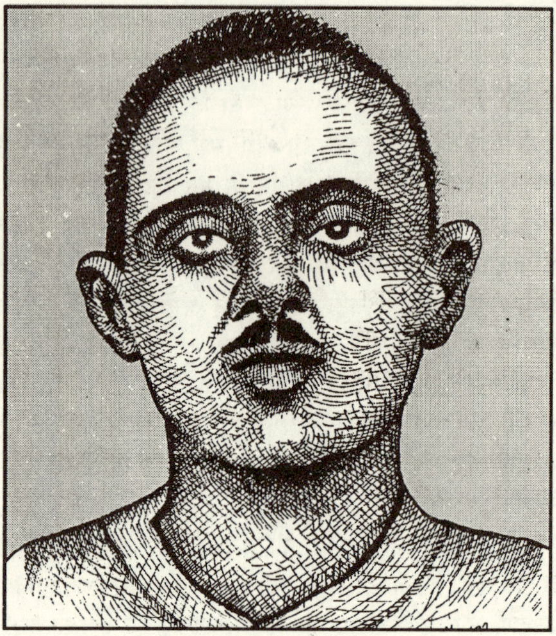

भगतसिंह का हमदम-हमसफ़र

सुखदेव

सुखदेव सुन्दर व्यक्तित्व के धनी थे। गोरा रंग, घुंघराले बाल, बड़ी-बड़ी आँखें व सतेज मासूम चेहरा। कुल मिलाकर वे मानो सौन्दर्य की प्रतिमूर्ति थे। छोटी-छोटी बातों पर भी दिल खोलकर हँसना और हँसते-हँसते अचानक गम्भीर हो जाना उनका स्वभाव था। उनकी हँसी में गहरी उपेक्षा और व्यंग्य का भाव साफ दिखाई देता था।

लाहौर की बोर्सल जेल में राजकीय कैदी अनशन पर थे और जेल के अधिकारी उनके अनशन तुड़वाने के प्रयत्न में थे। इसके लिए वे कैदियों पर ज़ोर-ज़बर्दस्ती करते थे। उनको मारते थे। डॉक्टरों द्वारा ज़बर्दस्ती उनको दूध पिलवाया जाता था। इसी तरह एक दिन अनशनकर्ताओं को दूध पिलवाने के लिए जेलर खान बहादुर खैरूद्दीन दस ताकतवर सिपाहियों और कैदियों को साथ लेकर आया। सुखदेव को दूध पिलाने के लिए उसने उनकी कोठरी को खोला। कोठरी के खुलते ही सुखदेव तीर की तरह बाहर निकले और इधर-उधर भागने लगे। दस दिन के अनशन के बाद भी उनकी ताकत व जोश को देखकर जेलर दंग रह गया। बड़ी मुश्किल से जब सुखदेव को पकड़ा गया, तब भी वह किसी को काटने लगे तो किसी को मारने लगे। यह देखकर जेलर आगबबूला हो गया। डॉक्टर के पास जाने से पहले जेलर ने सुखदेव को खूब पीटा। जेलर की इस पिटाई का सुखदेव पर कुछ भी असर नहीं हुआ। वह उपेक्षा से मुस्कराते हुए जेलर को देखते रहे। इससे जेलर का पारा और चढ़ गया। सिपाहियों व कैदियों ने सुखदेव को ऊपर उठा लिया। फिर भी उसने पैर फटकारना नहीं छोड़ा। सुखदेव को उठाकर ले जाने वाले एक कैदी के पास आकर जेलर कहने लगा, 'इसको अच्छी तरह पकड़कर ले चलो।' तब पास आए जेलर को सुखदेव ने इतनी ज़ोर से लात मारी कि जेलर दूर जाकर गिरा। सबको लगा कि अब सुखदेव की खैरियत नहीं, परन्तु अपमानित जेलर चुपचाप वहाँ से चला गया। सुखदेव के चेहरे पर व्यंग्य-भरी मुस्कान थी।

सुखदेव का जन्म 15 मई, 1907 को लुधियाना ज़िले के नौघरा गाँव में हुआ था। उनके पिता रामलाल थापर का देहान्त सुखदेव के बचपन में ही हो गया था। सुखदेव का लालन-पालन उनकी माता रल्लीदेई और बड़े चाचा चिंतराम थापर ने किया था। चिंतराम खुद देशभक्त थे। देश की खातिर वे भी जेल की सज़ा भोग चुके थे। स्वाभाविक ही था कि बड़े चाचा का प्रभाव सुखदेव पर पड़ा।

सुखदेव में कुशल-संगठक के विलक्षण गुण थे। चंद्रशेखर आज़ाद की तरह वह भी पार्टी के लोगों की छोटी-मोटी आवश्यकताओं पर नज़र रखते थे। लेकिन खुद की ओर उनका ध्यान नहीं रहता था। अधिकतर उनके कपड़े मैले व बेढंगे रहते। इसीलिए पार्टी में लोग उन्हें 'विलेजर' के नाम से बुलाते थे।

सुखदेव स्वभाव से ज़िद्दी थे। 1928 में शिव वर्मा के साथ सुखदेव जब भूमिगत थे, तब वे अमृतसर में रहते थे। एक दिन भारी दोपहर में सुखदेव शिव वर्मा को बाहर घुमाने निकले। उन्होंने नई पंजाबी सलवार व लम्बा कुरता, कुल्ला, पगड़ी व अच्छे-से बूट खरीदे और ज़बर्दस्ती शिव वर्मा को पहना दिया और हँसते हुए कहने लगे, 'अब तुम बिल्कुल पंजाबी लग रहे हो।' शिव वर्मा ने कहा, 'अब तुम भी नये

कपड़े पहन लो।' परन्तु सुखदेव ने एक न सुनी। उन्हें तो गले में हार डालकर रास्तों पर घूमना और अँगीठी पर भुने हुए मक्की के भुट्टे खाना पसन्द था। इसके लिए वह अनेक बार हठ कर चुके थे।

विद्यार्थी जीवन में सुखदेव ने अपने बायें हाथ पर ॐ व अपना नाम गुदवा रखा था। बाद में वे जब क्रांतिकारी बने और भूमिगत रहने लगे, तब उनका यह निशान उनको मुश्किल में डाल सकता था। इसीलिए एक बार आगरा में भरपूर नाइट्रिक एसिड उन्होंने अपनी कलाई पर डाल दिया। एसिड से उनके हाथ पर बहुत गहरा ज़ख्म हो गया, जिससे उनका हाथ सूज गया और उन्हें बुखार भी आ गया। लेकिन हंसी-मज़ाक करने का उनका स्वभाव नहीं गया।

कलाई पर हुए घाव से परेशान होने के बावजूद अपनी सहनशक्ति की परीक्षा लेने के लिए उन्होंने घाव पर औषधोपचार करने नहीं दिया। इसी अवस्था में वह लाहौर पहुँच गए। घाव भरने के बाद उन्होंने देखा कि गुदवाये गए नाम के कुछ निशान अभी भी बाकी हैं। उन्हें मिटाने के लिए भगवतीचरण बोहरा के घर गए और मोमबत्ती जलाकर अपनी कलाई की त्वचा को चुपचाप जलाने लगे। सुखदेव की हलचल की कोई खबर न पाकर दुर्गा भाभी जब रसोईघर में पहुँचीं तो सामने का दृश्य देखकर चकित रह गईं। सुखदेव के हाथ से मोमबत्ती छीनकर उन्होंने उसे बुझा दिया।

उस समय गांधीजी ने हर महीने की अठारह तारीख को उपवास रखने का आह्वान किया था। इसीलिए सुखदेव भी हर महीने की अठारह तारीख को उपवास रखते थे। सुखदेव ने पढ़ा था कि ताकतवर आदमी को हराने के लिए उसकी नाक पर वार करना चाहिए। बस इसी बात की परीक्षा लेने का विचार उनके मन में आया। रास्ते पर चलते हुए उन्हें सामने से एक बलिष्ठ व्यक्ति आता हुआ दिखाई दिया। उन्होंने आगे-पीछे का विचार न करते हुए उस आदमी की नाक पर ज़ोर का घूँसा मारा और परिणाम क्या होता है, देखने के लिए वहीं पर खड़े हो गए। अचानक नाक पर ज़ोर से घूँसा लगने से वह आदमी ज़मीन पर गिर गया और देर तक नहीं उठा। जब उस आदमी को होश आया तब मारने वाले को सामने ही खड़ा पाया। तब उस आदमी ने सुखदेव की खूब पिटाई की, लेकिन सुखदेव ने उसका प्रतिकार नहीं किया और चुपचाप मार खाते रहे।

सुखदेव इरादे के पक्के थे। जेल में अनशन के समय जब डॉक्टर ज़बर्दस्ती दूध पिलाते, तब वह उल्टी करके दूध बाहर निकालने का प्रयत्न करते थे। कभी गले में उँगली डालकर तो कभी मक्खी निगलकर उल्टी करते थे। लेकिन जब सभी प्रयत्न विफल होते दिखाई दिए तब उन्होंने अनशन करना छोड़ दिया। उनके साथियों

को लगा कि सुखदेव ने हार मान ली है, लेकिन उन्होंने भगतसिंह को यह बात समझाई कि 'अनशन का मतलब है अन्न के बिना मृत्यु को गले लगाना, परन्तु डॉक्टर ऐसा करने नहीं देते। इसलिए केवल अनशन का नाटक कर खुद को फँसाना मुझे पसन्द नहीं।'

सन् 1930 में जब फिर से अनशन करने की बारी आई, तब सुखदेव भी इसमें शामिल हो गए। साथियों को लगा कि पिछली बार अनशन तोड़ने का पश्चात्ताप सुखदेव को हुआ है, इसलिए वह इस बार अनशन में शामिल हुआ है। जेल के अधिकारियों ने इस बार कोई जल्दबाज़ी नहीं की। पन्द्रह दिनों तक कुछ नहीं कहा। इस दरम्यान सुखदेव की तबीयत अचानक बिगड़ गई। इससे डॉक्टर घबरा गए और उन्होंने क्रांतिकारियों को हॉस्पिटल से जेल भेज दिया। सुखदेव की मृत्यु से अशान्ति फैलने की आशंका थी। डॉक्टरों की जाँच से पता चला कि अनशन के दौरान सुखदेव ने पन्द्रह दिनों तक पानी भी नहीं पिया। उन्हें पानी पिलाने की कोशिश की गई। ऐसी स्थिति में भी सुखेदव उठकर भागने लगे और भागते-भागते गिर गए व बेहोश हो गए। डॉक्टरों ने जब उन्हें पानी पिलाया तो पाँच मिनट में ही उन्हें होश आ गया। इस बार सुखदेव ने पानी भी न पीकर सही मायने में अनशन किया था। तीन-चार घण्टे तक यदि डॉक्टर उनकी जाँच करने नहीं आते, तो यतीन्द्रनाथ दास के बाद अनशन का दूसरा शिकार सुखदेव ही होते, लेकिन ऐसा नहीं हुआ। सुखदेव को लेकर भगतसिंह व शिव शर्मा चिन्तित थे। सुबह उनको पता चला कि सुखदेव ने फिर से अनशन छोड़ दिया है। सभी साथियों को उनका यह व्यवहार ठीक नहीं लगा। सबके मन में सुखदेव के प्रति मानो उपेक्षा का भाव उभर रहा था। लेकिन सुखदेव ने कोई शिकायत नहीं की और न ही कोई स्पष्टीकरण दिया। दूसरों के सामने दुखड़ा रोना और सहानुभूति प्राप्त करना सुखदेव के स्वभाव में नहीं था।

पार्टी के भले के लिए और पार्टी के आदर्शों के लिए सुखदेव सतत प्रयत्न करते रहते थे। भगतसिंह के प्रति सुखदेव के दिल में सबसे ज्यादा प्रेम और अपनापन उमड़ता था। जब भी सुखदेव आगरा व ग्वालियर आते थे, तब वे भगतसिंह से ज़रूर मिलते थे और जब ये दोनों मिलते थे तब बाकी साथियों को जैसे भूल जाते थे। कमरे के किसी कोने में बैठकर रात-रात भर गप्पें मारते रहते।

अपने उसी प्रिय मित्र भगतसिंह द्वारा असेम्बली में बम फेंका जाना चाहिए, ऐसा सुखदेव का हठ था। अपने प्रिय मित्र को मृत्यु के मुख में भेजने का कोई संकोच उनमें नहीं थी। सांडर्स के वध के कारण पहले से ही पुलिस भगतसिंह के पीछे पड़ी थी। इसलिए समिति ने अन्य दो साथियों को असेम्बली में बम डालने के लिए चुना। दो-तीन दिन के बाद सुखदेव जब वापस लौटे तब उन्होंने इस नये निर्णय का विरोध

किया। केन्द्रीय समिति की पूर्व बैठक में ही उन्होंने आग्रह किया था कि असेम्बली में बम फेंकने का काम भगतसिंह को ही करना चाहिए। इसका कारण यह था कि बम फोड़ने का उद्देश्य, पार्टी के आदर्श, महत्त्व व उद्देश्यों को जनता के सामने लाना था और इस कार्य के लिए भगतसिंह ही सबसे सक्षम व योग्य थे। जब भगतसिंह केन्द्रीय समिति के सदस्यों को इस विषय में राज़ी नहीं कर सके, तब सुखदेव ने भगतसिंह से कहा, 'जब तुम्हें मालूम है कि दूसरा कोई भी व्यक्ति पार्टी के उद्देश्यों की जवाबदारी पूर्ण करने में तुमसे ज्यादा समर्थ नहीं है, तब तुमने केन्द्रीय समिति के सदस्यों को यह निर्णय करने क्यों दिया कि तम्हारी जगह कोई और असेम्बली मे बम डालने जाएगा।' भावनावश सुखदेव ने भगतसिंह को कायर, डरपोक, अहंकारी तक कह डाला। भाई परमानन्द का उदाहरण देते हुए उन्होंने कहा कि 'लाहौर हाईकोर्ट ने उनके विरुद्ध निर्णय देते हुए कहा था कि वे पार्टी के सूत्रधार व मस्तिष्क होते हुए भी डरपोक हैं, इसलिए संकट के समय दूसरों को आगे करते हैं। इसी प्रकार की बातें तुम्हारे लिए कही जाएँगी।' इस विषय में भगतसिंह सुखदेव को जितना समझाते, सुखदेव भगतसिंह की उतने ही कठोर शब्दों में भर्त्सना करते। अन्त में भगतसिंह ने कुछ चिढ़कर कहा, 'सुखदेव, एक प्रकार से तुम मेरा अपमान कर रहे हो।' इस पर सुखदेव ने कहा, 'मैं अपने मित्र के प्रति अपना कर्तव्य निभा रहा हूँ।'

आखिरकार भगतसिंह के आग्रह से फिर से केन्द्रीय समिति की बैठक बुलाई गई और पार्टी को अपना निर्णय बदलना पड़ा। बैठक में सुखदेव कुछ नहीं बोले। केवल भगतसिंह के आग्रह से निर्णय को बदलना पड़ा। इसके बाद किसी को भी बिना बताए सुखदेव लाहौर चले गए और एकान्त में जाकर खूब रोये। इस विषय में दुर्गा भाभी ने बताया कि जब सुखदेव लाहौर आए तब उनकी आँखें रो-रोकर सूज गई थीं।

'वंदेमातरम्' नाम के एक उर्दू समाचार-पत्र में सुखदेव का लेख प्रकाशित हुआ था, जिसका शीर्षक था 'सरदार भगतसिंह अपने साथी सुखदेव की नज़रों में।' यह लेख जेल से लिखकर भेजा गया था। लेकिन इसे उनकी शहादत के बाद छापा गया था। इस लेख से स्पष्ट होता है कि सुखदेव का भगतसिंह पर कितना प्रेम था। भगतसिंह के गिरफ्तार होने पर सुखदेव किस मनःस्थिति से गुज़रे, इसका उल्लेख उन्होंने स्वयं किया है, 'भगतसिंह के ऊपर मेरा प्रेम व आदर एक प्रकार का नशा ही था, एक पागलपन जैसा था।' वे आगे लिखते हैं, 'जब मैं पुलिस की कच्ची कैद में था तब वहाँ के डी. एस. पी. ने बताया कि वे दिल्ली से आए हैं। मेरा हृदय फूट पड़ा और सब कुछ भूलते हुए मैंने डी. एस. पी. से पूछा कि आप दिल्ली से आए हैं। भगतसिंह

से मुलाकात हुई होगी? वह कैसा है? खुश है क्या? स्वस्थ है क्या?'....और भावना के आवेग में आकर वह फूट-फूटकर रोने लगे।

सुखदेव की स्मरणशक्ति विलक्षण व तीव्र थी। उनकी पढ़ने की गति भी तेज़ थी। भगतसिंह के बाद समाजवाद का अध्ययन करने वाले और उसमें रुचि लेने वाले एकमात्र सुखदेव ही थे।

लाहौर षड्यंत्र को लेकर क्रांतिकारियों पर मुकदमा चल रहा था, परन्तु सुखदेव का ध्यान उधर नहीं था। वे तो पुस्तकें पढ़ने में खोये रहते। वे न्यायालय को ही क्रांति का प्रचार कराने वाला माध्यम मानते थे।

अन्त में 7 अक्टूबर, 1930 को मुकदमे का निर्णय सुनाया गया। सुखदेव को इस षड्यन्त्र का प्रमुख बताया गया और भगतसिंह को उनका दाहिना हाथ बताया गया।

सुखदेव ने गांधीजी को एक पत्र में लिखा था कि लाहौर षड्यन्त्र के तीन कैदी सौभाग्य से प्रसिद्ध हो गए हैं और जनता की सहानुभूति भी उनको मिल गई है, परन्तु क्रांतिकारी पार्टी इससे कहीं ज्यादा बड़ी है।

23 मार्च, 1931 के दिन शाम को भगतसिंह व राजगुरु के साथ सुखदेव को भी फाँसी देने के लिए ले जाया गया। उन्होंने 'इंकलाब ज़िंदाबाद' के नारे भी लगाए और अपने प्रिय मित्रों के साथ मृत्यु को गले लगा लिया।

भगतसिंह और सुखदेव का तीसरा साथी

शिवराम हरि राजगुरु

पूना शहर के पास चाकण नाम का एक छोटा कस्बा है। छत्रपति शिवाजी महाराज ने 'हिंदवी स्वराज्य' प्रस्थापित करके चाकण को सूबे की राजधानी का दर्जा दिया था। शिवाजी महाराज के प्रपौत्र श्री शाहू महाराज के शासनकाल में कचेश्वर नाम का एक विद्वान ब्राह्मण चाकण में प्रसिद्ध था। शाहू महाराज ने उसे अपना गुरु बनाकर 'राजगुरु' की उपाधि प्रदान की थी। ये कचेश्वर पण्डित ही शिवराम

हरि राजगुरु के पितामह थे।

शिवराम हरि राजगुरु का जन्म खेड़ा गाँव में 24 अगस्त, 1908 को हुआ था। यह छह साल के थे, तभी इनके पिता हरिनारायण राजगुरु का देहान्त हो गया। उनके बड़े भाई पूना में रहते थे, इसलिए शिवराम पूना आ गए। उनका नाम मराठी पाठशाला में लिखाया गया। अध्ययन में बहुत रुचि नहीं थी। एक बार भाई गुस्से से बोले, 'अगर पढ़ाई नहीं करनी है, तो घर से निकल जाओ!' भाई के क्रोध से बचने के लिए पन्द्रह वर्ष की आयु में सन् 1924 में शिवराम घर से भाग गए। उस समय उनके पास सिर्फ नौ पैसे थे। रात पूना रेलवे स्टेशन पर गुज़ारी। सुबह होते ही अपने जन्मग्राम खेड़ा पहुँचे, परन्तु गाँव में प्रवेश नहीं किया, क्योंकि उनको डर था कि अगर पहचान का कोई आदमी मिला तो आफत आ जाएगी और फिर से भाई के पास पूना भेज दिया जाएगा। कुछ खाये-पिये बिना वे गाँव के बाहर के मन्दिर में रात-भर सोये।

निराहार रहकर भी कठोर निश्चय के साथ वह लगातार छह दिन पैदल चलकर नासिक पहुँचे। नासिक में एक साधु की कृपा से एक बार के खाने का इंतज़ाम हो गया। रात को भी साधु शिवराम को कुछ खाने के लिए दे देते थे। किन्तु नासिक में उनका मन नहीं लगा। कभी पैदल, तो कभी बिना टिकट रेल से यात्रा करते-करते वह झाँसी, कानपुर, लखनऊ ठहरते-ठहरते पंद्रहवें दिन काशी पहुँचे।

काशी में कुछ दिन अहिल्या घाट पर रहे। एक क्षेत्र में खाने की सुविधा हो गई। उसके बाद एक संस्कृत पाठशाला में प्रवेश लिया और संस्कृत पढ़ना शुरू किया। भाई को काशी पहुँचने की सूचना दी। उनके भाई ने पाँच रुपये महीना भेजना शुरू किया। पाँच रुपये में उनका खर्चा चलता नहीं था। पाठशाला में शिक्षक को नौकर की ज़रूरत थी। उन्होंने राजगुरु को अपने पास रख लिया। राजगुरु उनके घर के सब काम करने लगे। इस काम की वजह से उनको पढ़ाई के लिए समय नहीं मिलता। केवल दो समय खाने के बदले वह घर का सब काम करते थे। बाहर से सामान इत्यादि लाने का काम भी करने लगे। इस कारण उनकी गुरुजी से पटी नहीं। दरिद्रता कितना बड़ा शाप है, ये उनको इस वक्त समझ में आ गया। दो रोटी के लिए दिन-रात कष्ट करके भी गालियाँ खाते थे।

आखिर राजगुरु प्राइमरी स्कूल में ड्रिल मास्टर हो गए। वहाँ उनकी मुलाकात मुनीश्वर अवस्थी से हुई। वह गोरखपुर से निकलने वाले 'स्वदेश' साप्ताहिक के सह-संपादक थे। उनके सम्पर्क से वह क्रांति दल के विधिवत सदस्य बन गए। उस समय बनारस क्रांति का केन्द्र था। पाठशाला के अतिरिक्त वह एक अखाड़े में दोनों समय लाठी और गदा चलाना सीखते थे। परन्तु उनकी देहयष्टि साधारण ही थी।

बीस साल की उम्र में ही उनके चेहरे पर और व्यवहार में प्रौढ़ता, गाम्भीर्य व कठोरता झलकने लगी थी।

पार्टी ने उनको प्रथम काम दिया शिव वर्मा के साथ दिल्ली जाकर एक देशद्रोही को खत्म करने का। शिव वर्मा का नाम और पता लेकर उनको ढूँढते हुए वे उनके घर पहुँचे। पार्टी का प्रस्ताव सुनकर उन्हें आनन्द हुआ कि पार्टी ने मुझे भी कुछ कार्य करने लायक समझा। उदास चेहरे पर आनन्द छा गया। उस वक्त वे बीस साल के थे। शिव वर्मा ने उन्हें जल्दी-से-जल्दी कानपुर में डी. ए. वी. कॉलेज के साइन्स-ब्लॉक के अपने कमरे में पहुँचने के लिए कहा।

एक सप्ताह बाद राजगुरु कानपुर पहुँचे। उस वक्त तक केवल एक पिस्तौल की व्यवस्था हुई थी। इस कारण राजगुरु शिव वर्मा के यहाँ दो सप्ताह रहे। वहाँ वे दोनों समय खाना खाकर सिर्फ कमरे में सोये रहते थे। क्रांति कार्य करने के लिए उनको सिर्फ चार साल की अवधि मिली। इस अवधि में वे एकदम बदल गए। उनका उदास स्वभाव अब विनोदी बन गया। रहन-सहन भी बदल चुका था, किन्तु गहरी नींद की आदत न बदली।

जब दूसरी पिस्तौल का कोई जुगाड़ नहीं हुआ तो शिव वर्मा और राजगुरु एक ही पिस्तौल लेकर दिल्ली के लिए रवाना हुए। दिल्ली में वे एक धर्मशाला में ठहरे। जिस व्यक्ति को खत्म करना था वह व्यक्ति रात को सात से आठ बजे के बीच घूमने जाता था। बहुत दिन तक कड़ी नज़र रखने के बाद उन्होंने यह निष्कर्ष निकाला कि एक पिस्तौल से काम होने वाला नहीं, दूसरी पिस्तौल की ज़रूरत है। इसलिए शिव वर्मा राजगुरु को वहाँ छोड़कर अकेले लाहौर निकल गए।

तीसरे दिन पिस्तौल लेकर शिव वर्मा दिल्ली वापस आए, उस समय रात के सात बज चुके थे। शिव वर्मा को यकीन था कि शिवराम पहले वाली जगह ही होंगे। वे वहाँ पहुँचे। वहाँ जाकर उन्होंने देखा कि पुलिस मोटर और मोटरसाइकिल रात के अँधेरे में इधर उधर घूम रही हैं। इसलिए आगे जाने के बजाय लौटना ही उन्होंने उचित समझा।

सुबह अखबार में उसी स्थान पर किसी व्यक्ति की हत्या की खबर छपी थी। किन्तु हत्या सही व्यक्ति के बजाय किसी और की हो गई थी और हत्या करने वाला पकड़ा नहीं गया था। अब शिव वर्मा आगरा मार्ग से कानपुर पहुँचे। इधर राजगुरु गोलियाँ चलाकर रेलवे लाइन के रास्ते से मथुरा की ओर भाग निकले। चारों तरफ से सर्च लाइट की रोशनी और गोलियाँ उनके ऊपर आ रही थीं। पेट के बल रेंगते हुए एक खेत में पहुँचे। खेत में खूब पानी था लेकिन पानी में पड़े रहने के अतिरिक्त कोई चारा नहीं था। ऊपर सर्चलाइट थी और बीच-बीच में गोलियों की आवाज़ आ

रही थी। सिपाही आपस में कानाफूसी कर रहे थे और जूतों की आवाज़ भी आ रही थी। आजू-बाज़ू के खेतों में ढूँढ़कर पुलिस जब चली गई तब उन्होंने खेत छोड़ा। रात को तीन बजे कीचड़ से सने कपड़ों में ठण्ड से कंपकंपाते हुए उन्होंने दो स्टेशन पार किये। तीसरा स्टेशन मथुरा था। मथुरा पहुँचकर यमुना में स्नान किया और कपड़े धोये। रेत में कपड़े सुखाए और लंगोट लगाकर धूप में सो गए।

कानपुर पहुँचे तब वे बहुत खुश थे। पार्टी का आदेश उन्होंने यथावत् निभाया, उसकी उन्हें बहुत खुशी थी। लेकिन जब उन्हें यह बात पता चली कि उनकी गोली से दूसरा कोई निरपराध मारा गया है, तब उन्हें बहुत दुःख हुआ। सुबह वे शिव वर्मा से बोले, 'प्रभात, (पार्टी का नाम) मैं अपनी जल्दबाज़ी के कारण पार्टी का अपराधी हूँ। मैं पार्टी का काम करने लायक नहीं हूँ।' और वे छोटे बच्चों की तरह फूट-फूटकर रोने लगे।

किन्तु पार्टी ने उनका साहसी स्वभाव जान लिया था। अतः उनको पार्टी का अभिन्न हिस्सा बनाया। आज़ाद जितने सतर्क थे उतने ही राजगुरु लापरवाह। किन्तु क्रांति कार्य के लिए सदा अग्रणी रहते। पार्टी से उनकी यही माँग रहती कि गोली चलाने का अवसर उन्हें दिया जाए। क्रांति कार्य में वह भगतसिंह को अपना प्रतिद्वन्द्वी समझते थे। सांडर्स को मारने के लिए पहली गोली उन्होंने ही चलाई थी।

असेम्बली षड्यन्त्र में बम विस्फोट के लिए भगतसिंह के साथ जाने का हठ उन्होंने किया था। आज़ाद ने उन्हें समझाया कि तुमको अंग्रेज़ी नहीं आती। पकड़े जाने के बाद तुम्हें भगतसिंह से अलग रखा जाएगा, तब कैसे बयान दोगे? पार्टी का उद्देश्य सफल नहीं होगा। इस पर राजगुरु बोले, 'तुम रणजीत से (भगतसिंह का पार्टी का नाम) मेरे लिए अंग्रेज़ी में एक बयान तैयार करा लो। मैं उसे कॉमा, फुल स्टॉप सहित कंठस्थ करूँगा। एक भी गलती नहीं होगी। पहले आप सुन लीजिए, एक भी गलती हुई तो मुझे मत भेजना।'

सेनापति आज़ाद ने राजगुरु को इस काम के लिए नहीं चुना, तो वे उदास होकर पूना चले गए। वहीं वे पकड़े गए। विष्णु श्रीधर जोशी की 'वंडवानल' नाम की पुस्तक के अनुसार पूना में उन्होंने सांडर्स की हत्या की घटना सावरगावकर, करंदीकर को तो बताई ही, सन् 1909 के कोल्हापुर बम काण्ड के बम-विशेषज्ञ को भी बतलाई। सामने के महाराष्ट्र मण्डल की व्यायामशाला में जाकर सांडर्स की हत्या की खबर सुनाई। इसी कारण शरद केसकर नाम के सी.आई.डी. अधिकारी ने उनके साथ दोस्ती की। केसकर को भी उन्होंने अपनी सारी योजना बता दी। 27 दिसम्बर, 1919 को शुक्रवार के दिन ख्यातनामा लेखक-संपादक शिवराम पंत परांजपे की मृत्यु हो गई। शवयात्रा में राजगुरु और सावरगावकर भी थे। 'वंदे मातरम्' और 'भारत माता की

जय!' के नारों के साथ-साथ उन्होंने 'इन्कलाब ज़िंदाबाद', 'साम्राज्यवाद का विनाश हो' नारे भी लगाए। ये नारे लाहौर काण्ड के क्रांतिकारी लगाते थे। इस कारण नारे सुनकर शवयात्रा में सम्मिलित सी. आई. डी. अधिकारी सतर्क हो गए। राजगुरु का उद्देश्य पूना में क्रांतिकारी तैयार करने का था, किन्तु क्रांतिकारियों में जितनी सावधानी-सजगता होनी चाहिए उतनी उनमें नहीं थी। जोश बहुत था। इस जोश के कारण ही वे पूना के रेसकोर्स पर पहुँचे। इस घुड़दौड़ में गवर्नर आने वाला था। राजगुरु गवर्नर के पास नहीं जा सके, इसलिए उनका निश्चय असफल रहा।

केसकर हर रोज़ रात में राजगुरु की गतिविधियों और उनके साथ हुई बातों का ब्यौरा शिमला के सी. आई. डी. अधिकारी कवठालकर और फौजदार लुगडे को पहुँचाता था। परिणामस्वरूप 19 सितम्बर, 1929 को राजगुरु और सावरगावकर पकड़े गए। गुप्त संगठनों के नियमों का उन्होंने उल्लंघन किया। पूना में पार्टी का संगठन जल्दी तैयार करने की उनकी इच्छा थी, किन्तु जल्दबाज़ी और वाचाल स्वभाव के कारण वे पकड़े गए। खुद का बलिदान करने की उनकी ललक थी। जेल में अपने साथियों से मिलकर वे अत्यन्त प्रसन्न थे।

जेल में अनशन के कारण यतीन्द्रनाथ दास का देहान्त हो गया था। जनवरी 1930 में क्रांतिकारियों ने फिर से अनशन शुरू किया। तेरहवें दिन इन लोगों की तबीयत बिगड़ गयी। हमेशा की तरह डॉक्टर ने नली से दूध पिलाना शुरू किया, उनमें राजगुरु भी थे। डॉक्टर ने दूध पेट में डालने की बजाय फेफड़ों में डाल दिया। इस कारण उनको निमोनिया हो गया। यतीन्द्रनाथ दास और शिव वर्मा को भी इसी प्रकार निमोनिया हो गया था। इतने कष्ट सहकर भी राजगुरु प्रसन्न थे। इतनी गम्भीर अवस्था में भी 'सफलता' शब्द लिखकर शिव वर्मा को पहुँचाया था, क्योंकि सरकार को उनकी कुछ माँगें माननी पड़ी थीं।

क्रांतिकारी राजगुरु को देखने के लिए अस्पताल आए। तब तक वह प्रसन्न थे, बाद में चिंताग्रस्त और गम्भीर दिखने लगे। तीन साल तक क्रांतिकारियों के साथ क्रांति कार्य में मग्न थे, तब उनकी वृत्ति बदल चुकी थी। वह विनोदी और प्रसन्न दिखने लगे थे। अब उन्हें दुःखी और उदास देखकर उनके साथियों को ऐसा लगा कि आसन्न मृत्यु देखकर वे उदास हैं। उन्होंने शिव वर्मा से कहा, 'ज़िन्दगी के उन्नीस साल मैंने बोझ की तरह गुज़ारे। दरिद्रता का शाप और प्रेम का अभाव नरक जैसा है। वह क्लेश मैंने भोगे हैं। अब तीन सालों से जीवन में आनन्द आने लगा था और मुझमें जीने की इच्छा भी पैदा हुई थी। किन्तु इस मृत्यु का भय नहीं। इस प्रकार की मृत्यु क्रांतिकारियों के लिए वरदान है।'

आखिर वह दिन आया जब राजगुरु, भगतसिंह और सुखदेव को मृत्यु की सज़ा

सुनाई गई। फाँसी की कोठरी में उनका विनोदी स्वभाव वापस आ गया। वे विनोद करने लगे और गाना गाने लगे।

23 मार्च, 1931 को सायंकाल के समय जब उनकी कोठरी खोली गयी तब वे नारे लगाते हुए बाहर आए और आत्माहुति देने में भगतसिंह से पीछे नहीं रहे।

भगतसिंह के विश्वासपात्र साथी

बटुकेश्वर दत्त

बटुकेश्वर दत्त का जन्म कानपुर में 1908 में हुआ था। उनके पिता श्री बिहारी दत्त कानपुर में एक दवाइयों की फर्म में मैनेजर थे। छुट्टियों में वे बटुकेश्वर दत्त को अपने गृहनगर बर्द्धवान (बंगाल) ले जाते थे। 1925 में बटुकेश्वर दत्त ने कानपुर से मैट्रिक परीक्षा पास की और फिर सिलाई का काम सीखने कलकत्ता चले गए। इसी बीच उनके माता-पिता का देहान्त हो गया।

जल्दी ही वे भगतसिंह, चन्द्रशेखर आज़ाद, सुखदेव आदि के सम्पर्क में आए।

उन्हें विश्वासयोग्य जानकर हिन्दुस्तानी समाजवादी प्रजातान्त्रिक पार्टी का सदस्य बनाया गया। उन्होंने आगरा आदि स्थानों पर पार्टी के संगठन का कार्य किया। 1929 में हिन्दुस्तानी समाजवादी प्रजातान्त्रिक संघ ने केन्द्रीय असेम्बली हॉल में बम फेंकने का निर्णय लिया। इसका उद्देश्य ट्रेड्स डिस्प्यूट बिल तथा पब्लिक सेफ्टी बिल का विरोध करना था। ये विधेयक मज़दूर हितों के विरोधी थे। इस समय पार्टी ने इस कार्य के लिए भगतसिंह और बटुकेश्वर दत्त को चुना।

बटुकेश्वर दत्त भगतसिंह के विश्वासपात्र साथी थे। दोनों ने भारत के क्रान्तिकारियों के इतिहास में अपनी विशिष्ट छाप छोड़ी है। उन्होंने असेम्बली हॉल में बम फोड़े और 'इन्कलाब ज़िन्दाबाद!' तथा 'साम्राज्यवाद का नाश हो!' आदि नारे लगाए।

8 अप्रैल, 1929 को भगतसिंह ने असेम्बली में दो बम फेंके। उसी समय उनके साथी बटुकेश्वर दत्त ने भगतसिंह के लिखे इस परचे की कुछ प्रतियाँ हॉल में फेंकी। इस परचे में—बम क्यों फेंका?—इसके औचित्य की हिन्दुस्तानी समाजवादी प्रजातन्त्र सेना की ओर से सूचना थी। इसमें कहा गया था कि बहरों को सुनाने के लिए धमाका ज़रूरी है, यह कथन सच है। दमन और अत्याचारों की कथा न सुनाकर हम यही कहना चाहते हैं कि मनुष्य द्वारा मनुष्य का शोषण रोकने के लिए क्रान्ति की देवी का अभिषेक करने के लिए कुछ व्यक्तियों का बलिदान ज़रूरी है।

असेम्बली बम केस की सुनवाई दिल्ली के सेशॅन जज की अदालत में 7 मई, 1929 को प्रारम्भ हुई। 6 जून, 1929 को भगतसिंह और बटुकेश्वर ने अपने बयान दिए। जिसमें कहा गया कि हमने उस व्यवस्था पर प्रहार किया है, जो एक अनुत्तरदायी एवं स्वेच्छाचारी शासन की दमनकारी सत्ता का प्रतीक है।

मुकदमे के समय भगतसिंह को मियांवाली जेल और बटुकेश्वर दत्त को लाहौर जेल भेज दिया गया। दोनों ने अपनी-अपनी जेलों में अनशन शुरू कर दिया। उनकी माँग थी कि राजनीतिक कैदियों को सम्मानपूर्ण सुविधाएँ दी जाएँ।

बटुकेश्वर दत्त को असेम्बली बम काण्ड के अतिरिक्त लाहौर षड्यन्त्र का भी अपराधी घोषित किया गया। 1930 में उन्हें अंडमान जेल भेज दिया गया। यहाँ आकर उन्होंने फिर अनशन किया क्योंकि यहाँ के राजनीतिक कैदियों की स्थितियाँ तो और बुरी थीं। उनके साथ उचित व्यवहार हो, इस माँग को लेकर उन्होंने अनशन किया और राजनीतिक कैदी भी इसमें सम्मिलित हो गए। परन्तु जेलरों ने उन्हें और अधिक प्रताड़ना देनी शुरू कर दी। इन यातनाओं के परिणामस्वरूप वीर महावीर सिंह शहीद हो गए। अधिकारियों ने इन्हें समुद्र में फेंक दिया क्योंकि अण्डमान की खबरें शेष भारत में नहीं पहुँचती थीं। आखिर गांधीजी के हस्तक्षेप से इन राजनीतिक कैदियों को भारत वापस भेज दिया गया। दत्त 1937 में भारत पहुँचे और 1938 में जेल से रिहा किए गए।

1942 में उन्होंने 'भारत छोड़ो' आन्दोलन में भाग लिया। फिर गिरफ्तार होकर जेल पहुँचे। बाद में, उन्हें उनके भाई के घर में नज़रबन्दी में रखा गया, जो 1947 में स्वतन्त्रता के पश्चात् ही समाप्त हुई।

1962 में वे दुर्घटनाग्रस्त हो गए, लम्बे समय तक बीमार रहे। उनका पटना में और फिर दिल्ली में उपचार हुआ। उनकी मृत्यु 19 जुलाई, 1965 को आल इण्डिया इन्स्टीट्यूट ऑफ मेडिकल साइंसेज़, दिल्ली में हुई। उनका अन्तिम संस्कार फिरोज़पुर में सतलुज नदी के किनारे अमर शहीद भगतसिंह की समाधि के पास पूरे सम्मान के साथ किया गया।

क्रांति और कर्मठता की साकार मूर्ति

दुर्गा भाभी

दुर्गा भाभी के रूप में प्रसिद्ध दुर्गादेवी का जन्म 27 अक्टूबर, 1907 को इलाहाबाद के एक न्यायाधीश के घर हुआ था। ग्यारह वर्ष की छोटी उम्र में ही उनका विवाह पन्द्रह वर्षीय भगवतीचरण बोहरा के साथ हुआ। भगवतीचरण लाहौर के नेशनल कॉलेज से राष्ट्रीय विचार की दीक्षा प्राप्त कर क्रांतिकारी बन गए। उनके साथ उनकी पत्नी भी क्रांतिकारी हो गईं। कारण किशोर अवस्था से दुर्गा के आसपास क्रांतिकारी

वातावरण था। सुशीला दीदी ने उनसे ननद का मधुर रिश्ता जोड़ लिया था। भगतसिंह, राजगुरु, सुखदेव आदि सभी क्रांतिकारियों ने प्यार से दुर्गा के साथ भाभी का नाता जोड़ा था। दुर्गा भाभी को सभी इसी प्रचलित नाम से जानते थे। परिस्थितिजन्य क्रांतिकारी परिसर और वातावरण में अनजाने ही दुर्गा को क्रांति की दिशा मिली।

भगवतीचरण के लिए वे पुलिस के गुप्तचर हैं, ऐसी अफवाह फैलाकर प्रचार हो रहा था। भगतसिंह, सुखदेव को चुपचाप उनके घर की तलाशी लेने को कहा गया था। एक बार भगवती भाई के घर सुखदेव ने उनके घर के कागज़-पत्रों की तलाशी ली, लेकिन उसके बाद सुखदेव के मन में प्रेमल भाभी पर संशय करने पर मन में पश्चाताप हुआ।

दुर्गा भाभी भगवती भाई की अनुपस्थिति और उनके अज्ञातवास के दरम्यान क्रांतिकारियों को हर तरह की मदद करती थीं। सांडर्स के वध के बाद पुलिस ने ज़बर्दस्त धरपकड़ शुरू की। पूरे लाहौर में गुप्तचरों का जाल फैला दिया। सभी क्रांतिकारी वहाँ से भाग चुके थे। भगवतीचरण बोहरा बम बनाने के प्रशिक्षण के लिए कलकत्ता गए थे, पर पुलिस दुर्गा भाभी की चौकसी करने लगी थी। पुलिस को उलझाने के लिए वे एक शिक्षक से संस्कृत सीखने लगीं। एक बार सुखदेव दुर्गा भाभी के यहाँ आए और उनसे पूछा, 'भाभी, आपके पास अभी कुछ रुपये हैं क्या?' वो बोलीं, 'हाँ, पाँच सौ रुपये हैं। कलकत्ता जाते समय उन्होंने बैंक से रुपये लाकर घर में रखे थे।' सुखदेव बोले, 'वो रुपये मुझे दे दीजिए।' सुखदेव ने दुर्गा भाभी से दूसरा प्रश्न पूछा, 'पार्टी के काम के लिए एक आदमी के साथ तुम बाहर जा सकती हो क्या?' दुर्गा भाभी ने, 'किसके साथ, कहाँ जाना है? शची की देखरेख कौन करेगा? आदि प्रश्न न पूछते हुए तत्काल हाँ कहा। सुखदेव स्वयं बोले, 'आपके साथ छोटा शची होगा और वहाँ गोलीबारी हो सकती है।' दुर्गा भाभी बोलीं, 'मेरी परीक्षा मत लो। मैं केवल क्रांतिकारी की सहधर्मिणी ही नहीं हूँ, मैं खुद भी क्रांतिकारी हूँ। तब मेरे या मेरे बच्चे के प्राण जायें अथवा नहीं जायें, मैं तैयार हूँ।'

दूसरी रात ग्यारह बजे के आसपास दो व्यक्तियों को लेकर सुखदेव दुर्गा भाभी के घर आए। घर आते ही दरवाज़ा बन्द कर लिया और भाभी से पूछा, 'आप इनमें से किसी को पहचानती हैं क्या?' दुर्गा भाभी ने देखा कि एक व्यक्ति नाटा, खूब साँवला था, उसके सिर से बाल गायब थे और दूसरा व्यक्ति लम्बा और खूब गोरा था। महँगा सूट-बूट और सिर से फैल्ट हैट था। वो बोलीं, 'नहीं! मैं दोनों में से किसी को नहीं पहचानती।' यह सुनकर भगतसिंह ज़ोर से हँसे। उनके हँसने-मात्र से भाभी ने पहचाना और आश्चर्य से बोलीं, 'कौन, भगतसिंह?' दूसरा व्यक्ति राजगुरु था। इन दोनों ने सांडर्स को मारा था।

दूसरे दिन सुबह भगतसिंह, दुर्गा भाभी और राजगुरु लाहौर स्टेशन पहुँचे। भगतसिंह ने शची को गोद में लिया। फैल्ट हैट के कारण और शची के कारण उनका चेहरा थोड़ा-सा ढँका हुआ था। भगतसिंह का दाहिना हाथ चैस्टर के बीच रिवाल्वर के ट्रेगर पर था। भगतसिंह के पीछे ऊँची एड़ी के सैंडिल पहनकर, कंधे में पर्स लटकाकर दुर्गा भाभी बड़े रुआब से जा रही थीं। भगतसिंह और दुर्गा भाभी प्रथम श्रेणी के डिब्बे में चढ़े। राजगुरु नौकर बनकर तीसरी श्रेणी के डिब्बे में चढ़े। गाड़ी के लखनऊ पहुँचने तक राजगुरु वहाँ से खिसक गए, क्योंकि उनको आगरा जाना था। लखनऊ स्टेशन पर दुर्गा भाभी ने सुशीला दीदी को तार किया, ''भाई के साथ पहुँच रही हूँ—दुर्गावती।'' दुर्गावती नाम से तार मिलने के कारण सुशीला दीदी चकित हो गईं। भगवतीचरण और सुशीला दीदी दोनों ही स्टेशन आए। इस प्रकार से भगतसिंह और राजगुरु को लाहौर से बाहर निकालने में दुर्गा भाभी का बड़ा हाथ था।

क्रांतिकारियों के लिए बम और पिस्तौल यहाँ-वहाँ देने का काम वो करती थीं। उसके लिए दुर्गा भाभी घाघरा और ओढ़नी ओढ़कर पर्दा डालकर मारवाड़ी स्त्री जैसी पोशाक पहनकर आती-जाती थीं। वे छाती में माउजर पिस्तौल और पेट पर पिस्तौल बाँध लेती थीं।

जेल में क्रांतिकारियों से सम्पर्क कर उनको संदेश देने और संदेश लाने आदि का काम सुशीला दीदी और दुर्गा भाभी करती थीं। फिर एक बार भाभी के नाम का वारंट निकला और उन्होंने रात के ग्यारह बजे अपना घर सदा के लिए छोड़ दिया।

असेम्बली काण्ड में भगतसिंह और बटुकेश्वर दत्त ने स्वयं अपने को गिरफ्तार करवा लिया था। दुर्गा भाभी और सुशीला दीदी जेल में जाकर भगतसिंह से मिलीं। भगतसिंह ने अपने को छुड़वाने की स्वीकृति नहीं दी, फिर भी चंद्रशेखर आज़ाद और भगवतीचरण बोहरा ने भगतसिंह को छुड़वाने की योजना शुरू की। उसके लिए भरपूर मात्रा में बम बनाने की ज़रूरत थी। इसलिए एक घर किराये पर लिया, जहाँ अनेक क्रांतिकारी रहते थे। बाहर से वे लोग कोई ड्राइवर, कोई खानसामा, कोई बैरा बना हुआ था लेकिन पीछे से बम बनाने का काम करते थे। दुर्गा भाभी और सुशीला दीदी भी उसी घर में रहती थीं, जिससे आभास हो कि वहाँ शान्तिप्रिय कुटुम्ब-वत्सल परिवार रहता है। कोठी परिसर से सटे जंगल में रात में बम-परीक्षण करने में भगवतीचरण की मृत्यु हो गई। भगवतीचरण ने मरते समय कहा था 'मेरे मरने के कारण भगतसिंह की रिहाई योजना टाली नहीं जाए और दुर्गा को अकेला नहीं छोड़ा जाए।'

भगवती भाई की मृत्यु का वज्राघात दुर्गा भाभी ने धैर्य और हिम्मत से सहन

किया। उनको वैशम्पायन, चंद्रशेखर आज़ाद, सुखदेव आदि ढाँढ़स बँधाते थे। रहस्य न खुले इसलिए उनके पति का अन्तिम दर्शन भी नहीं कराया गया। भगवती भाई का अन्तिम संस्कार भी चुपके-से किया गया।

दुर्गा भाभी ने अपना नहीं कहा जा सकने वाला असहनीय दुःख और आक्रोश सीने में दबा लिया और पति की मृत्यु पर श्रद्धांजलि के रूप में दुगने वेग से क्रांति कार्य को प्रेरणा देने लगीं।

इतने पर भी दुर्भाग्य जैसे उनकी घुट्टी में पड़ा था, अतः कुछ दिन बाद एक और दुर्घटना हुई। बहावलपुर कोठी में रखे बमों में दो बम फूट गए। उसके कारण दुर्गा भाभी और सुशीला दीदी शेष बम सूटकेस में भरकर रातों-रात भागीं और सभी क्रांतिकारी इधर-उधर बिखर गए, जिस कारण दुर्गा भाभी अकेली पड़ गईं। केवल सुशीला दीदी उनके साथ थीं। दुर्गा भाभी जब बहावलपुर कोठी में थीं तब भी भगतसिंह आदि के मुकदमे के सन्दर्भ में बाहर आती-जाती थीं। बाहर आने-जाने में हमेशा धोखा हो सकता था, इसलिए कभी रात में लौटती थीं, कभी लौटती ही नहीं थीं।

मुम्बई का गवर्नर हेली अपनी क्रूरता के लिए प्रसिद्ध था। दुर्गा भाभी ने उसकी हत्या करने की योजना बनाई। पृथ्वीसिंह आज़ाद और सुखदेवराज इस योजना में दुर्गा भाभी के साथ थे। पारसी महिला के वेश में वे गवर्नर के बंगले के पास मोटरगाड़ी से पृथ्वीसिंह आज़ाद और सुखदेवराज के साथ पहुँचीं। कार शिंदे नाम के क्रांतिकारियों से सहानुभूति रखने वाले व्यक्ति की थी। ड्राइवर विश्वासपात्र हो, अतः बापट को साथ लिया लेकिन गवर्नर नहीं मिला। जहाँ-जहाँ गवर्नर के मिलने की सम्भावना थी, इस मंडली ने उस-उस जगह उसका पीछा किया, लेकिन गवर्नर कहीं भी नहीं मिला। आखिर ये लोग फिर से लेमिंग्टन रोड गवर्नर के घर के सामने पहुँचे। सामने पुलिस चौकी थी। पुलिस चौकी से बाहर गाड़ी आ रही थी, उसमें अंग्रेज़ अधिकारी थे। पृथ्वीसिंह को लगा कि पुलिस उनको पकड़ने के लिए आई है। उसने आदेश दिया 'शूट!', दुर्गा भाभी ने गोलीबारी शुरू की, पृथ्वीसिंह और सुखदेवराज भी साथ में गोली चलाने लगे। पृथ्वीसिंह के आदेश पर गाड़ी मोड़ ली गई। उसका ड्राइवर बापट कुशल ड्राइवर था। उसने पीछा करने वाले अंग्रेज़ अधिकारियों की गाड़ी को धोखा देकर मोटरगाड़ी मालिक को सुरक्षित वापस कर दी। पृथ्वीसिंह साधु का वेश बनाकर नवसारी पहुँचे। दुर्गा भाभी सुखदेवराज के साथ कानपुर चली आईं। चंद्रशेखर आज़ाद को जब यह प्रकरण पता चला तो उन्होंने इस प्रकार के अनियोजित और बेजवाबदार एक्शन के लिए डांट लगाई।

दुर्गा भाभी के तीन घर लाहौर में थे और दो घर इलाहाबाद में, लेकिन सभी

घरों का सामान ज़ब्त हो चुका था। समृद्ध घर की युवती और छोटे बच्चे की माँ अब बेघर और निराश्रित हो गई थी। इसी समय भाई की तरह सहारा देने वाले चंद्रशेखर आज़ाद की मृत्यु हो चुकी थी। इस कारण दुर्गा भाभी पर दुर्भाग्य की छाया और पसर गई। पुलिस ने पीछा शुरू किया। अपने इकलौते लड़के को वे अपने से दूर रखने लगीं। दुःख, कष्ट और भूख झेलते हुए दुर्गा भाभी भटकते-भटकते हरिद्वार के पास पहुँचीं। आखिरकार लाहौर आकर उन्होंने 'फ्री प्रेस ऑफ इंडिया' से कहा, 'पुलिस मेरा लगातार पीछा कर रही है, लेकिन कैद नहीं कर पा रही है। लगातार पीछा करने के कारण मैं कोई काम नहीं कर सकती हूँ। पुलिस मुझे कैद कर मुझ पर मुकदमा चलाए, नहीं तो आज मैं अपने-आपको स्वतन्त्र समझूँगी।' इसके बाद अपने लाहौर के घर आकर वकील को तार किया। थोड़ी देर बाद पुलिस आई और ताप से झुलसती हुई दुर्गा भाभी को कैद कर लिया। यह घटना 14 सितंबर, 1932 की है।

पुलिस थाने में दुर्गा भाभी से जो-जो प्रश्न पूछे गए, उसका उन्होंने अंग्रेज़ी में ही उत्तर दिया—'आप कहते हैं कि आपके पास पूरे रिकॉर्ड हैं। यदि हैं तो उसी के आधार पर मुझ पर मुकदमा चलाइए। मैं किसी भी प्रश्न का कोई उत्तर नहीं दूँगी।' इस पर पुलिस ने प्रलोभन भी दिया। धमकी भी दी, लेकिन दुर्गा भाभी ने गम्भीरता और दृढ़ता का मूर्तिमान आदर्श उपस्थित किया। मजबूरन पुलिस ने मजिस्ट्रेट से 15 दिन का रिमाण्ड लिया और उनको जेल भेज दिया। किसी भी दल में उनका नाम शामिल नहीं था। साथ ही कोई भी आपत्तिजनक सामग्री के साथ उनको नहीं पकड़ा गया था। ऐसी परिस्थिति में पुलिस को 15 दिन के रिमांड के बाद उनको छोड़ना ही पड़ा। लेकिन उसी समय 1919 रेग्लुलेशन एक्ट के तहत उन्हें नज़रकैद में रखा गया। नज़रकैद के बाद दुर्गा भाभी के लाहौर और दिल्ली प्रवेश पर पाबंदी लगा दी गई।

तीन वर्ष बाद जब वह पाबंदी उठा ली गई, तब दुर्गा भाभी गाज़ियाबाद के 'प्यारेलाल गर्ल्स स्कूल' में शिक्षक की नौकरी करने लगीं। अत्यधिक कष्ट, परेशानी, उपेक्षा और चिन्ता इन सबके कारण उनको क्षय रोग हो गया। लेकिन फिर भी ठीक होते ही नस-नस में समाए हुए समाज-कार्य के लिए उन्होंने कांग्रेस का कार्य किया। 1937 में दिल्ली कांग्रेस समिति ने उनको अध्यक्ष चुना। 1938 में एक हड़ताल के कारण दुर्गा भाभी को फिर कैद हुई।

शचीन्द्र का आगे लालन-पालन और योग्य शिक्षा हो इसलिए राजनीति छोड़कर वे शिक्षा के क्षेत्र में कार्य करने लगीं। 1939 में अड्यार में मांटेसरी की ट्रेनिंग ली और 1940 में लखनऊ में पहला मांटेसरी स्कूल खोला। वही स्कूल आज रफी अहमद

किदवई स्मारक मंदिर के रूप में विद्यमान है।

सेवानिवृत्ति होने के बाद गाज़ियाबाद में उनका निवास रहा। उनके मत से क्रांतिकारियों के जो आदर्श, भावना और देशप्रेम आत्माहुति के लिए प्रेरणा देते थे, उस भावना, उन विचारों और आदर्शों को पुनर्जीवित करने की आज बहुत ज़रूरत है। राष्ट्र के लिए पूर्णतया समर्पित दुर्गा भाभी का जीवन-चरित्र प्रत्येक भारतीय स्त्री-पुरुष के लिए श्रद्धा, आदर्श और प्रेरणादायक है। कर्मठता की साकार मूर्ति दुर्गा भाभी का निधन 14 अक्तूबर, 1999 में हुआ।

अण्डमान का शहीद

महावीर सिंह

महावीर सिंह ने दृढ़ निश्चय और संकल्प के साथ क्रांति के मार्ग पर कदम रखा था। इस मार्ग की मुसीबतों का उन्हें पूरा अनुमान था। महावीर सिंह उत्तर प्रदेश के एटा ज़िले के कासगंज में जन्मे थे। वे आठवीं कक्षा के विद्यार्थी थे तब एक ओर विदेशी बहिष्कार का शोर था, दूसरी ओर कुछ लोग अंग्रेज़ी शासन की चाटुकारिता में लगे हुए थे। ऐसी ही एक सभा में ज़िला कलेक्टर, पुलिस के अधिकारी और

शिक्षा विभाग के अधिकारी उपस्थित थे। भीड़ बढ़ाने के लिए शिक्षक स्कूल के विद्यार्थियों को लेकर आए हुए थे। वक्तागण गांधीजी की आलोचना कर अंग्रेज़ी शासन को प्रसन्न कर रहे थे। तभी एक विद्यार्थी चिल्लाया, 'महात्मा गांधी की जय!' सारे विद्यार्थी ज़ोर से चिल्लाए, 'महात्मा गांधी जी जय!'

अंग्रेज़ ज़िलाधीश के क्रोध का परिणाम यह हुआ कि शिक्षकों का डण्डा महावीर सिंह पर पड़ा। महावीर सिंह का विद्रोह भड़क उठा, वह छात्रों का क्रांतिकारी नेता बन गया।

कानपुर के डी. ए. वी. कॉलेज में उनकी मित्रता शिव वर्मा से हुई। दोनों क्रांतिकारी थे। महावीर सिंह के पिता देवीसिंह भी प्रगतिशील विचारों के थे। उन्होंने यह जानकर कि बेटे ने अपना जीवन देश को समर्पित कर दिया है, उन्हें आशीर्वाद देकर इस तपस्या के कठिन मार्ग से पीछे मुड़कर न देखने के लिए कहा। इससे वे आनन्दित हुए और पढ़ाई छोड़कर पार्टी के काम में लग गए।

पार्टी के आह्वान पर महावीर सिंह लाहौर पहुँचे। मोटर चलाने का प्रशिक्षण लिया। जब भगतसिंह, राजगुरु और चंद्रशेखर आज़ाद ने योजनानुसार लाला लाजपतराय के हत्यारे सांडर्स का वध किया, तो महावीर सिंह ने भी उसमें महत्त्वपूर्ण भूमिका निभाई। वध के पश्चात् सभी साइकिलों से भागे और साइकिलें मित्र के पास छोड़कर महावीर सिंह की कार में सुरक्षित स्थान पर पहुँचे।

भगतसिंह और बटुकेश्वर दत्त ने दिल्ली असेम्बली में बम विस्फोट करके स्वेच्छा से गिरफ्तारी दी थी। इस समय पार्टी के अधिकांश सदस्य गिरफ्तार हो गए थे, उनमें महावीर सिंह भी एक थे।

महावीर सिंह का कथन था, 'शासन के साथ हमारी लड़ाई किसी न किसी रूप में चलती रहनी चाहिए।' लाहौर जेल में पहुँचते ही पुलिस और जेल अधिकारियों से उनकी उठा-पटक आरम्भ हो गई। जेल के नियमों की अवहेलना और जेल अधिकारियों से मारपीट की घटनाएँ सामान्य हो गईं। तगड़े क्रांतिकारी पुलिस की पिटाई भी कर देते थे। इनमें भगतसिंह, महावीर सिंह, जयदेव कपूर, डॉक्टर गयाप्रसाद प्रमुख थे। इन लोगों ने जेल के दुर्व्यवहार के विरोध में सामूहिक भूख हड़ताल की। जब वे दस-बारह दिन भूख हड़ताल पर रहे और उनकी हालत बिगड़ने लगी, तो जेल अधिकारियों ने उन्हें जीवित रखंने के लिए ज़बरन दूध पिलाने की योजना बनाई। दो डॉक्टर और दस तगड़े पहलवान कैदी ज़बर्दस्ती रबर की नली से दूध पिलाते। कुछ उगल देते, कुछ डॉक्टर की उँगली काट देते। महावीर सिंह को वश में करना बहुत कठिन काम था। वे पहले तो जंगले के दरवाज़े पर खड़े हो जाते, बड़ी मुश्किल से वे लोग जंगले को धक्का देकर खोलने का प्रयत्न करते। ऐसे समय कभी-कभी

महावीर सिंह तुरन्त हट जाते और वे आठ-दस लोग एकसाथ एक के ऊपर एक गिर जाते। फिर अकेले उनसे लड़ते।

इस शारीरिक युद्ध के साथ उन्होंने दूसरे प्रकार से भी लड़ाई शुरू की थी। महावीर सिंह, कुन्दनलाल, बटुकेश्वर दत्त, डॉ. गयाप्रसाद और जितेन्द्रनाथ सान्याल ने एक संयुक्त बयान दिया, 'हम पर ब्रिटिश सरकार के विरुद्ध युद्ध छेड़ने का अभियोग लगाया गया है। हम ब्रिटिश सरकार की बनाई हुई किसी भी अदालत से न्याय की आशा नहीं करते और इसलिए हम इस न्याय के नाटक में भाग नहीं लेंगे।'

केस की सुनवाई समाप्त हो जाने पर उसका फैसला सुना दिया गया। महावीर सिंह और उनके सात साथियों को आजन्म कारावास का दण्ड सुनाया गया। कुछ दिन पंजाब की जेल में रखकर वेल्लोरी जेल में स्थानान्तरित कर दिया गया।

वेल्लोरी जेल में पहले ही दिन उनकी अंग्रेज़ जेल सुपरिंटेंडेंट से ठन गई। महावीर सिंह ने जेल की तनीदार टोपी पहनने से इंकार कर दिया। जेल सुपरिंटेंडेंट ने पहलवानों की सहायता से बलपूर्वक महावीर सिंह को टोपी पहनवा दी। महावीर सिंह ने अपने सिर को झटके के साथ घुमाया और टोपी ज़मीन पर गिरा दी। टोपी को कुचलते हुए कहा, 'भविष्य में महावीर सिंह को टोपी पहनाने का प्रयत्न मत करना।'

अंग्रेज़ सुपरिंटेंडेंट ने पहलवानों से दोनों हाथ पकड़वाकर मुक्कों की बौछार कर दी। महावीर सिंह ने अपने बलिष्ठ हाथ को पहलवानों से छुड़ाकर उस अंग्रेज़ को ऐसा मुक्का लगाया कि वह नीचे गिर पड़ा। उस दिन से उसकी किसी कैदी को मुक्का मारने की हिम्मत नहीं हुई। परन्तु बदला लेने के लिए जेलर ने उन्हें तीस बेतों की सज़ा सुना दी।

हाथ-पैर बाँधकर निर्वस्त्र नितम्बों पर बेंत प्रहार किए गए, पहले ही बेंत में खून बहने लगा। तीस बेतों में खून की धारा के साथ माँस भी उधड़ने लगा। पर महावीर सिंह प्रत्येक बेंत के उत्तर में इन्कलाब ज़िन्दाबाद और अधिक ज़ोर से कहने लगे। बेंत प्रहार के बाद बेहोश हो जाना निश्चित था, इसलिए स्ट्रेचर तैयार था, परन्तु महावीर सिंह ने स्ट्रेचर को ठोकर मार जेलर की ओर घृणा से देखा और पैदल ही अपनी कोठरी की ओर चले गए। जेलर भी दहशत खा गया।

जनवरी सन् 1933 में चुने गए चौरासी क्रांतिकारियों को कालेपानी भेज दिया गया, उनमें महावीर भी एक थे। कालेपानी की सज़ा खतरनाक समझे जाने वाले कैदियों को ही मिलती थी।

क्रांतिकारियों का यह जत्था यहाँ पहुँचकर ठहाके लगाने लगा। जेल अधिकारियों को यह नागवार गुज़रा। उन्होंने सख्ती की हद कर दी। अण्डमान की खबरें शेष भारत में नहीं पहुँचती थीं।

महावीर सिंह ने कहा कि सामूहिक अनशन किया जाए और खबर भारत तक पहुँचाने की तिकड़म भिड़ाई जाए। महावीर सिंह ने कहा, 'पहले तो लोग बलिदान करें, जिसमें से एक मैं और दूसरा कोई और होगा जिसका नाम पर्ची डालकर निकाला जाए।' इस पर सबने कहा, 'दोनों नाम पर्ची डालकर निकाले जाएँ।' पर्ची दो बंगाली युवकों के नाम खुली। सामूहिक अनशन हुआ। भयंकर गर्मी में क्रांतिकारियों की तबियतें बिगड़ने लगीं, ज़बरन दूध पिलाने का प्रयत्न हुआ। महावीर सिंह को डॉक्टरों और पठान कैदियों ने मिलकर दूध पिलाने की ज़बरन कोशिश की। नली का दूध पेट में न जाकर फेफड़ों में चला गया, परिणामस्वरूप महावीर सिंह की आँखें उलट गईं। दोनों बंगाली युवकों ने भी दूध पीने का पूरा विरोध किया और अपनी जान दे दी। तीनों की लाशें समुद्र में फिंकवा दी गईं।

महावीर सिंह ने किसी तरह वार्डन को पटा कर अनशन की खबर बाहर भिजवा दी थी, जिससे भारत में बहुत असन्तोष उभरा और ब्रिटिश सरकार को अण्डमान के राजबंदियों को सुविधाएँ देनी पड़ीं।

महावीर सिंह की व्यक्तिगत वस्तुओं में साथी जयदेव कपूर को, उनके पिता को भेजा गया पत्र और कविता मिली, जिसका आरम्भ इस प्रकार था—

मैंने देखा मृत्यु निमन्त्रण, उसके द्वारे आया।
अत्याचारी से आगे बढ़, जो पहले टकराया॥

महावीर सिंह ने देश के लिए अपने प्राणों का समर्पण बहुत पहले ही कर दिया था। केवल प्राण-विसर्जन की औपचारिकता शेष रह गई थी।

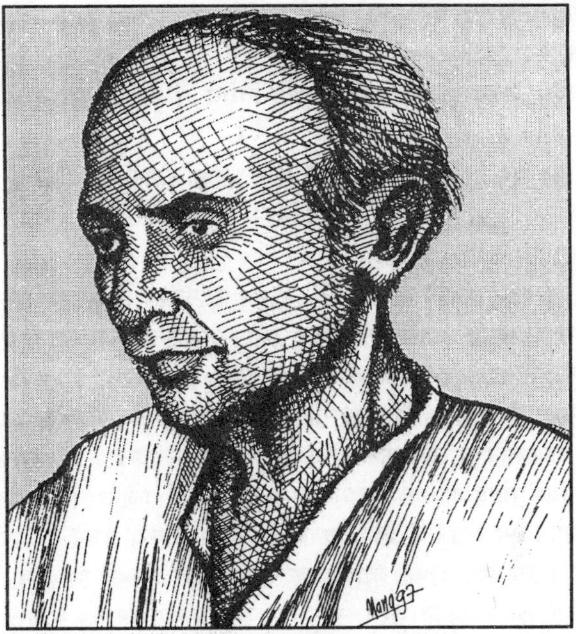

जीवन-भर अज्ञात-अनाम रहने वाले

कुंदनलाल गुप्त

कुंदनलाल जी का जन्म संयुक्त प्रान्त और आज के उत्तर प्रदेश के फैज़ाबाद में सन् 1900 के आसपास हुआ। इनके पिता श्री रघुनाथ प्रसाद गुप्त जी की कपड़े की दुकान थी। कुंदनलाल जी ने बचपन से ही देश के स्वतंत्रता-आन्दोलन में भाग लेना शुरू कर दिया। इन्होंने चौथी-पाँचवीं कक्षा तक ही पढ़ाई की थी। फिर भी हिन्दी, अंग्रेज़ी, उर्दू आदि भाषाओं का इन्हें अच्छा ज्ञान था। सन् 1919 में रोलेक्ट

एक्ट' के विरोध में चल रहे आन्दोलन में उन्होंने सक्रिय भाग लिया और अज्ञातवास में चले गए।

उसके पश्चात् साइमन कमीशन के विरोध में हो रहे प्रदर्शन में भी इन्होंने नेतृत्व किया।

9 सितम्बर, 1922 को दिल्ली में फिरोज़शाह कोटला के किले के खण्डहर में क्रांतिकारियों की एक बैठक हुई। इसमें निर्णय लिया गया कि क्रांतिकारियों का एक अखिल भारतीय संगठन होना चाहिए।

एक केन्द्रीय समिति का भी गठन हुआ। कुंदनलाल जी उसके सदस्य बने और वे शस्त्रागार के प्रमुख भी निर्वाचित हुए। इसी समय उन्हें राजस्थान में क्रांतिकारियों का संगठन गठित करने का कार्य सौंपा गया।

हिन्दुस्तानी समाजवादी प्रजातन्त्र सेना के प्रमुख व सक्रिय कार्यकर्ता के रूप में उन्होंने राजस्थान में क्रांतिकारियों के दल का गठन किया। अजमेर और जयपुर में उन्होंने जिन लोगों को दल का सदस्य बनाया उनमें अजमेर के रुद्रदत्त मिश्र वैद्य भी थे। उन्होंने बम बनाने के लिए आवश्यक सामग्री दिल्ली भेजने में काफी सहायता की। अन्य सदस्यों में से वापट, ज्वालाप्रसाद और रामजीलाल का इस संस्था से सम्बन्ध था। इसीलिए शस्त्र इकट्ठा करने में उनका भी सहयोग मिला। रुद्रदत्त मिश्र और अर्जुनलाल सेठी जयपुर और अजमेर में क्रांतिकारियों को आश्रय देने का कार्य कर रहे थे। चन्द्रशेखर आज़ाद का भी वहाँ आना-जाना लगा रहता था।

9 अगस्त, 1925 को जो काकोरी ट्रेन डकैती घटना घटी उसमें रामप्रसाद 'बिस्मिल' के नेतृत्व में अशफ़ाक़उल्ला खाँ, शचीन्द्र बख्शी, राजेन्द्र लाहिड़ी, केशव चक्रवर्ती, मुरारीलाल, मुकुंदलाल, चन्द्रशेखर आज़ाद, बनवारीलाल और मन्मथनाथ गुप्त भी शामिल थे, परन्तु कुल मिलाकर चवालीस युवकों पर मुकदमा चलाया गया। जो लोग इसमें शामिल भी नहीं थे उन्हें भी सज़ा सुनाई गई थी। चन्द्रशेखर आज़ाद और कुंदनलाल को पुलिस पकड़ नहीं पाई। भले ही कुन्दनलाल गुप्त काकोरी काण्ड में शामिल नहीं थे। फिर भी ब्रिटिश सरकार सभी क्रांतिकारियों को पकड़ रही थी परन्तु वे उनके हाथ नहीं लगे। कुंदनलाल ने कानपुर के आसपास के क्षेत्र को अपनी कर्मभूमि के रूप में चुना। चन्द्रशेखर झाँसी में घुसे। काकोरी काण्ड में इतने अधिक लोग पकड़े गए कि क्रांतिकारियों को महसूस होने लगा कि दल का पुनः गठन किया जाना चाहिए। अब तक कुंदनलाल जी की भी वरिष्ठ क्रांतिकारियों के रूप में गणना होने लगी, इसीलिए उनसे नेतृत्व करने के लिए निवेदन किया जाने लगा परन्तु कुंदनलाल की नज़र में इस कार्य के लिए चन्द्रशेखर आज़ाद अधिक योग्य व्यक्ति थे। कुंदनलाल झाँसी आए। आज़ाद डाकुओं के साथ जंगलों में अज्ञातवास में थे। उन्हें ढूँढ़ना इतना

आसान नहीं था। परन्तु कुंदनलाल ने परिश्रमपूर्वक उन्हें ढूँढ़ निकाला और उन्हें लेकर वे कानपुर आए। दोनों अज्ञातवास में रहते हुए भी दल को पुनः संगठित करने के कार्य को आगे बढ़ा रहे थे।

चन्द्रशेखर आज़ाद, सरदार भगतसिंह, राजगुरु आदि ने दिल्ली के असेम्बली हॉल में बम फेंकने की योजना बनाई। अस्वस्थ होने के बावजूद इस बम विस्फोट के लिए कुंदनलाल ने स्वयं का नाम बड़े आग्रहपूर्वक सामने रखा। कुंदनलाल गुप्त नें यह तर्क रखा कि एक बीमार व्यक्ति की अपेक्षा एक स्वस्थ व्यक्ति का जीवन अधिक मूल्यवान है। इसीलिए स्वस्थ साथी की अपेक्षा मेरा इस काम में लगना अधिक योग्य होगा। विजय कुमार सिन्हा द्वारा लिखे गए एक संस्मरण से यह रहस्य सामने आया। भगतसिंह और बटुकेश्वर दत्त ने असेम्बली में जो बम गिराया था उसका मसाला आगरा में तैयार किया गया था। आज़ाद और गुप्त जी ने ही आगरा में बम की फैक्टरी खोली थी। गुप्ता जी अन्य लोगों को भी बम बनाने का प्रशिक्षण दिया करते थे।

लाला लाजपतराय की हत्या के विरोध में क्रांतिकारियों ने सांडर्स नाम के अधिकारी को जान से मारने की योजना बनाई। भगतसिंह ने उसे अपनी गोली का निशाना बनाया। बम काण्ड में कुंदनलाल गुप्त भी पकड़े गए क्योंकि कैलाशपति नामक एक गवाह ने क्रांतिकारियों का नाम बता दिया। उन्हें सज़ा हुई। 1930 से '33 तक उन्हें त्रिचनापल्ली, मद्रास और बंगलौर के जेलों में रखा गया। अंग्रेज़ सरकार ने यह जान लिया कि गुप्त जी को जेल में रखे जाने में भी एक धोखा ही है। तब उन्हें अण्डमान निकोबार में भेजा गया। वहाँ कैदियों को अमानुषिक यातनाएँ दी जाती थी। वहाँ बटुकेश्वर दल और जयदेव कपूर भी थे। तबीयत बिगड़ जाने के कारण 1937 को गुप्त जी को रिहा कर दिया गया। वहाँ से वे कलकत्ता गए और 'लोकमान्य' नामक हिन्दी दैनिक अखबार के सम्पादकीय विभाग में नौकरी ग्रहण की। जब वे कानपुर में थे तभी गणेशशंकर विद्यार्थी द्वारा संचालित प्रताप प्रेस में काम किया करते थे। वहीं से वे हिन्दुस्तानी समाजवादी प्रजातन्त्रीय सेना के सक्रिय सैनिक बने थे।

अंग्रेज़ कुंदनलाल के नाम-मात्र से ही काँपते थे। पुलिस जब आगरा में ढूँढ़ रही थी, तब वे कानपुर में रहते थे। जब कानपुर में ढूँढ़ती, तब किसी अन्य जगह में रहते। लाहौर बम विस्फोट के पहले उन्हें किसी ने देखा नहीं था। पोस्टर पर उनके फोटो के स्थान पर काला ब्लॉक छापा जाता था।

रामकृष्ण खत्री ने अपने संस्मरण में लिखा है कि कुंदनलाल बहुत साहसी व्यक्ति थे। एक बार उन्होंने बनारस में एक क्रांतिकारी से किसी बात पर शर्त लगाए जाने पर दुमंज़िले मकान से छलांग लगाई थी। जबकि शर्त लगाने वाला व्यक्ति सिर्फ नीचे

देखकर ही घबरा गया था। और उसने कहा—"मैं ऐसा साहस कभी नहीं कर सकता।"

एक बार वे बिचपुरी 'एक्शन' के लिए जा रहे थे। उस समय इन दस क्रांतिकारियों का दल प्रतापगढ़ के पास पहुँचा। रास्ते में एक पुलिस इंस्पेक्टर मिला। उसने पूछा, "आप लोग कौन हैं? इतनी रात गए कहाँ जा रहे हैं?" एक क्रांतिकारी ने जवाब दिया, "एक शादी के लिए प्रतापगढ़ जा रहे हैं।" तब उसने कहा, "आज तो प्रतापगढ़ में कोई शादी वगैरह नहीं है।" कुंदनलाल को इंस्पेक्टर पहचानता था। सामने आकर उन्होंने कहा 'पहचाना?' इंस्पेक्टर कुछ घबराया और उसने आदरपूर्वक कहा, "अरे! आप कुंदनलाल जी! मुझे मुआफ करिए। आप लोग जाइए।" क्रांतिकारियों का दल आगे बढ़ गया। क्रांतिकारी शिव शर्मा लिखते हैं कि उन्हें जाँति-पाँति और धर्म के नाम पर किए जाने वाले भेदभाव से सख्त चिढ़ थी। वे स्वयं अपने नाम के आगे कभी अपना सरनेम नहीं लिखते थे। सिर्फ कुंदनलाल, वे इसी नाम से प्रसिद्ध थे। उन्होंने कभी भी अपने माता-पिता का नाम नहीं बताना चाहा। सम्भवतः इसलिए कि उनके कारण उन्हें उनके घरवालों को कोई तकलीफ न पहुँचे। इसीलिए उन्होंने कभी किसी को अपनी तस्वीर भी उतारने की इजाज़त नहीं दी। वे बड़े ही दृढ़ और गम्भीर स्वभाव के थे। स्वतंत्रता के बाद भी उन्होंने अपने अथवा अपने कार्य के विषय में कभी किसी से कोई बात नहीं की।

एक महान् क्रांतिकारी होने के साथ-साथ वे आदर्श पत्रकार भी थे। अखबार के सिलसिले ही में नागपुर आए थे। कई साल तक लोगों को यह ज्ञान न हो सका कि हमारे साथ बैठकर जो व्यक्ति काम कर रहा है वह कोई सामान्य पत्रकार न होकर शहीदे-आज़म सरदार भगतसिंह का एक करीबी दोस्त है। जिस समय श्री रामकुमार 'भ्रमर' का एक लेख 'साप्ताहिक हिन्दुस्तान' में प्रकाशित हुआ उस समय लोगों को मालूम हुआ कि प्रसिद्ध क्रांतिकारी कुंदनलाल ज़िन्दा हैं। उसके पश्चात् ही उनके पास मन्मथनाथ गुप्त, विजयकुमार सिन्हा आदि के पत्र आने लगे। उन्हें दिल्ली बुलाया गया। 'साप्ताहिक हिन्दुस्तान' में उस आलेख के साथ उनका फोटो भी छापा गया। लगभग बारह वर्षों से वे जिस स्थान में रहते थे वह जगह टीन के शेड से बनाई गई गैरेज थी।

नागपुर में उन्होंने 'लोकमत' नामक हिन्दी अखबार में काम किया। 1942 के असहयोग आन्दोलन में पुनः जेल गए और 1945 में नागपुर जेल से रिहा हुए। उसके पश्चात् वे पुनः 'लोकमत' से जुड़े। इसके पश्चात् 'लोकमत' हिन्दी अखबार बंद हो गया। तब वे कै. कृष्णनंद सोख्ता के साप्ताहिक हिन्दी पत्र 'नया खून' से जुड़ गए। इसके बाद नरकेसरी प्रकाशन के 'युगधर्म' हिन्दी दैनिक में उन्होंने बारह

वर्ष काम किया। पत्रकारिता के क्षेत्र में भी उनका अनुशासन, संयम और नियमितता क़ाबिले-तारीफ थी।

दिन की ड्यूटी हो या रात की, कुंदनलाल जी को एक सेकण्ड की भी कभी देरी नहीं हुई। वहाँ उन्होंने कभी बेमतलब की अथवा राजनीतिक गप्पबाज़ी नहीं की। चाय-पानी के लिए वे बार-बार उठकर अपना समय बर्बाद नहीं किया करते थे। वे बीड़ी अवश्य पिया करते थे किन्तु राख राखदान में जमा किया करते और घर जाने से पूर्व फेंक देते। ये देखने में भले ही छोटी-छोटी बातें हैं, किन्तु इनसे उनका बड़प्पन दिख पड़ता है।

जब अखबार की सम्पूर्ण ज़िम्मेदारी उनके कंधों पर आई तब भी उन्होंने इसे बड़ी ईमानदारी से निभाया। यदि समय रहा तो वे मद्रास का अंग्रेज़ी दैनिक पत्र 'हिन्दू' पढ़ा करते थे। यदि वे घर ले जाना चाहते तो चपरासी को बतला देते। दुर्भाग्य से स्वतंत्रता के पश्चात् सत्ता की बागडोर जिनके हाथों में आई उनमें से अनेकों ने आज़ादी के लिए कुछ भी नहीं किया था। यही कारण है कि इन देशभक्तों की हालत देखने के लिए कोई सामने नहीं आया।

किसी क्रांतिकारी ने कुंदनलाल के विषय में अपने संस्मरण में लिखा है :

"देश की आज़ादी के लिए मर-मिटे और यह देश आज़ाद हुआ तो खामोशी से किसी गोशे (कोने) में बैठ गए। किसी ने यह जानने की भी कोशिश नहीं की कि शमा-ए-आज़ादी के जिन परवानों ने अपना सब कुछ त्याग कर अपने-आपको स्वतंत्रता की बलिवेदी की भेंट चढ़ा दिया था, देश आज़ाद होने पर वह किस हाल में हैं?" इसका नतीजा यह हुआ कि अपनी ज़िन्दगी के आखिरी दिन इंतहाई मज़बूरी की हालत में बसर करने पड़े और कुंदनलाल गुरबत, गरीबी की मुँहबोलती तस्वीर बन गए। आज मन्मथनाथ गुप्त की चिट्ठी आई तो बरसों से दबे हुए हालात फिर उभर आए और स्व. श्री. बोपिंदरनाथ दत्त के ये शब्द याद आ गए—क्रांतिकारियों का बेहतर अन्त यह है कि वे फाँसी पर चढ़कर शहीद हो जाएं या दुश्मनों की गोलियों का मुकाबला करते हुए खत्म हो जाएँ।"

उन्होंने यह अलफाज़ इस हक़ीक़त का एहसास करते हुए लिखे थे कि बहुत कम क्रांतिकारियों को अपने आदर्शों को अमली जामा पहनाने का मौका मिला था। भारत के क्रांतिकारियों को ऐसा मौका नहीं मिला। इसका नतीजा यह हुआ कि वे लोग पॉवर में आए, जिन्होंने क्रांति नहीं की थी।

जो क्रांतिकारी अण्डमान-निकोबार से ज़िन्दा वापस लौटते उनकी हालत चिन्ताजनक ही रहती। कुंदनलाल भी अस्वस्थ ही थे। साथ ही वे वृद्ध भी हो चले थे। वे नागपुर मेडिकल कॉलेज के अस्पताल में दवा के लिए रोगियों की कतार में

घण्टों खड़े रहते। उस समय वे रामबाग में क्वार्टर में रहते थे। यहीं एक बार वे बेहोश होकर गिर पड़े थे।

श्री उमेश चौबे ने अपनी एक पुस्तक 'कुंदनलाल : एक अज्ञात क्रांतिकारी' में उनके विषय में एक जानकारी दी है कि जब वे अस्वस्थ थे तब श्री शंकरलाल जोश ने श्रीमती इंदिरा गांधी को उनकी सहायतार्थ एक पत्र भेजा था, परन्तु प्रधानमंत्री के निवास स्थान से वह पत्र उचित कार्यवाही के लिए मुम्बई भेजा गया। तब तत्कालीन मुख्यमन्त्री श्री वसंतराव नाईक ने उनके लिए सिविल सर्जन को पत्र लिखा और सहायता के लिए नागपुर के उस समय के पालक मन्त्री को लिखा।

इस लम्बी प्रक्रिया के परिणामस्वरूप उन्हें तीन वर्ष के लिए साठ रुपये महीना सहायता देने की मेहरबानी की गई। स्वतंत्रता के पश्चात् जिन्हें उचित सम्मान दिया जाना चाहिए था उन पर रुग्णावस्था में सरकार ने क्षुद्र कृपा दिखाई। यह देखकर जोशी जी बहुत दुःखी हुए। उन्होंने कहा, 'बालगंधर्व जैसे कलाकारों और मारोती माने जैसे पहलवानों के लिए पाँच सौ रुपयों का मानधन और देश के लिए अपना जीवन, परिवार और अपना सर्वस्व न्यौछावर करने वाले, देश की स्वतंत्रता के लिए अपार कष्ट सहने वाले क्रांतिकारी के लिए बड़ी मुश्किल से सिर्फ साठ रुपये देने की मेहरबानी।'' आखिरकार पत्रकारों की प्रार्थना पर मुख्यमंत्री वसंतराव नाईक ने डेढ़ सौ रुपये देने की स्वीकृति प्रदान की। बाद में पत्रकारों के प्रयत्नों से केन्द्र सरकार की तरफ से भी ढाई सौ रुपये देना स्वीकार किया गया।

अपने अन्तिम समय में वे महल के पदवासा रुग्णालय में भर्ती थे। उन पर पं. शिवकरण शर्मा छांगणी और डॉ. रतिनाथ मिश्र का औषधोपचार चल रहा था। सोलह जनवरी 1978 को उनकी मृत्यु हुई।

श्री कुंदनलाल जी गुप्त ने हमेशा अकिंचन रहकर ही देश और समाज की सेवा की। प्रसिद्धि प्राप्ति और पुरस्कृत होने की उनकी कभी कोई इच्छा न रही। एक निष्काम कर्मयोगी-सा उनका जीवन और व्यक्तित्व था।

क्रांति के सपने को कलम से जोड़ने वाले

डॉ. भगवानदास माहौर

भगवानदास माहौर, सदाशिवराम मलकापुरकर दोनों झाँसी के निवासी व चंद्रशेखर आज़ाद के करीबी थे। भगवानदास माहौर चंद्रशेखर आज़ाद की प्रेरणा से ही क्रांतिकारी बने थे। चन्द्रशेखर ने अपने जिन साथियों के लिए बम बनाने के प्रशिक्षण की व्यवस्था की थी, उनमें भगवानदास माहौर भी थे। वे भुसावल बम-काण्ड के नायक थे। डॉ. माहौर का जन्म मध्यप्रदेश के दतिया ज़िले के बड़ौनी ग्राम में हुआ था।

सितम्बर 1929 में भगवानदास माहौर व सदाशिवराम दोनों अकोला जा रहे थे कि भुसावल स्टेशन पर दोनों गिरफ्तार हो गए। भगतसिंह, आज़ाद के साथ असेम्बली में बम फेंकने के लिए राजगुरु को नहीं चुना गया, जिससे रूठकर वे नया क्रांतिकारी संगठन बनाने चले गए। आज़ाद को जब यह मालूम हुआ कि उन्होंने ओला में नया क्रांतिकारी संगठन खड़ा कर लिया है तो उन्होंने माहौर और मलकापुरकर को बम का मसाला आदि लेकर अकोला भेजा और कहा, 'राजगुरु को अकेला नहीं छोड़ा जा सकता।' इसी समय पर वे दोनों पेटी के कारण पकड़े गए। जलगाँव की अदालत में उन पर मुकदमा चला। उनके खिलाफ गवाही देने के लिए उन्हीं के ग़द्दार साथी जयगोपाल और फणीन्द्र घोष लाहौर से जलगाँव पहुँचने वाले थे। सदाशिव का माउज़र पिस्टल पुलिस ने छीन लिया था। यह उन्हें चंद्रशेखर आज़ाद ने दिया था। इसके छिनने का उन्हें बहुत दुःख था। वे इन दोनों मुखबिरों को समाप्त कर देना चाहते थे। उन्होंने भगवानदास माहौर से विचार-विमर्श किया और कहा, 'यदि मैं भी पुलिस का मुखबिर बन जाऊँ, तो मुझे भी तुम्हारे विरुद्ध गवाही देने को अदालत लाया जाएगा। जयगोपाल और फणीन्द्र से बदला लेने का मौका मिल जाएगा।''

भगवानदास माहौर ने कहा, 'इससे साथी आज़ाद का हम झाँसीवालों पर से विश्वास उठ जाएगा। तुम्हारे मुख पर कालिख पुत जाएगी।' सदाशिव का तर्क था, 'बदनामी या साथी आज़ाद का अविश्वास थोड़े समय के लिए होगा। जब मैं गद्दार मुखबिरों में से एक या दोनों को समाप्त कर दूँगा, लोग समझ जाएँगे कि मैं मुखबिर क्यों बना था।'

भगवानदास माहौर योजना सोच-समझकर बनाना चाहते थे। उन्होंने पूछा, 'ग़द्दारों को समाप्त करने की तुम्हारी क्या योजना है।' सदाशिव राव ने कहा कि 'यदि हथियार नहीं मिल सका, तो कम से कम किसी एक की नसों को मैं अपने दाँतों से काट दूँगा।' माहौर ने कहा, 'योजना से मैं सन्तुष्ट तो नहीं हूँ, परन्तु पुलिस के मुखबिर बनने का नाटक करने जा रहे हो तो मुझे बता दिया, यह ठीक है। इससे कम-से-कम लोगों में गलतफहमी नहीं होगी।'

पुलिस ने सदाशिवराव को मुखबिर नहीं बनाया। वह चालाक और सतर्क थी। तब दोनों ने मिलकर योजना बनाई कि वकील धुलेकर द्वारा चंद्रशेखर आज़ाद को सन्देश भेजकर पिस्तौल मंगवा लें और कोर्ट में गवाही के लिए उपस्थित मुखबिरों को मौत के घाट उतार दें। पिस्तौल लाने की ज़िम्मेदारी सदाशिव के बड़े भाई शंकरराव पर डाली गई। दोनों ने अपने अच्छे व्यवहार की धाक जमाकर बाहर से खाना मँगवाना शुरू कर दिया। आज़ाद के पास सन्देश भेज दिया गया। फरार क्रांतिकारी भगवतीचरण बोहरा वकील के रूप में सदाशिव और भगवानदास से मिलने जेल पहुँचे। वहाँ उन्होंने

आज़ाद का निर्देश सुनाया, 'यदि दोनों मुखबिरों को मारा जा सके तो ठीक है और यदि एक को ही मारा जा सके तो फणीन्द्र घोष को मारा जाए क्योंकि वह क्रांतिकारियों की केन्द्रीय समिति का सदस्य रह चुका है।' आज़ाद ने यह भी कहा है कि 'गोली चलाने का काम अकेला भगवानदास करे और सदाशिव को मुक्त रखा जाए क्योंकि एक ही मामले में दो आदमी फाँसी पाएँ, यह अच्छा नहीं है।'

आदेश चंद्रशेखर आज़ाद का था, अतः मानना आवश्यक था। समय पर पिस्तौल मिल गई। भगवानदास माहौर ने गोलियाँ भी चलाईं, लेकिन पुलिस इंस्पेक्टर और दोनों ग़द्दार मुखबिर घायल होकर रह गए। मुकदमे में भगवानदास माहौर को आजीवन कारावास और सदाशिवराव को पन्द्रह वर्ष का कारावास मिला। सन् 1938 में कांग्रेस के मन्त्रिमण्डलों की स्थापना के कारण कैदियों को मुक्त किया गया। भगवानदास और सदाशिव दोनों झाँसी पहुँचे। दो वर्ष बाद 1940 में भारत रक्षा कानून के अन्तर्गत गिरफ्तार हुए। देवली नज़रबंदी कैद में भेजा गया। इसके पश्चात् किसी न किसी आन्दोलन में जेलयात्रा करते रहे। आज़ाद तो सन् 1931 में ही शहादत प्राप्त कर चुके थे। भगवानदास माहौर आज़ाद के भरोसेमंद साथी थे।

चंद्रशेखर आज़ाद ने उन्हें विक्टोरिया कॉलेज, ग्वालियर में पढ़ने की प्रेरणा दी। उसका उद्देश्य था ग्वालियर में बम बनाने का कारखाना खोलना। साथ ही ठाकुर और मराठे लड़कों को पार्टी में शामिल करना। इसी उद्देश्य के कारण शीघ्र ही वे छात्रावास छोड़कर किराए के मकान में रहने लगे। इसमें भगतसिंह, विजयकुमार सिन्हा और बटुकेश्वर दत्त भी ठहरा करते थे। भगतसिंह उन्हें हनुमान कहते थे, क्योंकि उनका निचला कुछ हिस्सा हनुमान की तरह था।

चंद्रशेखर आज़ाद उत्तम संयोजक थे। हर साथी के गुणों से परिचित थे और उनका उपयोग करना जानते थे। लाला लाजपतराय के हत्यारे सांडर्स के वध के लिए उन्होंने तीन मोर्चे बनाए थे। दूसरे मोर्चे पर स्वयं आज़ाद थे तो तीसरे मोर्चे पर भगवानदास माहौर और सदाशिवराव मलकापुरकर थे। यह अलग बात है कि पहले ही मोर्चे पर भगतसिंह और राजगुरु ने सांडर्स का काम तमाम कर दिया था।

आजीवन क्रांतिकारी रहने के बाद स्वतंत्रता प्राप्ति के पश्चात् उन्होंने अपनी पढ़ाई फिर शुरू की। सन् '1857 के स्वाधीनता संग्राम का हिन्दी साहित्य पर प्रभाव' नामक विषय पर शोध ग्रन्थ लिखकर आगरा वि.वि. से पीएच. डी की उपाधि प्राप्त की। 'मदनेश कृत लक्ष्मीबाई रासो' पर शोध पर हिन्दी साहित्य सम्मेलन प्रयाग ने उन्हें साहित्य महामहोपाध्याय की पदवी प्रदान की। बुंदेलखंड के साहित्य पर कार्य करने के उपलक्ष्य में झाँसी विश्वविद्यालय ने उन्हें डी. लिट् की उपाधि दी। उनकी पुस्तक 'यश की धरोहर' बहुत ही लोकप्रिय हुई। वे एक सफल व लोकप्रिय प्राध्यापक

रहे हैं। ज्योतिष, काव्य और संगीत पर उनका असाधारण अधिकार था। भगवानदास माहौर क्रांतिकारी के साथ कवि भी थे। उनकी कविता 'छिड़ा है आज़ादी का जंग' उस समय प्रसिद्ध रही है। इसके कुछ पद्य उद्धृत हैं :

आज़ादी का जंग छिड़ा है आज़ादी का जंग
गरज रहा है विप्लव सागर नचती क्रांति तरंग।
छिड़ा है आज़ादी का जंग।
पास हमारे क्या खोने को
सारा विश्व जीत लेने को
बढ़े चलो, है क्या डरने को
भूखे नंग धड़ंग, छिड़ा है आज़ादी का जंग।

डॉ. भगवानदास माहौर का निधन लखनऊ में 2 मार्च, 1979 को हुआ।

भगतसिंह की बनाई राह पर चलने वाला

हरिकिशन

अनेक अज्ञात व अल्पज्ञात शहीदों में हरिकिशन भी एक हैं। भगतसिंह का आदर्श उनके सामने था। हरिकिशन का जन्म उत्तर-पश्चिम के सीमान्त प्रान्त के मर्दान ज़िले के गल्लाढेर स्थान पर सन् 1912 में हुआ था। उनके पिता का नाम गुरदासमल था। वे बचपन से ही क्रांतिकारियों के प्रशंसक थे। क्रांति का बीज उनके पिता ने ही उनके मन में बोया था। काकोरी काण्ड के मुकदमों का विवरण अखबारों में छपता,

तो वे बड़े ध्यान से पढ़ते थे। रामप्रसाद 'बिस्मिल' और अशफ़ाक़ उल्ला खां उनके आदर्श थे। भगतसिंह के मुकदमे में भगतसिंह के बयानों ने उन्हें बहुत प्रभावित किया था। वे भगतसिंह को अपना गुरु मानते थे।

हरिकिशन को लगता था कि अहिंसात्मक आन्दोलन द्वारा क्रूर और चालाक अंग्रेज़ों से स्वतंत्रता मिलना कठिन है। वे क्रांतिकारी दल से सम्बद्ध होना चाहते थे, जिससे उन्हें भी देश की आज़ादी के लिए कुछ कर गुज़रने का अवसर मिले। उस समय क्रांतिकारियों पर सारे देश में दमनचक्र तेज़ था। अतः क्रांतिकारी संगठन कुछ शान्त से थे। इस स्थिति में उन्होंने पंजाब के गवर्नर से बदला लेने का निश्चय किया।

पंजाब विश्वविद्यालय का दीक्षान्त समारोह 23 दिसम्बर, 1930 को सम्पन्न होना था। समारोह की अध्यक्षता पंजाब के गवर्नर ज्योफ्रे डी मोरमोरेन्सी करने वाले थे। सर्वपल्ली डॉ. राधाकृष्णन दीक्षान्त भाषण देने वाले थे। हरिकिशन सूट-बूट पहने पहले ही दीक्षान्त भवन में पहुँच गया। हाथ में एक डिक्शनरी थी, जिसके बीच के हिस्से को काटकर रिवॉल्वर रखा हुआ था।

दीक्षान्त समारोह समाप्त होते ही विद्वान सभा भवन से बाहर जाने लगे। हरिकिशन एक कुर्सी पर खड़ा हो गया। उसने एक गोली दागी जो गवर्नर की बाँह छीलती हुए निकल गई, दूसरी पीठ पर फिसलती हुई निकल गई। तीसरी गोली दागनी चाही कि डॉ. राधाकृष्णन गवर्नर को बचाने के लिए उसके सामने आ गए और उसने गोली नहीं चलाई। अब हरिकिशन सभा भवन से भागकर पोर्च में आ गया। पुलिस ने पीछा किया। पुलिस दरोगा चाननसिंह पीछे भागा। हरिकिशन ने रुकने की चेतावनी दी। न रुकने पर हरिकिशन ने फायर किया और चाननसिंह ढेर हो गया। अन्य दरोगा बुद्धसिंह वधावन ने अपने को बचा लिया, पर वह भी ज़ख्मी हो गया। हरिकिशन ने अपना रिवॉल्वर फिर भरना चाहा, पर तब तक पकड़ लिया गया।

पुलिस ने गिरफ्तार करके उसकी पिटाई की। कड़कड़ाती ठण्ड में बर्फ की सिल्ली पर लिटा कर ऊपर भी बर्फ की सिल्ली रख दी गई। इस प्रकार की अनेक अमानवीय यातनाएँ उसे दी गईं।

26 जनवरी, 1931 को लाहौर के सेशन जज द्वारा हरिकिशन को मृत्युदण्ड सुनाया गया। हाईकोर्ट ने भी यही दण्ड दिया। जेल में उसकी दादी ने कहा, 'बेटा! हौसले के साथ फाँसी चढ़ना।' हरिकिशन ने निर्भीकता से उत्तर दिया, 'फिक्र मत करो दादी! शेरनी का पोता हूँ।' उनके पिता भी उसकी तरह देशभक्त थे। जेल में मिलने आए तो पुत्र की तकलीफ न पूछकर यही पूछा, 'मैंने तो तुम्हें अच्छा निशानेबाज़ बनाया था, फिर निशाना कैसे चूक गया?' हरिकिशन ने कहा, 'कुर्सी हिल रही थी, जो गोली मैंने ज़मीन पर खड़े होकर चलाई वह ठीक बैठी, थानेदार मर गया। मैं

गवर्नर के आसपास के लोगों को बचाना चाहता था, इसलिए मैंने कुर्सी पर खड़े होकर गोली चलाई थी।'

हरिकिशन के पिता गुरदासमल को भी गिरफ्तार कर जेल की असह्य यातनाएँ दी गईं, जिससे उनकी मृत्यु हो गई। छोटा भाई भगतराम सुभाषचंद्र बोस को, रहमत अली के नाम से, अफगानिस्तान छोड़ने गया था। जेल की जिस कोठरी में भगतसिंह थे, उसी के पास की कोठरी में हरिकिशन भी था। उसने भगतसिंह के दर्शन की इच्छा प्रकट की, पर जेल अधिकारियों ने उसकी इच्छा पूरी नहीं की। आखिर उसने अनशन कर दिया। अनशन के नौवें दिन भगतसिंह को उसकी कोठरी में भेजा गया।

9 जून, 1931 को लाहौर की मियांवाली जेल में सुबह 6 बजे हरिकिशन को फाँसी के तख्ते पर झुला दिया गया। फाँसी के तख्ते पर खड़े होकर उसने अपनी पूरी ताकत से इंकलाब ज़िंदाबाद के नारे लगाए।

22 वर्षीय हरिकिशन गवर्नर द्वारा क्रांतिकारियों के दमन् से आहत था और उसे दण्ड देना चाहता था। अपने बयान में उसने कहा, 'अंग्रेज़ों के दमनचक्र से मेरा विश्वास अहिंसा से उठकर सशस्त्र क्रांति में दृढ़ हुआ है। अंग्रेज़ भारत को कभी स्वतन्त्र नहीं होने देंगे। मैं गवर्नर को कठोर दमन के लिए उत्तरदायी मानता हूँ। दीक्षान्त समारोह में गवर्नर को दण्ड देना इसलिए उचित था उसे दण्डित होता देखने के लिए विशिष्ट व्यक्तियों का समुदाय उपस्थित था।'

अन्तिम इच्छा के रूप में उन्होंने कहा कि—'मैं इस पवित्र धरती पर तब तक जन्म लेता रहूं, जब तक कि इसे स्वतन्त्र न कर दूँ। यदि मेरा मृत शरीर परिवारवालों को दिया जाए तो अन्तिम संस्कार उसी स्थान पर किया जाए, जहाँ शहीद भगतसिंह, सुखदेव और राजगुरु का संस्कार हुआ था। मेरी अस्थियाँ सतलुज में उसी स्थान पर प्रवाहित की जाएँ, जहाँ उन लोगों की प्रवाहित की गई हैं।' पर उनके पार्थिव शरीर को उनके परिवार को न सौंपकर, जेल में ही उनका संस्कार कर दिया गया।

इस प्रकार इस शहीद ने जब मातृभूमि के चरणों में आहुति दी तब उसे आखिरी बार अलविदा कहने वाला कोई अपना नहीं था। केवल प्रकृति ने ही ओस की बूँदों के रूप में इस अजर-अमर देशभक्त के लिए आँसू बहाए।

जलियाँवाला बाग के जल्लाद को मौत के घाट उतारने वाला

ऊधम सिंह

13 अप्रैल, 1919 भारतीय इतिहास का काला दिवस है। इस दिन ब्रिटिश शासन ने अमृतसर में जलियांवाला बाग में निःशस्त्र भारतीयों को चारों ओर से घेरकर कत्ल किया। वह वैशाखी का त्यौहार था। अपने प्रिय नेताओं के भाषण सुनने लोग परिवार सहित आए थे।

रौलेट एक्ट के विरोध में प्रदर्शन करने में कई नेता पकड़े गए थे। लाहौर,

अमृतसर जैसे बड़े-बड़े शहरों में 30 मार्च, 1919 को बंद का आह्वान व पालन किया गया था। अंग्रेज़ पहले से ही क्रुद्ध थे। ऐसी परिस्थितियों में 13 अप्रैल का दिन भी आया। जिस स्थान पर अपने प्रिय नेता के भाषण में आने के लिए लोगों की बहुत भीड़ जमा थी वह जलियांवाला बाग तीन तरफ से बंद था। केवल एक छोटी-सी संकरी गली ही आने-जाने का रास्ता थी। क्रूर जनरल डायर अपने सैनिकों के साथ वहाँ पहुँचा और जलियांवाला बाग की संकरी गली पर कब्ज़ा कर लिया और किसी को भी हिलने का मौका न देकर गोलीबारी करने का आदेश दिया। भारतीयों का जिस स्थान पर अमानुषिक रूप से कत्ल किया गया, वहाँ जलियांवाला बाग की दीवार पर आज भी गोलियों के निशान विद्यमान हैं और ब्रिटिश शासन के अमानुषिक, क्रूर अत्याचार के साक्षी हैं।

इस अमानवीय हत्याकांड के बाद भारतीय युवकों के मन में अंग्रेज़ हुकूमत के विरुद्ध बदला लेने की भावना बलवती हो उठी। बहुतों ने जलियांवाला बाग की पवित्र लाल मिट्टी सिर पर लगाई तो सरदार भगतसिंह उस लाल मिट्टी को एक बोतल में भरकर लाया था। सरदार उधमसिंह की उम्र उस समय केवल 12 वर्ष थी। उन्होंने अमानवीय, क्रूर दृश्य को अपनी आँखों से देखा था। बदला लेने की तीव्र भावना से वे इंजीनियरिंग की शिक्षा के लिए इंग्लैण्ड गए।

जलियांवाला बाग के हत्याकाण्ड का नेतृत्व जनरल डायर ने किया था। लेकिन उनको आदेश देने वाला पंजाब का उस समय का गवर्नर माइकल ओडायर था। माइकल ओडायर भी सेवानिवृत्ति के बाद इंग्लैण्ड पहुँचा था। इंग्लैण्ड में ब्रिटिश नागरिकों ने इस सामान्य मनुष्य का नायक के रूप में अभिनन्दन किया और उसको बीस हज़ार पौंड नज़राना दिया।

13 मार्च 1940 में रक्त का प्यासा ओडायर इंग्लैण्ड में एक सभा भवन में पहुँचा। वहाँ 'रॉयल सेंट्रल एशियन सोसायटी' और 'ईस्ट इण्डिया एसोसिएशन' इन संस्थाओं की तरफ से 'अफगानिस्तान' विषय पर भाषण आयोजित था। सभापति के आसन पर लॉर्ड जेटलैंड बैठे थे। कार्यक्रम समाप्त होते ही ऊधमसिंह सामने की पंक्ति में पहुँचे और एकसाथ पाँच गोलियाँ चलाईं और ओडायर उसी जगह पर ही गिर गया।

सभा भवन में कोलाहल मच गया। लोग मुट्ठी में प्राण लिए रास्ते खोजते हुए यहाँ-वहाँ गिर रहे थे। ऊधमसिंह अपना उद्देश्य पूरा कर दरवाज़े के पास जाते समय असावधानी से गिर गए, गिरने के कारण पकड़े गए। ऊधमसिंह के इस प्रकरण में अंग्रेज़ों ने हमेशा की तरह न्याय का ढोंग किया। लन्दन के एक न्यायालय 'ओल्डवेली क्रिमिनल कोर्ट' में बहुत दर्शक उपस्थित थे। न्यायाधीश ने आरोपी ऊधमसिंह से

पूछा, "तुमको कुछ कहना है?"

"हाँ, मुझे राममोहम्मदसिंह डिसूजा के नाम से पुकारा जाए।"

"तुम सिक्ख हो या मुसलमान?"

"मैं हिन्दुस्तानी हूँ।"

"अपने बचाव के लिए तुम्हें कुछ कहना है?"

"मुझे यह कहना है कि माइकल ओडायर को मैंने ही मारा है। ओडायर मृत्युदण्ड का ही पात्र था। 21 वर्ष बाद मैं अपने राष्ट्र के अपमान का बदला लेकर सन्तुष्ट हूँ। फाँसी का फंदा गले लगाने के लिए उत्सुक हूँ।"

12 जून, 1940 के दिन इंग्लैण्ड में वीर ऊधमसिंह को फाँसी पर लटकाया गया। इस वीर पुत्र ने अपने जीवन की भेंट देकर यह दिखा दिया कि राष्ट्र के अपमान का बदला लेने के लिए हम दुश्मन का उसके घर तक पीछा करते हैं और बदला चुका कर ही दम लेते हैं।

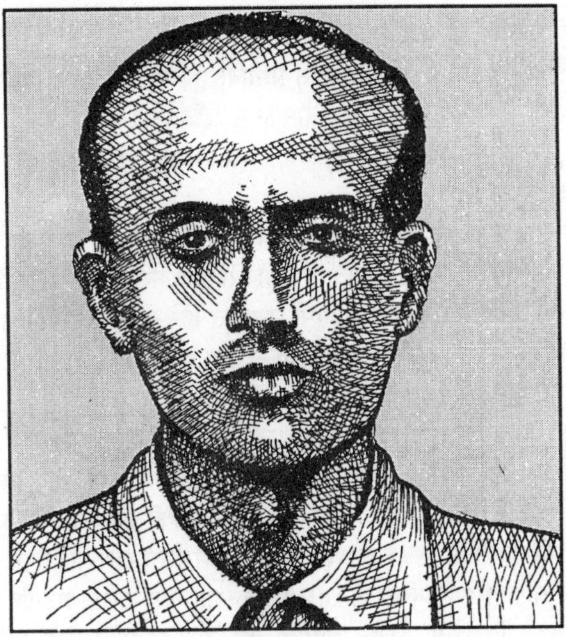

चटगाँव का तेजस्वी सितारा

मास्टर दा सूर्यसेन

गाँधी जी के आह्वान पर क्रांतिकारी 1928 में कलकत्ता में आयोजित भारतीय राष्ट्रीय कांग्रेस के तैंतालिसवें अधिवेशन में शामिल हुए थे। इस अधिवेशन में सात हज़ार स्वयंसेवकों ने सैनिक गणवेष परिधान में सैन्य-संचालन किया। इस दल के जनरल ऑफिसर कमांडिंग नेताजी सुभाषचन्द्र बोस थे। इस स्वयंसेवक दल ने पण्डित मोतीलाल नेहरू की मानवंदना की। इस स्वयंसेवक दल में क्रांतिकारी सूर्यसेन

के नेतृत्व में चटगाँव के क्रांतिकारी भी शामिल हुए थे।

इस सैन्य-संचालन के प्रात्यक्षिक से प्रभावित होकर और प्रेरणा पाकर चटगाँव के क्रांतिकारियों ने अपनी संस्था का नामकरण 'इंडियन रिपब्लिकन आर्मी' रखा। मास्टर दा सूर्यसेन इस आर्मी के प्रमुख थे। देखते-देखते इसके सैनिकों की संख्या पाँच सौ तक पहुँच गई।

सूर्यसेन चटगाँव की एक पाठशाला में लोकप्रिय शिक्षक थे। चटगाँव में वे 'मास्टर दा' के नाम से पहचाने जाते थे। नौकरी छोड़कर मास्टर दा क्रांतिकार्य में संलग्न हो गए। 'इंडियन रिपब्लिकन आर्मी' स्थापित होने के बाद उन्होंने शस्त्र इकट्ठा करने का अभियान छेड़ा। सूर्यसेन ने पार्टी के सदस्य परिवारों से चालीस हज़ार रुपये इकट्ठा करके सैन्य-कोष खड़ा किया था।

सैनिकों की उचित तैयारी होने के उपरान्त सूर्यसेनजी की अध्यक्षता में लोकनाथ बल, गणेश घोष, अनंत सिंह, नरेश रे और अंबिका चक्रवर्ती की एक बैठक हुई। इस सभा में उन्होंने अपना विचार स्पष्ट किया कि उनकी आगामी योजना चटगाँव के शस्त्रागार को लूटना है। उनके कार्यक्रम की सूची में सैन्य और पुलिस के शस्त्रागार लूटने के साथ-साथ यूरोपीय क्लब के शोध-संस्थान को नष्ट करना, चटगाँव के समीप की रेल की पटरी उखाड़ना, जिससे चटगाँव तक रसद न पहुँच सके, टेलीफोन के तार काटना, डाक और तार व्यवस्था ध्वस्त करना, बंदरगाहों की वायरलेस व्यवस्था नष्ट करना, जेल तोड़कर कैदियों को मुक्त करना, राजनीतिक कैदियों को अपनी पार्टी में शामिल करना, शहर की शस्त्रों की दुकानें लूटना, बैंक और खज़ाने लूटना, पुलिस लाइन्स के कार्यालयों को अपने कार्यालयों में रूपान्तरित करना, चटगाँव में स्वतन्त्र सरकार की स्थापना करके यूनियन जैक की जगह तिरंगा झण्डा फहराना, छापामार लड़ाई के लिए सुयोग्य जगह चुनना, फ्रांस अधिकृत प्रदेश में आश्रयस्थल खोजना, ब्रिटिशभक्त अधिकारियों को दण्ड देना, उनको अपने पक्ष में करना और ज़रूरत के वक्त इतर क्रांतिकारी पार्टी की सहायता प्राप्त करना आदि प्रधान कार्य शामिल थे।

सूर्यसेन के दो प्रतिनिधियों ने दिल्ली जाकर, महान् क्रांतिकारी चन्द्रशेखर आज़ाद से सम्पर्क किया और ज़रूरत के समय पूर्णरूपेण सहयोग का आश्वासन लिया। आज़ाद ने उनके लिए दो अच्छी पिस्तौल उपहारस्वरूप भेजी।

सूर्यसेन ने 18 अप्रैल, 1930 को सैनिकों को इकट्ठा करके ठीक पौने दस बजे आक्रमण करने का आदेश दिया।

हर एक टोली ने अपना काम सुचारू रूप से पूरा किया। एक टोली ने टेलीफोन के तार काटे, दूसरी टोली ने तारघर की व्यवस्था नष्ट की। बन्दरगाह पर पहुँचकर

वायरलेस की व्यवस्था भंग करने के लिए उपेन्द्र भट्टाचार्य ने चार माह के लिए उस विभाग में नौकरी की थी। गणेश घोष और अनंतसिंह के नेतृत्व में एक टोली पुलिस शस्त्रागार की तरफ रवाना हुई। दोनों ने पुलिस अधिकारी की वर्दी पहन रखी थी। पहरेदार सिपाही को लगा कि निरीक्षण के लिए कोई पुलिस अधिकारी आया है। सिपाही ठीक तरह कुछ समझे, इसके पहले ही एक क्रांतिकारी ने पहरेदार को खत्म कर दिया और शस्त्रागार से शस्त्र लूटकर शेष शस्त्रों को पेट्रोल डालकर जला दिया। सूर्यसेन ने यूनियन ध्वज उतारकर तिरंगा झण्डा फहराया और संक्षिप्त भाषण भी दिया, लेकिन इस खटपट में पेट्रोल डालते वक्त हिमांशु दत्त जल गए।

सेना के शस्त्रागार को लूटने का काम लोकनाथ बल कर रहे थे। उनका गोरा रंग, हृष्ट-पुष्ट शरीर व मिलिट्री की वेशभूषा देखकर शस्त्रागार के रक्षक ने उन्हें सेल्यूट किया। लोकनाथ बल ने रक्षक को खत्म कर दिया। गोलियों की आवाज़ सुनकर समीप के अंग्रेज़ी भोजनालय से अंग्रेज़ अधिकारी दौड़े आए और गोलीबारी से डरकर तुरन्त भाग गए, फिर भी सार्जन्ट मेजर कैरल गोलीबारी में मारा गया। लोकनाथ बळ ने ताला तोड़कर शस्त्र लूट लिए। पूर्व-निग्रोजन के अनुसार कार्रवाई में कोई क्रांतिकारी हताहत नहीं हुआ, और वे शस्त्रगार लूटने में सफल रहे। संचार-व्यवस्था भंग होने के कारण शहर-प्रशासन चार दिन तक पूरी तरह क्रांतिकारियों के हाथ में रहा। सूर्यसेन दा ने अपनी योजना पूरी तरह कार्यान्वित की।

22 अप्रैल को सब व्यवस्था अंग्रेज़ सरकार द्वारा पुनः सुव्यवस्थित की गई। उसके बाद दो हज़ार सैनिकों से केवल पचास क्रांतिकारी वीरता से लड़े। उसमें ग्यारह क्रांतिकारी और साठ सैनिक मारे गए। इस लड़ाई के बाद भी चटगाँव (चित्तगोंग) में अंग्रेज़ों के विरुद्ध क्रांतिकारियों की छोटी-छोटी झड़पें होती रहीं।

सूर्यसेन पुलिस के हाथ नहीं लगे। उस क्षेत्र में वह बहुत लोकप्रिय थे। लोग उनकी निर्भयता से सहायता करते थे और आश्रय भी देते थे। सूर्यसेन वेश बदलकर अपने साथियों की जानकारी लेते थे। उन्हें पकड़ने के लिए हर पाँच मील पर पुलिस और सैनिकों की टुकड़ी नियुक्त की गई थी।

एक बार थानेदार दीक्षित ने एक ज़मींदार को दस हज़ार रुपये का लालच दिया और उस ज़मींदार ने सूर्यसेन को अपने घर बुलाकर पुलिस को उनके आने की खबर दे दी।

वह 16 फरवरी, 1933 की काली रात थी। सूर्यसेन अपने आठ साथियों को लेकर मोइराला गाँव के जमींदार के यहाँ आतिथ्य स्वीकार करने के लिए पहुँचे। लेकिन ज़मींदार के विश्वासघात के कारण घेर लिए गए। अवसर पाकर क्रांतिकारी गोलीबारी करके सैनिकों में भगदड़ उत्पन्न करके भाग गए। किन्तु जिस जगह उन्होंने छलांग

लगाई, वहाँ एक हट्टा-कट्टा हवलदार खड़ा था। उसने सूर्यसेन दा को कसकर पकड़ लिया। अनेक सैनिकों ने उस हवलदार की सहायता भी की।

शेष में से कल्पना दत्त ने अपनी बन्दूक चलाई और घेरा तोड़कर भाग गईं। बाकी लोगों की सुबह गिरफ्तारी हुई।

मास्टर दा सूर्यसेन के बंदी बनाए जाने की खबर सुनकर चटगाँव में बहुत लोगों के यहाँ चूल्हे नहीं जले।

क्रांतिकारियों ने बाद में विश्वासघाती ज़मींदार मित्रसेन और थानेदार माखनलाल दीक्षित को मार डाला। सूर्यसेन और लेफ्टीनेन्ट तारकेश्वर दस्तीदार को मृत्युदण्ड की सज़ा हुई।

12 जनवरी, 1934 की रात को सूर्यसेन की अंधेरी कोठरी खोली गई। कड़क और सतर्क पहरे में उन्हें फाँसी के तख्ते की ओर ले जाया गया। उन्होंने ज़ोर से वन्देमातरम् का नारा लगाया। नारा सुनकर जेल के अन्य क्रांतिकारियों को मालूम पड़ा कि अपने नेता की बिदाई की आखिरी घड़ी आ गई है। उन्होंने भी उतने ही ज़ोर से वन्देमातरम् का नारा लगाया।

जेल अधीक्षक को यह बात कतई पसन्द नहीं आई। उसने सूर्यसेन दा के मस्तक पर लाठी से प्रहार किया। इस वजह से सूर्यसेन दा ने और ज़ोर से 'वन्देमातरम्' का नारा लगाया। फिर तो पूछने-कहने की बात नहीं थी, कठोर अंग्रेज़ शासक के निर्दयी प्रतिनिधियों ने लाठियों का प्रहार किया और जब तक सूर्यसेन दा की आवाज बंद नहीं हुई तब तक यह लाठी प्रहार जारी रहा। फाँसी के तख्ते पर पहुँचने के पहले ही उनकी देह निष्प्राण हो चुकी थी। फिर भी निष्ठुर जेल अधिकारी ने उनकी निष्प्राण देह फाँसी के फंदे पर लटका दी। वास्तव में चटगाँव का यह तेजस्वी तारा फाँसी से पहले ही वन्देमातरम् के नारों के साथ लाठियों की वर्षा में अस्तंगत हो चुका था।

तारकेश्वर दस्तीदार को भी उसी रात फाँसी दी गई। इन दोनों क्रांतिकारियों के शवों को लोहे की सांकलों से बाँधकर अँधेरे में ही युद्धपोत में ले जाकर समुद्र में डुबोया गया। अंग्रेज़ सरकार इन क्रांतिवीरों से इतनी आतंकित थी कि मृतदेह के लिए भी युद्धपोत का उपयोग किया और लोगों को मालूम होने के पहले ही मृतदेह बाँधकर अँधेरे में ही समुद्र में डुबा दी गईं। सागर में समाधिस्थ हुए इन अमर शहीदों को भारतीयों ने अपनी स्मृति के सागर में भी गहरे तक डुबा दिया है। यह एक अत्यन्त कटु सत्य है।

चटगाँव की चिंगारी

कुमारी प्रीतिलता वादेदार

'चटगाँव शस्त्रागार काण्ड' भारत के क्रांतिकारियों के इतिहास में एक महत्त्वपूर्ण घटना है। इन्होंने जिस निपुणता से कार्य किया, उसे देखकर ब्रिटिश सरकार डरने लगी। क्रांतिकारियों के विरुद्ध सरकार का दमनचक्र तेज़ी से शुरू हो गया। जलालाबाद में हुई लड़ाई में अनेक सैनिक और क्रांतिकारी मारे गए थे, इसलिए चटगाँव शस्त्रागार में सूर्यसेन दा ने छापामार युद्ध करने का निर्णय लिया था। कुमारी प्रीतिलता

वादेदार इस दल की सदस्य थीं।

कुमारी प्रीतिलता चटगांव के एक गरीब घर में जन्मी थीं। उनके पिता नगरपालिका में क्लर्क थे। स्कूली जीवन में ही वे बालचर-संस्था की सदस्य हो गई थीं। वहाँ उन्होंने सेवाभाव और अनुशासन का पाठ पढ़ा। बालचर-संस्था में सदस्यों को ब्रिटिश सम्राट के प्रति एकनिष्ठ रहने की शपथ लेनी होती थी। संस्था का यह नियम कुमारी प्रीतिलता को खटकता था, उन्हें बेचैन करता था। यहीं उनके मन में क्रांति का बीज पनपा था। रानी लक्ष्मीबाई के जीवन-चरित्र से वे खूब प्रभावित थीं। उनका ध्यान पढ़ाई से उचट गया था। वे स्वतंत्रता के लिए कुछ करने के लिए तड़फ रही थीं। मैट्रिक परीक्षा में अच्छे नम्बर नहीं मिलने के कारण उनको कलकत्ता विद्यापीठ में प्रवेश नहीं मिल सका, ढाका विद्यापीठ से बी. ए. की डिग्री लेकर वे पुनः चटगाँव आईं। परिवार की मदद के लिए एक पाठशाला में नौकरी शुरू की।

उनकी दृष्टि में केवल कुटुम्ब ही नहीं था, पूरा देश था, देश की स्वतंत्रता थी। पाठशाला की नौकरी करते हुए उनकी भेंट प्रसिद्ध क्रांतिकारी सूर्यसेन से हुई। प्रीतिलता उनके दल की सक्रिय सदस्य बनीं। पहले भी जब वे ढाका में पढ़ते हुए छुट्टी में चटगाँव आती थीं तब उनकी क्रांतिकारियों से मुलाकात होती थी और अपने साथ पढ़ने वाली सहेलियों से तकरार करती थीं कि वे क्रांतिकारी अत्यन्त डरपोक हैं। लेकिन सूर्यसेन दा से मिलने पर उनकी क्रांतिकारियों के विषय में गलतफहमी दूर हो गई, विश्वास कायम हो गया। वे निर्भय थीं। स्कूल में पढ़ते हुए उन्होंने शिक्षा विभाग के एक आदेश के विरुद्ध दूसरी लड़कियों के साथ मिलकर विरोध किया था, इसलिए उन सभी लड़कियों को स्कूल से भगा दिया गया था।

प्रीतिलता जब सूर्यसेन से मिलीं तब वे अज्ञातवास में थे। उनका एक गवाह रामकृष्ण विश्वास कलकत्ता के अलीपुर जेल में था। उनको फाँसी की सज़ा सुनाई गई थी। उनसे मिलना आसान नहीं था लेकिन प्रीतिलता उनसे कारागृह में लगभग चालीस बार मिलीं और किसी अधिकारी को उन पर संशय नहीं हुआ। इससे उनकी बुद्धिमत्ता और बहादुरी का प्रमाण सूर्यसेन दा को मिला। उसके बाद वे इंडियन रिपब्लिकन आर्मी में महिला सैनिक हुईं।

घलघाट में क्रांतिकारियों को पुलिस ने घेरा। घिरे हुए क्रांतिकारियों में अपूर्व सेन, निर्मल सेन, प्रीतिलता और सूर्यसेन आदि थे। पुलिस पीछे लगी थी। सूर्यसेन ने लड़ाई करने का आदेश दिया। अपूर्व सेन और निर्मल सेन शहीद हो गए। सूर्यसेन दा की गोली से कैप्टन कैमरान मारा गया। सूर्यसेन और प्रीतिलता लड़ते-लड़ते भाग गए। क्रांतिकारी नेता सूर्यसेन दा पर दस हज़ार रुपये का इनाम घोषित था। दोनों एक सावित्री नाम की महिला के घर गुप्त रूप से रहे। वह महिला क्रांतिकारियों को

आश्रय देने के कारण अंग्रेज़ों का कोपभाजन बनी।

सूर्यसेन ने अपने साथियों का बदला लेने के लिए अंग्रेज़ों को मारने की योजना बनाई। योजना यह थी कि पहाड़ी की तलहटी में यूरोपीय क्लब पर धावा बोलकर नाच-गाने में मग्न अंग्रेज़ों को मृत्यु का दण्ड देकर बदला लिया जाए। प्रीतिलता के नेतृत्व में कुछ क्रांतिकारी वहाँ पहुँचे।

24 सितम्बर, 1932 की रात इस काम के लिए निश्चित की गई। कल्पना दत्त के पास से प्रीतिलता ने आत्मसुरक्षा के लिए पोटेशियम सायनाइड नामक विष लिया। शस्त्र साथ लेकर वे क्लब पहुँचीं। बाहर से खिड़की में बम लगाया। क्लब की इमारत बम के फटने और पिस्तौल की आवाज से काँपने लगी। नाच-रंग के वातावरण में एकाएक चीखें सुनाई देने लगीं। तेरह अंग्रेज़ ज़ख्मी हो गए और बाकी भाग गए। इस घटना में एक यूरोपीय महिला मारी गई। थोड़ी देर बाद उस क्लब से गोलीबारी होने लगी। प्रीतिलता के शरीर में एक गोली लगी। वे घायल अवस्था में भागीं, लेकिन फिर गिरीं और पोटेशियम साइनाइड खा लिया। उस समय उनकी उम्र सत्रह साल की थी। इतनी कम उम्र में उन्होंने झाँसी की रानी का रास्ता अपनाया और उन्हीं की तरह अन्तिम समय तक अंग्रेज़ों से लड़ती रहीं। इस प्रकार सम्मानपूर्वक अपनी देह का त्याग किया।

प्रीतिलता के आत्मबलिदान के बाद अंग्रेज़ अधिकारियों को तलाशी लेने पर जो पत्र मिले, उनमें एक छपा हुआ पत्र था। इस पत्र में छपा था कि "चटगाँव शस्त्रागार काण्ड के बाद जो मार्ग अपनाया जाएगा, वह भावी विद्रोह का प्राथमिक रूप होगा। 18 अप्रैल, 1930 में शुरू हुआ यह संघर्ष भारत को पूरी स्वतंत्रता मिलने तक जारी रहेगा।"

इतनी छोटी उम्र में प्रीतिलता ने महान कार्य की नींव रखी। वे क्रांतिकारी के साथ एक निर्भीक लेखिका भी थीं। वे निडर होकर लेख लिखती थीं। कु. प्रीतिलता का यह बलिदान भावी पीढ़ी तक युवतियों के लिए प्रेरणास्रोत रहेगा।

स्वतंत्रता की सम्पूर्ण लड़ाई के प्रमुख सेनापति

नेताजी सुभाषचन्द्र बोस

सुभाषचन्द्र बोस का जन्म 23 जनवरी, 1897 को कटक में जानकीनाथ बोस व श्रीमती प्रभावती बोस के घर हुआ था। उस समय बंगाल, बिहार और उड़ीसा एक संयुक्त प्रान्त थे। जानकीनाथ कटक में वकील थे। सुभाषचन्द्र बोस ने यहीं बी.ए. ऑनर्स प्रथम श्रेणी में द्वितीय स्थान के साथ उत्तीर्ण किया। इसके बाद उनके पिता ने आई.सी.एस. पास करने के लिए उन्हें लन्दन भेज दिया। 1921 में वे आई.

सी.एस. पास करके लौटे, किन्तु सिविल सर्विसेज़ में नौकरी नहीं की। इसके विपरीत तूफानी राजनीति में प्रवेश करके अपना सम्पूर्ण जीवन भारतीय स्वतंत्रता संग्राम को समर्पित कर दिया।

चितरंजन दास उनके राजनीतिक गुरु थे। उनके निदेश पर वे कलकत्ता की राष्ट्रीय विद्यापीठ में प्रचार विभाग के कार्यकर्ता नियुक्त हुए। 'बांग्लारकथा' नामक अखबार का सम्पादन भी उन्होंने स्वीकार कर लिया।

1924 में चित्तरंजन दास कलकत्ता के महापौर बने। उस समय सत्ताइस वर्षीय सुभाष उसके कार्यकारी अधिकारी बने। थोड़ी-सी तनख्वाह में से भी वे गरीब विद्यार्थियों व मित्रों की सहायता करते थे। वे दिल लगाकर नगर निगम का कार्य करते थे। 10 दिसम्बर, 1921 को उन्हें स्वयंसेवकों के संगठन का अपराधी बताकर छः माह के लिए जेल भेज दिया गया। जेल से छूटकर उन्होंने देशबन्धु चित्तरंजन दास के 'फारवर्ड' नामक पत्र का सम्पादन किया। तभी 25 अक्टूबर, 1924 को उन्हें बिना अपराध बताये पुनः गिरफ्तार कर लिया गया। वे जेल में ही अपने नगरपालिका अधिकारी का दायित्व पूरा करते थे। अनेक अंग्रेज़ अधिकारी उनके सामने पेशी देते थे। उन्हें 26 जनवरी, 1925 को मांडले जेल भेज दिया गया। उन पर न तो मुकदमा चलाया जा रहा था और न उन्हें मुक्त किया जा रहा था। आखिर बीमार होने के कारण 15 मई, 1927 को उन्हें मुक्त कर दिया गया। स्वस्थ होने के बाद वे बंगाल प्रान्तीय कांग्रेस समिति के अध्यक्ष चुने गए। इसके बाद में अखिल भारतीय राष्ट्रीय कांग्रेस के महामंत्री चुने गए। इस प्रकार तीस वर्ष की उम्र में ही वे भारतीय जनता के अखिल भारतीय नेता के रूप में सामने आए।

नेताजी सुभाष लेखक, सैनिक, दार्शनिक, राजनीतिज्ञ, कुशल प्रशासक, सेनानायक, वक्ता व भविष्यद्रष्टा के रूप में बहुमुखी व्यक्तित्व के धनी थे। 1929 में उन्होंने सारे देश का तूफानी दौरा किया। विधान परिषद् के चुनावों में सम्पूर्ण बंगाल का दौरा किया। नागपुर, अमरावती आदि स्थानों पर युवक समारोहों की अध्यक्षता करके युवकों के हृदयसम्राट व आदर्श बने। कांग्रेस में नये युग के गरम दल का नेतृत्व किया।

1929 में ही लाहौर में एक सभा में सुरक्षा व सतर्कता की दृष्टि से पुलिस की भीड़ लगी हुई थी। नेताजी ने भाषण के आरम्भ में ही गर्जना की कि प्रवेशपत्र के बगैर पुलिस को भीड़ लगाने का क्या अधिकार है? यहाँ हमारे आमन्त्रित अतिथियों को बैठने की जगह नहीं है। मैं सभापति की हैसियत से आदेश देता हूँ कि जिनके पास प्रवेशपत्र नहीं है, वे तत्काल सभा छोड़कर वापस चले जाएँ। बड़ी हिम्मत से उन्होंने पुलिस को वहाँ से हटने को बाध्य किया।

1930 में वे कलकत्ता के महापौर चुने गए। अपने कार्यकाल में उन्होंने कलकत्ता को स्वच्छ करवाया, आरोग्य सेवा का प्रसार किया, गुरुदेव रवीन्द्रनाथ टैगोर के हाथ से 'महाजती सदन' की नींव रखवाई, सांस्कृतिक परम्पराएँ पुनरुज्जीवित कीं, प्रशासनिक-शैथिल्य दूर किया, कल्याणकोश की स्थापना की, कुटीर उद्योगों के साथ बड़े उद्योगों को भी प्रोत्साहित किया। सबसे ऊपर यह कि अंग्रेज़ों के अभिनन्दन की प्रथा को समाप्त किया।

अंग्रेज़ सरकार उनसे घबराती थी। इसीलिए लगातार इस कारागृह से उस कारागृह में भेजती रहती थी। केवल पौने दो महीनों में नेताजी सिवनी, जबलपुर, मद्रास, बलरामपुर आदि जेलों में भेजे गए। आखिर उन्हें निर्वासित करके यूरोप भेज दिया गया। वियेना में उन्हें पिता की बीमारी की सूचना मिली। उन पर भारत न लौटने का प्रतिबन्ध था, पर निषेधाज्ञा की परवाह न करते हुए वे लौट आए। कराची में उन्हें रोक लिया गया। उनकी 'इंडियन स्ट्रगल' नामक पुस्तक की प्रतियाँ ज़ब्त कर ली गईं। विमान को इतनी देर रोके रखा गया कि उन्हें तार से अपने पिता की मृत्यु का समाचार मिल गया। उन प्रतिबन्धों के बीच पिता की अन्त्येष्टि कर वे भूमिगत हो गए। यूरोपीय देशों का प्रवास कर वहाँ भारतीयों के विषय में सद्भावना उत्पन्न की और स्वतंत्रता के उपाय खोजे।

1929 में कांग्रेस का वार्षिक अधिवेशन नेहरू की अध्यक्षता में होना निश्चित था। लोगों के आग्रह पर नेहरू जी ने उन्हें निमन्त्रित किया। निमन्त्रण पाकर वे जहाज़ द्वारा बम्बई पहुँचे और गिरफ्तार कर लिए गए। इसलिए लखनऊ कांग्रेस अधिवेशन में भाग नहीं ले सके, पर उनका संदेश 'आज़ादी का झण्डा सदैव ऊँचा रखना' पढ़कर सुनाया गया। बाद में उनकी रिहाई के लिए छिड़े देशव्यापी आन्दोलन के कारण उन्हें बिना शर्त मुक्त करना पड़ा।

तत्कालीन गृहसचिव उन्हें संस्थाओं के कुशल संगठक मानते थे, अतः पुलिस उन पर सतत निगरानी रखती थी। वे सक्षम प्रशासक व सेनापति के साथ दूरदर्शी राजनीतिज्ञ और कूटनीतिज्ञ भी थे। 10 जून, 1933 में लन्दन में आयोजित तृतीय भारतीय राजनीतिक सभा के अधिवेशन में उनका अध्यक्षीय भाषण पढ़कर सुनाया गया, क्योंकि उनके लन्दन प्रवेश पर प्रतिबन्ध था। इंग्लैण्ड में ही उन्हें मालूम हुआ कि वे हरिपुरा कांग्रेस अधिवेशन के अध्यक्ष चुने गए हैं। उनका इस अधिवेशन का अध्यक्षीय भाषण उनके इतिहास के गम्भीर ज्ञान के साथ अन्तरराष्ट्रीय राजनीति के असाधारण ज्ञान का परिचायक था। उन्होंने सत्याग्रह आन्दोलन को क्रियात्मक दिशा देने पर ज़ोर दिया। 1939 में वे पुनः त्रिपुरा कांग्रेस के अध्यक्ष चुने गए। इस समय

उनके व गाँधीजी के मतभेद उभर कर सामने आए और वे कांग्रेस छोड़ने के लिए बाध्य हो गए।

उन्होंने तीन दिनों के अन्दर ही 3 मई, 1939 को कलकत्ता में 'फॉरवर्ड ब्लॉक' की स्थापना की। यह कांग्रेस में बिखरी हुई वामशक्ति के एकीकरण का व स्वतंत्रता आन्दोलन को प्रेरणा देने का प्रयत्न था। द्वितीय विश्वयुद्ध के प्रारम्भ में ही ब्रिटिश शासन ने उन्हें हॉलवैल स्मारक हटाओ के बहाने कैद कर लिया। यह उनकी ग्यारहवीं और अन्तिम जेल यात्रा थी। अंग्रेज़ इतने डरे हुए थे कि वे विश्वयुद्ध समाप्त होने तक उन्हें छोड़ने वाले नहीं थे और सुभाष बाबू की सुचिंतित योजना बेकार हो रही थी।

धूर्त अंग्रेज़ों से शिवाजी की तरह छूटना सम्भव नहीं था, अतः उन्होंने अपने आत्मबल के आधार पर अंग्रेज़ी शासन को चुनौती दी। या तो उन्हें जेल से मुक्त किया जाए या वे अनशन कर प्राण त्याग देंगे। उनके प्राण त्यागने से उत्पन्न स्थिति को संभालने की क्षमता शासन में नहीं थी। इस आशय के उनके पत्र उनकी राजनीतिक वसीयत के रूप में प्रसिद्ध हैं।

सुभाष बाबू के मात्र सप्ताह-भर के अनशन से दमनचक्र के लिए बदनाम अंग्रेज़ सरकार हिल गई। 5 दिसम्बर, 1940 को सुभाष बाबू को बिना शर्त रिहा करना पड़ा। अब उन्हें उनके घर में ही नज़रबन्द कर दिया गया। उन्होंने लोगों से मिलना-जुलना बंद कर दिया। केवल कुछ विश्वासपात्र साथी ही गुप्त रूप से मिलते थे। उनकी भोजन की थाली दरवाज़े के पर्दे के पास रखकर लकड़ी से अन्दर सरकाई जाती थी। लोगों में अफवाह फैल चुकी थी कि उन्होंने राजनीतिक जीवन से संन्यास ले लिया है। 18 जनवरी, 1941 को सुभाष बाबू मौलवी के रूप में भवन के पिछले द्वार से बाहर निकले। वहाँ पुलिस का पहरा नहीं था। एक कार में उनके भतीजे डॉ. शिशिर बोस बैठे थे। उसमें सुभाष बाबू का कुछ सामान था, सुबह कार धनबाद पहुँची। आगे की यात्रा अधिक कठिन व खतरनाक थी।

इसके बावजूद उन्होंने अत्यन्त जोखिमपूर्ण यात्रा की और जर्मनी पहुँच गए। यह यात्रा और प्रवास एक रोमांचक गाथा है। बर्लिन पहुँचते ही उन्होंने विश्वयुद्ध में जर्मनी द्वारा बंदी बनाए गए सैनिकों की एक भारतीय सेना बनाई और जर्मन सरकार से भारत की स्वतंत्रता में सहायता का वचन लिया। उनसे राष्ट्रीय ऋण के रूप में कर्ज़ भी लिया, जिसका एक भाग शीघ्र चुका भी दिया। जर्मनी के विदेश विभाग में एक विशेष भारतीय विभाग की स्थापना की गई। आज़ाद हिन्द फौज का निरीक्षण करते हुए हिटलर ने कहा था, 'मैं केवल आठ करोड़ जर्मन लोगों का नेता हूँ। महामहिम नेताजी 32 करोड़ भारतीय जनता के नेता हैं। मैं उनका अभिवादन करता हूँ।'

इसके पूर्व निर्वासित आज़ाद हिन्द सरकार की स्थापना महान् क्रांतिकारी राजा महेन्द्रप्रताप अफगानिस्तान में तथा भगतसिंह के चाचा अजीतसिंह इटली में कर चुके थे। परन्तु उस समय राष्ट्रीय-अन्तरराष्ट्रीय स्थितियाँ अनुकूल नहीं थीं। नेताजी का प्रमुख लक्ष्य स्वतंत्रता प्राप्त करना था, परन्तु वे अपने कार्यों से भारत को भावी अखण्ड व समृद्ध राष्ट्र की ओर ले जा रहे थे। उन्होंने जातीय और धार्मिक भेदभाव मिटा दिया था। स्वतंत्रता के लगभग साठ वर्षों में भी जो एकता की भावना विकसित नहीं हो सकी, (उल्टे अनेकता ही पनप रही है), उस भावना को उन्होंने अपने व्यक्तित्व व अपनी कृति से संचारित कर दिया था। परस्पर अभिवादन के लिए 'जयहिन्द' का नारा देकर उन्होंने दो कार्य किए थे—जातीय व धार्मिक संकीर्णता नष्ट कर सद्भाव निर्माण, साथ ही देशप्रेम व देशाभिमान में वृद्धि। सेना में हिन्दी निर्देशों, हिन्दी प्रयाणगीत, हिन्दी में उपाधियाँ स्वीकार करके 'आज़ाद हिन्द फौज' को पूरी तरह भारतीय बना दिया था। राष्ट्रदेवता को प्रतिष्ठित करके एक अद्भुत सामंजस्य स्थापित किया था। भारतीय सेना के जर्मन प्रशिक्षक डॉ. वॉल्टर हारबिल ने कहा था, 'भारत में अन्दर तक घुसे हुए धार्मिक और जातीय भेदभाव को दूर करके महामहिम (हिज़ एक्सेलैंसी) नेताजी ने स्वतन्त्र व सम्पन्न राष्ट्रनिर्माण के लिए भारतीय सैनिकों को प्रवृत्त किया। आश्चर्य की बात है कि इतने थोड़े समय में उन्होंने अद्भुत परिवर्तन किया।

सैनिकों को योग्य वेतन, भोजन, शस्त्र आदि देना कठिन था, अतः उन्होंने उनका मनोबल बढ़ाने के लिए 'वीर-ए-हिन्द', 'शेर-ए-हिन्द' की उपाधियाँ प्रदान कीं। 'भाई बंद' व 'आज़ाद हिन्द' नामक दो पत्रिकाएँ प्रकाशित कीं। इसके द्वारा उन्होंने भावी राष्ट्रभाषा को समुचित सम्मान दिया। आज़ाद हिन्द रेडियो से भारतीय भाषाओं में उनके भाषण प्रसारित होते रहते थे।

युद्ध का स्थल शीघ्र ही पूर्व एशिया होने वाला है, यह उन्हें दिखाई दे रहा था। इसलिए उन्होंने एक और संकटपूर्ण यात्रा की। जर्मनी के कील बन्दरगाह से पनडुब्बी से आबिद हसन को साथ लेकर जापान के लिए प्रस्थान किया। आबिद हसन को भी मालूम नहीं था कि नेताजी किधर जा रहे हैं। पानी में जहाज़ और आकाश में विमान जर्मनी जहाज़ों को लक्ष्य बना रहे थे। नेताजी दूरदर्शी व योजनाबद्ध रीति से काम करते थे। उन्होंने जर्मनी छोड़ दिया। इस शंका से मित्र देशों को मुक्त रखने के लिए अपने भाषणों के टेप बना दिए थे। नेताजी की इच्छानुसार, जर्मनी स्थित आज़ाद हिन्द फौज हॉलैण्ड में समुद्र तट के संरक्षण का प्रशिक्षण लेकर फ्रांस से इटली की ओर बढ़ी।

कठिन यात्रा कर नेताजी ने जापान के प्रधानमन्त्री जनरल तोजो से भेंट की और सिंगापुर पहुँचे। नेताजी के जापान पहुँचने के पूर्व ही महान् क्रांतिकारी रासबिहारी

बोस जापान में आज़ाद हिन्द संघ व फौज की स्थापना कर चुके थे। जनरल मोहनसिंह इस फौज के प्रथम सेनापति थे। रासबिहारी बोस का काम अत्यन्त बुद्धिमत्तापूर्ण था। उन्होंने पूर्व एशिया में आज़ाद हिन्द संघ स्थापित करके वहाँ के निवासियों को अपमान और कष्टों से बचाया। इसकी शाखाएँ मलाया, थाईलैण्ड, फिलीपीन्स, इण्डोचीन, शंघाई, बर्मा, मंचूरिया आदि सभी स्थानों पर फैली हुई थीं।

नेताजी के आने पर इस संघ के अध्यक्ष नेताजी बने। नेताजी दो स्थानों पर एकसाथ लड़ रहे थे, युद्ध-क्षेत्र में और प्रचार के क्षेत्र में भी। अंग्रेज़ों के दुष्प्रचार के लिए प्रतिकार के लिए यह आवश्यक था। नेताजी ने स्त्रियों के हाथ में बन्दूक दी। स्त्री-मुक्ति का वास्तविक अर्थ दिया। स्त्रियों को विश्व-निर्माण का प्रत्यक्ष अवसर दिया। नारी-मुक्ति-आन्दोलन जो नहीं कर सके वह उन्होंने अपनी एक कृति से सिद्ध कर दिया। इस शताब्दी में महिलाओं को यह सम्मान देने वाले सुभाष बाबू ही थे। रानी झाँसी रेजिमेंट के निर्माण ने स्त्रियों का मनोबल बढ़ाया। इस रेजीमेंट ने एकसाथ दो कार्य किये, भारतीय स्वतंत्रता की लड़ाई में सहयोग और स्त्रियों की हीनग्रस्तता से मुक्ति।

21 अक्टूबर, 1943 को घोषणा पत्र (तात्कालिक संविधान) तैयार कर नेताजी ने आज़ाद हिन्द सरकार की स्थापना की व राष्ट्राध्यक्ष और प्रधानमन्त्री पद की शपथ ली। मंत्रिमण्डल की प्रथम बैठक में ही सर्वसम्मति से युद्ध का निर्णय लिया गया। एक बालसेना भी तैयार की गई, जिसका कार्य शस्त्र, औषधि व महत्त्वपूर्ण सन्देश पहुँचाना, जासूसी करना व स्वयं को भावी फौज के लिए तैयार करना था। इस बालसेना ने नेताजी की अपेक्षाओं से कहीं अधिक वीरतापूर्ण कार्य किए। जापान के पराभव के पश्चात् छाती में बम बाँधकर अंग्रेज़ी टैंक उड़ा दिए। अंग्रेज़ों को नाकों चने चबवा दिए।

बृहत्तर एशिया सम्मेलन में वे एक प्रेक्षक के रूप में सम्मिलित हुए। कठोर आलोचक अंग्रेज़ लेखकों को भी लिखना पड़ा कि एक भी राजनीतिज्ञ उनकी ऊँचाइयों और वैयक्तिक शक्ति की बराबरी नहीं कर सकता। उनके भाषणों से प्रभावित जापान के प्रधानमंत्री तोजो ने कहा—'शीघ्र ही अण्डमान-निकोबार द्वीप आज़ाद हिन्द सरकार को सौंप दूँगा और बिना शर्त पूरी मदद दूँगा।'

नेताजी ने अण्डमान को 'शहीद' और निकोबार को 'स्वराज्य' नाम दिया था। इसका प्रशासन हस्तगत करते हुए उन्होंने कहा था कि अण्डमान मुक्ति का प्रतीकात्मक महत्त्व है, क्योंकि इसका उपयोग अंग्रेज़ क्रांतिकारियों को कालेपानी की सज़ा देने के लिए करते थे। उन्होंने अपना मुख्य कार्यालय रंगून में बनाया। आज़ाद हिन्द फौज की सुभाष ब्रिगेड व रानी झाँसी रेजिमेंट कभी रेल से तो कभी नौका से और कभी पैदल चलकर रंगून पहुँची। वहाँ से विजय-अभियान शुरू किया। 'कलेदन घाटी' नामक

स्थान में आधुनिकतम शस्त्रों से सज्जित अंग्रेज़ी सेना से भीषण युद्ध हुआ। आज़ाद हिन्द फौज ने मेजर रतूरी के नेतृत्व में टेटमा, प्लेटवा, डलेटमा आदि स्थान जीते व आगे बढ़े। प्रारम्भिक युद्ध में अंग्रेज़ों की मात हुई। फौज ने भारत में प्रवेश किया, नेताजी ने अभिनन्दन का तार भेजा। कैप्टन सूरजमल के नेतृत्व में मोडक चौकी पर विजय प्राप्त हुई। अल्वा चौकी पर तीन बार अंग्रेज़ों ने आक्रमण किया, पर हिन्द के वीरों ने नेताजी की जय! जयहिन्द! के नारों के साथ उन्हें हरा दिया। क्लंग-क्लंग चौकी पर चढ़ाई इतनी कठिन थी कि वीर एक-एक इंच सरक कर चाँदनी रात में ज़रा-सी असावधानी से गिरने के खतरे को मोल लेकर रात-भर चढ़े। शत्रु की सेना गोलीबारी कर ही रही थी। इस चौकी पर भी साधनहीन छोटी-सी सेना ने बहुसंख्य शत्रु सेना को जीत लिया। कोहिमा पर भी तिरंगा फहरा दिया।

इम्फाल के निर्णायक युद्ध में अंग्रेज़ी सेना हार गई थी, परन्तु भागने का मार्ग न होने से लड़ती रही। प्रकृति ने उन्हीं का साथ दिया। बरसात में आज़ाद हिन्द फौज के सैनिक बह गए, कुछ दलदल में फँस गए, कुछ भूख व बीमारी की बलि चढ़ गए। नेताजी के मन व शरीर दोनों—युद्ध, प्रशासन व संगठन तीनों मोर्चों पर एकसाथ कार्य कर रहे थे। सदैव फौजों का मनोबल व उत्साह बढ़ाते रहते थे। इम्फाल में हारकर फौज रंगून लौटी। अमेरिका ने जापान पर अणुबम फेंक दिया। जापान ने आत्मसमर्पण कर दिया, परन्तु नेताजी ने इसे भारत का आत्मसमर्पण नहीं माना। आपातकालीन विचार-विमर्श हुआ। कुछ पत्र जला दिए गए। रानी झाँसी रेजिमेंट की लड़कियों को घर भेज दिया गया। निर्णय हुआ कि नेताजी चुने हुए साथियों के साथ एशिया पहुँचें और दूसरे अवसर की तलाश करें। जब नेताजी ने सबको बर्मा से बाहर निकाला, तब तक बर्मा के राष्ट्रपति अपने परिवारसहित भाग गए थे। सुभाष सारी आवश्यक व्यवस्था करके ही बर्मा से निकले। 16 अगस्त, 1946 को सिंगापुर से बैंकाक व बैंकाक से सैगोन, वहाँ से इंडोचायना व फारमोसा द्वीप पहुँचे, इसके बाद की उनकी यात्रा विवादस्पद है। 18 अगस्त, 1945 को उनकी विमान दुर्घटना में मृत्यु हुई, ऐसा मान लिया गया है।

उनका अन्तिम सन्देश था—''मेरा अन्त समीप है, हबीब! देशभाइयों से कहना कि आज़ादी की लड़ाई चालू रखें। भारत शीघ्र ही आज़ाद होने वाला है।'' और भारत के इस असामान्य वीर की, जो स्वतंत्रता की सम्पूर्ण लड़ाई का प्रमुख सेनापति था, भविष्यवाणी अक्षरशः सत्य सिद्ध हुई।

भारतीय स्वतंत्रता संग्राम में नेताजी सुभाषचन्द्र बोस और उनकी आज़ाद हिन्द फौज का योगदान अमूल्य है। नेताजी साहस, नैतिक बल व सहृदयता की साक्षात् मूर्ति थे। अपने प्रत्येक सैनिक पर व्यक्तिगत ध्यान देते थे। 1943 में सिंगापुर के

सालतार कैम्प में एक सैनिक की मृत्यु हो गई। नेताजी अंत्येष्टि में सम्मिलित हुए तो उन्हें पता चला कि उसे दफन कर दिया गया है, उन्होंने शव को निकलवाया व अपनी उपस्थिति में अंत्येष्टि करवाई और आदेश दिया कि प्रत्येक सैनिक की मृत्यु की सूचना मुझे तत्काल दी जाए। यह छोटी-सी घटना सैनिकों के प्रति उनके प्रेम को प्रदर्शित करती है। सैनिकों से मिलकर उनकी शिकायतें सुनते थे। इसलिए सैनिकों में उनके प्रति अत्यन्त आदर व विश्वास था।

सुभाषचन्द्र बोस ने एक बटालियन को, अंग्रेज़ों को हराकर प्राप्त प्रदेश की व्यवस्था करने भेजा। संचार-व्यवस्था में खराबी आ जाने से उस बटालियन की ओर से कोई समाचार नहीं मिला, तो नेताजी ने अपने मन्त्रिमण्डल के कुछ सदस्यों को समाचार लेने भेजा। वस्तुतः वे अपने सैनिकों की सन्तानवत् देखरेख करते थे।

उनका हृदय कवियों जैसा भावुक और संवेदनशील था। बंगाल के अकाल के समय उन्होंने बर्मा से एक लाख टन चावल खरीदा, परन्तु अंग्रेज़ सरकार के अनुत्तरदायी व्यवहार के कारण चावल भारत नहीं पहुँचा। उनकी सशस्त्र क्रांति अनुत्तरदायी, अविचारी या नृशंस नहीं थी। जापानी सेनाधिकारी ने कलकत्ता पर बमवर्षा की योजना उनके समक्ष रखी तो उन्होंने कहा—'मैं अपने प्रिय और सुन्दर शहर को बमवर्षा से नष्ट-भष्ट नहीं होने दूँगा। मैं अपने देशवासियों को आशा व उत्साह का संदेश देना चाहता हूँ। उन्हें कष्ट, संकट, मृत्यु देने की कैसे सोच सकता हूँ? इम्फाल जीतकर मैं कलकत्ता पर तिरंगे झण्डे की वर्षा करूँगा। यह वृष्टि बमवर्षा की अपेक्षा अधिक सरल मार्ग से ब्रिटिश सत्ता को नष्ट करने में सफल होगी।

महात्मा गांधी व नेताजी में वैचारिक मतभेद थे। मतभेद का कारण नेताजी की यही सशस्त्र क्रांति की नीति थी, परन्तु नेताजी के दिल में न केवल गांधीजी अपितु अहिंसा के प्रति भी आस्था थी। उन्होंने ही सर्वप्रथम रंगून रेडियो पर गांधी को 'राष्ट्रपिता' कहकर सम्बोधित किया था। जब प्रथम विश्वयुद्ध में मित्रराष्ट्र विजयी हुए, तो गांधीजी ने उन राष्ट्रों को विजय से उन्मत्त न होने की सलाह दी। उस अवसर पर नेताजी ने कहा कि गांधीजी के अतिरिक्त और कौन विजय के दूसरे दिन उन्हें ऐसी सलाह देने की हिम्मत कर सकता है? उन्होंने एक भाषण में कहा था कि एक बार भारत स्वतन्त्र हो जाए, तो इसे मैं गांधीजी को सौंप दूँगा और कहूँगा कि अब इसे आपकी अहिंसा की सबसे ज्यादा ज़रूरत है।

नेताजी का दृढ़ मत था कि सशस्त्र क्रांति के अतिरिक्त अंग्रेज़ों को भारत से भगाने का कोई मार्ग नहीं है। दूसरे विश्वयुद्ध का लाभ उठाने के लिए देश से बाहर जाने की उनकी पूर्व योजना थी। एक बार उन्होंने इस विषय में गांधीजी से सलाह ली थी, जब गांधीजी ने कहा, 'यदि क्रांति के मार्ग से कोई स्वतंत्रता प्राप्त

करता है, तो उसका सबसे पहले मैं ही अभिनन्दन करूँगा, परन्तु इस मार्ग से स्वतंत्रता प्राप्त होगी, इस पर मेरा विश्वास नहीं है।' उन्होंने इसे गांधीजी की मूक सम्मति माना। नेताजी ने गांधीजी को सम्बोधित करके दिए गए अपने भाषण में गांधीजी के लगाए गए आरोपों का उत्तर दिया था। उन्होंने कहा, "गम्भीर विचार के बाद ही मैंने अपने-आपको ही नहीं, सारे संगठन को खतरे में डालने का साहस किया है। स्वतंत्रता प्राप्ति का यदि कोई दूसरा मार्ग होता, तो मैं अपने देश को क्यों छोड़ता? जर्मनी, जापान आदि देशों से मेरी मैत्री खतरों से भरी भी है, यह समझना गलत है, क्योंकि अंग्रेज़ों से चालाक राजनीतिज्ञ कोई नहीं है और जब वे मुझे डरा नहीं सके या लालच नहीं दे सके तो दूसरा कौन मुझे धमका सकता है? मेरे द्वारा ऐसा कोई कार्य नहीं होगा, जिससे देश के सम्मान या हितों को बाधा पहुँचे।" और अनेक उदाहरण हैं, जिनसे पता चलता है कि उन्होंने कितनी निर्भीकता से कार्य किया।

एक बार एक जापानी अधिकारी ने कहा कि जापानी सेना आज़ाद हिन्द सेना से ज्यादा सक्षम है, अतः समान दर्जे के आज़ाद हिन्द सेना के अधिकारी जापानी अधिकारी का प्रथम अभिनन्दन करें। नेताजी ने विरोध किया—'आज़ाद हिन्द सेना जापानी सेना की अपेक्षा कम दर्जे की नहीं है। दोनों परस्पर अभिवादन करें।' दूसरी बार जब आज़ाद हिन्द सेना पर जापानी सैनिक कायदे लागू करने की बात आई तो नेताजी ने साफ मना करते हुए कहा—'आज़ाद हिन्द सेना पूरी तरह स्वतन्त्र है।' विवाद टोकियो तक पहुँचा पर निर्णय नेताजी के पक्ष में हुआ। दो बार जापान ने आज़ाद हिन्द सेना को जापान की ओर से लड़ने के लिए कहा। नेताजी का उत्तर था कि मेरी फौज केवल भारत की स्वतंत्रता के लिए लड़ेगी। जापान के हाथ का खिलौना नहीं बनेगी। उन्होंने जापान से केवल युद्ध सामग्री के अतिरिक्त कोई मदद नहीं ली। बृहत्तर एशिया सम्मेलन में जापान के प्रधानमंत्री जनरल तोजो ने कहा—'स्वतन्त्र भारत के प्रमुख नेताजी ही होंगे।' इसी भाषण में उन्होंने अण्डमान-निकोबार भारत को देना स्वीकार किया। नेताजी ने कहा—"स्वतन्त्र भारत का निर्णय करने का अधिकार केवल जनता को होगा। मैं तो छोटा-सा सेवक हूँ। प्रमुख होने का मान तो महात्मा गांधी, मौलाना आज़ाद या पण्डित नेहरू को होगा।" यह उनकी निःस्वार्थ बुद्धि, निर्भयता, निरभिमान के साथ उनके अन्य नेताओं के प्रति आदर को प्रकट करता है।

नेताजी स्वभाव से आध्यात्मिक सन्त थे। विवेकानंद, अरविन्द घोष आदि का उन पर प्रभाव था। किशोर अवस्था में वे उत्तर भारत की तीर्थ यात्राएँ कर चुके थे। संन्यासी उन्हें आकर्षित करते थे। देश के लिए उन्होंने सेनापतित्व स्वीकार किया, परन्तु वृत्ति उनकी अन्ततः आध्यात्मिक ही थी। छात्रावस्था में ही वे एकान्तप्रिय व दयालु थे। साथ ही स्वाभिमानी व समाजसेवी भी थे।

1942 के आन्दोलन की नेत्री

अरुणा आसफ अली

अगस्त क्रांति के सूत्रधारों में अरुणा आसफ अली का नाम प्रमुख है। उनका जन्म बंगाल के सम्भ्रान्त गांगुली परिवार में 1909 को हुआ था। शिक्षा लाहौर और नैनीताल के पब्लिक स्कूलों में हुई। इसके बाद वे गोखले मेमोरियल गर्ल्स स्कूल, कलकत्ता में अध्यापन करने लगीं। 1928 में 19 वर्ष की उम्र में उन्होंने उस समय के देशभक्त वकील श्री एम. आसफ अली से विवाह कर लिया। आयु में 23 वर्ष

बड़े मुस्लिम व्यक्ति से विवाह करने पर वे समाज के विरोध की पात्र बनीं। आसफ अली में उन्होंने अपने राजनीतिक पथ-प्रदर्शक को देखा। समाज के सामने हिन्दू-मुस्लिम एकता की मिसाल भी कायम की। विवाह के बाद वे कॉलिज की पढ़ाई करने लगीं। अध्यापन-कार्य छोड़ दिया। परन्तु शीघ्र ही पढ़ाई भी छोड़कर पति के साथ राजनीति में भाग लेने लगीं।

1930 के 'नमक सत्याग्रह' के समय ही वे राष्ट्रीय मुक्ति संग्राम की अग्रणी नेता के रूप में सामने आ गई थीं। जुलूसों का नेतृत्व करने लगीं, सभाओं को सम्बोधित किया। इन गतिविधियों को देखकर अंग्रेज़ सरकार द्वारा उन्हें चेतावनी दी गई और अच्छे व्यवहार का लिखित आश्वासन तथा बाण्ड भरने को कहा गया। उन्होंने अस्वीकार कर दिया। परिणामस्वरूप एक वर्ष का कारावास मिला। गांधी-इरविन समझौते के तहत सभी कैदी छोड़ दिए गए। अरुणा जी को रिहा नहीं किया जा रहा था। इस पर जेल की अन्य बंदिनी स्त्रियों ने अरुणाजी की रिहाई के बिना स्वयं रिहा होने से इंकार कर दिया और गांधी जी ने भी हस्तक्षेप किया तो सरकार को उनके पक्ष में व्यापक जनमत के समक्ष नतमस्तक होना पड़ा।

छात्र जीवन में ही अरुणाजी गांधीजी से प्रभावित थीं। दो वर्ष बाद 1932 में सत्याग्रह करने पर उन्हें फिर कारावास मिला। दो सौ रुपये जुर्माना व 6 महीने की सज़ा घोषित हुई। जुर्माना अदा न करने पर पुलिस उनकी कीमती साड़ियाँ उठाकर ले गई। दिल्ली की जेल में कैदियों के साथ किए गए दुर्व्यवहार को देख अरुणाजी ने जेल में भूख हड़ताल कर दी। इसके कारण उन्हें अनेकों कठिनाइयों का सामना करना पड़ा। उन्हें अम्बाला जेल भेज दिया गया। जेल से आकर उन्हें स्वास्थ्य सुधार के लिए एक घर में रहना पड़ा। यह एक वर्ष उन्होंने देश के उन हालातों में आज़ादी पाने के उपायों का चिंतन करने और अध्ययन में बिताया। 1941 में एक बार फिर व्यक्तिगत सत्याग्रह के कारण जेल गईं, परन्तु 1942 के आन्दोलन में आपने निर्णय लिया कि जेल नहीं जाएँगी, छिपकर कार्य करेंगी।

8 अगस्त, 1942 को 'भारत छोड़ो' प्रस्ताव के समय वे अपने पति के साथ कांग्रेस की कार्यकारिणी बैठक में उपस्थित थीं। इस आन्दोलन में जब सभी नेताओं की गिरफ्तारी हो गई, तब सभा की अध्यक्षता अरुणाजी ने की। इस सभा में सरकारी इमारतों पर झण्डा फहराने का निर्णय हुआ। इस समय अपार भीड़ थी। पुलिस जनता पर अश्रु गैस छोड़ रही थी। आपका वह भाषण ऐतिहासिक माना जाता है। भाषण के तुरन्त बाद भूमिगत हो गईं और पुलिस लाख प्रयत्न करने पर भी आपको न पा सकी। सरकार ने उन्हें फरार घोषित कर उनकी गिरफ्तारी पर पाँच हज़ार रुपये का इनाम रखा। वे सफलतापूर्वक गिरफ्तारी से बचते हुए निरन्तर भूमिगत रहकर

अपना कार्य करती रहीं। इस समय आपने बाबू जयप्रकाश नारायण, अच्युत पटवर्द्धन, डॉ. राममनोहर लोहिया आदि के साथ मिलकर कार्य किया। प्रतिक्षण संकट मोल लेकर पुलिस की आँखों में धूल झोंकती रहीं।

26 सितम्बर, 1942 को उनकी दिल्ली की सम्पत्ति ज़ब्त कर ली गई। उन्हें नोटिस मिला कि वे एक महीने के भीतर आत्मसमर्पण कर दें, तो उनकी सम्पत्ति लौटा दी जाएगी। उनकी कार और मकान नीलाम कर दिए गए।

वे राममनोहर लोहिया के साथ 'इन्कलाब' पत्र निकालती थीं। उसमें उन्होंने लिखा था कि आज़ादी की लड़ाई के समय हिंसा, अहिंसा की बहस में नहीं पड़ना चाहिए। क्रांति का यह समय बहस में खोने का नहीं है। देश का हर नागरिक अपने ढंग से क्रांति का सिपाही बने। उनकी अपीलों से प्रभावित होकर लोगों ने सरकारी नौकरियाँ छोड़ दीं।

पुलिस से लुका-छिपी में उन्हें बहुत तकलीफ उठानी पड़ी। उनका स्वास्थ्य बहुत गिर गया था। गांधीजी ने उन्हें साहस और शौर्य का प्रदर्शन करते आत्मसमर्पण की सलाह दी। साथ ही इनाम के पाँच हज़ार स्वयं लेकर हरिजन फण्ड में देने की बात कही। परन्तु अपने बिगड़ते स्वास्थ्य और गांधीजी की सलाह के बावजूद उन्होंने आत्मसमर्पण नहीं किया।

वे वेश बदलने में चतुर थीं। डॉ. सुशीला नैयर के अनुसार जब वे आधुनिका के छद्म वेश में गांधीजी से मिलने आईं तो मैं स्वयं उन्हें नहीं पहचान सकी।

1944 में सभी नेता रिहा हो गए थे, पर भूमिगत अरुणा आसफ अली तभी सामने आईं जब 26 जनवरी, 1946 को उनके विरुद्ध गिरफ्तारी का वारंट वापस ले लिया गया। फरवरी '46 को उन्होंने सुझाव दिया कि शीघ्र आज़ादी के लिए भारत में ही आज़ाद हिन्द सेना का गठन किया जाए। परन्तु तब तक नौसेना विद्रोह हो चुका था। सत्ता-हस्तांतरण की वार्ताएँ शुरू हो चुकी थीं। अतः इसकी ज़रूरत ही नहीं रह गई थी।

दैनिक 'ट्रिब्यून' ने अरुणा आसफ अली की साहसी भूमिगत मोर्चाबंदी के लिए उन्हें 'सन् 42 की रानी झांसी' की संज्ञा दी। आज़ादी के बाद 1947 में नगर निगम की 'पहली महिला मेयर' चुनकर राजधानी दिल्ली ने उन्हें सम्मानित किया।

स्वतंत्रता के पश्चात् भी अरुणा आजीवन वामपंथी विचारधारा की समर्थक, राष्ट्रीय अन्तरराष्ट्रीय अनेकानेक राजनीतिक और सामाजिक संस्थाओं से सम्बद्ध रहीं। इनमें 'नेशनल फेडरेशन ऑफ इण्डियन वूमन', 'भारतीय सोवियत मैत्री संघ', 'एफ्रो-एशियन एकता समिति', 'ऑल इण्डिया लीग फॉर पीस एण्ड फ्रीडम' आदि संस्थाएँ प्रमुख हैं। 'लिंक' और 'पैट्रियट' समाचार पत्रों की संस्थापिका-व्यवस्थापिका के नाते अरुणाजी

पत्रकार के रूप में विख्यात रही हैं। 1975 में अन्तरराष्ट्रीय महिला वर्ष की राष्ट्रीय कमेटी में कार्यक्रम संयोजिका के नाते उनका योगदान उल्लेखनीय रहा। महिला दशक की योजनाओं व अन्तरराष्ट्रीय सम्मेलनों में भारतीय प्रतिनिधित्व किया। वे 'लेनिन शान्ति पुरस्कार समिति' में भी मनोनीत हुई थीं।

वामपंथी नेत्री के रूप में व्यापक कार्य सम्पर्कों और विश्व-भर की अनेक यात्राओं के कारण अरुणा आसफ अली ने अन्तरराष्ट्रीय ख्याति अर्जित की। 1961 में वे गोवा मुक्ति के लिए बनी 'राष्ट्रीय संघर्ष समिति' की अध्यक्ष बनी थीं। इस प्रकार वे जीवन पर्यंत इस देश की स्वतंत्रता व सुदृढ़ता के लिए प्रयत्नशील रहीं। अगस्त क्रांति की सूत्रधार अरुणाजी का निधन 29 जुलाई, 1996 को हुआ।

नागालैण्ड की जोन ऑफ आर्क

रानी गिडालू

रानी गिडालू का जन्म 28 जनवरी, 1915 को नागालैंड के घने जंगल में लांगकाओ नामक जगह पर हुआ। उनके पिता नागा लोगों के पुरोहित थे। रानी गिडालू 'रांगमेई' नाम के आदिवासी समाज की पामेई नाम की टोली की लड़की थी। मिशनरी स्कूल से शिक्षा पाने वाली पामेई टोली की वह एकमात्र भाग्यशाली लड़की थी। जादोनांग नामक गिडालू के चचेरे भाई ने स्वयं को एक नागा गुट का नेता और स्वतन्त्र घोषित

कर अंग्रेज़ों के विरुद्ध विद्रोह का आह्वान कर दिया था। 1931 में ब्रिटिश शासन ने जादोनांग को जेल में बंद कर दिया। एक अंग्रेज़ ने मारने का गुनाह दाखिल कर कोर्ट में मुकदमा किया। उसे मुकदमे से जादोनांग को मृत्युदण्ड मिला।

चचेरे भाई की मृत्यु के बाद गिडालू उस टोली की रानी हुई और भाई से मिली प्रेरणा के अनुसार उन्होंने छापामार युद्ध कला में पारंगत चार हज़ार नागा लोगों की सेना को खड़ा किया और अपनी छापामार सेना को लेकर उत्तर दिशा के पर्वतीय प्रदेश में आईं। इस दुर्गम प्रदेश की जाति का नाम था लेलियागांग। गिडालू ने उनके हक के लिए संघर्ष किया। आदिवासी जातियों का परम्परागत रूप से वन्य सम्पत्ति पर पहला अधिकार था। लेकिन अंग्रेज़ों ने उनके परम्परागत हक को छीन लिया था। अपने इस परम्परा से चलते आए अधिकारों की वापसी के लिए एवं अंग्रेज़ों द्वारा छीने गए वनों की मुक्ति के लिए लड़ाई करने को नागा लोग तैयार हो गए। शासकीय नीति के कारण लेलियागांग लोगों की दुर्दशा थी, इसलिए पूरा समाज ज़ोरदार हमला करते हुए विद्रोह में शामिल हुआ। उनके इस विद्रोह ने उग्र रूप धारण कर लिया। 1931-32 में रानी गिडालू ने अंग्रेज़ों को कर नहीं देने का आंदोलन शुरू कर दिया।

उस समय रानी गिडालू सिर्फ सत्रह वर्ष की थीं। असम में सैनिकों से गिडालू की अनेक झड़पें हुईं। रानी के लोग अंग्रेज़ों पर हमला कर घने जंगलों में छिप जाते थे। इस कारण अंग्रेज़ उनका प्रतिकार नहीं कर सकते थे और उनको पकड़ भी नहीं सकते थे। अंग्रेज़ों ने इस आन्दोलन में भाग लेने वाले गांववालों को सामूहिक आर्थिक दण्ड दिया। लायसेंसशुदा व बिना लायसेंस के पूरे शस्त्रों को ज़ब्त करने की शुरुआत की। सम्पूर्ण ज़िलों में सैनिकों का पहरा लगा दिया। रानी गिडालू को शादी का प्रस्ताव भेजकर प्रलोभन दिया। रानी गिडालू और उनके साथी घने जंगलों में थे। उनको पकड़ने के लिए सम्पूर्ण इलाके में लोगों को यातनाएँ दी गईं, लेकिन उन लोगों ने रानी से विश्वासघात नहीं किया। अनेक बार प्रयत्न असफल होने पर आखिर 17 अक्टूबर, 1932 के दिन सुबह ब्रिटिश सेना ने एकाएक आक्रमण किया और रानी को पकड़ लिया। रानी के अनुयायियों को आत्मसमर्पण करना पड़ा। इस सम्बन्ध में रानी ने कहा था कि 'मैं ब्रिटिशों की नज़र में वन्य पशु के समान थी। इसलिए उन्होंने मुझे पकड़ने के लिए मेरी कमर में मज़बूत डोर बाँधी थी। मुझे और मेरे ख्यूसीनाग नाम के छोटे भाई को इम्फाल में क्रूरता से मारा गया। कड़ाके की ठण्ड में हमारे शरीर पर से कपड़े उतारकर हम लोगों को रात-भर ठण्ड में ठिठुरने के लिए छोड़ दिया। भयंकर यातनाएँ दीं, लेकिन उसके बाद भी रानी और उनके अनुयायियों ने धैर्य नहीं छोड़ा। इम्फाल की जेल में ही उन पर मुकदमा चला और उम्र-कैद की सज़ा सुनाई।

सत्रह वर्ष की कोमल उम्र में उन्होंने अंग्रेज़ों के विरुद्ध लड़ाई कर अनेक यातनाएँ भोगीं और जेल-यात्राएँ कीं। भारत की स्वतंत्रता के बाद 1947 वे जेल से छूटीं।

उससे पहले 1937 में जब प्रान्तीय स्वशासन का अधिकार दिया गया, तब प्रमुख नेताओं को कैद से छोड़ दिया गया था लेकिन उसमें रानी गिडालू का नाम नहीं था। इसलिए नेहरूजी ने गिडालू को छुड़वाने के लिए प्रयत्न किया और अंग्रेज़ सरकार से पत्र-व्यवहार किया। नेहरूजी ने रानी गिडालू के विषय में लिखा था कि—'उस वीर बालिका ने अपनी देशभक्ति के जोश में एक विशाल साम्राज्य से लड़ाई ली। उसके लिए उसको अनन्त यातनाएँ सहनी पड़ीं। नदी-पहाड़ों की शुद्ध ताज़ी हवाओं के बीच सतत उन्मुख जीवन जीने वाली यह किशोरी बाला अब जेल में छोटी-सी अंधेरी कोठरी में चुपचाप बैठी होगी। उसके प्रदेश में लोग आदर से उनका नाम लेते हैं, लेकिन सारे हिन्दुस्तान में उनके विषय में कोई कुछ नहीं जानता। एक दिन ऐसा आएगा कि पूरा हिन्दुस्तान उसे याद करेगा। उन्हें आदर मिलेगा और सम्मानपूर्वक जेल से बाहर निकलेंगी।' वायसराय ने रानी गिडालू के विषय में असम की प्रान्तीय असेम्बली को प्रश्न पूछने पर भी पाबंदी लगा दी थी। अंग्रेज़ रानी गिडालू से डरे हुए थे। वे उनको भयंकर विद्रोही समझते थे। उनको छोड़ने का खतरा नहीं लेना चाहते थे। रानी गिडालू और नागा लोगों की सेना का इतना भय था कि इस कारण अंग्रेज़ मामूली खतरे से भी सतर्क थे। नागा लोग अपनी रानी को पूज्य देवता मानते थे। रानी द्वारा स्पर्श किया हुआ एक बोतल जल उन दिनों दस रुपये में बिकता था, क्योंकि लोगों का विश्वास था कि वह पानी अनेक रोगों की रामबाण दवा है।

स्वतंत्रता के बाद भी रानी गिडालू अपनी टोली की प्रभावशाली नेता रहीं। उनका अपनी टोली पर जीवन-भर प्रभाव कायम रहा। स्वतंत्रता के बाद उन्होंने अनेक वर्ष नागा लोगों की सामाजिक, आर्थिक, राजनीतिक समस्याओं को समझने में लगाए। उन्होंने कहा कि उनकी नागा जाति अन्य नागा जातियों से भाषा, संस्कृति व रीतिरिवाज की दृष्टि से भिन्न है। ये नागा लोग हिन्दू हैं। नागालैण्ड, मणिपुर व असम के उत्तरी भाग में बसे हुए हैं। तीनों राज्यों से उनकी जाति के रहिवासी क्षेत्रों को मिलाकर स्वतंत्र राज्य बनाया जाए। रानी की इस माँग के साथ उनकी इच्छा थी कि जादोनांग नामक इस पिछड़ी जाति का तुरन्त विकास हो। स्वभाव से विद्रोही रानी ने 1960 में अपनी माँग के लिए अज्ञातवास में रहकर आन्दोलन शुरू किया था। तत्कालीन सरकार से आश्वासन मिलने पर 1966 में उन्होंने शस्त्रों का परित्याग कर दिया था।

रानी गिडालू का कथन था कि विदेशों से मिलने वाली सुविधाओं के कारण और वहाँ से प्राप्त शिक्षण-प्रशिक्षण से नागा लोग राष्ट्रविरोधी कार्रवाइयों में लगे हुए हैं। सरकार को इस ओर ध्यान देना चाहिए और राष्ट्रीय भावनाओं से प्रेरित नागा

लोगों की पूरी तरह सहायता करनी चाहिए। रानी गिडालू का यह कथन सत्य है। पूर्वांचल धधक रहा है। मिशनरियाँ उन्हें ईसाई बनाने के साथ राष्ट्रविरोधी भी बना रही हैं। गिडालू के आह्वान पर सरकार ने उनके जीते-जी कोई ध्यान नहीं दिया।

भारत की स्वतंत्रता की 25वीं वर्षगाँठ पर लाल किले में स्वतंत्रता सेनानियों का ताम्रपत्र देकर सम्मान किया गया, उसमें उन्हें नागालैण्ड की 'जोन ऑफ आर्क' कहा गया।

□□□

हमारे अन्य श्रेष्ठ प्रकाशन

चर्चित पुस्तकें

आवारा मसीहा, विष्णु प्रभाकर, **अदम्य साहस** डॉ. अब्दुल कलाम, **प्रेरणात्मक विचार** डॉ. अब्दुल कलाम, **मेरी आपबीती** बेनज़ीर भुट्टो, **मेरे सपनों का भारत** महात्मा गांधी, **सत्य के प्रयोग** महात्मा गांधी, **मेरा जीवन दर्शन** डॉ. कर्णसिंह, **परिवर्तन और राजनीति** एन.के. सिंह, **भारतीय अर्थतंत्र, इतिहास और संस्कृति** अमर्त्य सेन, **आर्थिक विकास और स्वातन्त्र्य** अमर्त्य सेन, **आर्थिक विषमताएं** अमर्त्य सेन, **गरीबी और अकाल** अमर्त्य सेन, **भारत विकास की दिशाएं** अमर्त्य सेन, **भारतीय राज्यों का विकास** अमर्त्य सेन, **हिंसा और अस्मिता का संकट** अमर्त्य सेन, **भारतीय दर्शन** डॉ. राधाकृष्णन्,

शब्दकोश : कोश : शिक्षा

राजपाल बृहत् हिन्दी-अंग्रेजी शब्दकोश डॉ. हरदेव बाहरी, **राजपाल बृहत् अंग्रेजी-हिन्दी शब्दकोश** डॉ. हरदेव बाहरी, **राजपाल हिन्दी शब्दकोश** डॉ. हरदेव बाहरी, **शिक्षार्थी हिन्दी-अंग्रेज़ी शब्दकोश** डॉ. हरदेव बाहरी, **राजपाल अंग्रेज़ी-हिन्दी शब्दकोश** डॉ. हरदेव बाहरी, **राजपाल अंग्रेज़ी-हिन्दी पारिभाषिक शब्दकोश** डॉ. हरदेव बाहरी, **राजपाल हिन्दी-अंग्रेज़ी थेसॉरस** गोपीनाथ श्रीवास्तव, **राजपाल अंग्रेजी-हिन्दी राजभाषा प्रयोगकोश** गोपीनाथ श्रीवास्तव, **राजपाल लोकोक्ति कोश** हरिवंश राय शर्मा, **राजपाल साहित्यिक मुहावरा कोश** हरिवंश राय शर्मा, **राजपाल साहित्यिक सुभाषित कोश** हरिवंश राय शर्मा, **विद्यार्थी हिन्दी शब्दकोश** डॉ. ओमप्रकाश, **शब्दार्थ-विचार कोश** आचार्य रामचन्द्र वर्मा, **शब्द-परिवार कोश** डॉ. बदरीनाथ कपूर, **व्यावहारिक उर्दू-हिन्दी शब्दकोश** डॉ. सैयद असद अली, **कहावत कोश** समर सिंह

विश्वकोश : संदर्भ-ग्रंथ

विश्वकोश-I (पृथ्वी-आकाश-खनिज) डॉ. बालकृष्ण, **विश्वकोश-II (आविष्कार-खोज)** डॉ. बालकृष्ण, **विश्वकोश-III (जीव-जंतु : पेड़-पौधे)** डॉ. बालकृष्ण, **विश्वकोश-IV (विज्ञान-वैज्ञानिक)** डॉ. बालकृष्ण, **भारतीय संस्कृति कोश** लीलाधर शर्मा पर्वतीय, **भारतीय चरित कोश** लीलाधर शर्मा पर्वतीय, **अंतरराष्ट्रीय व्यक्ति कोश** विश्वमित्र शर्मा, **भारत रत्न** विश्वमित्र शर्मा, **20वीं सदी के सौ प्रसिद्ध भारतीय** विश्वमित्र शर्मा, **नोबेल पुरस्कार कोश** विश्वमित्र शर्मा, **नोबेल पुरस्कार सम्मानित भारतीय** विश्वमित्र शर्मा, **भारत के राष्ट्रपति** भगवतीशरण मिश्र, **भारत के प्रधानमंत्री** भगवतीशरण मिश्र, **नोबेल पुरस्कार विजेता साहित्यकार** राजबहादुर सिंह, **विश्व के महान वैज्ञानिक** फिलिप केन, **विश्व की महिला अंतरिक्ष यात्री** कालीशंकर, **भारतीय भाषाओं के पुरस्कृत साहित्यकार** डॉ. आरसू, **50 क्रांतिकारी** राजेन्द्र पटोरिया, **100 प्रसिद्ध भारतीय खिलाड़ी** चित्रा गर्ग

उपन्यास

मानस का हंस (पुरस्कृत) अमृतलाल नागर, **नाच्यौ बहुत गोपाल** अमृतलाल नागर, **खंजन नयन** अमृतलाल नागर, **बिखरे तिनके** अमृतलाल नागर, **पीढ़ियां** अमृतलाल नागर, **करवट** अमृतलाल नागर **सेठ बांकेमल** अमृतलाल नागर, **भूख** अमृतलाल नागर, **सात घूंघट वाला मुखड़ा**

अमृतलाल नागर, **सोमनाथ** आचार्य चतुरसेन, **वयं रक्षामः** आचार्य चतुरसेन, **वैशाली की नगरवधू** आचार्य चतुरसेन, **सोना और खून** (चार भागों में) आचार्य चतुरसेन, **कब तक पुकारूं** रांगेय राघव, **घरौंदा** रांगेय राघव, **धरती मेरा घर** रांगेय राघव, **न आने वाला कल** मोहन राकेश, **समग्र उपन्यास** कमलेश्वर, **कितने पाकिस्तान** कमलेश्वर, **एक सड़क सत्तावन गलियां** कमलेश्वर, **काली आँधी** कमलेश्वर, **सुबह दोपहर शाम** कमलेश्वर, **रेगिस्तान** कमलेश्वर, **अभिज्ञान** नरेन्द्र कोहली, **आतंक** नरेन्द्र कोहली, **साथ सहा गया दुख** नरेन्द्र कोहली, **जंगल** नरेन्द्र कोहली, **एक नौकरानी की डायरी** कृष्ण बलदेव वैद, **शिकस्त की आवाज़** कृष्ण बलदेव वैद, **नर नारी** कृष्ण बलदेव वैद, **एक इंच मुस्कान** राजेन्द्र यादव/मन्नू भंडारी, **जंगल के फूल** राजेन्द्र अवस्थी, **अकेली आवाज़** राजेन्द्र अवस्थी, **कुहरे में युद्ध** शिवप्रसाद सिंह, **औरत** शिवप्रसाद सिंह, **रात भारी है** अमृता प्रीतम, **कैली कामिनी और अनीता** अमृता प्रीतम, **जलते बुझते लोग** (एक ही जिल्द में तीन उपन्यास) अमृता प्रीतम, **यह कलम यह कागज़ यह अक्षर** अमृता प्रीतम, **ययाति** वि.स. खांडेकर, **कोणार्क** प्रतिभा राय, **उसका अपना आकाश** प्रतिभा राय, **चित्रप्रिया** अखिलन, **एक गधे की आत्मकथा** कृश्न चंदर, **तापसी** कुसुम अंसल, **पहाड़ चोर** सुभाष पंत, **गोदान** प्रेमचंद, **गबन** प्रेमचंद, **औरतें** खुशवंत सिंह, **समुद्र की लहरों में** खुशवंत सिंह, **मुजरिम हाज़िर** विमल मित्र, **अन्तर्गाथा** पी.वी. नरसिंह राव, **कुली** मुल्कराज आनंद, **अछूत** मुल्कराज आनंद, **सात साल** मुल्कराज आनंद, **दिशाएं बदल गईं** नरेश भारतीय, **सावित्री** व्योहार राजेन्द्रसिंह **कुली बैरिस्टर** राजेन्द्रमोहन भटनागर, **गाइड** आर.के. नारायण, **स्वामी और उसके दोस्त** आर.के. नारायण, **वध** मनहर चौहान।

कविता

मधुशाला बच्चन, **मधुबाला** बच्चन, **मधुकलश** बच्चन, **खैयाम की मधुशाला** बच्चन, **मेरी श्रेष्ठ कविताएं** बच्चन, **निशा निमंत्रण** बच्चन, **जाल समेटा** बच्चन, **दो चट्टानें** बच्चन, **सतरंगिनी** बच्चन, **मिलन यामिनी** बच्चन, **आत्मिका** महादेवी, **नीलांबरा** महादेवी, **दीपगीत** महादेवी, **चुनी हुई कविताएं** अज्ञेय, **गीतांजलि** रवीन्द्रनाथ टैगोर, **साधना** रवीन्द्रनाथ टैगोर, **पथ का गीत** रवीन्द्रनाथ टैगोर, **आखिर यह मौसम भी आया** रमानाथ अवस्थी, **क्या खोया क्या पाया** अटलबिहारी वाजपेयी, **अंग्रेजी के श्रेष्ठ कवि और उनकी श्रेष्ठ कविताएं** कुलदीप सलिल, **अन्तरा** विश्वनाथ।

कहानियाँ

मोहन राकेश की संपूर्ण कहानियां मोहन राकेश, **अज्ञेय की संपूर्ण कहानियां** अज्ञेय, **एक दिल हज़ार अफ़साने** अमृतलाल नागर, **मालगुड़ी की कहानियां** आर.के. नारायण, **सत्यजित राय की कहानियाँ** सत्यजित राय, **समग्र कहानियां** कमलेश्वर **मेरी प्रिय कहानियां** अज्ञेय, आचार्य चतुरसेन, भगवतीचरण वर्मा, रांगेय राघव, अमृतलाल नागर, मोहन राकेश, निर्मल वर्मा, राजेन्द्र यादव, कृश्न चन्दर, कमलेश्वर, मन्नू भंडारी, फणीश्वरनाथ रेणु, यशपाल, इलाचन्द्र जोशी, भीष्म साहनी,

राजपाल